アジア通貨・金融危機，および中国の台頭

アジア通貨・金融危機，および中国の台頭

――理論・実証分析――

青木浩治著

知泉書館

はしがき

　戦後の日本の成長史が示唆するように，特定の国もしくは地域が経済的に台頭する背景には，当該国・地域の内的諸条件とともに，ほぼ間違いなくそれを可能にする国際環境が存在すると考えられる。紆余曲折はあったとしても今後持続的にそのプレゼンスを高めるとともに，また，日本にとって益々経済的重要性を増してくると予想されるアジアをこの視点から眺めると，その過去4分の1世紀の歴史を画した最も大きな出来事は，第一に1985-95年の円ドルレートの大幅変動，そして第二に，1995-2007年のIT・住宅ブームを背景としたアメリカの経済的繁栄の二つであったと考えられる。前者はいわば「円ドルの時代」とも言うべき一期間であり，この国際環境が，当時の「沸き立つアジア」のおそらく最も重要な推進力であった。そして，アジアが地域として曲りなりにもまとまりを見せ始めたのも，この時期からである。

　しかし，わずか10年間とはいえ，その歴史劇は二つの落胆する帰結によって幕を閉じる。一つは1990年代以降の10年以上に及ぶ日本のスランプ，そしてもう一つは1997-98年のアジア通貨・金融危機であった。ややうがった見方ではあるものの，アジア通貨・金融危機とは，結局のところ「円ドルの時代」の幕引き劇というのが筆者の率直な経済観である。

　ところが，その悲劇も驚くほど短期間で終息する。ベン・バーナンキの過剰貯蓄（saving glut）仮説やリカルド・カバレロの資産不足（asset shortage）仮説に含意されているように，この地域の資本輸入国から資本輸出国への転換がアメリカの繁栄をもたらす原動力に転化し，ITブームという新しいチャンスを開花させたからである。そして，このITブームに便乗することに成功した国が，危機からのいわゆるV字

回復を果たしたのであった。

　その一方で，ほぼ時を同じくして，閉ざされた社会主義計画経済から改革・開放へ転じた中国が，日本からアジアNIEs・東南アジアへと続くアジア大での息の長いキャッチアップの隊列に，遅ればせながら加わった。この新しいモメンタムの一つのピークが，2001年末のWTO加盟を背景とした中国のWTO加盟ブームであり，中国は2003年から2007年の5年間にわたって二桁成長を実現する。その結果，中国は2007年にドイツを抜き，アメリカ，日本に次ぐ世界第三位の経済大国に躍進するのである。そして，そう遠くない将来において，日本の経済規模を追い抜くことが予想されている。まさにこれは，高度経済成長の帰結として，1968年に世界第二位の経済大国に躍進した日本の歴史の再現である。そして，その世界史的背景が，ポール・クルーグマンによって「グリーンスパン・バブル」と揶揄された株価・住宅価格の二つの資産価格高騰を背景としたアメリカの消費ブームと経常収支赤字拡大であったことは，いまやほとんど疑う余地がない。

　本書は，以上の歴史的背景の下で生起したアジア通貨・金融危機と中国経済の台頭という，過去10年間における東アジアの二つの主要トピックスを軸として，その幾つかの諸側面を理論・実証両面から分析する。以下，その概要を説明しておこう。

　まず，第Ⅰ部「アジア通貨・金融危機の経済分析」は三つの章から構成されている。第1章「対外債務の双曲線―アジア通貨・金融危機からの一教訓―」は，そもそもこうした不幸な出来事がなにゆえに発生したのかという問題意識を持っており，その着眼点として，民間資本流入の「量とその構成」に焦点を当てる。ただし，国際収支統計に現れるフローとしての資本流入ではなく，ストック次元で捉えた「対外債務の双曲線（hyperbola of external debt）」という簡単かつ容易に計測可能な指標にそれらを凝縮する。そして，この双曲線指標がある閾値（threshold）に達したとき危機が発生する蓋然性が高くなる，というのがこの章の基本的な論点（双曲線仮説）である。

　このアイデアを論証するため，まずその理論的基礎付けが行われる。具体的には簡単な二期間モデルに対外借入制約を導入した枠組みにより，双曲線仮説を導出する。続いて第1章の後半では，1997-98年のアジア

通貨・金融危機のエピソードを対象に，50ヶ国の新興市場経済をデータ・セットとした実証分析が行われる。その結果はわれわれの仮説を支持するものとなっており，｜対外総債務(対GDP比，%)－10%｜｜短期対外債務比率(%)－10%｜という簡単な双曲線指標の有用性を導出している。

　第1章が危機の火種とその蓄積を論じているのに対し，第2章「危機後のマクロ経済調整―縮小的通貨切り下げと経常収支不均衡調整―」は，危機後のマクロ経済調整に焦点を当てている。より具体的には，為替レートのオーバーシュート，国内不況の深刻化，および主として輸入圧縮による経常収支の大幅改善という危機直面国に等しく共通に観察されるマクロ経済現象を念頭に置き，これらを包括的に理解するための簡単な開放マクロ経済モデルを提示する。この枠組みは為替レートの過剰反応モデルの一変種であり，為替レート減価がバランスシート効果を通じて短期的には縮小的効果を持つものの，中期的には拡張的であるという異時点間ダイナミックスを簡潔に整理している。また，危機の深刻度，およびその後の回復スピードが，為替レート変化に対する貿易反応のスピードに強く依存していることが強調されている。

　後半部分では，前半の理論分析に基づき，危機経験国である韓国の経常収支不均衡調整に焦点を絞った実証分析を行っている。第一に，ECM（Error Correction Model）の枠組みにより為替レート減価は短期的には縮小的であるものの，中長期的には拡張的という理論モデルの予測を実証的に検証する。そして第二に，この為替レート変化の異時点間効果を活用して，韓国の危機後の経常収支調整の要因を分析した。その結果，予想通り縮小的通貨切り下げの効果が当初の劇的な経常収支改善の最大の要因であったことが確認されている。

　第3章「通貨・金融危機とファイヤーセールFDI―韓国のケース―」は，危機発生後の国際資本移動の中で，証券投資や銀行ローンとは明らかに異なる動きを示していた海外直接投資（Foreign Direct Investment: FDI）に焦点を当てる。より具体的には，韓国やタイにおいて危機後に対内直接投資ブームが発生した事実に注目し，この現象をKrugman（1998b）のファイヤーセールFDIの視点から分析している。まず，事業収益性が大幅に悪化している危機の最中になぜそもそも直接

投資が盛行するのかという疑問に対し，買収ターゲット企業の流動性危機，および過剰債務問題の二つの視点から，その理論的説明を試みた。論点は非常に簡単であり，金融の不完全性が資源配分の改善余地を与えていること，そして，クロスボーダー M&A がこの資源配分改善の一つのメカニズムになっているということである。この意味で本章の考え方は，Froot and Stein（1991）の FDI に関する不完全資本市場アプローチの一変種と位置付けることができよう。

後半では，韓国の対内直接投資を事例として，その決定因の実証分析を試みている。具体的には 8 ヶ国パネル・データにより韓国の対内直接投資決定因の推定を行い，予想通り企業の財務ポジションがそのきわめて重要な決定因であることが実証的に示されている。

冒頭において触れたように，過去 4 分の 1 世紀におけるアジアの第二の大きなモメンタムは，中国経済のプレゼンス増大である。第 II 部「中国経済の国際化と国内経済統合」はその躍進著しい中国経済を，主として「グローバル化と地域の成長」という視点から分析している。

そのうち，最初の二章は，グローバリゼーションのもたらす潜在的機会とそのインパクトの分析であり，まず第 4 章「中国の対内直接投資と市場ポテンシャル—新経済地理学による分析—」は，中国経済の国際化を推進するキー・ファクターである対内直接投資の決定因を分析する。

より具体的には，1992 年以降の対内直接投資の急増，および東部沿海部への投資偏在という中国対内直接投資の二つの特徴を，「新経済地理学（New Economic Geography: NEG）」の枠組みによって説明する試みを行う。その新機軸は NEG のキー・コンセプトである市場ポテンシャルの計測であり，アジア経済研究所が開発した 2000 年中国地域間産業連関表に基づく新データの活用にある。分析結果によると，第一に，「市場を以って技術に換える」政策，および対外開放政策の二つが 1992 年以降の中国直接投資ブームのキー・ファクターであったこと，第二に，直接投資の地域偏在現象を説明する上で市場ポテンシャルの地域間格差が最も重要な要因であることが示されている。そして第三に，東部地域の国際経済統合が内陸部との国内経済統合に先行して進んでいる実態を交易費用の推計を通じて明らかにするとともに，この中国の経済統合のあり方の見直しが直接投資の地域偏在を是正する上で重要な意

味を持つことを示唆している。

　第5章「対内直接投資と地域の成長および格差―地域成長会計による接近―」は，中国における対内直接投資の経済的インパクトを，地域の成長と格差という視点から数量的に分析する試みである。本章の新機軸は二つあり，その第一は，「直接投資の生産性改善効果」が外資比率というきわめて簡単な指標によって計測可能であることを理論的に示したこと，そして第二は，建設途上の資本ストックを除いた「据付ベース」生産資本ストックを中国の一級行政区レベルで推計し，この新データに基づいて成長会計分析を行ったことである。

　分析結果によると，中国の経済成長に対する対内直接投資の寄与は，全国レベルでは1987-2007年で年平均1.6%の成長率嵩上げ，成長率に対して15%の寄与率と評価される。また，対内直接投資は地域の成長パターンを左右するキー・ファクターの一つであり，1987-2007年における中国の地域間成長率変動の46%を説明すること，そして，1990年代以降において，地域格差尺度を12-25%程度高めていたことが示される。このように，本章の分析は，従来ほとんど行われてこなかった対内直接投資のインパクトに関する数量的評価の試みであり，マクロとリージョンから見たその効果の著しいギャップを浮かび上がらせている。

　続く第6章「地域分業構造の変容と域内市場効果」は，改革・開放後中国の地域間分業構造の変容を，新貿易理論の「域内市場効果（home market effect）」を切り口として分析している。具体的には，Helpman and Krugman（1985）の域内市場効果モデルを多数財・多数地域モデルに拡張し，工業データを用いて域内市場効果を検証する試みを行う。その結果によると，第一に，中国において1990年代初頭より域内市場効果が統計的に有意に検証されており，A. YoungやS. Poncetの経済統合後退仮説とは逆に，地域単位でのフルセット型産業構造という意味での諸侯経済が後退しつつあることが確認されている。第二に，域内市場効果が有意に検証される産業のシェアは80年代末時点では無視できる大きさであったが，2005年時点では製造業の少なくとも50%を占めるに至っていることが示されている。このように，中国の国内経済統合は着実に進展しつつあるのであり，また，その背後で規模の経済性による集積メカニズムが働き始めていることが示唆されている。ただし，その

程度は依然，高くないことを，欧米諸国の国境効果との対比により示している。

第7章「地域間人口・労働力移動と市場ポテンシャル」は，人口・労働力移動の側面から中国の国内経済統合を分析する試みである。中国では戸籍制度により戸籍転籍を伴う移動は困難であるものの，出稼ぎ形態での移動が特に農村デフレの加速した90年代後半より拡大した。この章は，第4章と同じくNEGの分析枠組みによりその動因を分析している。特に，中国の地域間人口・労働力移動の背後に市場ポテンシャル格差がファンダメンタルズとして介在していること，したがってその流れはNEGの示唆する経済集積メカニズムと整合的であることが示される。また中国固有の要因として，都市部の雇用問題が深刻化した時期において，効果的な移民流入抑制が行われている実態が実証的に示唆されている。

第8章「水平的財政不均衡と政府間財政調整―地域間財政力格差のUターン？―」は，地域・都市農村格差の拡大に苦悩する現代中国経済の中で，最も深刻な制度的欠陥である財政の所得再分配機能の弱体化とその再強化の動きにスポットライトを当てている。具体的には，1994年に導入された分税制以降，中国の地域間財政力格差は顕著に拡大しており，その実態と要因を，中央政府を介した政府間財政調整に焦点を当てて分析する。この目的のために，本章は，分税制改革および2002年の所得税共有改革に伴って導入された税収返還制度（中央政府に新規に帰属した税収の一部を地方政府に返還する制度）による税収返還額を，31の一級行政区レベルで推計する。そして，この推計を基礎として中国の地域間財政力格差の動向を計測し，①分税制改革以降，明らかに中国の水平的財政力格差が拡大していること，②財政力は三つの直轄市および新たに台頭した五つの省に集中している実態を示した。そして，③その最大の要因が地域偏在の強い税源体系に移行したこと，および相対的に豊かな地域の既得権益擁護として導入された税収返還制度であったことを，その寄与度を含めて数量的に明らかにしている。

しかし，地域間財政力格差要因としての税収返還の重要度は，時間経過に伴い次第に低下している。それにもかかわらず，その他地方補助の再分配機能後退により，分税制導入後の地域間財政力格差は2004年ま

はしがき

で持続し，分税制導入後 11 年が経過した 2005 年からようやくそれが縮小に転じた。その最大の要因は，その他の地方補助の再分配機能が現れ始めたことであったが，より長期の視点から見ると，「財政再分配メカニズムの後退」という特徴は改革・開放後の長期トレンドであり，分税制の時代にあってもそのトレンドに大きな変化は見られないことが示されている。いずれにせよ，国際化によって一部地域が発展の機会を享受できたとしても，それだけでは経済社会の調和的発展（中国で言う「和諧社会」の実現）を確保することが難しく，残念ながら中国はそれを補完する制度の構築に成功していない現実が浮き彫りにされる。

最後の第 9 章「外国為替市場介入の金融波及メカニズムと実質効果」は，2000 年代における急速な国際化の中で，中国マクロ経済の最大の攪乱要因となった外国為替市場介入のインパクトを分析している。そのため，最初に銀行部門を中核とした現代中国マクロ金融構造を簡単な開放マクロ経済モデルにより整理し，外国為替市場介入の金融波及メカニズムを明らかにする。この分野は先行研究が少なく依然，未確立と考えられるが，本章の最大の特徴は，中国銀行部門の慢性的現象である超過準備の調節メカニズムを明示したことであり，外国為替市場介入が貸出に繋がるメカニズムを，この銀行行動を介在として明らかにしている。

引き続き，理論枠組みによって示唆された五つのマクロ金融変数からなる構造 VAR を推定し，外国為替市場介入が実体経済に及ぼすインパクトを実証的に分析している。その結果，外国為替市場介入は完全には不胎化されていないようであり，その程度は著しく大きいとは言えないものの，銀行間短期金利低下を介した貸出増加という波及経路を介して実体経済に対し拡張的なインパクトをもたらしていること，第二に，中国流の不胎化は中央銀行貸出，公開市場操作，法定準備率操作等の通常の金融調節手段だけでなく，窓口指導という行政手段により補強されているという意味で，二段構えになっていること，そして，おそらくこれが，いわゆる不可能な三者関係（impossible trinity）を克服する中国的な制度対応であることが示唆されている。

本書は，筆者がこれまで書きためた成果をまとめたものである。大幅に加筆・修正しているものがほとんどであるが，未公刊論文を含めてその初出を以下に示しておこう。

第1章：Aoki, K. and B. S. Min, 2003. Hyperbola of external debt: A lesson from Asian crisis. *Journal of the Korean Economy* 4(1) (Spring): 63-92.

第2章：Aoki, K. and B. S. Min, 2002. An analysis of the current account adjustment following the financial crisis in South Korea. Paper reported at the 44th Annual Meeting of Western Branch of the Japanese Society of International Economics held at Matsuyama University (June).

第3章：Aoki, K., 2004. Fire-sale FDI: The case of South Korea. Mimeo. (June).

第4章：青木浩治，2005.「中国の対内直接投資に関する実証分析：市場ポテンシャルの役割」Mimeo.（5月）.

第5章：青木浩治，2009.「中国の対内直接投資と地域の成長，および格差―地域成長会計による接近―」『アジア経済』第50巻第6号（6月）：2-40.

第6章：青木浩治，2006.「中国の地域分業構造の変容と域内市場効果」『アジア経済』第47巻第2号（2月）：2-34.

第7章：青木浩治，2007.「中国の地域間人口・労働力移動と市場ポテンシャル」『甲南経済論集』第48巻第2号（9月）：1-29.

第8章：青木浩治，2005.「中国の税収返還と水平的財政不均衡」『甲南経済論集』第46巻第1号（6月）：47-91.

第9章：書き下ろし。

　なお，冒頭において，特定国・地域の経済的台頭の背景には，必ずと言ってよいほどそれを可能にする国際経済環境が存在することを指摘した。特に90年代後半以降のアジア太平洋地域のダイナミックスの最大の原動力がアメリカの経済的繁栄とそれを需要先とした生産のグローバル化の進展であり，これこそが中国の台頭と2002年以降の戦後最長の日本の景気回復・拡大を可能にした国際的バックグラウンドであった。この世界史の一時期が，2007年8月のいわゆるサブプライム危機に端を発する世界的な金融危機と同時不況によって幕を閉じたが，残念ながら，本書は直近の現実に必ずしも適応できていない。アジアは地域とし

てのまとまりを持ちつつあるが,政治的にはもとより経済的にも完結した地域と言うにはほど遠く,特に欧米の生産基地として成長・発展してきた歴史的経緯からも明らかなように,依然,域内で完結した独自の成長メカニズムを持っているとは言い難い。こうしたいわば成熟途上地域の次なる発展推進力(impetus)がどのようなものかは,現段階では不確実である。その探求は今後の課題としたい。

　最後に,ごく限られた方のみの言及になるものの,本書を完成する上で多くの方々からのコメント・示唆に恵まれたことを記しておきたい。とりわけ公私にわたり長年お世話になった井川一宏先生の存在は大きい。学問上の恩師であるだけでなく,怠惰な筆者に本書完成のきっかけを与えて頂いたことに対し改めて謝意を表わしたい。

　アジア通貨・金融危機の研究の端緒は,筆者が1997年8月にオーストラリア・モナッシュ大学に留学する機会を得たことであった。既に同年7月よりタイにおいて危機が勃発していたが,その後災禍は他の東南アジア諸国に伝染し,同年11月には韓国までもが渦中に巻き込まれてしまった。こうした折,同大学のスタッフであったByung-Seong Min氏（現Griffith University）と知り合い,それが研究のきっかけとなった。より具体的には,危機の原因に関する議論の中で彼が一枚の鉛筆で書いた（へたくそな）グラフが共同研究の出発点となった。もちろんそれが第1章のベースとなった双曲線（hyperbola）である。そして,そのアイデアを筆者が具体的に肉付けを行うことになる。この意味で第一部の章はほとんど同氏とのディスカッションの中から生まれたと言ってよく,同氏の学問的刺激に対してこの場を借りて謝意を表したい。

　しかし,筆者は同時並行して,中国の急速な台頭にも興味を抱いていた。その最初の分析の試みは第4・5章のベースとなっている未公刊論文であり,それに対してコメントを頂いた加藤弘之氏（神戸大学）とのささいな交わりがきっかけとなり中国研究を平行して開始した。また,陳光輝氏（神戸大学）からも拙稿に対して多くのコメントを頂き,内容の改善に役立っている。しかし両氏の最大の助力は中国経済に対する接近の仕方であり,日本などとは比べものにならない広大な中国を,時間の軸（歴史）とともに空間の軸（地域）で分析することの重要性の示唆であった。またそれが,第II部のほぼすべての章が「地域」という空間

軸をベースとしている理由でもある。元来が論理形式主義の濃厚な理論・実証分析を好みとする筆者にとって，歴史と人間臭さが漂う地域研究の醍醐味をささやかながらも実感できていることにこの場を借りて感謝したい。

　本書を刊行するにあたり，甲南大学伊藤忠兵衛基金出版助成金からの援助を得ている。ここに記して謝意を述べたい。また，出版にあたり稲田義久氏（甲南大学），藤川清史氏（名古屋大学），および知泉書館の小山光夫氏にお世話になった。そして，これまでの教育・研究生活を蔭から支えてくれた家族に感謝の言葉を述べて，このはしがきを締めくくりたい。

2009年2月

　　　　　　　　　　　　　　　　　　　　六甲山ふもとの研究室にて

　　　　　　　　　　　　　　　　　　　　　　　　青　木　浩　治

目　次

はしがき……………………………………………………………………ⅴ

第Ⅰ部　アジア通貨・金融危機の経済分析

第1章　対外債務の双曲線——アジア通貨・金融危機からの一教訓……5
1　はじめに……………………………………………………………5
2　対外債務の双曲線仮説……………………………………………8
　2.1　簡単なモデル…………………………………………………8
　2.2　逆境的な対外ショックと実質為替レートの過剰反応………12
　2.3　双曲線仮説……………………………………………………16
3　双曲線仮説の実証分析……………………………………………18
　3.1　推定モデル……………………………………………………18
　3.2　推定結果………………………………………………………20
4　結　論………………………………………………………………29
　補論　データの出所………………………………………………30

第2章　危機後のマクロ経済調整——縮小的通貨切り下げと経常収支不均衡調整……33
1　はじめに……………………………………………………………33
2　危機後のマクロ経済調整…………………………………………35
　2.1　簡単なモデル…………………………………………………35
　2.2　危機後のマクロ経済調整……………………………………40
3　実証分析：韓国の事例……………………………………………42
　3.1　韓国の経常収支と実質実効為替レート……………………42
　3.2　実証分析の枠組み……………………………………………44

目次

   3.3　縮小的通貨切り下げ …………………………………………46
      a　方法論　46　　b　推定結果　48
   3.4　貿易方程式の推定 ……………………………………………52
   3.5　経常収支変動の要因分析 ……………………………………56
 4　結　論 ………………………………………………………………58
  補論 1　数学注 …………………………………………………………59
  補論 2　データの出所と変数の作成方法 ……………………………60

第3章　通貨・金融危機とファイヤーセール FDI──韓国のケース … 63

 1　はじめに ……………………………………………………………63
 2　ファイヤーセール FDI の理論 …………………………………65
   2.1　流動性危機とファイヤーセール FDI ……………………65
   2.2　過剰債務とファイヤーセール FDI …………………………70
   2.3　ファイヤーセール FDI の経済的含意 ……………………73
 3　実証分析：韓国の事例 …………………………………………74
   3.1　韓国の対内直接投資概観 ……………………………………75
   3.2　実証分析の方法論 ……………………………………………78
   3.3　単位根テストおよび推定式の特定化 ………………………82
   3.4　推定結果 ………………………………………………………84
      a　パネル回帰分析結果　84　　b　集計ベースの推定結果　87
      c　財務ポジション悪化の影響　89
 4　結　論 ………………………………………………………………90
  補論　データの出所 …………………………………………………90

第Ⅱ部　中国経済の国際化と国内経済統合

第4章　中国の対内直接投資と市場ポテンシャル──新経済地理学による分析 … 95

 1　はじめに ……………………………………………………………95
 2　中国の対内直接投資 ……………………………………………98
 3　実証分析の枠組み ……………………………………………105
   3.1　ベンチマーク・モデル ……………………………………106

3.2　「市場を以って技術に換える」政策 …………………………… 108
　　　3.3　推定式 ……………………………………………………………… 111
　4　対内直接投資の決定因 ……………………………………………… 113
　　　4.1　データ ……………………………………………………………… 113
　　　4.2　推定結果 …………………………………………………………… 117
　　　4.3　ブームの要因 ……………………………………………………… 122
　　　4.4　直接投資の地域偏在 ……………………………………………… 123
　　　4.5　分析含意：国内経済統合の重要性 ……………………………… 127
　5　結論 …………………………………………………………………… 128
　　補論1　中国の省・市別市場ポテンシャル・集計価格指数の計測 …… 129
　　補論2　在中国外資企業の生産・輸出データ …………………………… 133
　　補論3　データの作成方法・出所一覧 …………………………………… 134

第5章　対内直接投資と地域の成長および格差——地域成長会計による接近 …………………………………………………………………… 137

　1　はじめに ……………………………………………………………… 137
　2　直接投資と地域の成長 ……………………………………………… 142
　　　2.1　生産関数アプローチ ……………………………………………… 142
　　　2.2　推定結果 …………………………………………………………… 153
　　　2.3　地域成長会計 ……………………………………………………… 155
　　　　　a　国内資本と外国資本　155　　b　結果　157　　c　若干の補足　164
　3　直接投資と地域格差 ………………………………………………… 167
　　　3.1　中国の地域格差 …………………………………………………… 167
　　　3.2　直接投資の寄与 …………………………………………………… 170
　　　3.3　代替的な不平等尺度による評価 ………………………………… 174
　4　結論 …………………………………………………………………… 175
　　補論　データの作成方法，および出所 …………………………………… 176

第6章　地域分業構造の変容と域内市場効果 …………………………… 181

　1　はじめに ……………………………………………………………… 181
　2　中国の地域工業分布のトレンド：分散から集中へ ……………… 184
　3　理論枠組みと実証分析の方法 ……………………………………… 191

3.1	域内市場効果	191
3.2	多数財・多数地域モデルへの拡張	197
3.3	モデルの特定化	199
3.4	実証分析の方法	203
4	推定結果	206
4.1	農業・工業レベルの結果	206
	a マクロ・レベルの観察 206　b 推定結果 208	
4.2	産業別分析	216
4.3	分析含意	223
5	結　論	224
補論1	数学注	226
補論2	データの出所	227

第7章　地域間人口・労働力移動と市場ポテンシャル　229

1　はじめに　229
2　中国の地域間人口・労働力移動　230
3　理論枠組み　238
　3.1　市場ポテンシャルと賃金　238
　3.2　移動先地域の選択　241
4　推　定　242
　4.1　データと特定化　242
　4.2　推定結果　245
5　結　論　252

第8章　水平的財政不均衡と政府間財政調整——地域間財政力格差のUターン？　253

1　はじめに　253
2　中国の財政改革と税収返還制度　256
　2.1　分税制と税収返還制度　256
　2.2　中央・地方政府間の税収配分　260
　2.3　税収返還の逆進性　264
3　中国の地域間財政力格差とその要因　267

3.1　中国の地域間財政力格差 …………………………………………… 268
　　3.2　財政力格差の要因：ショーロックス分解 ………………………… 274
　　3.3　税源の地域偏在 ……………………………………………………… 279
　　3.4　長期のトレンド ……………………………………………………… 282
　4　結　論 ……………………………………………………………………… 284
　　補論 1　省別税収返還の推計 …………………………………………… 285
　　補論 2　1993・94 年の地方補助および上納支出の推計 …………… 288

第 9 章　外国為替市場介入の金融波及メカニズムと実質効果 …… 291
　1　はじめに …………………………………………………………………… 291
　2　簡単な開放マクロ経済モデル …………………………………………… 294
　　2.1　モデルの記述 ………………………………………………………… 294
　　2.2　国際収支不均衡と外国為替市場介入，および銀行貸出 ………… 299
　　　　a　金融市場の需給とマクロ・バランス　299
　　　　b　三つの攪乱と不胎化操作　301
　3　中国の不胎化操作と国内金融市場動向 ………………………………… 304
　4　構造 VAR による実証分析 ……………………………………………… 309
　　4.1　5 変量 VAR の推定 ………………………………………………… 309
　　4.2　インパルス応答関数の推定結果 …………………………………… 312
　　4.3　分散分解 ……………………………………………………………… 318
　　4.4　窓口指導の役割 ……………………………………………………… 320
　　4.5　若干の拡張：インフレ率の変動要因 ……………………………… 321
　5　結　論 ……………………………………………………………………… 324
　　補論　通貨当局の国外資産データの調整 ……………………………… 326

参考文献 ………………………………………………………………………… 329
索　　引 ………………………………………………………………………… 355

アジア通貨・金融危機，および中国の台頭

—— 理論・実証分析 ——

第Ⅰ部

アジア通貨・金融危機の経済分析

第1章

対外債務の双曲線
——アジア通貨・金融危機からの一教訓——

第1節　は じ め に

　1997-98年のアジア通貨・金融危機は，世界にとってきわめてショッキングな出来事であった。その原因についてはさまざまな議論があるものの[1]，直接的な契機が90年代初頭，特に1994-96年における大規模な民間資本流入とその後の突然の逆流にあったという認識ではほぼ合意が見られるようである。実際，危機に直面した東アジア5ケ国（韓国，タイ，マレーシア，インドネシア，フィリピン）に対する民間資本流入は，1994年の約400億ドルから1996年には1,000億ドルを上回る規模に達した後，1997年にはそれが僅か2億ドルに激減し，1998年にはさらに

---

[1] アジア通貨・金融危機の原因に関する主要な議論の流れについて簡単に整理しておくと，その第一の（そして当初最も影響力を持った）議論は政府保証による道徳的陥穽（moral hazard）を強調する立場であった（Burnside et al., 1998; Corsetti et al., 1998a, 1998b; Dooley, 1997; Krugman, 1998a）。第二の，そして第一のそれと密接に関連した議論は「誤った自由化手順」仮説とでも呼ぶべき議論の流れであり，危機に直面した国が金融自由化・国際化の手順を誤ったことを強調する（Chang, 1998; Chang et al., 1998; Mckinnon and Pill, 1996; Wade, 1998a, 1998b）。第三の，そして新興市場国だけでなく先進国をも巻き込んだ危機の世界的広がりを反映してその後の展開に非常に多くの影響力を持った議論は，「貸手責任（lender's liabilities）」を強調する立場である（Chang and Velasco, 1998a, 1998b; Radelet and Sachs, 1998a, 1998b）。そして，最後に実質的な米ドル・ペッグ制下の大規模な円ドルレートの変動がもたらした影響を強調する議論がある（Ito et al., 1998）。しかし，危機の原因を巡る議論にはそれぞれに一面の真理があるものの，国によりその背景が異なるため単一の要因だけで説明することは難しいように思われる。なお，危機の要因に関する一つの数量評価が3節で行われる。

276億ドルの流出に転じてしまった（IIF, 1999）。この1,000億ドルを上回る短期間の民間資本の逆流に伴い，危機に直面した国は当初国際流動性危機に，続いて外国からの民間資本流入を国内に仲介してきた国内金融機関の危機に直面した。その帰結が80年代末より起こっていた東アジアの国内投資ブームの突然の崩壊であり，厳しい国内不況と経常収支の大幅かつ短期間での改善であった。また，危機時の雇用不安等により民間貯蓄が激増し，この消費不振が危機の影響を増幅したことも指摘しておく必要があろう。

　こうした深刻な苦痛を伴う調整過程を観察するに及んで，多くの専門家はグローバル化時代における新興市場経済への民間資本流入の管理の重要性を指摘している。この章の目的は，この管理の失敗が国際投資家のコンフィデンスの突然の崩壊と経済的逆境をもたらすメカニズムを，一国の対外債務構造に着目して分析することである。特に，対外債務の量と構成の双方を重視した「対外債務の双曲線」仮説という一つのアイデアを提示してみたい[2]。

　この仮説は，危機に直面した東アジア5ヶ国の対外債務構造の時間経路の観察から派生している。例えば，韓国の危機の一因は，極端な短期対外債務依存にあると言われてきた。実際，1996年末時点における対外債務総額（対GDP比）そのものは，前回危機時のピークであった1980年代央の水準である50％よりもはるかに少ない34％であったのに対し，総債務に占める短期対外債務比率は57％に達していた。しかし，短期対外債務依存度という点で韓国が例外的に高かったわけではなく，例えば同じ1996年末時点で観察すると，チェコ共和国（50％），南アフリカ（57％），台湾（73％），そしてボツワナ（96％）のように韓国と同程度，あるいはそれを上回る短期債務依存国は複数存在していた。特に台湾は，その短期対外債務依存度が韓国以上に高かったにもかかわらず，

---

　[2] 先行研究に関するKaminsky et al.（1998, 12）の要約に見られるように，通貨危機の説明における対外債務の役割は，実証的にはあまり成功しているとは言えない。ただしBussiere and Mulder（1999），Radelet and Sachs（1998a），Rodrick and Velasco（1999）はその顕著な例外であり，外貨準備に対する短期対外債務の相対的大きさの重要性を指摘している。しかし，われわれとは異なり，彼らの分析は単一指標のみに着目するアプローチである。

深刻な危機に直面していないという事実は記憶されてよい。その一方で，インドネシアはその対外債務の大きさに常に不安が集中していたものの，同じ新興市場経済に限定してもコートジュボワールやヨルダン，ガーナといったインドネシアを上回る対外重債務国を見出すことは比較的容易である。このように，短期対外債務依存の高さや債務総額の多さといった特定の指標に着目した議論には明らかに限界があり，このことはまた，危機の蓋然性を診断・予測する上で，最低限対外債務の量とその構成（特に満期構成）等の複眼的な指標の観察が必要であることを示唆している。

そこでわれわれは，対外債務の対 GDP 比と短期債務比率という二つの非常に単純な指標に着目した上で，その合成指標を構築することを考える。これら二つの指標に注目するメリットは，第一に，これらが非常にポピュラーでありかつ観察が容易であること，そして第二に，二つの指標がわれわれの分析の焦点である「資本流入の量と構成」をストック次元で最も簡潔に捉えていることである[3]。この分析意図に従って危機に直面した国の対外債務構造の時間展開を観察すると，それは国によって実に多様であるものの，「対外債務の対 GDP 比と短期債務比率の二つの比率が，時間経過に伴い座標軸上を東北方向へ移動している」という一つの規則性が見出される。特にこの時間パターンはタイおよび韓国について顕著であり，また，程度の差はあれインドネシアやマレーシアについても同様のパターンが観察されている（Aoki and Min, 2003）。

この観察は，対外債務総額と短期債務比率の二次元のグラフ上で，通貨・金融危機の可能性の注意喚起をすべき閾値（threshold）曲線の存在を示唆している。以下，その臨界となる曲線を「対外債務の双曲線」，あるいは単に「双曲線」と呼ぼう。その背後にあるメカニズムは，直感的には次のように説明できるであろう。いま，何らかの理由で一国の対外債務が増加したとしよう。すると，他の事情にして等しい限り，このままでは対外債務返済不安と通貨価値下落に伴う対外債務負担増加リス

---

[3] ただし，株式資本を捉えていないという問題は残る。しかしアジア通貨・金融危機に関する限り株式投資はマレーシアを除いてあまり重要ではなく，また直接投資のようなエクイティ関連資本もむしろ「風向きに逆らった（leaning against the wind）」動きを示していた（第3章を参照）。

クが拡大する。したがって，そのリスク拡大に伴う資本逃避と短期的かつ深刻な調整を回避するためには，対外債務の短期化を抑制し，安定した返済プロファイルを策定する必要が生じる。この推測を理論的に根拠付け，その実証的な裏付けを得ることが以下の主要課題である。

　本章の構成を説明しておこう。まず次節において，双曲線仮説の理論的根拠付けを行う。具体的には，多くの新興市場経済共通の特徴である対外借入制約を明示的に導入した簡単な理論モデルを構築し，対外ショックに依存して投資の収益構造が不安定な環境における対外債務構造の帰結を分析する。特に逆境的な対外ショックに対して実質為替レートが過度に減価し，また国内経済の縮小も過度となる可能性が示される。続く3節ではアジア通貨・金融危機のエピソードを活用して，双曲線仮説を支持する実証的証拠を示す。最後の4節では結論と政策含意が簡潔に示される。

第2節　対外債務の双曲線仮説

2.1　簡単なモデル

　アイデアを具体化するために，流動性危機の重要性を強調したRadelet and Sachs（1998a, 1998b），Chang and Velasco（1998a, 1998b, 2001）の線に沿った簡単な理論モデルを考えてみよう。しかし，ポピュラーなDiamond and Dibvig（1983）の銀行取り付けモデルを援用するこれら先行研究とは異なり，昨今のグローバルな金融不安の直接的な引き金となってきたレバレッジングとマージンコールの役割に焦点を当てたモデル構築を行ってみたい[4]。

　いま，自国財と外国財からなる二財世界を考える。当該国は小国であり自国財の生産に特化している。そして，以下では外国財をニュメレールに選択する。この国は自由な資本取引を認めており，対外借入は外国財で行われる。なお貨幣は捨象されているものの，この設定は外貨建て

---

[4]　レバレッジングとマージンコールによる金融不安定性の議論については，例えばAiyagari and Gertler（1998）を参照。また，Krugman（1999a）は借入制約の下での自己実現的な危機の可能性を示している。

での借入という現実を反映していると考えてよい。市場は競争的であり，当該国は$R(>1)$で表記される所与の世界粗実質金利に直面している。アジア通貨・金融危機に焦点を当てるため，以下では民間の対外借入に議論を限定する[5]。

モデルは三期間からなる。まず0期（もしくはブーム期）において企業は投資プロジェクトを実施し，それをファイナンスするため次のD_0の対外債務を負ったと仮定しよう。

$$D_0 = P_1 + \frac{P_2}{R}$$

ここで，P_1, P_2はそれぞれ1期および2期において返済が行われることが約束された債務残高（利子を含む）である。以下，簡略化のためP_1を短期債務，P_2を長期債務と呼ぶ。以下のわれわれの関心は特定の対外債務構造の組成理由ではなくその帰結にあるので，この対外債務の満期構造そのものは所与と仮定する。

0期時点では将来は不確実であるが，1期において投資プロジェクトの収益が確定する。したがって，1期以降では不確実性は特に関係しない。そして0期で実施された投資の結果，1期においてY_1の，2期においてY_2の自国財がそれぞれ生産され，これらの量そのものは単純化のため所与と仮定する。このように，焦点を0期以降の展開のみに集中するのであれば，われわれのモデルは実質的に二期間モデルである。

次に，当該国は対外借入実績が過去においてさほどないという意味で，新規の国際借入国と考える。こうした国際信用が十分確立されていない新興市場国は，借入制約に直面する。いま，何らかの理由で1期において短期債務のロールオーバーが必要になったとしよう。その結果，1期における当該国の対外債務は

$$D_1 = Q + \frac{P_2}{R} \tag{1}$$

---

5) Calvo（1996），Cole and Kehoe（1996）はメキシコや南米諸国の危機における公的債務の満期構造に関する分析を行っている。

に変わる。ここで，Qは1期におけるロールオーバー額であり，新規の追加借入を含みうる。金利の引き上げは逆選択現象を引き起こすので，借り手のモラル・ハザードへの有効な対応にはなり難い（Stiglitz and Weiss, 1981）。そのため，以下では債務繰延契約に提示される実質金利はRに等しいと仮定する。

ロールオーバー契約成立後，借り手は二つの選択肢に直面する。その第一は現行の投資プロジェクトを継続することであり，その結果として，2期にY_2の成果が確実に期待できる。一方，第二の選択肢として他用途への事後的な資金流用機会が存在する。その代替的な投資プロジェクトは，現行プロジェクトに比べてリスクが高い半面，高収益が見込める。より具体的には，代替的投資機会では2期においてr ($1>r>0$)の確率でY_2^Hの収益が見込めるものの，残り$1-r$の確率で投資収益はゼロとする。そして，この代替的な流用機会は社会的には非生産的であり，$Y_2^H > Y_2 > rY_2^H (>0)$という関係を仮定する。

事後の資金流用の可能性に直面して，担保設定等の手段により債権保全を行うことができないため，外国の貸し手は与信ラインを設定して借り手のモラル・ハザードの可能性に対処する。t期($t=1, 2$)における外国財で測った自国財の相対価格，つまり交易条件を，記号p_tで表そう。以下ではこの変数を代替的に実質為替レートと呼び，その値が高くなった（交易条件が改善した）とき実質レートは増価したと呼ぶ。また，低下した（交易条件が悪化した）場合には実質為替レートは減価したと表現する。そうすると，有限責任ルールの下での誘因両立性条件は$p_2Y_2 - RD_1 \geq r \cdot \{p_2Y_2^H - RD_1\}$と表現できるので，借り手のモラル・ハザードを事前に防止する条件は

$$D_1 \leq k \frac{p_2 Y_2}{R} \tag{2}$$

と簡潔に表現できる。ここで$k=\{1-r(Y_2^H/Y_2)\}/(1-r)$と定義されており，仮定により$1>k>0$である。この借入制約(2)式にはわれわれの直感に訴えるものがある。実際，p_2Y_2/Rは投資収益の割引現在価値であるので，その資産価値を意味している。したがって，(2)式の意味は，貸し手はせいぜい投資プロジェクトの資産価値の一部までしか貸さない

ということである[6]。なお，借入制約の理論的正当化として，われわれはDiamond (1991, 728) の「債務キャパシティー (debt capacity)」アプローチを採用したが，これが唯一の正当化ではないことを指摘しておこう[7]。いずれにせよ，1期における短期債務のロールオーバーに対して，対外借入制約が拘束する可能性がある。

単純化のため，家計の効用関数は対数線形 $U = \ln C_1 + \beta \ln C_2 (1 > \beta > 0)$ と仮定し，各期の消費 C_t はコブ・ダグラス型 $C_t = (C_t^H)^\mu (C_t^F)^{1-\mu}$ ($1 > \mu > 0$) に特定化する。ここで，β は主観的粗割引率，C_t^H, C_t^F はそれぞれ t 期における自国財と外国財の消費量である。このとき，外国財で測った合成財の相対価格は $q_t = p_t^H$ と表現できる。家計は，通期の予算制約と対外借入制約(2)式に従って効用を最大にするように最適消費プロファイルを決定する。なお，$Q < 0$ の場合は，単純に所与の実質金利で外国に貸出を行うと仮定する。

最初に，借入制約が拘束しないケースを考えてみよう。1期における債務返済前の家計の富は $W = p_1 Y_1 + p_2 Y_2 / R - D_0$ であるので，簡単な計算により，各期の最適消費は $q_1 C_1 = W/(1+\beta)$ および $q_2 C_2 / R = \beta W/(1+\beta)$ となる。一方，X_1 を1期における自国財輸出額，X_2 を2期における同輸出額の割引現在価値と定義し，これらを所与と仮定しよう[8]。すると，自国財消費需要は仮定により各期総消費の一定割合 μ に等しいので，モデルは次の二つの自国財需給均衡条件により完結する。

$$p_1 Y_1 = \mu q_1 C_1 + X_1 \tag{3a}$$

$$p_2 Y_2 = \mu q_2 C_2 + R X_2 \tag{3b}$$

---

6) 金融分野で言うレポ取引の言葉を用いると，(2)式右辺は資金借り入れの際に差し出される資産の担保価値，k は担保掛け目，残りの $1-k$ は資産一単位当たりのヘアーカット（もしくはマージン）にそれぞれ相当する。

7) Hart and Moore (1994, 1998), Kiyotaki and Moore (1997) の不完全契約アプローチ，Bernanke and Gertler (1989) の costly state verification アプローチがその他の代表例である。

8) コブ・ダグラス型集計関数の下で，外国財で測った外国総消費を所与と仮定すると，外国財で測った外国の自国財需要は所与と考えることができる。

新たに変数を，$y_1 = p_1 Y_1$ および $y_2 = p_2 Y_2 / R$ により定義しよう。自国財への完全特化を仮定しているので，これらは各期における自国の実質 GDP を意味しており，所与の自国財生産量ならびに実質金利の下では同時に実質為替レートの代理変数と考えることも可能である。したがって最適消費を考慮すると，自国財需給均衡条件(3)式より，次のような実質 GDP 決定式を得る。

$$y_1 = \frac{1}{1-\mu}\left\{\left(1-\frac{\mu\beta}{1+\beta}\right)X_1 + \frac{\mu}{1+\beta}X_2 - \frac{\mu}{1+\beta}D_0\right\} \quad (4a)$$

$$y_2 = \frac{1}{1-\mu}\left\{\frac{\mu\beta}{1+\beta}X_1 + \left(1-\frac{\mu}{1+\beta}\right)X_2 - \frac{\mu\beta}{1+\beta}D_0\right\} \quad (4b)$$

興味深いことに，われわれのモデルはケインジアン的な要素を持っている。例えば，1期の輸出の同期実質 GDP に及ぼす効果は

$$\frac{\partial y_1}{\partial X_1} = \frac{1}{1-\mu}\left(1-\frac{\mu\beta}{1+\beta}\right) > 1$$

であり，教科書的な輸出乗数と定性的に同じである。輸出の増加は交易条件の改善により実質 GDP を増加させるので，家計の富を増加させる。すると，消費が刺激され，さらに実質 GDP が増加するのである。また(4)式を用いると，家計の富は

$$W = \frac{1}{1-\mu}(X_1 + X_2 - D_0)$$

と書き改めることができる。したがって，債務返済条件として $X_1 + X_2 > D_0$ という条件が必要である。以下ではこの条件を前提して議論を進めるが，この条件は対外債務返済にとって輸出が決定的重要性を持つという単純な事実を示している。

2.2　逆境的な対外ショックと実質為替レートの過剰反応

　発展途上国は一般に先進国の不況，先進国間の大規模な為替レート変動に伴う輸出不振や交易条件の悪化，商品市況の悪化，国際金利の急上昇といった対外的な逆境に脆弱である。この節ではこうした逆境的な対

第1章 対外債務の双曲線

外ショックの影響について簡単に分析しておこう。

そのため，何らかの理由により1期の輸出X_1が突然減少したと仮定する。このとき，この国は短期債務のロールオーバーの必要性に迫られ，その局面で対外借入制約に直面するかもしれない。その可能性を考察するため，最初に1期におけるロールオーバー必要額が

$$Q=P_1-\{y_1-q_1C_1\}$$

となることに注意する。ここで右辺カッコ内は1期の貿易収支であり，当該国全体としてのいわばキャッシュフローを意味している。しかし，1期の貿易収支は，簡単な計算により

$$B(\equiv y_1-q_1C_1)=\frac{\beta}{1+\beta}X_1-\frac{1}{1+\beta}X_2+\frac{1}{1+\beta}D_0 \tag{5}$$

と表現できるので，1期の輸出減少は当期の貿易収支を悪化させることが分かる。突然の輸出減少はこの国のキャッシュフローを減少させ，短期債務の返済を貿易収支黒字でカバーできなくなるかもしれないのである。いま，そのような状態$P_1>B$が発生したとしよう。すると，当該国は短期債務の借り換えが必要となり，場合によっては追加的な借入さえ必要となるかもしれない。しかしこの国はD_0の定義および(1)(3)式より

$$D_1=D_0-B\leq ky_2$$

という借入制約に直面している。ここで，1期における輸出減少は，消費の通時平準化により将来の実質為替レート減価を引き起こすので，対外借入能力ky_2そのものを低下させることに注意しよう。以下において，この借入制約が拘束するとき，当該国は「流動性危機」に直面していると呼ぶ。突然の輸出減退により短期債務のロールオーバーの必要性に迫られているにもかかわらず，国際投資家の与信拒否によりそれが困難となるからである。

新たに記号を

$$X_1^C = D_0 + \left\{1 - \frac{k(1+\beta)}{1-\mu+k\mu}\right\}\frac{X_2}{\beta}$$

により定義しよう。ここでX_1^Cは,借入制約が拘束する臨界的な1期の輸出である。したがって,定義により$X_1 < X_1^C$のとき,この国は流動性危機に直面する。この流動性危機下では,家計の消費が1期では$q_1^* C_1^* = y_1^* + ky_2^* - D_0$の水準に,2期では$q_2^* C_2^*/R = y_2^* - ky_2^*$の水準にそれぞれ抑制される。ここで,添え字($*$)は流動性危機下の変数を表わしている。この消費を自国財需給均衡条件(3)式に代入して整理すると,次のような流動性危機下の実質GDP決定式を得る。

$$y_1^* = \frac{1}{1-\mu}X_1 + \frac{\mu}{1-\mu}(ky_2^* - D_0) \tag{6a}$$

$$y_2^* = \frac{1}{1-\mu+k\mu}X_2 \tag{6b}$$

この(6)式と(4)式の比較より,

$$\frac{\partial y_1^*}{\partial X_1} = \frac{1}{1-\mu} > \frac{\partial y_1}{\partial X_1} = \frac{1}{1-\mu}\left(1 - \frac{\mu\beta}{1+\beta}\right) > 1 \tag{7}$$

という関係が即座に得られ,これより次の命題を導くことができる。

命題 現在の輸出がその臨界値X_1^Cを下回って減退すると,たとえそれが一時的であったとしても,市場の不完全性がない場合に比べて実質為替レートが過度に減価し,また実質GDPも過度に縮小する。そして,その程度は自国財支出性向μが高いほど,また限界貯蓄性向$\beta/(1+\beta)$が高いほど大きい。

為替レートの過度の減価を通貨危機と解釈すれば,われわれのモデルは実質為替レート減価が過度の経済縮小を伴うという,多くの新興市場危機において共通に見られる「縮小的通貨切り下げ(contractionary currency devaluation)」現象を説明している。

図1-1は,この筋書きを図示したものである。ここで,図の縦軸には

第1章　対外債務の双曲線　　　　　　　　　　　　　　15

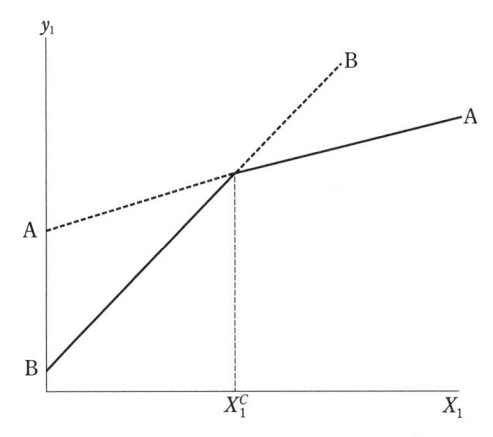

図1-1　実質為替レートの過剰反応

1期における実質GDPもしくは実質為替レート，横軸には同期における実質輸出額がそれぞれ測られている。図のAA線は，借入制約が拘束していない場合の両者の関係を，またBB線は制約が拘束している場合のそれである。臨界的な輸出X_1^cは二つの線の交点に対応する輸出であり，実際の両者の関係は二つの線の実線部分によって記述される。図から明らかなように，X_1^cの水準を下回るほどの輸出の大幅な減退は，AA線によって予測される以上に過度の実質GDP縮小と過度の実質為替レート減価をもたらす。

　その背後にあるメカニズムは，きわめてシンプルである。例えば，先進国間の大規模な為替レート変動によって一国の輸出が急激に減退したとしよう。すると，この逆境的な対外ショックにより当該国の交易条件が悪化し，また実質所得も減少するであろう。しかし，消費の通時平準化により支出が大きく減少しないため，貿易収支が悪化する。そして，キャッシュフロー不足により，当該国は短期対外債務のロールオーバーの必要性に迫られる。ところが，新興市場経済であるため，まさにその逆境時において国際投資家は逆に与信ラインを強化する。その結果，借入制約に直面した当該国は流動性危機に直面し，支出が強制的に抑制されることによって必要なキャッシュフローが創出される。この強制的な支出の抑制が，実質為替レートの過度の減価と実質GDPの過度の縮小をもたらすのである。このように，国際金融は，皮肉にもファイナンス

2.3 双曲線仮説

それでは,どのような条件の下で流動性危機が発生しやすいのであろうか？ そのため,対外債務を実際に負う0期の観点から問題を考えてみよう。将来の不確実性に直面している0期において,1期に流動性危機が発生する確率はProb$\{X_1<X_1^c\}$で与えられるので,例えば50%をその閾値確率と仮定すると,少なくとも50%の確率で危機が生起する条件は

$$\text{Prob}\{X_1<D_0+AX_2\}\geq 0.5$$

となる。ここで,定数$A>0$は$A=\{1-k(1+\beta)/\beta(1-\mu+k\mu)\}$と定義されている。この関係を満たす最少の対外債務総額をD_{Min}で定義しよう。明らかにこの臨界対外債務は閾値確率の増加関数である。したがって少なくとも50%の確率で危機が生起する条件は,単純に

$$D_0 \geq D_{Min} \tag{8}$$

により与えられる。

一方,キャッシュフロー不足を意味する条件$P_1>B$が,危機が生起するための必要条件である。いま,総債務に占める短期対外債務比率を記号$s=P_1/D_0$により定義し,以下それを単に短期対外債務比率と呼ぶ。このとき,貿易収支決定式である(5)式を活用すると,例えば少なくとも50%の確率で危機が生起するもう一つの必要条件は

$$\text{Prob}\{P_1>B\} = \text{Prob}\left\{\left(s-\frac{1}{1+\beta}\right)D_0>\frac{\beta}{1+\beta}X_1-\frac{1}{1+\beta}X_2\right\}\geq 0.5$$

と整理できる。この条件を等号で成立させる臨界的な$[s-1/(1+\beta)]D_0$の値をB_{Min}によって定義し,$B_{Min}>0$を仮定しよう。したがって,少なくとも50%の確率で危機が発生するもう一つの必要条件は次式によって与えられる。

第 1 章　対外債務の双曲線

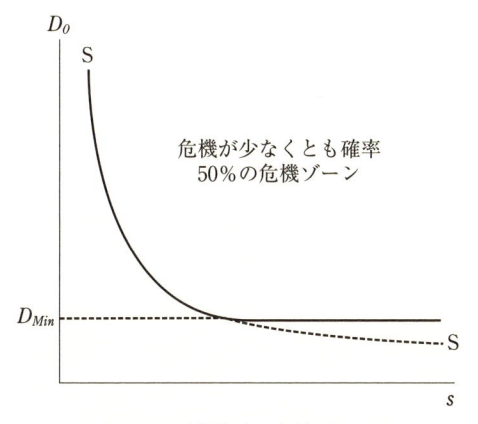

図 1-2　対外債務の危険ゾーン

$$\left(s-\frac{1}{1+\beta}\right)D_0 \geq B_{Min} \tag{9}$$

　図 1-2 は以上の議論を整理したものである。ここで，図の縦軸には対外債務総額 D_0 が，横軸には短期対外債務比率 s がそれぞれ測られている。直角双曲線 SS は(9)式を等号で成立させる関係を図示しており，水平線は(8)式を等号で成立させる臨界的な対外債務である。この二つの曲線によって囲まれた東北部分は，少なくとも 50％の確率で危機が生起するゾーンを表わしており，「危機ゾーン（crisis zone）」と呼ぶことができよう[9]。明らかに，閾値確率を高く設定するほど，この境界線も東北方向に位置することになろう。この図から明らかなように，危機ゾーンの境界部分は，少なくとも実証上は双曲線により近似可能である。

---

9) この呼称は Cole and Kehoe (1996) から借用している。ただし，彼らと異なり，われわれのフレームワークには自己実現的な危機の可能性はない。

第3節　双曲線仮説の実証分析

3.1　推定モデル

前節において展開された理論分析は，一国の対外債務構造の健全性を診断するためには，個々の指標の寄せ集めではなく，あるパラメータ δ_i の下で二つの指標の積 $(D_0-\delta_1)(s-\delta_2)$ によって近似される合成指標を活用すべきであるという実証上の含意を導いている。この節では，われわれの理論仮説が実際のデータによって支持されるか否かを検証する。

そのため，次の推定式を推定しよう。

$$Crisis=\alpha+\delta_0\{Debt-\delta_1\}\{RSTDebt-\delta_2\}+Others+u \qquad (10)$$

ここで，Crisis は危機の程度を表す尺度，Debt は対外債務総額（対GDP比，%），RSTDebt は短期対外債務比率（%），Others はその他のコントロール変数，u は撹乱項である。以下でのわれわれの主要課題は，二つの比率の積 $(D_0-\delta_1)(s-\delta_2)$（以下「双曲線指標」と呼ぶ）が危機の説明において有意であること（$\delta_0>0$），そして二つの比率について正の閾値が存在すること（$\delta_1, \delta_2>0$）を，1997年7月以降のアジア通貨・金融危機のエピソードを対象として実証的に検証することである。なお，小標本の限界に対する批判（Furman and Stiglitz, 1998））に対処するため，IFC の定義による新興市場をほぼ網羅する50ヶ国を分析対象とする（国名は後出表1-4を参照）[10]。

危機尺度として，標準的な「外国為替圧力指数（foreign exchange pressure index）」を採用しよう[11]。より具体的には，同指数は対米ドル為替レート変化率と金を除く外貨準備の（負の）変化率の加重平均と定

---

[10]　1999年時点において IFC の定義する新興市場経済は，フロンティア市場を含めて51ヶ国存在する。このうち整合的な対外債務統計が利用可能でないギリシャとポルトガル，および関連データが極端に少ないナイジェリアを除外した。一方，IFC の定義する新興市場経済ではないが，東アジアの重要な構成経済であるという判断から，香港 SAR とシンガポールを含めている。

義され，為替レート制度の相違やインフレーションの影響をコントロールするため，1997年7月以前の2年半におけるトレンドからの乖離率として為替レート変化率を計算した。なお，平均化のウェイトとしてポピュラーな各変数の精度（分散の逆数）を採用したが，このウェイティング法について若干の注意が必要である[12]。

一方，危機の期間として次の二つを検討する。第一の期間は，アジア通貨・金融危機が勃発する直前の1997年6月からインドネシア・ルピアを除いて危機直面国通貨の減価がほぼ底を付けたと考えられる1998年1月までの期間であり，第二の期間は，1997年6月から1年後の1998年6月までである。

危機時におけるインドネシアの外国為替圧力指数は異常に大きな値として算出されており，明らかな異常値と考えられる。特に，1997年12月以降のインドネシア危機の深刻化は経済問題を超えて体制崩壊にまで発展しており，明らかに他の国とは異質である。そこで，インドネシアについてはインドネシア・ダミーを加えて推定を行うことにした（その推定結果は省略する）。

対外債務統計として，アジア通貨・金融危機とその後のブラジル・ロシア等への危機伝染を契機として主要国際機関の協同により開示が始まったBIS/IMF/OECD/World BankのJoint Statisticsを採用する。この統計は，おそらく現在利用可能な最も包括的でかつ信頼性の高いデータ

---

11) この指標を使った代表的な分析としてEichengreen et al. (1996), Esquivel and Larraín (1998), Frankel and Rose (1996), Fratzscher (1998), Furman and Stiglitz (1998), Kaminsky and Reinhart (1999), Kaminsky et al. (1998), Milesi-Ferretti and Razin (1998), Sachs et al. (1996), Tornell (1999) 等がある。なお，代替的にはprobit分析が考えられるものの，われわれのモデルが非線形であること，また，probitモデルでは危機の深刻度の差を十分捉えることができない等の理由により，必ずしも明確な結果は得られない。

12) 第一に，通常は為替レート変化率に非常に高いウェイトが付く。この点を是正する一つの試みとして，0.5×｛為替レート変化率/その標準偏差｝+0.5×｛外貨準備変化率/その標準偏差｝という指標（その条件付分散は1.0となる）を用いて分析を行ってみたところ，われわれの推定モデルの説明力がさらに増大した。しかし，ここでは分散逆数ウェイトが最もポピュラーであることに加え，最も説明力の「弱い」指標を採用することにより結果の頑健性を持たせる意図から，ポピュラーなウェイト法を採用することにした。第二に，指数にはデータの制約により金利変化を含めていない。そのため幾つかの国，特にカレンシー・ボード制を採用している香港SARについて，危機の程度が過小評価されている可能性が高い。

と判断されるが，しかしそれでも一部の米系金融機関を介したデリバティブ取引に関連する簿外債務をカバーしていないことに注意しよう（IMF, 1998; Kregel, 1998; World Bank, 1999）。

その他のコントロール変数として，国内金融機関の与信ブームの影響を捉えるため，1993年から1997年6月までの銀行部門対民間与信（対GDP比）の変化$\Delta Credit$を導入する。ここで，1993年を開始年としたのは，同年が民間資本流入の急増を背景に東アジアの投資ブームが再開した1994年の直前年であるとの判断による[13]。なお，関連するデータの出所等は巻末において一括して示されている。

3.2 推定結果

推定結果は，1997年6月-1998年1月を対象とした表1-1と，1998年6月までを対象とした表1-2に整理されている。なお，残差の不均一分散が著しいと判断される場合にはWhiteによる不均一分散頑健標準誤差からt値が計算されている。(1)，(4)式はグロスの対外債務による推定結果を示しているが，債務のリスケジュールの難易度の差を考慮するため，多国間機関（IBRD, IDA, IMF）に対する債務およびDAC加盟国による二国間ローンを除いた対外債務ベースでの推定も行ってみた（(2)，(5)式）。しかし，これらの推定では外貨準備の存在が考慮されていないので，短期債務から外貨準備を除いたネット・ベースでの推定も行っている（(3)，(6)式）。なお，ネット債務がマイナスとなる10ケ国を除外している[14]。

推定結果によると，危機勃発直前の与信ブームを捉える$\Delta Credit$が期間・債務概念とは無関係に例外なく統計的に有意に推定されており，このことはまた，危機勃発直前までの東アジアにおける過大な投資ブームを背後から支えた国内金融機関の与信ブームが危機の遠因として重要であることを示唆している（実際，その後多くの国において銀行危機が発生

---

13) 代替的には，東アジア諸国の多くが80年代末より金融自由化を開始したという点を考慮して，1980年代末を開始時期とすることが考えられるが（ただし，必要なデータが得られる国の数が減少する），以下と同様の結果が得られる。

14) ボツワナ，クロアチア，チェコ，エストニア，香港SAR，ラトビア，シンガポール，スロバキア，スロベニアおよび台湾の10ケ国である。

第1章 対外債務の双曲線

表1-1 推定結果：1997年6月-1998年1月

説明変数	(1)	(2)	(3)
constant	0.7102	-5.7700	18.704
	(0.197)	(-1.171)	(2.180)**
$\Delta Credit$	0.6396	0.6573	1.0066
	(2.525)**	(2.420)**	(2.632)**
δ_0	0.0403	0.0329	0.0113
	(4.177)***	(3.013)***	(1.886)*
δ_1	8.6056	1.1853	-1.0158
	(2.946)***	(2.150)**	(-0.306)
δ_2	12.543	13.025	10.627
	(6.912)***	(2.122)**	(0.735)
adjR^2	0.867	0.853	0.826
[adjR^2 excl. I'nesia]	[0.544]	[0.495]	[0.402]
White [p-values]	0.010	0.001	0.000
NOB	50	50	40

注）インドネシア・ダミーを含めて推定が行われている。(1)式は粗対外債務を、(2)式はIBRD, IDA, IMFの国際機関およびDAC加盟国による二国間ローンを除いた債務を、(3)は外貨準備を控除した正味の債務を使用した場合の推定結果である。adjR^{2}の下段の［ ］内はインドネシアを除外した場合の自由度修正済決定係数、Whiteは残差の不均一分散に関するホワイト統計量（p値のみ掲載）。カッコ内はt値。
***　1％の水準で有意
**　5％の水準で有意
*　10％の水準で有意

している）。しかし，われわれの分析目的にとってより重要なことは，外貨準備を相殺したネット・ベースでの結果を別にすると，(10)式の双曲線スペシフィケーションが比較的うまく推定されているということである（(1), (4)式）。実際，推定されたパラメータδ_iはすべて正でかつ統計的に有意であり，このことはまた，アジア通貨・金融危機を説明する上で，われわれの双曲線指標が一助となっていることを意味している[15]。興味深いことに，金融脆弱性を所与とすると，対外債務（対GDP比）が約10％，短期対外債務比率が同じく約10％を超えたときに双曲線指標が正の値をとること，したがってこれら閾値を超えて対外債務が蓄積されたときに危機が発生する可能性が高いことを推定結果は示唆してい

---

15) 仮に$\delta_1=\delta_2=0$であれば，双曲線項は短期対外債務の対GDP比という単一指標に退化してしまう。しかし，ここでわれわれが強調したいことは，二つの指標の非線形関係の重要性である。

22　第Ⅰ部　アジア通貨・金融危機の経済分析

表 1-2　推定結果：1997 年 6 月-1998 年 6 月

説明変数	(4)	(5)	(6)
constant	2.2262	-1.8469	15.960
	(0.581)	(-0.449)	(2.079)**
$\Delta Credit$	0.6873	0.6979	0.9006
	(2.260)**	(2.286)**	(2.890)***
δ_0	0.0019	0.0123	0.0036
	(2.348)**	(1.563)*	(0.984)
δ_1	9.1968	0.6495	-11.355
	(1.703)*	(0.501)	(-0.778)
δ_2	13.071	4.9572	40.347
	(3.251)***	(0.349)	(0.797)
adjR^2	0.939	0.936	0.941
[adjR^2 excl. I'nesia]	[0.439]	[0.416]	[0.444]
White [p-values]	0.006	0.003	0.001
NOB	50	50	40

注) 　インドネシア・ダミーを含めて推定が行われている。(4)式は粗対外債務を、(5)式は IBRD, IDA, IMF の国際機関および DAC 加盟国による二国間ローンを除いた債務を、(6)は外貨準備を控除した正味の債務を使用した場合の推定結果である。adjR^2 の下段の [ ] 内はインドネシアを除外した場合の自由度修正済決定係数、White は残差の不均一分散に関するホワイト統計量（p 値のみ掲載）。カッコ内は t 値。
*** 　1% の水準で有意
** 　5% の水準で有意
* 　10% の水準で有意

る。

　次に，他のコントロール変数を追加した場合の推定結果を報告する。その第一として，対外ショックの影響を考える。既に理論パートにおいて強調したように，逆境的な対外ショックはしばしば新興市場経済危機の引き金となってきた。例えばアジア通貨・金融危機のコンテキストでは，1995 年央からの円ドルレートの急速な円安・ドル高への反転[16]，1994 年の人民元公定為替レートの切り下げと為替レート統一化[17]，さらには半導体価格の急落等による 1996 年の輸出不振の影響が重要と考えられる。この点を捉えるために，輸出と実質為替レートに関連した説明

---

16) 1980 年代央以降，円ドルレートの推移と東アジア諸国の輸出との間に密接な関連があったことはよく知られている。

17) もっとも，その効果については必ずしも合意が得られていない（Fernaldo, Edison and Loungani, 1998）。

変数を導入する。具体的にはその他のコントロール変数として次を加えてみたい。

$$Others = \{\gamma_0 + \gamma_1 \times STD/FR\} \times Egrowth$$
$$\text{or } \{\gamma'_0 + \gamma'_1 \times STD/FR\} \times REXR95 \qquad (11)$$

ここで，$Egrowth$ は1990-95年の各国のドルベース輸出年間平均伸び率から1996年の同ドルベース輸出伸び率を引き，それに1996年の各国輸出（対GDP比）を乗じたものであり，1996年における輸出不振の深刻度を測る尺度と考えることができよう。一方，$REXR95$ は1995年から1997年第二四半期までのCPIベース実質実効為替レート（1995年=100）の変化であり，高い値は当該国の実質為替レート増価を意味するように作成されている。なお，実質実効為替レート指数はアメリカ・ドル，日本円，ドイツ・マルクに対して定義され，ウェイトとしては1995年貿易金額（ドイツ・マルクはEU15ケ国の貿易金額）ウェイトを採用した。また，STD/FR は1997年6月末時点における各国の短期対外債務の外貨準備に対する比率であり，外貨準備の十分性の程度を測る尺度である。したがって，(11)式のスペシフィケーションは，輸出や実質為替レート変動の直接的効果(γ_0)に加えて，表1-1, 1-2では必ずしも結果が芳しくなかった準備の役割を，逆境的な対外ショックとの交差効果(γ_1)として捉えようとしている。

　第二に，アジア通貨・金融危機においてしばしば指摘された通貨危機の伝染効果（contagion effect）あるいは競争的通貨切り下げ効果を捉えてみたい（Esquivel and Larraín, 1998; Fratzscher, 1998; Glick and Rose, 1998）。実際，インドネシアやフィリピンは，1996年における輸出が比較的好調であったにもかかわらず，程度の差はあれ危機に直面した。むしろ両国の危機は，ASEAN近隣諸国からの危機の伝染という側面が強いのかもしれない。この問題に対処するため，Glick and Rose (1998) に従って次のように定義される変数 $Tlink$ を追加変数として導入する。

表 1-3　対外ショックと貿易リンケージの役割：粗対外債務

説明変数	1997年6月-1998年1月		1997年6月-1998年6月	
	(7)	(8)	(9)	(10)
constant	-4.8362	-6.1395	-2.4239	-4.7499
	(-0.801)	(-0.940)	(-0.445)	(-0.782)
$\Delta Credit$	0.5075	0.5794	0.6365	0.6345
	(2.386)**	(2.691)**	(2.210)**	(2.351)**
δ_0	0.0261	0.0325	0.0167	0.0156
	(2.062)**	(2.352)**	(1.483)	(1.327)
δ_1	13.437	9.9516	17.858	12.760
	(2.747)***	(2.835)***	(1.921)*	(1.832)*
δ_2	10.832	11.329	11.845	9.6970
	(2.865)***	(4.299)***	(2.008)*	(2.064)**
Egrowth				
×unity	-0.2822		-0.3464	
	(-1.662)		(-1.961)*	
×STD/FR	1.5082		0.5198	
	(2.165)**		(0.890)	
REXR95				
×unity		-0.0340		-0.0170
		(-0.189)		(-0.075)
×STD/FR		0.2165		0.1024
		(0.693)		(0.425)
Tlink	0.2891	0.2283	0.2493	0.2409
	(1.936)*	(1.690)*	(1.910)*	(2.199)**
adjR²	0.881	0.871	0.941	0.940
[adjR² excl. I'nesia]	[0.593]	[0.558]	[0.464]	[0.452]
White [p-values]	0.446	0.035	0.390	0.139
NOB	50	50	50	50

注）インドネシア・ダミーを含めて推定が行われている。カッコ内は t 値。
　　*** 1%の水準で有意　　** 5%の水準で有意　　* 10%の水準で有意

$$Tlink = 100 \times \left\{ \sum_{k \neq 0, i} \frac{X_0^k + X_i^k}{X_0 + X_i} \left(1 - \frac{|x_0^k - x_i^k|}{x_0^k + x_i^k}\right) + \frac{X_0^i + X_i^0}{X_0 + X_i} \left(1 - \frac{|x_0^i - x_i^0|}{x_0^i + x_i^0}\right) \right\}$$

ここで，添え字の0とiはそれぞれタイとその他当該国を表し，X_iはi国の総輸出，X_i^kはi国からk国への輸出，小文字のx_i^kはi国総輸出に占めるi国のk国向け輸出シェアである。カッコ内の第一項は第三国kにおけるi国とタイとの間接的な競合度であり，第二項は二国間の直接的な競合度を意味している。したがって，Tlinkは，アジア通貨・金融

危機の最初の発端となったタイを基準として，貿易面で同国とどの程度直接・間接的に競合しているかを測る尺度と理解できよう。そして，この指標に関わる係数が有意に推定されたとき，伝染効果の存在が支持されたと考えうる。そこで，危機直前年の1996年に焦点を当て，われわれはこの指数を64ヶ国・地域ベースで作成した。なお，定義によりタイの同指数はゼロである。

これら追加的な説明変数を加えた場合の推定結果は，表1-3に整理されている。以下，いくつかの論点を簡単に整理しておこう。第一に，輸出鈍化や実質為替レート増価の直接的効果は統計的には有意に推定されておらず，この結論は Radelet and Sachs（1998a）のそれと整合的である。しかし，この結果は特に驚くべきものではない。というのは，金融面での脆弱性等の何らかの要因がなければ，輸出鈍化や実質為替レート増価そのものが危機をもたらすとは考え難いからである。より興味深い点は，*Egrowth* と *STD/FR* の交差項が1997年6月-1998年1月の期間について正でかつ有に推定されている点である。この結果は，外貨準備が十分でない国が輸出減退に対して脆弱であることを示す一つの実証的証拠を与えているように思われる。

一方，実質為替レートのインパクトは，直接的効果はもとよりのこと，交差項についても有意に推定されていない。しかし，この結果も必ずしも不可解ではない。というのは，アジア通貨・金融危機の直接的な被害国よりもはるかに大規模な実質為替レート増価を経験している国が少なくないからである[18]。最後に，期間が長期化するにつれその効果が弱まっているものの，貿易リンケージを通じた伝染効果項 *Tlink* が有意に

---

18) 危機に直面した国の1995年-1997年央における実質為替レート増価の程度は，ASEAN 諸国が20％程度，韓国が5％であった。しかし，これらよりも大きく実質為替レートが増価した国は少なくなく，東欧の移行経済諸国に加えケニヤ（38％），ジャマイカ（37％），ザンビア（26％），メキシコ（25％），中国（24％），香港 SAR（21％）がその代表例である。なお Chinn（1998）は危機勃発以前におけるアジア各国の実質為替レートの過大評価の程度はさほど大きくないことを示しており，Corsetti et al.（1998b）も同様の指摘を行っている。もっとも，実質為替レートの役割はさらに検討すべき余地を残している。例えばわれわれの採用した実質為替レート指数はデータの制約上 CPI ベースで作成されているが，タイの生産性上昇率を上回る賃金上昇に見られるように，単位労働コスト基準での実質為替レート指数を作成する方が望ましいかもしれない。なお関連する議論について Ito et al.（1998）を参照。

表 1-4 Crisis Index に対する説明変数の寄与度

地域・国	Crisis Index	説明された部分	ΔCredit	Hyperbola	Egrowth	Tlink
Asia						
Crisis-hit Countries						
Indonesia	282.72	43.08	1.78	21.38	1.54	18.38
Korea (1)	80.95	50.15	11.32	17.40	9.40	12.04
Korea (2)	80.95	57.21	11.32	24.46	9.40	12.04
Malaysia	69.78	58.10	17.97	15.38	7.11	17.64
Philippines	58.85	32.95	11.98	11.10	-0.46	10.32
Thailand	104.90	103.98	16.34	40.65	51.83	-4.84
Other Asia						
Bangladesh	2.20	-3.31	3.40	-4.98	-0.10	-1.62
China	-3.05	8.24	-2.49	1.00	0.28	9.45
Hong Kong	-0.08	28.66	13.14	7.72	0.10	7.70
India	5.71	12.65	-0.81	0.24	0.07	13.16
Pakistan	2.63	0.35	-1.83	2.54	-3.69	3.33
Singapore	21.07	13.96	4.52	-0.69	-2.36	12.49
SriLanka	0.08	-2.11	0.00	-1.67	0.19	-0.64
Taiwan	17.15	6.00	-0.10	-5.44	0.20	11.34
Latin America						
Argentina	0.00	6.10	0.61	10.18	0.15	-4.84
Brazil	1.73	-16.89	-34.21	4.85	0.16	12.30
Chile	6.55	20.26	0.71	12.56	1.58	5.42
Colombia	14.05	9.42	0.46	6.38	0.53	2.05
Ecuador	2.13	9.82	4.47	6.64	-0.57	-0.72
Jamaica	2.13	5.82	-0.81	8.10	1.53	-2.99
Mexico	-8.09	-0.74	-9.85	9.44	-2.33	2.00
Peru	-1.11	16.06	4.62	11.20	0.14	0.10
T. &Tobago	-0.48	3.96	-5.13	8.44	3.72	-3.08
Venezuela	-5.82	-1.13	-6.70	1.10	-0.74	5.22

注) 個々の説明変数の寄与度は表1-3の(7)式の推定結果を使用して計算した。Tlinkは貿易リンケージ項と推定された定数項の差により計算されている。Korea (1)は双曲線項Hyperbolaの寄与度の計算にJoint Statisticsデータを使用した場合，Korea (2)は韓国の国内統計を使用した場合をそれぞれ表わす。

推定されており，この結果は危機の一因としての同効果の重要性を浮き彫りにしている。

表 1-4 は，推定結果を活用して危機の各説明要因の説明力を整理したものである。ここで，計算は表1-3の(7)式を採用しており，Tlink項の寄与は国間の相違を明確にするため，推定値と定数項の差により計算されている。また，Joint Statistics には依然過小評価部分が存在すると

表 1-4　Crisis Index に対する説明変数の寄与度（続き）

地域・国	Crisis Index	説明された部分	$\Delta Credit$	Hyperbola	Egrowth	Tlink
Africa						
Botswana	-2.35	-2.59	-3.35	-16.22	9.87	7.12
Cote d'Ivoire	2.48	3.69	-6.70	12.29	-1.33	-0.57
Ghana	-1.04	4.29	0.71	3.71	3.06	-3.19
Kenya	10.81	-1.36	1.27	-0.04	0.25	-2.84
Mauritius	7.00	7.12	0.51	10.32	-0.65	-3.05
Morocco	1.96	-7.93	-5.53	0.65	-2.26	-0.78
South Africa	3.10	13.66	2.94	4.92	-1.32	7.12
Tunisia	1.41	-2.28	-3.45	0.61	1.17	-0.61
Zimbabwe	56.88	1.80	-1.93	8.78	-2.03	-3.03
Middle East						
Egypt	-0.06	6.56	7.41	0.76	-0.01	-1.60
Israel	-5.22	13.03	2.79	0.54	-0.02	9.72
Jordan	-0.86	1.00	3.45	0.52	0.37	-3.35
Saudi Arabia	0.00	7.68	-2.49	-1.92	-3.67	15.75
Europe						
Bulgaria	-41.88	-16.06	-25.63	10.99	0.54	-1.96
Croatia	-0.98	-11.02	-7.92	-2.01	1.19	-2.28
Czech Rep.	7.46	10.61	1.02	4.69	2.88	2.03
Estonia	-0.37	-2.08	3.25	-2.59	0.75	-3.49
Hungary	2.23	12.21	-4.62	14.74	0.50	1.59
Latvia	0.85	-9.82	-5.18	-0.35	-0.29	-4.00
Lithuania	-7.03	-8.32	-3.96	-0.89	-0.10	-3.38
Poland	3.10	3.83	0.05	0.34	0.01	3.42
Romania	-12.04	-4.15	-5.33	1.10	-0.20	0.27
Russia	-3.36	24.33	5.68	3.61	8.30	6.73
Slovakia	2.61	7.04	-2.13	4.18	5.92	-0.92
Slovenia	1.93	0.26	2.13	-1.39	-0.03	-0.45
Turkey	23.96	12.92	-0.36	7.06	0.53	5.68
Ukraine	2.91	-10.59	-10.25	0.14	0.24	-0.72

注）　個々の説明変数の寄与度は表 1-3 の (7) 式の推定結果を使用して計算した。Tlink は貿易リンケージ項と推定された定数項の差により計算されている。

判断されるため，参考までに国内金融機関のオフショア借入や国内金融機関の在外支店借入をもカバーした国内の対外債務統計が得られる韓国について，二つの双曲線指標寄与を計算してみた（Korea (1) は Joint Statistics，Korea (2) は国内統計による寄与である）。この表はわれわれの焦点である双曲線指標の重要性を照射しており，特にタイおよび韓国についてこの要因の説明力が高い。その一方で，台湾の双曲線指標の寄与

がマイナスとなっていることに注目すべきである。実は，1996 年末時点において台湾の短期対外債務比率は 73％ と韓国をはるかに上回っていたが，たとえ外貨準備の存在を無視したとしても，双曲線指標の観点からは台湾の対外債務構造はきわめて健全であったのである。また，短期資本流入規制で有名になったチリやコロンビアを観察すると，双曲線指標の寄与は非常に低い。

　第二に，与信変数 $\Delta Credit$ の寄与がインドネシアを除くほぼすべての危機直面国で高く現れており[19]，特にその寄与がタイおよびマレーシアにおいて大きい。そして，これがその後の通貨危機と国内銀行危機の「双子の危機（twin crises）」の伏線となった。

　第三に，予想通り輸出鈍化の寄与は国により多様である。実際，タイや韓国，マレーシアに関して輸出鈍化の寄与が高く計測されているのに対し，インドネシアやフィリピンのそれは重要でない。このように，危機の要因を単一要因で説明することには無理があり，それぞれの国の事情を考慮する必要性が高い。そして最後に，貿易競合関係を経由した伝染効果 $Tlink$ の寄与は，予想通り東アジア諸国にとって非常に重要な要因として現れており[20]，シンガポールや台湾の危機指数は大部分この要因によって説明されている。

　図 1-3 は，推定に実際に使用された二つの対外債務指標を図示したものである（1996 年末時点計数を使用した。Korea(1) は韓国の対外債務に関して Joint Statistics を，Korea(2) は同国内統計を使用した場合の組である）。ここで，黒丸は東アジアの国々を表わしている。この図を一見したところ，50 の新興市場経済の対外債務構造は実に多様であり，何らかの規則性を見出すことは困難である。しかしその一方で，若干恣意的ではあるものの，表 1-3 の推定結果(7)式を活用して 600＝{$Debt$－13.44}{$RSTDebt$－10.83} という関係を破線で示しておいた。この閾値曲線を加えてみると，危機に直面した国とそうでない国との違いが鮮明となる。

---

[19] インドネシアが例外という結果は，与信変化の計測時期の選択に多分に依存している。実際，インドネシアの第二次金融改革が開始された 1988 年以前を計測開始年に採用すると，この変数の寄与はさらに大きくなる。
[20] ブラジルとサウジ・アラビアの $Tlink$ 寄与が大きく現れているのは，プロダクト・ミックスによるものと考えられる。

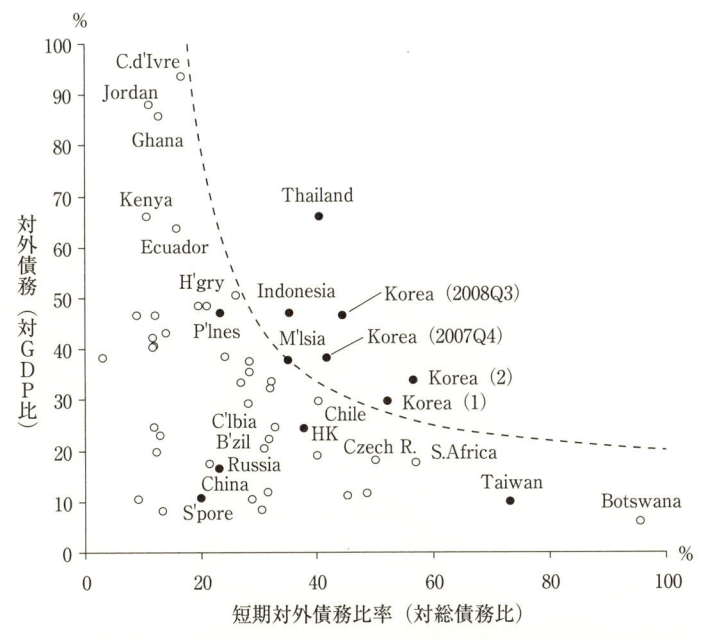

図1-3 新興市場経済 50ヶ国の対外債務構造：1996 年末

注) Korea (1) は Joint Statistics データを使用した場合，Korea (2) は韓国の国内統計を使用した場合をそれぞれ表わす。また，Korea (2007Q4)，Korea (2008Q3) は Joint Statistics による 2007 年末および 2008 年 9 月末時点計数である。破線は $600 = \{Debt - 13.44\}\{RSTDebt - 10.83\}$ の関係を示している。

明らかにタイ，インドネシア，韓国，そして境界線上のマレーシアの対外債務構造は異常であったのである。

第4節　結　論

本章は，アジア通貨・金融危機の直接的な引き金が外国資本の大量流入と短期間での逆流にあったとの問題意識から，その管理の失敗を危機と結び付ける一つのアイデアを展開した。具体的には，資本流入の量と構成を，フローではなくストック次元で捉えた「双曲線指標」という簡潔でかつ容易に計測可能な指標に凝縮する。そして，それがある閾値に達したとき危機が発生する可能性が高くなるという「対外債務の双曲

線」仮説を，簡単な理論モデルにより示した。この意味で本章は，アジア通貨・金融危機の最も重要な要因を，特に1994-96年に集中した資本流入に帰着させていると言えよう。

　この理論的推測に基づき，1997-98年のアジア通貨・金融危機のエピソードを対象に，50ヶ国の新興市場経済をデータ・セットとした実証分析を行った。その結果はわれわれの仮説を支持するものであり，金融脆弱性等のその他の要因をコントロールすると，{対外債務の対GDP比 −10％}{短期対外債務比率 −10％}という簡単な双曲線指標が危機の有意な説明因であることが示された。この結論の政策含意は明らかであろう。二つの比率がその閾値水準である約10％を上回ると注意が必要であり，起こりうる危機を未然に回避するためには，双曲線指標が極端に上昇しないように対外債務管理に慎重を期すべきである。

　もちろんこの結論は，アジア通貨・金融危機という特定のエピソードから得られたものであり，サンプル外テストに通過するか否かのチェックが次の課題となる。体系的な分析は今後の課題として，例えば，2008年夏場以降の韓国の金融不安がその格好の事例であろう。実際，図1-3には，金融不安再発直前の2007年末時点とリーマン・ブラザース社破綻直後の2008年9月末時点における韓国の対外債務構造が，それぞれKorea（2007Q4），Korea（2008Q3）によって示されている。その後，アメリカ，日本，中国の通貨当局との通貨スワップ協定締結等により極端な事態は回避されているものの，金融不安が再発する直前の2007年末時点において，既に同国の対外債務構造が再度危機ゾーンに突入していたという事実は，われわれの論点を補強する上できわめて示唆的である。

補論　データの出所

Crisis Index：IMF, *International Financial Statistics* CD-ROM, February 1999 より成した。台湾は Bank of China, *Financial Statistics*, various issues によった。

Debt, RSTDebt：BIS, IMF, OECD and The World Bank, *Joint BIS-IMF-OECD-World Bank Statistics on External Debt*, March 1999 を使用した。香港SAR およびシンガポールの Joint Statistics にはオフショア

銀行取引が含まれているので，同国の対外債務は OECD, *External Debt Statistics: Resource Flow, Debt Stocks and Debt Service*, 1986-1997, 1998 の計数を採用した。韓国については Joint Statistics に加え，補完的情報として Korea's Ministry of Finance and Economy, *External Liabilities and Assets of Korea: End 1998*, February 2, 1999 の計数を使用した。

ΔCredit：東アジアの幾つかの国における銀行以外の金融機関の重要性を考慮して，IFS の banking survey（monetary survey + other financial institutions）における民間部門与信データを使用した。ただしデータの制約によりバングラデシュ，ボツワナ，ブルガリア，コートジュボワール，クロアチア，チェコ，インド，インドネシア，イスラエル，モーリシャス，パキスタン，ポーランド，ルーマニア，ロシア，スロバキア，スロベニアおよびスリランカは monetary survey の計数を使用した。データは IMF, *International Financial Statistics* および Bank of China, *Financial Statistics* の line 32d と line 42d からとった。

Egrowth, Tlink：貿易関連指標および実質為替レートのウェイトは IMF, *Direction of Trade Statistics*, 1996 and 1998 より作成した。香港については再輸出マージン（25%を仮定）と国内輸出入のみを同貿易額とカウントし，マージンを除いた再輸出は香港の再輸出統計によって最終的な輸出国に割り振った。シンガポールの再輸出も同様の処理を行っており，再輸出マージンは IMF Staff Country Report No.98/52, May 1998 の計数を使用している。またシンガポールとインドネシアの貿易はインドネシア・サイドの計数に IFS に掲載されている FOB/CIF ファクターを調整した計数を使用した。

REXR95：IMF, *International Financial Statistics* CD-ROM, February 1999 および Bank of China, *Financial Statistics*, various issues より作成した。

STD/FR：短期対外債務として 1997 年 6 月末時点における国際銀行貸出残高に関する BIS 統計を使用した。出所は BIS, *The Maturity, Sectoral and Nationality Distribution of International Bank Lending* である。一方，香港 SAR およびシンガポールの銀行融資残高にはオフ

ショア取引が含まれているので，1996年末時点のOECDデータを使用した。外貨準備は基本的にIMF統計を使用したが，タイについてはタイ中央銀行の先物ドル売り予約残高を控除した正味の外貨準備を，また韓国については国内金融機関の在外支店に対する公的預託金を控除した「使用可能外貨準備（usable foreign reserves）」を使用した。

第2章

危機後のマクロ経済調整
――縮小的通貨切り下げと経常収支不均衡調整――

第1節　はじめに

　1997-98年のアジア通貨・金融危機に直面した国では，大幅な通貨減価に続いて例外なく厳しい国内不況と急速な経常収支改善が見られた。一般に，一国の通貨価値下落は拡張効果を持つと考えられ，例えば1990年代初頭における欧州のERM調整局面では，ERMから離脱したイギリスやその一時停止に追い込まれたイタリアでは，ポンド下落，リラ下落が国内均衡の維持にとってきわめて重要な政策的意味を持っていた。通貨切り下げが，国内均衡の維持にとって不可欠の選択肢であったからである。

　ところが，アジア通貨・金融危機に直面した国では，為替レートが過剰に減価しただけでなく，1996年にOECD入りを果たした韓国でさえウォン減価が国内不況を伴った。そして，期待された通貨下落の拡張効果は遅れを伴ったばかりでなく，国によりそのスピードが大きく異なっていた。確かに韓国は実力相応に急速な「V字」回復を果たし，またマレーシアも比較的早期の景気回復を果たしたが，同じ危機に直面したタイ，インドネシアの回復は大幅に遅れてしまった。事実，タイやインドネシアが危機直前の生産水準を回復したのは，21世紀に入ってからのことである。このように，通貨・金融危機時における主要マクロ変数の動きは一般に考えられているほど単純ではなく，特に通貨価値下落の効果が時間経過に依存して異なっていること，そしてそのスピードの相

違が特徴的である。

　この第2章の目的は，経常収支不均衡の調整に焦点を絞って，危機勃発後のマクロ調整プロセスのダイナミックスを分析することである。この目的のため，危機後のマクロ経済調整の全体像を理解するための高度に単純化された小国開放マクロ経済モデルを提示する。この理論モデルの一つの特徴は，為替レート減価が長期的には拡張効果を持つ一方で，短期的には逆に「縮小効果」を持つという側面を明示的に組み込んでいることである。実際，Krugman（1999a）その他によって強調されているように，巨額の外貨建て対外債務を負った局面では為替レート減価はキャピタル・ロスを発生させ，バランスシート面から縮小効果を持ちやすい。これに対して，為替レート減価により輸出環境が大幅に改善するものの，為替レート変化に対する貿易反応はしばしば遅れを伴う。われわれは第一に，こうした国内変数と対外変数の調整スピードの差を明示的にすることによって，為替レートの明らかな過剰反応や深刻な国内不況を伴う経常収支の改善，そしてその後の経済回復と経常収支黒字の穏やかな縮小という，危機に直面した国においてほぼ共通に見られる現象を整合的に説明可能であることを示す。そして第二に，危機の深刻度やその後の回復のスピードがこの為替レート減価に対する貿易調整のスピードに決定的に依存していることを示してみたい。

　以上の理論的パースペクティブから，次に韓国を具体的事例として，経済危機後の経常収支不均衡の調整要因を実証的に分析する。特にわれわれは，誤差修正モデル（Error Correction Model: ECM）を応用することにより，短期的には縮小的であるが中長期的には拡張的という実質為替レート変化の実質産出におよぼす異時点間効果を実証的に明らかにする。続いて，この為替レート変化の実質産出効果を活用して，危機発生後の韓国の経常収支不均衡調整過程の要因分析を行う。特にわれわれは，第一に韓国の危機発生直後の大幅な経常収支改善が為替レート切り下げの縮小効果によって大部分説明可能であること，そして第二に，石油価格高騰や半導体価格下落等を反映した持続的な輸出価格低下がこの為替レート減価の効果を減殺し，その結果として危機直後に創出された巨額の経常収支黒字が1999年以降次第に減少していったことを示す。

　以下，本章の構成を示しておこう。まず次節において，危機発生後の

マクロ経済調整をダイナミックな視点から考察するための，一つの開放マクロ経済モデルを提示する。続く3節では，要因分析の方法論の概略を説明した後，ECMアプローチによる為替レート変化の実質産出におよぼす動学的効果を推定し，あわせて貿易調整に関するいくつかの推定結果を示す。そして，最後にこれらの推定結果を用いて，経常収支不均衡調整の要因分解を実施する。4節は本章の結論を簡潔に要約している。

第2節　危機後のマクロ経済調整

2.1　簡単なモデル

最初に，危機発生後のマクロ経済調整に関するわれわれの理論的パースペクティブを示しておこう。焦点は調整過程のダイナミックな諸特徴にあり，この目的のため次のような高度に単純化された（そしておそらく必要最小限度の）小国開放マクロ経済モデルを考える。

$$S(\overset{+}{i},\overset{+}{Y},\overset{+}{e})=B(\overset{+}{e_p},\overset{-}{Y}) \tag{1}$$

$$\frac{M}{P}=L(\overset{-}{i},\overset{+}{Y}) \tag{2}$$

$$i-\dot{e}-rp=i^* \tag{3}$$

$$\dot{e}_p=k\{e-e_p\} \quad (k>0) \tag{4}$$

ここで，i (i^*)は自国（外国）の名目金利，Yは実質産出，eは自国通貨建て為替レートの対数値，e_pは為替レートの永続的部分，M/Pは実質貨幣残高（Mは名目貨幣残高，Pは物価水準），rpは自国資産に対する外国投資家のリスクプレミアムであり，ドット（$\dot{x}$）は単位時間当たりの変化を表す。また，変数の上段に付けられた符号は，当該変数に関する偏微分の符号条件を表す（プラス($^+$)の場合増加，マイナス($^-$)の場合減少を意味する）。

(1)式は関数$S(\cdot)$で表される国内貯蓄投資バランスと関数$B(\cdot)$によ

って表示される経常収支との均等条件（財市場需給均衡条件）であり，国内金利や自国国民所得に関して通常の符号条件を仮定している。この財市場需給バランス条件に関して，われわれは二つの追加的仮定を置いている。その第一は為替レート減価が直接的には貯蓄投資差額を増加させると想定していることである。一見したところこの仮定はやや奇異であり，特に Harberger-Laursen-Metzler 効果の観点からはそうであろう（Svensson and Razin, 1983）。しかし Aghion et al.（2000, 2001a, 2001b），Cespedes et al.（2000），Krugman（1999a, 1999b）等による議論は，新興市場経済危機にほぼ共通して観察される縮小的な通貨切り下げを理解する上で，この一見したところひねくれた関係の存在が鍵となることを明らかにしている。その背後にあるメカニズムはきわめてシンプルであり，外貨建て対外借入と借入制約の存在から導かれる。このとき，為替レート減価は国内の借り手にキャピタル・ロスをもたらすので，その正味資産の減少により事実上のクレジット・クランチが発生してしまうのである（Bernake and Gertler, 1989, 1995; Bernake, Gertler and Gilchrist, 1998; Aghion, Banerjee and Piketty, 1999; Aghion, Bacchetta and Banerjee, 2000, 2001a, 2001b）。その結果国内投資が抑制され，貯蓄投資バランスが改善する[1]。

　第二に，われわれは評価効果による直接的なJカーブ効果を捨象する[2]。しかしその一方で，経常収支は現行為替レートeそのものではなく，その永続的部分e_pに依存すると仮定する[3]。この仮定はアジア危機直後

---

[1] アジア危機において観察されたもう一つのメカニズムは，例えば自動車産業のように，通貨減価に伴う輸入原材料・部品の国内価格上昇と利潤圧縮である。なお，ここでは特に明示しないが，経済危機時には，同時に雇用不安から家計貯蓄が増加することに注意を喚起しておこう。つまり危機は投資，消費の双方を抑制して大幅な貯蓄投資バランスを創出する圧力を形成する。

[2] 通常の意味でのJカーブ効果は，貿易取引が輸出国通貨建てで行われるときに発生し易い（いわゆるマギー効果）。しかし，危機に直面した国の貿易取引はほぼ100％米ドル建てで行われており，為替レート変動に伴う貿易財価格評価効果は不確定である。また，後ほど示される実証分析でも，直接的なJカーブ効果は明確に検証されていない。しかし，ここで重要なことは評価効果の有無そのものではなく，バランスシート効果がそれを凌駕するということであり，この仮定の下では，たとえ評価効果が存在したとしてもわれわれの結論は妥当する。

[3] 後ほどケース・スタディが行われる韓国について言えば，この仮定は実証的にも妥当である。3.4を参照。

第 2 章 危機後のマクロ経済調整

のような不確実性に満ちた局面では特にアピールするものがあり，企業は為替レートの一時的変動ではなくその永続的な変動に反応して生産・貿易調整を行うことを前提している。そして，為替レートの永続的な減価の経常収支改善効果は為替レート減価のバランスシート調整を経由した貯蓄投資バランス改善効果を凌駕すると考え，

$$\frac{\partial B}{\partial e_p} > \frac{\partial S}{\partial e} > 0$$

という関係を仮定する。

　(2)式は通常の貨幣市場均衡条件であり，(3)式はリスクプレミアムを加味したアンカバー金利平価式である。インドネシアのように華僑・華人対策としての資本自由化が先行したケースは別格として，1990年代に入るとタイや韓国，マレーシア等で資本自由化が始まった。その結果として，国際資本取引に裁定メカニズムが働き始めたと考えられ（Chinn and Maloney, 1996; Cho and Koh, 1999; Flood and Rose, 2001; Jwa, 1994; Min, 1998; Ogawa and Sun, 2001; Park, 1996），その分析的なショートカットがアンカバー金利平価式(3)式である。そして，危機のトリガーをリスクプレミアムの上昇により捉える（Adelman and Yeldan, 2000）。また，アジア通貨・金融危機においてインフレーションは一部の国を除いて特に重要な問題ではなかったので，単純化のためここでは通貨当局が実質残高をコントロールすると考えて，M/Pを外生変数と仮定して分析を進める。

　最後に(4)式は為替レートの永続的部分の調整過程を記述しており，例えば不確実性下の企業によるシグナル抽出行動と考えることができる。また代替的には，短期での調整が困難な準固定生産要素の存在を想定できるかもしれない。このとき調整は一種の投資となるため，一時的な為替レート変動ではなくその永続的部分のみに反応して徐々に調整が行われていく（植田, 1983; Ueda, 1983）。そして，パラメーターkはその調整スピードを表している。

　このように，われわれの理論モデルの最大の特徴は為替レート変動が実体経済に及ぼす影響の時間的差異であり，為替レート減価は短期では貯蓄投資バランスを介して実質産出に対し縮小的なインパクトを持つ一

方で，長期的には緩慢な貿易調整を経て拡張効果を持つと想定している点である。

さて，貨幣市場均衡条件から国内金利は実質産出と実質残高の関数 $i=i(Y; M/P)$ として表現できるので，これを財市場需給バランス条件(1)式に代入して整理すると，次のような実質産出の関係式を得る。

$$Y = Y\left(e, e_p; \frac{M}{P}\right) \quad \text{where} \quad \frac{\partial Y}{\partial e}<0, \quad \frac{\partial Y}{\partial e_p}>0 \tag{5}$$

ここで仮定により

$$\frac{\partial Y}{\partial e_p} > -\frac{\partial Y}{\partial e}(>0)$$

である。つまり，為替レート減価は短期的には縮小的であるが，その永続的部分は拡張効果を持ち，しかも後者は前者を凌駕する。したがってこの実質産出関数(5)式を用いると，経常収支は関数形として次式のように表現可能である。

$$B = B\left(e, e_p; \frac{M}{P}\right) \quad \text{where} \quad \frac{\partial B}{\partial e}>0 \quad \text{and} \quad \frac{\partial B}{\partial e_p}>0 \tag{6}$$

この(6)式が明らかにしているように，為替レート減価は短期的にはその縮小効果を通じて経常収支を改善する。

実質産出関数(5)式を金利関数 $i=i(Y; M/P)$ に代入して整理すると，アンカバー金利平価式(3)式は，結局のところ次のように表現可能である。

$$\dot{e} = i\left(e, e_p; \frac{M}{P}\right) - \{rp + i^*\} \quad \text{where} \quad \frac{\partial i}{\partial e}<0 \quad \text{and} \quad \frac{\partial i}{\partial e_p}>0 \tag{7}$$

したがって，合理的期待形成を仮定すれば，モデルはこの(7)式と(4)式の二つの方程式によって記述される。

数学的詳細は補論に譲ることにして，ここではモデルの概要をより直感に訴え易いグラフで説明しておこう。図2-1はこの簡単化された小国開放モデルの振舞いを示している。ここで，図の縦軸には為替レート e

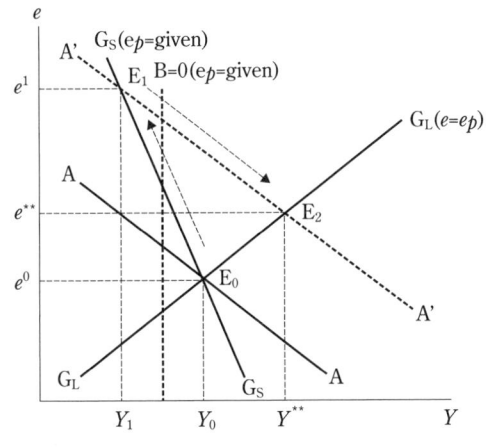

図2-1 危機後のマクロ経済調整

　が，また横軸には実質産出 Y がそれぞれ測られている。合理的バブルを排除すれば，合理的期待形成は回帰的期待形成 $\dot{e}=\theta(e^*-e)$ $(\theta>0)$ に帰着する。ここで，e^* は長期均衡為替レートであり，パラメーター θ は期待の調整スピードである。したがって，貨幣市場需給均衡条件(2)式とアンカバー金利平価式(3)式を組み合わせると，図の AA 線のように右下がりの関係が得られる。他の事情にして等しい限り，実質産出増加は国内金利を上昇させるので，為替レート増価により貨幣市場・国際裁定条件がバランスするのである。

　一方，財・貨幣市場需給均衡条件のグラフは時間視野に依存する。まず，為替レートの永続的部分 e_p を所与と見なしうる短期では，(1)(2)式より為替レートと実質産出の関係は図の $G_S G_S$ 線のように「右下がり」となる（ただし AA 線よりもその勾配は急である）。為替レート減価がバランスシートを悪化させ，デフレ圧力を創出するからである。しかし為替レートの永続的部分の調整により貿易調整が働くので，そのポジションが時間経過に伴いシフトする。こうした貿易調整が働いた後の長期では $e=e_p$ が成立するので，この関係を前提した場合の財貨・貨幣市場需給均衡条件は図の「右上がり」の $G_L G_L$ 線のようになる。貿易調整が完了した長期では為替レート変動の縮小効果が拡張効果を凌駕するので，為替レート減価は実質産出を増加させるわけである。したがって短期の

均衡はAA線とG_SG_S線の交点で達成され，長期の均衡はAA線とG_LG_L線の交点で記述される。

当初の定常均衡点を図のE_0と置こう。また，図の破線で示された垂線は短期の（したがって為替レートの永続的部分を所与とした）経常収支バランス線であり，当初の均衡E_0では経常収支は赤字と仮定されている。

2.2 危機後のマクロ経済調整

さて，きわめて単純化されているとはいえ，われわれの理論モデルはアジア通貨・金融危機後に観察された幾つかの共通なマクロ経済現象をコンパクトに説明可能である。いま，その原因を不問として，何らかの理由により国際投資家のコンフィデンスが突然低下したとしよう。このことは，分析的にはリスクプレミアムrpの上昇として捉えることができる。なお，以下でのわれわれの主要関心が危機の原因ではなくその帰結にあるので，このような単純化はある程度許容されよう。

図2-1において，このコンフィデンス低下は，AA線の例えばA'A'線への上方シフトと捉えることができる。したがって貿易調整が働かない短期の均衡は点E_1で成立し，実質産出の低下と経常収支改善が現れる。このように，リスクプレミアムの突然の上昇を契機とした資本逃避と通貨下落は，当初実質産出の減少という数量調整によって経常収支を改善する。

しかし，この為替レート減価はその永続的部分の減価を伴うので，貿易調整が緩慢ながらも次第に働いてくる。その結果，短期の財・貨幣市場均衡条件を表すG_SG_S線が徐々に右側にシフトし，均衡点は点E_1から新しい長期均衡点E_2へと移動していくであろう。この調整過程において実質産出が増加し，当初の経常収支黒字も次第に減少していく。またこの間，為替レートが過剰反応していることは明らかであろう。このように，われわれの簡単な開放マクロ経済モデルは（a）危機勃発後における為替レートの明らかな過剰反応，（b）当初の厳しい不況とその後の回復，（c）経常収支の大幅改善とその後の漸次的悪化，というアジア通貨・金融危機に直面したほぼすべての国に共通のマクロ経済現象を整合的に説明している。

その背後にあるメカニズムを直感的に説明すると，次のようである。まず，コンフィデンス低下による資本逃避は為替レートの急速な減価をもたらす。しかし，為替レート減価による輸出環境好転に対して貿易は即座に反応しないため，バランスシート悪化によるデフレ圧力のみが残ることになり，国内不況によって経常収支が改善する。一方，他の事情にして等しい限り，実質産出の減少は国内収益率を低下させるので，キャピタルゲインが見込めるまで十分為替レートが減価することによってはじめて国際資産裁定のバランスが達成される。その結果として，為替レートが過剰に反応してしまうのである。しかし，為替レート減価は貿易調整を徐々に作動させるので，当初減少した実質産出はその後回復に向かう。そして，その過程で経常収支が減少するかもしれない。

こうしたマクロ経済調整を左右する上で，貿易調整のスピードが決定的重要性を持つ。実際，補論の数学注で示されているように，パラメーターkは長期均衡には影響しないものの，期待の調整パラメーターθを左右し，貿易調整スピードkが高いほど期待の調整スピードθも大きい。

この貿易調整スピードkの効果は，図ではAA線の勾配変化として捉えることができる。例えば為替レート変化に対する貿易調整のスピードが速いほど，僅かの為替レート変動で国際資産裁定条件が実現されるので，AA線の（絶対）勾配は緩やかになる。また，所与のリスクプレミアム上昇に対するAA線の上方シフトの程度も小さい。したがって，為替レート変化に対する貿易調整のスピードが速いほど危機発生直後の産出減少は軽微であり，かつ為替レートの過剰反応の程度も小さいと結論できよう。このように，貿易調整のスピードは危機発生後の深刻な不況を軽減し，かつ大幅な金融・資本市場の混乱を回避する上で決定的重要性を持っている[4]。

　4）アジア通貨・金融危機後の回復スピードは，韓国，マレーシア，タイ，インドネシアの順で早かった。当初の国際流動性対策の巧拙，銀行危機への対処のスピードやマクロ経済政策の転換タイミング，政治体制等の要因も考慮しなければならないものの，これら危機直面国の回復スピードを左右した決定的要素は，為替レート減価後の輸出増加のスピードであった。また，幸運にも1999-2000年はITブームの渦中にあり，このブームに乗りやすい産業・貿易構造を持っていた韓国やマレーシアが危機からのいわゆる「V字回復」を果たしたことはきわめて自然であった。なお，危機の深刻度が貿易依存度で測られた開放度と密接に関係しており，開放度の高い国ほどそれが軽微であることは，実証的にも確認されてい

最後に，マクロ経済政策，特に金融政策の効果について簡単に触れておこう。実際，危機直後のマクロ経済政策運営において最も論争的であったのが IMF 流の金融引締め政策であった（Goldfajn and Baig, 1998; Gould and Kamin, 1999; Ferri and Kang, 1999; Kim, 1999; Kraay, 2000; Tanner, 2002）。その論争は必ずしも決着が着いているわけではないが，われわれのモデルでも国内金利上昇のデフレ効果と為替レートを介したバランスシート効果とが拮抗するため，その短期効果は不確定である（同様の論点については Agihon et al. (2000, 2001a) を参照）。このように，通貨・金融危機時における金融政策のあり方は微妙であり，少なくともそれが危機対応の局面において比較優位がある政策とは言えそうにない[5]。

第 3 節　実証分析: 韓国の事例

前節において，危機発生後のマクロ経済調整に関するわれわれの理論的パースペクティブを示した。本節では，この理論的枠組みを念頭に置いて，危機後の経常収支不均衡の調整に関する若干の実証分析を，韓国を事例として行ってみたい。

3.1　韓国の経常収支と実質実効為替レート

最初に，ケース・スタディの対象である危機前後における韓国のマクロ経済動向について簡単にレビューしておこう。図 2-2 は，韓国の民間資本流入，経常収支および実質実効為替レートの三つのマクロ経済指標

る（Calvo et al., 2003, 2004; Edwards, 2004a, 2004b, 2005; Frankel, 2005; Frankel and Cavallo, 2004）。

5）危機発生後において，最初に実施すべき政策は国際流動性対策であり，金融（金利）政策ではないように思われる。この点，IMF の当初の国際資金支援に関する「見せ金」アプローチは有効であったとは言えず，例えばタイの通貨・金融危機の最初の実質的対応は，1997 年 8 月の東京会議における邦銀の短期対外ローンのロールオーバー保証取り付けであった。また，1997 年 11 月末からの韓国の危機では，当初やはり大規模な見せ金アナウンスメントと金融政策一本の政策運営が行われており，国際流動性対策が 1 ヶ月間空白となってしまった。そして，韓国がようやく当座の危機対応に展望が開けたのは同年末の主要銀行によるロールオーバー交渉の妥結（クリスマス合意）であり，この意味で国際流動性対策が決定的重要性を持っていたと考えられる。

第2章　危機後のマクロ経済調整

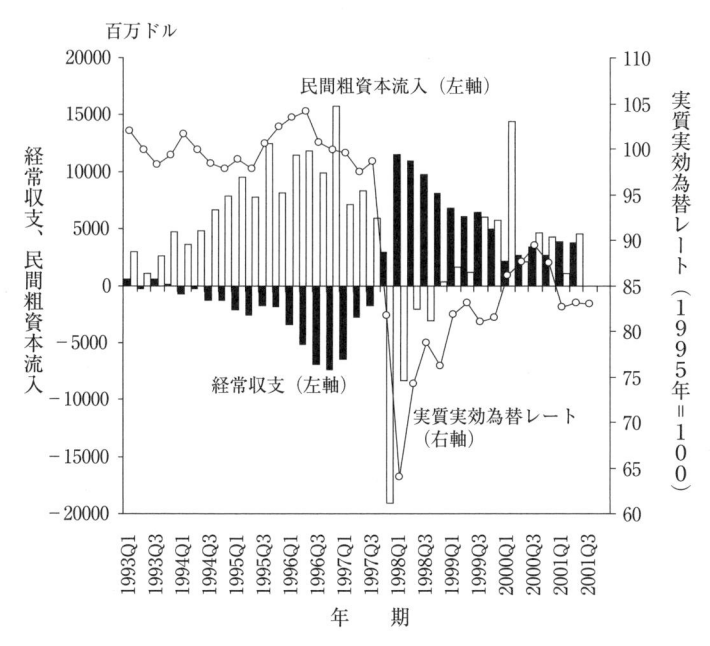

百万ドル

図2-2　アジア通貨・金融危機前後の韓国の経常収支・民間資本流入
および実質実効為替レート

注）経常収支・民間粗資本流入は季節調整値。

を図示したものである。ここで，実質実効為替レートはその値が高くなるほど韓国ウォンの実質増価を意味するように作成されている。この図より，危機前後のいくつかの特徴を読み取ることができる。第一に，1994年以降民間資本流入の急速な拡大が始まった。韓国は1989年の金融機関による対外借入の規制緩和を皮切りとして，その後徐々に資本自由化を開始し（Ogawa and Sun, 2001, 173-174），1993-1998年の金泳三政権時代にOECD加盟を目標に資本自由化を本格化させた。特に，1993年3月における韓国銀行の「外貨建て借入・与信規制」改正により，「外貨建て中長期資産に対する外貨建て中長期負債の割合を70％以上とする」という規制が「50％以上」に緩和された。事後的に考えると，この規制緩和は1994年以降の急速な金融機関経由外貨建て短期債務拡大をもたらし，その後の韓国経済の命取りになってしまったのである。

第二に，この資本流入拡大とほぼ呼応して，経常収支赤字が拡大し始

めた。ウォン高を克服した80年代末より，韓国は投資ブームに沸いていたが，そのブームが1994年から再度出現したのである。そして，この赤字は，半導体価格の暴落による大幅な交易条件悪化に直面した1996年にピークを付けた。

しかし第三に，経常収支赤字の調整そのものは危機勃発以前より既に始まっていたと考えるべきである。そして，1997年11月末からの急激かつ突然の資本流出に伴って，韓国の経常収支は短期間のうちに赤字から巨額の黒字に転換した。また，同時に実質実効為替レートの急激な減価が起こっている。しかし，事後的に見ると明らかに為替レートは過剰反応していた。実際，1997年Q3から1998年Q1の僅か数ヶ月の間に実質実効為替レートは43.2%減価したのに対し，2000年までの為替レート減価は僅か11.8%に留まっている。

第四に，危機勃発直後の経常収支黒字は，いわゆるV字回復に伴って1999年以降徐々に縮小している。このように，韓国の経常収支調整パターンは，危機直後の突然の黒字転換とその後における徐々の黒字縮小と特徴付けられよう。

3.2 実証分析の枠組み

為替レートの構造モデルは，Meese and Rogoff（1983a, 1983b）の否定的結論以来，長期の均衡関係を除いて成功しているとは言えない。こうした現状では，危機時における為替レートの変動要因そのものを分析することは困難であり，次善策としてそれを外生変数として処理せざるを得ない。そこで，以下では，「為替レート変動により誘発された所得変動」というわれわれのキー仮説を，オーソドックスな弾力性アプローチと組み合わせることにより，韓国の経常収支不均衡調整要因を数量的に評価する試みを行う。

そのため，P (P^*)を自国（外国）の自国通貨建て（外国通貨建て）輸出財価格，P_D (P_D^*)を自国内（外国内）で生産された財の自国通貨建て（外国通貨建て）価格（以下単に「自国財（外国財）価格」と表現する），Eを外国通貨一単位の自国通貨価格と定義された名目為替レート，X (X^*)を自国（外国）の輸出数量，M (M^*)を自国（外国）の輸入数量[6]，Y (Y^*)を自国（外国）の実質所得と定義する。そして，自国財価格で測

った自国輸出財相対価格を$P^X=P/P_D$，輸入財の相対価格を$P^M=EP^*/P_D$，実質為替レートを$REXR=P_D/EP_D^*$でそれぞれ定義し[7]，その永続的部分を記号$REXR^P$により表そう。外国における関連相対価格は$P^*/P_D^*=P^M REXR$，$P/EP_D^*=P^X REXR$と表せるので，自国輸出財と外国輸出財（つまり自国輸入財）の需給バランス条件は次のように表現できよう（$X(\cdot)$等は関数を表す）。

$$X(P^X) = M^*(P^X REXR^P, Y^*) \tag{8}$$

$$X^*(P^M REXR^P) = M(P^M, Y) \tag{9}$$

ここで，われわれの関心がその永続的効果にあるので，実質為替レートとしてその永続的部分を使用している。実質為替レートの永続的部分$REXR^P$および各国の実質所得Y, Y^*を所与とすると，(8)(9)式よりP^X, P^Mおよび輸出入数量X, Mが決まるので，自国財で測った実質経常収支は，これら三つの変数の関数

$$CA = P^X X - P^M M = CA(REXR^P, Y, Y^*)$$

として表現可能である。

しかし，経常収支バランスの変動要因分析を行うためには，価格効果と数量効果を区別しておくことが有益である。この区別は，為替レート変動によって誘発された数量効果を照射することを可能にするばかりでなく，後に触れる価格効果の顕著な特徴を明らかにする目的にも役立つ。したがって，交差項を近似的にゼロと考えて無視すると，経常収支変化は次のように分解可能である。

---

  6) 前節においてMは名目貨幣残高を表す記号として使用されていたが，混乱の恐れは少ないと考えられるので，以下では慣例に従い，Mを輸入数量を表す記号として用いる。

  7) したがって，$REXR$の上昇は自国の実質為替レート「増価」を意味する。ややこしいことに，この記号の定義は理論分野で採用されることの多い表記方法と逆になっているが，実証分野では実質化為替レート指数の動きと「増価」，「減価」が呼応するような定義を採用する場合が多いので，ここではこの実証分野の慣習に従って記号の定義を行っている。

$$dCA = \{\overline{X}d\ln P^X - \overline{M}d\ln P^M\} + \{\overline{X}d\ln X - \overline{M}d\ln M\} \quad (10)$$

ここで，$\overline{X}(\overline{M})$は初期の実質輸出（輸入）額であり，右辺第一項は価格変動の寄与部分，第二項は数量変動の寄与部分をそれぞれ表している。(10)式を構成する変数$[\ln P^X, \ln P^M, \ln X, \ln M]$はすべて$REXR^P$, Y, Y^*の関数であるので，通常の貿易関連方程式の推定により問題に接近可能である。

この枠組みに，2節の(5)式に対応する誘発された所得変動

$$Y = Y(REXR, REXR^P) \quad \text{where} \quad \frac{\partial Y}{\partial REXR}>0, \frac{\partial Y}{\partial REXR^p}<0 \quad (11)$$

を導入する。実際，理論パートの分析によると，この実質為替レートの異時点間動学効果が危機時における経常収支不均衡調整の理解にとって決定的であった。このように，われわれは，実質為替レートが実質産出に及ぼす動学的効果を明示的に組み込むことによって，危機時における経常収支不均衡調整における「縮小的通貨切り下げ」の役割を実証的に明らかにする。したがって，以下での作業は，第一に為替レート変動に対する産出の反応を実証的に分析すること，第二にその他貿易関連方程式を推定すること，そして第三に(10)式に従った要因分析を行うことの三つに集約できる[8]。

3.3 縮小的通貨切り下げ

a **方法論** われわれの最初の目標は，(11)式で示されている為替レートの実質産出に及ぼす効果を実証的に確認することである。そのため，実質実効為替レートの対数$\ln REXR$は，その永続的部分$\ln REXR^P$と一時的部分$\ln REXR^T$に分解可能と仮定しよう。すなわち

---

8) 代替的にはVARによる接近が考えられる（e.g., Lee and Chinn, 1998）。しかし，われわれのように，「特定の期間」における経常収支変動要因を分析することが目的である場合，VARアプローチは不適切であろう。

$$\ln REXR = \ln REXR^P + \ln REXR^T$$

である。この記号定義の下で，韓国の実質 GDP 対数$\ln Y$，韓国ウォンの実質実効為替レートの永続的部分$\ln REXR^P$，外国の実質 GDP 対数$\ln Y^*$，および韓国の交易条件対数$\ln TOT$の間に次のような共和分関係（長期均衡関係）が存在すると想定する。

$$\ln Y = \alpha_0 + \alpha_1 \ln REXR^P + \alpha_2 \ln Y^* + \alpha_3 \ln TOT \qquad (12)$$

ここで，パラメーターαの期待される符合条件は$\alpha_1<0, \alpha_2>0, \alpha_3>0$であり，特に最初の$\alpha_1<0$という符号条件に注目する。REXRはその計数が高くなったとき韓国ウォンが増価するように定義されているので，この符号条件の意味は「韓国ウォンの実質為替レートの永続的減価は，長期的には拡張的である」ということである。なお，その他の実質 GDP 決定因として実質残高や循環的変動を調整した構造財政収支，および米国実質金利等を組み込んだ推定も実施してみたが，これらはすべて有意に推定されなかったので，(12)式に明示されている変数に分析を限定する。

次に，この長期均衡関係からの誤差

$$EC_t = \ln Y_t - \{\alpha_0 + \alpha_1 \ln REXR^P_t + \alpha_2 \ln Y^*_t + \alpha_3 \ln TOT_t\}$$

に対し，次のような簡単な誤差修正モデルを考える。

$$\Delta \ln Y_t = \alpha + \beta \Delta \ln REXR_t + \gamma_0 \Delta x_t + \sum_{i=1}^{m} \gamma_i \Delta x_{t-i}$$
$$+ \sum_{i=1}^{n} \delta_i \Delta \ln Y_{t-i} + \lambda EC_{t-1} + u_t \qquad (13)$$

ここで，x_tは実質実効為替レート以外の関連する説明変数ベクトル，u_tは誤差項，Δは一階階差を表す数学的オペレーターである。したがって，実質為替レートの変化に関わるパラメーターβが正であるとき，実質

実効為替レートの減価は短期的には実質産出に対して縮小的となる。このように，われわれのECMスペシフィケーションは，危機時の特徴と考えられる実質為替レート変動の実質産出に対する異時点間特性を捉えるための一つの実証上の工夫と考えることができよう[9]。

b **推定結果** 以上の分析ストラテジーに従って，最初に共和分関係(12)式を推定する。推定期間は1970年Q1-2000年Q4であり，データの出所等は補論において示されている。この目的のため，まず実質実効為替レートをその永続的部分と一時的部分に分解する必要があるが，ここではHodrick-Prescottフィルタリングを活用する（Hodrick and Prescott, 1997）。具体的には，試行錯誤の後，smoothing parameterを100に選択したときのトレンド部分を永続的部分，原計数から永続的部分を控除した残差をその一時的部分とみなした。

次に，通常のステップに従って，変数の定常性をチェックするために拡張されたDickey-Fuller（ADF）テストおよびPhillips-Perron（PP）テストを行った。

結果は表2-1に整理されており，定常と判断される実質為替レートの一時的部分を除くすべての関連変数が一次の和分I(1)であることが分かる。このことはまた，共和分方程式から実質実効為替レートの一時的部分を除外する必要があることを意味している。

次のステップは，関連する四変数についてJohansenの共和分テストを実施することであるが，このテストはラグの次数の選択にきわめて敏感であることが知られている。そこでわれわれは，Simsの対数尤度比テスト，Akaikeの情報基準（AIC），Shwarzのベイジアン情報基準

---

[9] 代替的には，複数の危機エピソードをプールすることが考えられる。例えばKamin and Klan（1998）は，先進国と発展途上国22ヶ国の危機エピソードをプールしたデータを活用して，為替レート減価は短期的には縮小的効果を持つが，その長期効果は有意にゼロと異ならないことを示している。同様にPark and Lee（2001）は，1970-95年における95の危機エピソードを活用して，危機勃発から1-2年程度の短期では通貨切り下げが縮小効果を持つものの（ただし統計的には有意でない），しかし危機発生3年後から切り下げが拡張効果を持つことを示している。これらに対し，われわれのアプローチは，(1)特定国の時系列データを用いた分析であること，(2)ECMスペシフィケーションを採用することにより為替レートの効果の異時点間にわたる変化を明示的にしている点に特徴がある。

第2章　危機後のマクロ経済調整

表2-1　単位根テスト

	ADFテスト	PPテスト		ADFテスト	PPテスト
$\ln X$			$\ln P^X$		
水準	-1.735	-1.982	水準	-2.311	-2.142
一階階差	-4.887***	-10.63***	一階階差	-6.297***	-10.30***
$\ln REXR^P$			$\ln P^M$		
水準	-2.564	-2.418	水準	-2.670	-2.780
一階階差	-3.579***	-9.093***	一階階差	-5.775***	-10.62***
$\ln TOT$			$\ln PPI$		
水準	-2.181	-1.485	水準	-2.938	-1.932
一階階差	-4.156***	-8.778***	一階階差	-4.145***	-8.599***
$\ln Y^*$			$\ln PPI^*$		
水準	-2.906	-2.609	水準	-3.138	-2.171
一階階差	-4.816***	-7.740***	一階階差	-5.671***	-7.209***
$\ln X$			$\ln Poil$		
水準	-2.649	-2.722	水準	-2.369	-2.341
一階階差	-4.900***	-9.370***	一階階差	-11.03***	-11.05***
$\ln M$			CA		
水準	-1.506	-1.082	水準	-2.916**	-3.250**
一階階差	-5.373***	-8.424***	$\ln REXR^T$		
			水準	-5.698***	-5.899***

注)　ラグの次数を含むモデルの特定化の詳細は省略されている。(***)は1%，(**)は5%の水準でそれぞれ有意であることを表す。

（SBIC）の三つのテストを併用した。その結果，最適ラグ次数がいずれのテストでも4四半期であったので，このラグ次数を選択することにした。

　表2-2はJohansenの共和分テスト結果であり，ランク・テストおよび最大固有値テストの結果を観察すると，5%の有意水準で共和分ベクトルが一個存在することが示唆されている。そこで，その共和分方程式を推定してみたところ，表の脚注のような結果が得られた。この結果はほぼ満足のいくものであり，パラメーターの符号条件ならびに統計的有意性はすべて満たされている。第一に，実質実効為替レートの永続的部分の低下（韓国ウォンの実質減価）は，長期的に韓国の実質GDPにプラスの影響をもたらす。特に驚くべき結果ではないが，実質為替レートの減価は長期的に拡張効果を持つというわれわれの確認すべき第一のポイントが検証されたことになろう。第二に，外国実質GDPは韓国のそれにプラスの影響を及ぼしており，しかもその効果は非常に大きい。実際，

表 2-2　Johansen の共和分テスト（ラグ次数 = 4）

帰無仮説	ランク・テスト トレース統計量	5％棄却点	最大固有値テスト 最大固有値統計量	5％棄却点
共和分関係なし	50.43**	47.21	29.59**	27.07
共和分関係が最大1個	20.85	29.68	13.44	20.97
共和分関係が最大2個	7.41	15.41	5.62	14.07
共和分関係が最大3個	1.79	3.76	1.79	3.76

注）　**は5％の水準で有意であることを意味する。共和分ベクトルの推定結果は次の通りである。（カッコ内の計数は推定値の標準誤差）。

$$\ln Y = -0.6264 \ln REXR^P + 2.4747 \ln Y^* + 0.3238 \ln TOT + 1.3671$$
$$(0.215)(0.028)(0.102)$$

　推定結果によると外国実質 GDP の1％の増加は韓国の実質 GDP を長期的に2.5％増加させる。このように，韓国経済は世界経済（特に先進国経済）の景気変動に強く左右される経済と考えられる。第三に，韓国経済は交易条件の変動に脆弱な経済である。実際，推定結果によると交易条件の1％の悪化は韓国実質 GDP を0.3％減少させる。1996年の半導体価格暴落以降，韓国は長期趨勢的な交易条件悪化に悩まされており，1996-2000年にわたってそれは38.3％悪化している。したがって，この共和分推定式の結果を援用すると，この間の交易条件悪化により韓国実質 GDP は長期的に12.4％減少することになる。

　表 2-3 は ECM(13)式の推定結果である。ここで，誤差項は推定された共和分方程式から計算されている。明らかに実質実効為替レートの当期変化項 $\Delta \ln REXR$ のパラメーター推定値は正であり，かつ1％の水準で統計的に有意である。このように，韓国では，実質実効為替レート減価は短期的には「縮小」効果を持っている[10]。しかも，われわれの推定結果によると，この縮小的効果は引き続く2四半期にわたって現れている。しかし，その定義により，実質実効為替レートの永続的部分はその一時的部分に比べてより円滑に変化する。例えば，危機が最も深刻であった1997年 Q3-1998年 Q1 において，実質実効為替レートの一時的部分は37.7％減価したものの，その永続的部分の減価の程度は僅か5.5％でしかなかった。このことはまた，これら縮小的通貨切り下げ効果が大部分実質実効為替レートの一時的部分の変化から発生していることを意

---

10)　もちろんわれわれは逆の関係の存在を否定しない。

第2章 危機後のマクロ経済調整

表2-3 実質GDP成長率のECM推定結果

説明変数	推定期間 1971年Q2-2000年Q4 (1)	(2)
Constant	0.0146 (6.428)***	0.0144 (6.269)***
$\Delta \ln REXR$	0.0962 (3.002)***	
$\Delta \ln REXR(-1)$	0.0534 (1.672)*	
$\Delta \ln REXR(-2)$	0.0569 (1.789)*	
$\Delta \ln REXR^T$		0.1073 (3.007)***
$\Delta \ln REXR^T(-1)$		0.0606 (1.795)*
$\Delta \ln REXR^T(-2)$		0.0667 (1.881)*
$\Delta \ln Y^*$	0.4938 (2.119)**	0.4558 (1.928)*
$EC(-1)$	-0.0455 (-2.228)**	-0.0451 (-2.196)**
adjR^2	0.341	0.324
SE	0.015	0.016
p-values for		
Q(4)	0.205	0.125
Q(8)	0.345	0.236
Jarque-Bera	0.300	0.203
ARCH(4)	0.171	0.133

注) 誤差修正項は長期均衡関係を使って創出されており,統計的に有意でない変数は除外されている。Δは一階階差を表す数学的オペレーターである。Q(k)は残差のk次系列相関に関するLjung-BoxのQ統計量であり, Jarque-Beraは残差の正規性に関するJarque-Bera統計量, ARCH(4)は残差に関する4次のARCHテスト統計量(F値タイプ)。診断テストはすべてp値のみが示されている。カッコ内の計数はt値。
*** 1%の水準で有意
** 5%の水準で有意
* 10%の水準で有意

味している。

この点を確認するため,実質実効為替レート$\ln REXR$そのものではなく,その一時的部分に置き換えて推定を行ってみた(表の(2)式)。この

推定結果から分かるように,一時的部分の変化の効果は水準変化の効果とほとんど同じである。いずれにせよ,今回を含めて危機に過去二度見舞われた韓国のケースから確認されるように,実質実効為替レート減価は長期的には拡張的に作用しているけれども,短期的には逆に縮小的である。しかもきわめて興味深いことに,1997年Q3-1998年Q2の最も危機が深刻であった局面において,同期間のマイナス9.18％の実質GDP伸び率のうちマイナス8.71％,つまりその95％がこの実質為替レート減価によって説明可能なのである。

3.4 貿易方程式の推定

われわれの次の目標は,経常収支を構成する個々の方程式を推定することである。この目的のため,成長方程式と同じ要領でまず(8)(9)式から誘導型として導かれる次のような長期均衡関係を想定する。

$$\ln X = \beta_0 - \beta_1 \ln REXR^P + \beta_2 \ln Y^* \tag{14}$$

$$\ln M = \gamma_0 + \gamma_1 \ln REXR^P + \gamma_2 \ln Y + \gamma_3 D94 \tag{15}$$

ここで,D94は1994年Q1以降を1,その他期間は0のダミー変数であり,おそらく韓国のIT関連産業への産業・貿易構造シフトによるものと考えられる1994年以降の明らかな輸入急増を捉えるために加えられた。同様に,相対価格の長期均衡関係について次を想定する。

$$\ln P^X = \phi_0 + \phi_1 \ln REXR^P + \phi_2 \ln PPI + \phi_3 D96 \tag{16}$$

$$\ln P^M = \mu_0 + \mu_1 \ln REXR^P + \mu_2 \ln PPI^* + \mu_3 \ln Poil \tag{17}$$

記号の定義は,P^X (P^M)がCPIでデフレートした[11]輸出(輸入)相対価格,PPI (PPI^*)は韓国(外国)のCPIでデフレートした生産者価格指

---

11) 実質実効為替レートがCPIベースで作成されているため,われわれは国内財価格に相当するデフレータとしてCPIを選択している。

数であり，後者は限界費用の代理変数と考えることができよう。また，$D96$ は 1996 年 Q2 以降 1，それ以前が 0 のダミー変数であり，1996 年 Q2 以降の持続的な輸出価格下落を捉えるために挿入されている。最後に $Poil$ は韓国ウォン表示の原油価格を CPI でデフレートした実質原油価格指数であり，デリバリー・ラグを考慮して一期のラグをとっている。ここで，理論的には $-1<\phi_1<0$，$-1<\mu_1<0$ という制約が必要である[12]。一方，理論上は価格方程式に実質 GDP が現れるはずであるが，これら変数について有意な関係を見出すことができなかったので，予め除外している。最後に，1972 年の維新体制移行後，韓国は 1973 年より重化学工業化を国家戦略として導入した。この産業・貿易体制の明らかな構造変化を考慮して，貿易関連方程式の推定は 1973 年以降の 1973Q1-2000Q4 について行うことにした。

関連する変数の定常性に関する通常のチェック（表 2-1），および適切なラグの次数の選択の後，Johansen の共和分テストとともに共和分ベクトルの推定を行った（表 2-4）。表の結果によると，数量・価格方程式のすべてについて共和分ベクトルが各々一個存在することが示唆されており，また，同表脚注に示されているわれわれの推定結果も，輸入需要の価格弾力性を除いて概ね妥当と判断される。第一に，輸出の価格弾力性の点推定値 2.5 は先行研究の推定例と整合的であり，その平均値 2.3 にほぼ一致している（Min et al., 2000）。第二に，高い輸出の所得弾力性 3.7 と相対的に低い輸入需要の所得弾力性 1.3 という組み合わせは，韓国を含む高成長国の共通の特徴である Krugman（1989b）の「45 度線ルール」と整合的である。しかし，韓国の輸入は為替レート変動に感応的でないとのコンセンサスを所与とすると[13]，輸入需要の価格弾力性に関するわれわれの点推定値 2.0 は異常に高いように思われる。その原因は，一つにわれわれが実質実効為替レートそのものではなく，それよりも変動の小さい実質実効為替レートの永続的部分を使用していることで

---

12) (8)(9)式より $\dfrac{\partial \ln P^X}{\partial \ln REXR^P} = -\dfrac{\eta^*}{\varepsilon + \eta^*}$ and $\dfrac{\partial \ln P^M}{\partial \ln REXR^P} = -\dfrac{\varepsilon^*}{\varepsilon^* + \eta}$ という関係を得る。ここで $\varepsilon(\varepsilon^*)$ は自国（外国）輸出財供給の価格弾力性，$\eta(\eta^*)$ は自国（外国）の輸入需要の価格弾力性である（弾力性はすべて正値で定義されている）。

13) Mah（1993）の異常値を除外すると，輸入需要の長期価格弾力性に関する先行研究の推定値平均は 0.66 である（Min et al., 2000）。

表 2-4 輸出入変数に関する Johansen の共和分テスト結果

帰無仮説	$\ln X$ (lag=4) トレース	最大固有値	$\ln M$ (lag=4) トレース	最大固有値
共和分関係なし	44.81***	36.53***	66.28***	36.87***
共和分関係が最大1個	8.28	6.27	29.41	17.64
共和分関係が最大2個	2.01	2.01	11.77	11.02
共和分関係が最大3個	—	—	0.75	0.75

帰無仮説	$\ln P^X$ (lag=4) トレース	最大固有値	$\ln P^M$ (lag=2) トレース	最大固有値
共和分関係なし	65.23***	48.31***	56.26***	37.21***
共和分関係が最大1個	16.92	11.03	19.06	10.53
共和分関係が最大2個	5.88	5.88	8.53	8.53
共和分関係が最大3個	0.01	0.01	0.00	0.00

注)「トレース」はトレース統計量。「最大固有値」は最大固有値統計量を表し，(***) は1%の水準で有意であることを表している。推定された共和分方程式は次の通りである（カッコ内の計数は推定値の標準誤差）。

$\ln X = -2.4880 \ln REXR^P + 3.7060 \ln Y^* + 4.3948$
　　　　(0.459)　　　　　(0.096)

$\ln M = 2.0248 \ln REXR^P + 1.2696 \ln Y + 0.5036 D94 - 13.805$
　　　　(0.390)　　　　　(0.040)　　　(0.069)

$\ln P^X = -0.6241 \ln REXR^P + 0.7667 \ln PPI - 0.4459 D96 + 4.0450$
　　　　　(0.292)　　　　　(0.090)　　　(0.053)

$\ln P^M = -0.4577 \ln REXR^P + 1.4053 \ln PPI^* + 0.1086 \ln Poil - 0.2183$
　　　　　(0.123)　　　　　(0.070)　　　(0.020)

ここで，輸出について，1974年 Q1-Q4 の期間につき，石油ショックダミーを入れて推定している（結果は省略）。

あろう。そして第二に，先行研究とは異なり，推定期間に輸入が大きく変動したアジア通貨・金融危機を含めていることが寄与しているようである[14]。いずれにせよ，危機時における実質実効為替レートの永続的部分の変化はさほど大きくないので，この価格弾力性の高さそのものは以下の結論に大きな影響を及ぼさないはずである。最後に，その他の相対価格に関連した推定値も理論的要件を満たし，かつ統計的に有意に推定されている。

　これら共和分方程式を活用して，次に個々の変数について ECM を推定した。冗長であるのでここではそのすべてを示すのではなく，主要な

---

14) 推定期間を危機以前の 1973Q1-1997Q2 に限定すると，輸入需要の長期価格弾力性は 1.004（標準誤差は 0.265）と推定され，その値が半減する。

結果に簡単に触れる程度に留めておきたい。第一に，実質実効為替レート（もしくはその一時的部分）に関する輸出入の短期価格弾力性は統計的には有意にゼロと異ならなかった。この結論は，「貿易は為替レートの永続的部分のみに依存する」という理論パートにおける仮定を支持するものである（(1)式の右辺を参照）。第二に，危機時における異常な輸入減少を捉えるために，実質輸入に関する ECM に交差項 $D98\Delta\ln Y$ を含めて推定を行っている。ここで，$D98$ は 1997Q4-1998Q4 を 1，その他を 0 とするダミー変数である。その理由は，1.0 近辺の通常の輸入需要の短期所得弾力性では危機時における劇的な輸入減少のすべてを説明することが難しいことにある。このダミー変数は，危機時において外貨準備が全く底をついてしまったこと，そして銀行危機の併発にともない LC 発行が困難になったというモデルが十分捉えていない追加的要因をカバーしていると理解できよう。

第三に，相対価格の短期的変化が実質実効為替レートの変化に強く左右されていることが分かった。ここで，相対価格は韓国ウォン建て輸出入価格を CPI でデフレートしたものであることに注意しよう。したがって，韓国の貿易が大部分外国通貨建て，特にドル建てで行われている実態からすると，この結論は部分的に「市場による価格付け（market-to-pricing: PTM）」行動を反映していると解釈できるかもしれない。特に，危機時における転嫁率は異常に低く，1997 年 Q4-1998 年 Q4 で約 50%，韓国ウォンが底値を付けた 1998 年 Q1 では僅かに 24% でしかなかった[15]。しかしより興味深い点は，輸出価格の短期実質実効為替レート弾力性推定値が輸入価格の同弾力性推定値と同じマイナスの符号を持ち，しかもほぼ同じ大きさに推定されていることであろう。このことはまた，為替レート変化が経常収支に及ぼす価格効果がたとえあったとしても，輸出入価格で相殺しあうため，全体としては小さいことを意味する。このように，韓国に関する限り，マギー効果による J カーブ効果の発生余地は疑わしいと考えられる。

---

15) 転嫁率は名目為替レート変化率に対するドルベース輸出価格変化率の比率と定義されている。なお，輸出価格ではなくドルベース生産者物価指数を用いると，1998 年 Q1 における転嫁率は 30.4% に若干上昇する。

3.5 経常収支変動の要因分析

以上の準備の下で，危機発生以降の経常収支変動に関する要因分析を行うことができる。韓国の場合，所得・移転収支は無視できるほどに小さいので，経常収支概念として CPI でデフレートした実質財貨・サービス収支を採用しても大過ない。そして，危機勃発の直前である 1997 年 Q3 をベンチマークに選ぶ。要因分解を行うに当たって，実質実効為替レートの二つの構成部分の個々のコンポーネントの寄与を明らかにする意図から，表 2-3 の(2)式の推定結果を用いた。さらに初期誤差 EC_0 およびその他のラグ付変数初期値はすべてゼロに設定され，実質 GDP 変化を含めてすべての関連する内生変数はモデルにより内生的に計算されている。

図 2-3 は実質経常収支変化の実際値とモデルによって説明される部分を示している。図から明らかなように，われわれの事後的な追跡実績は 1998 年 Q1 を除いて比較的良好であり，特に危機勃発後の韓国の経常収支の急激な改善とその後の穏やかな悪化というパターンをよく捉えている。

表 2-5 は，経常収支変化の要因を(10)式に従って価格要因と数量要因の大きく二つに大別した場合の分解結果である。この結果を観察すると，幾つかの興味深い論点が浮かび上がってくる。第一に，危機が最も深刻であった 1997Q3-1998Q4 の期間において，実質為替レートの大幅な変動に伴う輸出入価格変化にもかかわらず，価格効果によって説明できる部分は大きくない。実際，経常収支は同期間において 60 兆 8270 億ウォン（1995 年価格）改善しているが，価格効果（実際値）は逆にそれを悪化させた。しかし，その大きさは合計マイナス 12 兆 1000 億ウォン，経常収支改善額の僅かマイナス 20％ である。換言すれば，既に指摘しておいたように，韓国において J カーブ効果は少なくとも危機時においてさほど重要な要因ではなかったのである。

第二に，危機直後の経常収支改善の大部分は，予想通り数量効果によって説明され，1997Q3-1998Q4 の当該効果合計（実際値）は 65 兆 5,670 億ウォンと計測されている。この数量効果のうち，大部分は縮小的通貨切り下げ効果によって占められており，実際の経常収支変化の 74.5％

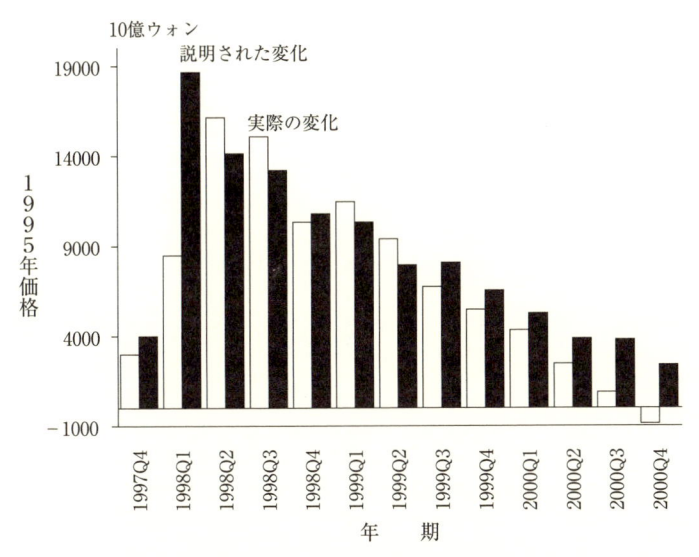

第2章 危機後のマクロ経済調整　　57

図2-3　実質経常収支の実際の変化と説明された変化
注) 1997年Q3をベンチマークとする実質経常収支の変化。

に相当する45兆2,990億ウォンがこの要因によって説明される。しかし，予想に反して，実質実効為替レートの永続的部分の寄与は目立ったものではない。Hodrick-Prescottフィルタリングによるわれわれの分解によると，永続的部分の減価の程度は，危機直後でせいぜい9.1%であり，しかも1998年Q4に底入れした後，それは1999年以降増価基調に転じているからである。

第三に，外国GDPの寄与が次第に大きくなっており，特に1999年以降のV字回復期の主導要因となっているものの，数量効果は1999年以降の経常収支黒字の穏やかな減少を説明する主要因ではなかった。表の結果から明らかなように，それはむしろ価格効果，特に持続的な交易条件の悪化と実質石油価格上昇によっている。このように，危機勃発後の大幅黒字転換とV字回復下の穏やかな黒字縮小という韓国の経常収支調整パターンを説明する支配的要因は，当初の通貨切り下げの縮小効果，そしてその後の輸出価格下落と石油価格上昇を反映した価格効果の浸透であったと結論できよう。

表2-5 実質経常収支変化の要因分析（1995年価格，10億ウォン）

a. 価格効果

年期	実際の変化	説明された変化	$\ln REXR^T$	$\ln REXR^P$	$D96$	$\ln Poil$
1997Q4	-1861	-629	-673	-574	0	-563
1998Q1	-2926	-940	-193	-1059	-427	-1340
1998Q2	-2909	992	1336	-1416	-854	-388
1998Q3	-2093	292	1576	-1635	-1365	19
1998Q4	-2311	-2165	-285	-1727	-1826	174
1999Q1	-489	-1557	796	-1705	-2281	570
1999Q2	-3632	-2333	546	-1596	-2725	674
1999Q3	-4628	-3887	514	-1418	-3174	-101
1999Q4	-3676	-4669	623	-1188	-3625	-704
2000Q1	-6389	-5243	886	-920	-4077	-1004
2000Q2	-8076	-6136	704	-633	-4529	-1267
2000Q3	-7554	-6567	670	-340	-4980	-1272
2000Q4	-8933	-7431	600	-47	-5432	-1606

b. 数量効果

年期	実際の変化	説明された変化	$\ln REXR^T$	$\ln REXR^P$	$\ln Y^*$
1997Q4	5358	3618	2771	0	847
1998Q1	17032	9424	7514	413	1680
1998Q2	15380	15132	12837	751	2012
1998Q3	14845	14774	12156	1000	2792
1998Q4	12952	12467	10021	1171	3034
1999Q1	10777	12998	10417	1285	4686
1999Q2	11097	11728	9706	1272	5065
1999Q3	11688	10614	9316	1192	6102
1999Q4	9131	10123	9384	1059	6710
2000Q1	10469	9590	9224	893	7814
2000Q2	11069	8597	9035	687	8359
2000Q3	10399	7445	8868	473	8675
2000Q4	10770	6564	8841	256	9195

注）1997年Q3をベンチマークとする．記号の定義は本文参照．

第4節 結論

この章では，危機後のマクロ経済調整の全体像を理解するため，為替

レート変動の異時点間動学効果を明示した簡単な小国開放経済モデルを提示した。われわれのモデルは高度に単純化されているものの，為替レートの過剰反応，短期の実質産出縮小とその後の回復，そして急激な経常収支改善とその後の穏やかな悪化という危機に直面した国においてほぼ共通に観察されたマクロ経済の主要特徴をコンパクトに説明可能である。

この理論的パースペクティブから，韓国を具体的事例として幾つかの実証分析を行った。第一に，ECMアプローチの応用により，為替レート減価は長期的には拡張的であるものの短期的には縮小的という，いわゆる「縮小的通貨切り下げ」効果が実証的に確認された。第二に，この結果に基づいて韓国の危機直後の1997年Q3-1998年Q4における経常収支の大幅改善の要因分析を行ったところ，その4分の3がこの縮小的通貨切り下げ効果によるものであることが明らかになった。そして第三に，少なくとも韓国では評価効果によるJカーブ効果は重要ではないこと，また1999年以降の経常収支黒字の穏やかな減少が景気回復に伴う輸入拡大というよりも半導体価格の下落に伴う持続的な輸出価格低下，および原油価格高騰によることが大きいことが分かった。

もちろんわれわれの枠組みは「通貨危機」という側面を重視するあまり，双子の危機 (twin crises) のもう一つの側面である国内銀行危機の分析が手薄である。第二に，皮肉なことにアジア危機に伴う膨大な経常収支黒字創出とそのトランスファー問題は，アメリカのITブーム加速とその経常収支赤字拡大によって完結した。そして，そのブームに乗れた国が危機からの早期回復に成功するのである。そのメカニズムの解明も興味深い問題である。

補論1　数学注

この補論では，2節の理論モデルに関する若干の補足説明を行う。既に本文で説明されたように，モデルは(4)式と(7)式の二つの微分方程式により記述される。いま，為替レートの定常均衡をe^*で表そう。この定常均衡は$i(e^*,e^*;M/P)=rp+i^*$という関係を満たす水準に決定され ($i(\cdot)$は本文で定義された誘導型としての金利関数)，実質産出に及ぼす為替レート変動の長期的効果が短期的効果よりも大きいという仮定より，

$de^*/drp>0$ である。また，この定常均衡値は，調整パラメーターkに依存していないことに注意しよう。

定常均衡値からの階差を，それぞれ$x=e-e^*$および$y=e_p-e^*$により定義する。定常均衡の近傍でテーラー展開し線形近似すると，モデルは次の二式に変換できる。

$$\dot{x}=-\alpha x+\beta y \tag{A-1}$$

$$\dot{y}=kx-ky \tag{A-2}$$

ここで，αおよびβはそれぞれ金利関数の偏微分係数であり，定常均衡値で評価されている。また仮定により$\beta>\alpha>0$である。体系の特性方程式は$\phi(\lambda)=\lambda^2+(\alpha+k)\lambda-(\beta-\alpha)k=0$であるので，特性根は異符号の実根である。合理的バブルを排除して負の実根を選択しよう。そして，これを$\lambda(<0)$と表記する。そうすると，$\dot{x}=\lambda x$であるので，新たに変数を$\theta=-\lambda$と置けば，合理的期待形成は回帰的期待形成$\dot{e}=\theta(e^*-e)$ $(\theta>0)$に帰着する。

特性方程式を微分して整理すると，

$$\frac{d\lambda}{dk}=\frac{(\beta-\alpha)-\lambda}{2\lambda+\alpha+k}$$

を得るが，$\phi(-(\alpha+k)/2)<0$ということより上式右辺は負値である。したがって$d\theta/dk>0$という結果を得る。

補論2　データの出所と変数の作成方法

韓国の実質GDP (Y)，実質輸出・輸入 (X, M)，輸出入価格指数 (P^X, P^M) はすべて韓国銀行のホームページ (http://www.bok.or.kr) からダウンロードした。名目為替レート，輸出入単価指数から作成された交易条件 (TOT)，CPI，PPI，ドルベース原油価格，外国実質GDPはすべてIMF, *International Financial Statistics CD-ROM*, December 2001 によっている。外国のCPI，PPIは工業国9ヶ国（オーストラリア，カナダ，フランス，ドイツ，イタリア，日本，オランダ，イギリス，アメリカ）の同指

数をドルベースに変換した後，それらの幾何平均として計算した（ウェイトは1995年の韓国の国別輸入額シェアを用いた）。一方，外国GDP(Y^*)はデータ制約によりオランダを除く8工業国実質GDPの幾何平均値を使用した（1995年の韓国国別輸出金額シェアをウェイトとして採用）。

韓国ウォンの実質実効為替レートはIFSでは公表されていないので，IMFやOECDが採用している二重ウェイト法（double weighting method）により別途作成した。いま韓国を含むNヶ国からなる世界を考え，韓国を番号1で表示しよう。このとき実質実効為替レートを作成する際の各国のウェイトは

$$G_{1j}^{IMF} = \sum_{k=1}^{N} w_1^k s_j^k / \sum_{k=1}^{N} w_1^k (1-s_1^k) \qquad (j=2, 3, ..., N)$$

によって与えられる。ここで，w_j^iはi国の財供給総額に占めるj国市場向け供給シェア，s_j^iはj国総需要額に占めるi国製品のシェアである（Zanello and Desruelle, 1997）。したがって，このN-1個のウェイトを使用して，幾何平均により実質実効為替レートを作成する。

具体的には，上記の先進工業国9ヶ国に東アジア8ヶ国・地域（中国，香港SAR，インドネシア，マレーシア，フィリピン，シンガポール，タイ，および台湾）を加えた17ヶ国を対象とし，1995年基準CPIベースでの実質実効為替レートを作成した。二重ウェイト法によるウェイトを作成するためには，二国間貿易フローに加えて各国内の取引額データを必要とするが，国際連結産業連関表や各国のI-O表その他を手掛かりとして17×17の取引行列を作成し，これからウェイトを計算した。なお，中国，香港SAR，台湾，シンガポールの主として再輸出に関わる調整を適宜行っており，また1994年以前の中国元の対米ドルレートは公定為替レートではなく，二次レートを加味した世銀の実効為替レートを使用している（詳細は，青木（2001a, 2001b）を参照）。

第 3 章

通貨・金融危機とファイヤーセール FDI
――韓国のケース――

第 1 節　は じ め に

　1990年代後半から2000年代初頭にかけて，韓国は顕著な対内直接投資ブームとバスト循環を経験した（以下，対内直接投資を代替的にFDIもしくは単に直接投資と表記する）。それまでは，日本と同様に外資の進出に対してどちらかと言うと制限的であり，相対的に対内直接投資の少ない国であったが，OECD加盟を目指した投資規制緩和や1997-98年危機時における規制緩和加速等を反映して，韓国始まって以来の未曾有の直接投資ブームが生まれたのである。

　この循環は，偶然か否かは定かでないものの，世界的な直接投資循環と軌を一にしていた。実際，国連貿易開発会議（UNCTAD）のデータによると，世界の直接投資流入額は1997年の4,820億ドルからピークの2000年にはその約3倍に近い1兆3,930億ドルに拡大した後，2002年にはそれが半分以下の6,510億ドルに大幅に縮小している[1]。しかしながら，当時の韓国の対内直接投資ブームは，危機時における国際銀行貸付を中心とした外国資本の急激な流出の最中に起こったという意味で，やや異質である。また，程度の差はあれ似通った現象はタイのようなその他の東アジアの危機直面国でも観察されていた（Fukao, 2001）。

　　1）　di Giovanni（2005）は，世界的なM&Aブームが株価と関係していることを重力モデルによって示している。

ところで，事業部門の収益性が極端に低下しているはずの経済危機の最中にあって，直接投資はなぜ風向きに逆らって拡大したのであろうか？　その一つのポピュラーな説明は，規制緩和を強調するそれであろう。実際，1998年の金大中政権発足時に韓国は従来の抑制的な外資規制を180度転換し，外資をむしろ歓迎するスタンスに転じた。そして，驚くべきことに，その後韓国上場株式の40％が外国資本によって占められるという，外資忌避症というかつての韓国のイメージからは想像できないような変化が生まれたのである。

　しかし，直接投資ブームのより根本的な要因は1997-98年の通貨・金融危機そのものにあると考えるのが自然であり，Krugman（1998b）に従ってそれを「ファイヤーセールFDI（fire-sale FDI）」と呼ぶことができよう。実際，通貨・金融危機に直面して，多くの韓国企業は過去に負った膨大な債務に呻吟していた。しかも，財閥部門の資本構造の改善ならびにより透明な企業統治機構を目指した政府の構造改革が企業に待ったなしのリストラクチャリングを迫っていた。ところが，過剰債務に直面していた多くの企業は財務制約からリストラが困難になり，結局のところ資産の一部もしくはすべてを切り売りして債務削減に必要な資金調達を行わざるをえなかったと考えられる。しかも，過去の経済危機時に必ずと言ってよいほど企業勢力図が変化していた韓国において，またもやそのチャンスが巡ってきたものの，今回の危機は全国的な広がりを見せており，肝心の有望な国内買い手を発掘することが困難になっていた。そして，唯一の例外が財務制約のない外国投資家であったのである。かくして，過剰債務を削減するために，たとえ労組からの強い反対・抵抗に直面したとしても，企業資産の一部もしくはすべてを外国投資家に切り売りすることが合理的となる。その結果として，まさに経済危機の最中に直接投資ブームが発生したと考えられる。

　第3章の目的は，このファイヤーセールFDI現象を，それが最も顕著であったと考えられる韓国を具体的対象として分析することである。最初にわれわれは，その背後にある経済的動機を，二つのきわめて単純化された理論モデルを用いて例証する。最初のモデルは流動性制約の役割を重視しており，二番目のモデルはいわゆる過剰債務（debt-overhang）問題に焦点を当てる。理論モデルは，投資の背後に潜む経済的

合理性を明確にしており，金融・資本市場の不完全性が資源配分の改善余地を与えていること，そして，結局のところファイヤーセールFDIはこの資源配分の効率化の動きとして捉えることができることを示唆している。このようにわれわれのアプローチは，Froot and Stein（1991）の直接投資に対する不完全資本市場アプローチの一バリエーションと位置付けられよう。

　以上の理論的パースペクティブの下で，次に韓国の対内直接投資の決定因に関する一つの実証分析を行う。われわれの焦点は，危機時における財務ポジション悪化が直接投資に及ぼすインパクトの分析であり，実際のところ，この要因を欠いては90年代後半の韓国の直接投資の盛り上がりを説明することは困難である。そして，比較的長期をカバーしたパネル・データを活用して，ファイヤーセールFDIの存在を示唆する実証分析を行う。その結果によると，少なくとも韓国危機の初期局面において，企業財務の悪化が直接投資増加の30-50％程度を説明可能であることを示す。

　以下，本章の構成を示しておこう。まず次節においてファイヤーセールFDIに関する二つの可能な理論的説明を示す。続く3節では，ファイヤーセールFDIに焦点を絞って，韓国の対内直接投資決定因に関する実証分析を行う。最後の4節は結論部分である。

第2節　ファイヤーセールFDIの理論

2.1　流動性危機とファイヤーセールFDI

　低収益性が共通の特徴である経済危機の局面において，なぜ直接投資が盛行するのであろうか？　この素朴な疑問に答えるために，Krugman（1998b）は「ファイヤーセールFDI」というコンセプトを考案し，政府保証下のモラルハザード・モデル，および流動性危機に関連した銀行取付けモデルの二つのパースペクティブからこの現象を理論化する可能性を示唆した。その説明は直感に訴えるものがあるものの，依然非現実的な面は否めず，さらなる明確化の必要性が高いように思われる。そこで以下では，可能な限り単純化して，ファイヤーセールFDIの最も本

質的と考えられる側面を再考察してみたい[2]。

いま，負債によって資金調達を行い，複数の事業に携わっている国内企業を想定しよう。例えば，韓国で言えば，「百貨店経営」と揶揄されてきた多角化経営を想起すればよい。単純化のため，企業は事業Aと事業Bと呼ばれる二つの事業部門を保有していると仮定しよう。事業部門間のシナジー効果はないものの，事業Aが本業であり，その収益性は事業Bよりも高いと仮定する。この意味で事業Aは企業のコア・ビジネスであるが，例えばオーナー・マネージャーの成長妄想により事業部門Bに多角化している。これら二つの事業部門に関連する資産は自己資本と外部の負債（例えば銀行ローン）によりファイナンスされており，貸し手は個別事業ベースではなく企業ベースで融資を行っている。そして，われわれの関心は特定の資本構造の決定ではなくその帰結にあるので，負債は先順位を持つ短期債務から構成されると単純に仮定する。そして，現在満期が到来した所与の債務残高（利子支払を含む）を記号D_0で定義しよう。

現在と将来の二期間モデルを想定し，現在を$t=1$，将来を$t=2$でそれぞれ表記する。そして，各事業部門から派生するキャッシュフローを$\{C_1^j, C_2^j\}$ ($j=$A, B)で表す。例えば，C_1^Aは事業部門Aから派生する現在のキャッシュフローである。Rを利子率に1を加えた割引因子とすると，個別事業部門の資産価値は$V^j=C_1^j+C_2^j/R$ ($j=$A, B)であり，企業価値は$V=V^A+V^B$で与えられる（$V-D_0$が正味資産である）。

さて，経済危機が勃発し，その結果として事業の収益性が大幅に低下したとしよう。特に現在の総キャッシュフロー$C_1^A+C_1^B$が著しく減少し，返済が必要な債務D_0を下回ったと仮定する。破産を回避するためには企業はリファイナンスに依存せざるを得ないが，しかし債権者はそれに応じないかもしれない。この可能性を明示する最も簡単な方法は，現行リファイナンス量D_1が次の借入制約に従うと仮定することである。

---

[2] Acharya et al. (2007)は，危機時における証券投資と直接投資の異なった反応を，われわれと同じファイヤーセールFDIという視点から理論的に分析している。しかし，彼らの分析は，われわれのような被買収企業の財務制約というよりも，借入制約が存在する下での一国全体としての国内取得企業の買収可能性低下という側面を強調している。

第3章　通貨・金融危機とファイヤーセールFDI

$$D_1 \leq k\frac{C_2^A + C_2^B}{R} \quad (0 < k < 1) \tag{1}$$

すなわち，債権者は事業の資産価値（将来のキャッシュフローの割引現在価値）のせいぜい一部までしか貸す用意がない。この借入制約を正当化する方法は幾つか存在する。その代表例がBernanke and Gertler (1989) の不完全情報下のcostly state verificationアプローチ，Diamond (1991) の債務キャパシティ・アプローチ，そしてHart and Moore (1994, 1998) およびKiyotaki and Moore (1997) の不完全契約アプローチである。例えば，第1章と同様の要領で，事後のモラルハザードの可能性を考えてみよう。具体的には，債務の借り換えに成功した後に，企業には二つの選択肢があると考える。その第一は現行の事業を継続する選択肢であり，その結果として将来のキャッシュフローは $\{C_2^A, C_2^B\}$ である。もう一つの選択肢は事後の資金流用であり，この流用機会では r ($0 < r < 1$) の確率で高い将来のキャッシュフロー $\{C_2^{A*}, C_2^{B*}\}$ を生むが，残り $1-r$ の確率でキャッシュフローはゼロである。そして $C_2^{A*} + C_2^{B*} > C_2^A + C_2^B > r\{C_2^{A*} + C_2^{B*}\}$ (>0) という関係を想定する。したがって，債務の繰延べに無条件に応じてしまうと，企業のいわば「一発勝負（gamble for resurrection）」により逆に債権者は損失を被る危険がある。

こうした事後のモラルハザードの可能性に対する最も簡単な対応は，与信ラインを設定することである。実際，有限責任ルールの下でのモラルハザードを防止するための誘因両立性は $C_2^A + C_2^B - RD_1 \geq r\{C_2^{A*} + C_2^{B*} - RD_1\}$ という関係式により与えられるので，$k = \{1 - r[(C_2^{A*} + C_2^{B*})/(C_2^A + C_2^B)]\}/(1-r)$ と置けば，(1) 式のような借入制約式を容易に導くことができる。

説明の便宜上，以下において(1)式の右辺を単に「与信ライン」と呼ぼう。また

$$D_0 - \{C_1^A + C_1^B\} > k\frac{C_2^A + C_2^B}{R} \tag{2}$$

を仮定する。ここで，(2)式の左辺は債務のリファイナンスの必要額であるので，この関係の意味は，債権者の課す与信ラインが債務のリファイナンス必要額よりも少ないということである。このように，企業はリファイナンスの困難から流動性危機に直面している。

他方，企業は通期では潜在的に債務を弁済可能（solvent）と考え，

$$V=\left\{C_1^A+\frac{C_2^A}{R}\right\}+\left\{C_1^B+\frac{C_2^B}{R}\right\}>D_0 \tag{3}$$

という関係が満たされていると仮定する。もし金融の不完全性がなければ，債務弁済条件を満たす限り当該企業は存続可能であり，かつまたそれが社会的にも効率的である。しかし，金銭貸借につきもののモラルハザードの可能性がそれを阻んでしまうのである。

企業が現行債務の不履行を起こした場合，企業の支配権は現行債権者に移る。しかし，企業固有の特殊要素の存在その他の理由から，当該企業家を欠いた場合の企業資産の処分価値は大幅に減価する。そして，極端ではあるものの，単純化のため企業支配権が移った場合の資産の処分価値はゼロと仮定して分析を進める。

さて，流動性危機に直面した当該企業は，債務不履行による破産を免れるために，企業資産の切り売りを余儀なくされる。しかし，危機が一国全体に波及しているため，資産を購入する有望な国内投資家を発掘することが困難である。こうした環境において，財務制約がなくかつ企業資産を有効に管理・運営可能な外国投資家の資産購入を政府が認めれば，事態は大きく異なってくる。問題を単純化するため，ある外国投資家は資産から生まれる企業収益を維持可能であり，かつ潜在的な買い手の中での最善の投資家であるとしよう。

企業が資産を切り売りするとしたら，相対的に収益機会の低い事業部門Bを選択すると考えるのは自然である。いま，事業部門Bの売却価格を記号Qで表わそう。すると，買収によって外国投資家に帰属する純利益は$C_1^B+C_2^B/R-Q$となる[3]。一方，事業部門Bを売却することに

---

3) ここでは残存債務を外国投資家は継承しないと仮定している。もっとも，それを継承すると考えた場合でも結果は同じであり，その場合には買収価格が低下する。

よって，この国内企業はその売却収入を債務弁済に充当可能である。その結果，残存債務は$D_0-C_1^A-Q$に減少し，この金額は与信ラインkC_2^A/Rよりも小さくなるかもしれない。ここで，事業部門Bが手放されているため，与信ラインが変わっていることに注意しよう[4]。分析を有意味にするため，以下ではこのことを仮定する。したがって，国内企業は事業の一部を外国投資家に切り売りすることにより存続が可能となる。また，企業の存続は既存の債権者にとっても望ましいので，彼らはクロスボーダーの企業資産売却に同意するであろう。

買収交渉は，形式的には次のように述べることができる。まず契約の不成立は債務不履行による破産を意味するので，事業部門Bの売却から得られる売り手の追加的利得は$G=C_2^A/R-[D_0-C_1^A-Q]$によって与えられる。一方，買収によって外国投資家が得る利益は$G^*=C_1^B+C_2^B/R-Q$であり，交渉が成立しない場合に失う利得はないと考えるのが自然であるので，G^*は同時に買収から得られる外国投資家の追加的利得と考えることができる。債務弁済条件(3)式を仮定しているので，買収契約は双方にとって利益があるはずであり，買収価格Qの決定にナッシュ交渉解を援用することは自然であろう。したがって追加的利益の積$P=G\times G^*$の最大化より

$$Q = \frac{1}{2}\left\{\left[C_1^B+\frac{C_2^B}{R}\right]+D_0-\left[C_1^A+\frac{C_2^A}{R}\right]\right\} \tag{4a}$$

$$G = G^* = \frac{1}{2}\left\{\left[C_1^A+\frac{C_2^A}{R}\right]+\left[C_1^B+\frac{C_2^B}{R}\right]-D_0\right\} \tag{4b}$$

を得る。債務弁済条件(3)式の下では双方の追加的利得はすべて正であり((4b)式)，次の関係が成立することは容易に確認できる。

$$C_1^B+\frac{C_2^B}{R}>Q$$

ここで，左辺の$C_1^B+C_2^B/R$は事業部門Bのファンダメンタルズ価値で

---

[4] 収益性が高い事業部門を保有している方が与信ラインは高くなる。また，この考慮が収益性の高い事業部門Aを残して事業部門Bを処分するという仮定の部分的正当化を与えている。

あるので，この関係式は「買収価格は資産のファンダメンタルズ価値よりも低い」ことを表している。この意味で，企業資産は「投げ売り（fire-sale）」されているのである。

その理由は直感的にも明らかであろう。この国内企業は流動性危機に直面しているので，企業資産を割安な価格で売却しても，破綻を回避できるのであれば，それは合理的な選択である。その一方で，外国投資家は財務制約に直面していないので，その優位性を活用することによって企業資産の買収から利益を得ることができる[5]。

2.2 過剰債務とファイヤーセールFDI

前節において，ファイヤーセールFDIの可能な動機を示した。しかし，これで全てが尽くされているわけではない。そこで次に，「過剰債務」問題を克服する方策としてのファイヤーセールFDIという，より現実的な設定を示そう。

そのため，前節のセッティングを基本的に保持したままで，当該国内企業はリストラ投資のために新規マネーが必要と仮定する。例えば，過剰雇用を整理するために割り増し退職金が必要であるかもしれず，また事業を立て直すためには古い設備を更新して新しい設備に置き換える必要があろう。さらに，店舗一新や外部からの新規人員調達に追加的支出が必要であるかもしれない。企業が事業を絞り込むとしたら，それはコア・ビジネスである事業部門Aということになり，それを中心として新たな事業展開を行うと考えることは自然である。そこで，リストラ投資によりこの事業部門Aから上げられる将来の収益は投資Iの関数であり，それを$C_2^A = F(I)$, $F'(\ ) > 0$, $F''(\ ) < 0$と特定化する。また，リストラ投資が社会的に望ましいためには，$F'(0) > R$という条件が必要である。以下ではこの条件を仮定しよう。さらに，われわれは次式の関係

---

[5] 「危機時における為替レートの大幅な減価が対内直接投資ブームの主要因である」といった議論が広く流布している。危機に直面した国の通貨価値の大幅な低下により，外国投資家にとって買収価格が割安化するからである。しかし，為替レート変動そのものは直接投資現象とは無関係と考えられる。実際，外国投資家にとって割安なのであれば，なぜ国内投資家は外国通貨での借り入れにより割安化した国内資産を購入しないのであろうか？ Froot and Stein (1991) や Blonigen (1997) が指摘するように，その他の不完全性が存在することが，為替レートの直接投資に及ぼす効果を説明する上で不可欠と言えよう。

第3章　通貨・金融危機とファイヤーセールFDI

を前提する。

$$D_0 > \left\{ C_1^A + \frac{F(0)}{R} \right\} + \left\{ C_1^B + \frac{C_2^B}{R} \right\} \tag{5}$$

すなわち，企業の直面する逆境は非常に厳しく，もしリストラ投資を行わなければ既存債務を完済することができない。この意味で，コア事業への経営資源集中とリストラ投資の実行は，企業の存続にとって不可避である。

説明を容易にするために，最初に過剰債務問題を形式的に説明しておこう（Lamont, 1995）。いま，その理由を不問にして，何らかの方策により企業は残存債務を D_1 に削減できたとしよう。リストラ投資を行うための新規資金は外部投資家から調達され，その際に必要とされる最低の収益率は R-1 である。そうすると，企業の問題は次のように定式化できる。

$$\begin{aligned}&\text{Maximize} \quad \frac{F(I)}{R} - D_1 - I \\ &\text{subject to } \frac{F(I)}{R} - D_1 \geq I, \text{ and } I \geq 0 \\ &D_1 = \text{given}\end{aligned} \tag{6}$$

ここで，第一の制約条件は，既存債務を返済した後のコア事業部門Aから期待される収益が最低限新規資金提供者の収益性を保証しなければならないことを意味している。以下便宜上，この制約条件を「新規資金誘引条件」と呼ぼう。一方，第二の制約条件はリストラ投資が非負ということを表し，$I=0$ のときリストラが行われないので，仮定により企業は破綻する。

制約がない場合の最適投資水準を，I^* と表記しよう。明らかにこれは $F'(I^*)/R=1$ を満たす水準に決定され，$F'(0)>R$ という仮定により $I^*>0$ である。さらに最適投資が実施されることにより収益性が改善されるので，リストラ投資を実行した場合に債務弁済条件

$$\left\{C_1^A - I^* + \frac{F(I^*)}{R}\right\} + \left\{C^B + \frac{C_2^B}{R}\right\} > D_0 \tag{7}$$

が満たされるかもしれない。この条件が満たされない場合，事業リストラそのものの誘因がなくなってしまうので，以下ではこの(7)式を前提して議論を進める。

　しかし，既存債務が残存するとき，新規資金誘引条件が拘束しない保証はなにもない。いま，残存債務があまりにも大きく，最適投資の下でも$F(I^*)/R - D_1 < I^*$となったとしよう。事業部門Aの純現在価値（Net Present Value: NPV）は$I < I^*$の範囲において投資の単調増加関数であるので，このとき，最適投資以下のすべての投資水準に関して，それが実施される限り（つまり$I > 0$である限り），常に新規資金誘引条件が拘束する。したがって，$F(I^*)/R - D_1 < I^*$の場合の最適投資はゼロであり，リストラを行わないことがベストの選択となる。このように，多額の債務が残存しているとき，先順位の高い既存債権者の弁済にリストラ投資からの収益が優先的に充当されるため，新規資金の採算性が悪くなり，その導入が難しくなるのである。その結果として，潜在的には効率的な投資が実行されず，社会的に非効率となる。

　これがすべてとは言えないものの[6]，この過剰債務問題に対する一つの解決策が既存資産の売却である。通常その対象は企業のコア・ビジネスからはずれた資産であり，ここでの想定では事業部門Bとなる。前節と同様に，事業部門Bの売却価格をQと表記しよう。企業資産の売却により企業の残存債務を$D_1 = D_0 - C_1^A - Q$に削減可能であるので，もし売却交渉が成功すれば，新規資金誘引条件$F(I^*)/R - \{D_0 - C_1^A - Q\} \geq I^*$が満たされるようになるかもしれない。その結果，企業は資産売却に同意するであろう。また，この条件が満たされるときリストラ投資が

---

6) 例えば既存債権者が債権放棄（debt forgiving）や債務・株式交換（debt-equity swap）に同意すれば，新規マネーが投入されうる。この場合効率的なリストラ投資が実行されるので，債権放棄や債務・株式交換に同意することによって債権者の利益がむしろ改善するかもしれない。しかし，この資本構造の再編成が常にうまくいくとは限らない。一つに債権者のただ乗りやホールドアップにより債権者間の合意が成立しないかもしれず，また債権者が金融機関である場合，経済危機時の自己資本比率低下により債権放棄が難しくなるからである。

実行されるので,与信ラインそのものが増加し,既存債権者も残存債務のリファイナンスに同意しやすくなる。外部からの新規マネーはさまざまの形態をとりうるが,その具体的形態は当座のわれわれの問題にとって関係しない。

再び経済危機により事業部門 B を購入する余裕のある投資家を国内で見出すことが困難である一方で,財務制約のない外国投資家の存在を仮定しよう。リストラ投資を前提した新しい債務弁済条件の下で,互いに有利なクロスボーダー取引が起こりうる。売却価格 Q の決定に再びナッシュ交渉解を適用すると,問題は追加的利益の積 $P'=\{F(I^*)/R-[D_0-C_1^A-Q]-I^*\}\{C_1^B+C_2^B/R-Q\}$ の最大化に帰着する。簡単な計算の結果,売却価格は $Q=(1/2)\{C_1^B+C_2^B/R+D_0-[C_1^A-I^*+F(I^*)/R]\}$ の水準に決定され,売却価格が

$$C_1^B+\frac{C_2^B}{R}>Q$$

となることは容易に確認できる。したがって,事業部門 B の売却価格はそのファンダメンタルズ価値よりも低く,ファイヤーセール FDI が成立する。

その直感的理由は明らかであろう。資産を切り売りすることによって既存債務を削減することができれば,企業存続にとって不可欠のリストラ投資のための新規資金を外部から調達可能となる。この国内企業の弱いポジションを逆手にとって,財務制約のない外国投資家は買収取引から資源配分効率化の利益分与に預かることができるのである。

2.3 ファイヤーセール FDI の経済的含意

「ファイヤーセール FDI」という呼称はややネガティブな響きを持ち,またわれわれの簡単な理論的整理が示しているように,確かに国内企業はそのファンダメンタルズ価値を下回る価格での資産売却を強いられている。その結果,こうしたクロスボーダーの企業資産売買が表面上国富の流出と捉えられてしまい,しばしば反感を買うことは事実である(とりわけ危機がなければこの富の流出はないという意味でそうである)。しかし,われわれの議論が明確にしているように,ファイヤーセールのより

根本的理由は危機時における金融の不完全性であり，むしろそれは資源配分を改善しているという意味でポジティブに捉えられるべきである。実際，それがなければより多くの企業破綻という社会的に望ましくない結果が出現することになろう。

　より微妙な問題はいわゆる「資産略奪 (asset stripping)」や「禿げ鷹投資 (vulture investment)」であり，最善ではない投資家が企業持分を取得する可能性である。実際，ほぼすべての国内企業がなんらかの財務困難に直面している経済危機の局面において，もし危機がなければ当該企業資産を最も有効に活用可能という意味でそれらが潜在的には最善の買い手であるにもかかわらず，危機により実際の買い手とならない可能性を十分想定できる。この場合，外国投資家は次善・三善の買い手であるにもかかわらず，単純に財務制約に直面していないという理由で，次善の買収価格提示が行われることになろう[7]。この場合，買収交渉における投資家の適格性基準のような何らかのスクリーニング規制が必要となるかもしれない。

第3節　実証分析：韓国の事例

　前節において，われわれはファイヤーセール FDI に関する若干の理論的整理を行った。それによると，流動性危機および過剰債務問題という二つの設定の下で，いずれも経済危機による一般的な低収益性によって特徴付けられる環境において，財務的苦境にある国内企業と金融制約のない外国投資家の間でファイヤーセール FDI が起こりやすいことが示唆された。この節では，この仮説が実際のデータによってどの程度支持されるかを実証的に分析する。その具体的事例として，ファイヤーセール FDI の検証の格好の事例を与えていると考えられる韓国を取り上げてみたい。

　　7）例えば，外国投資家の資産評価が $C_1^B + C_2^B/R$ ではなく，それよりも低い $b(C_1^B + C_2^B/R)$ $(0<b<1)$ であったとしよう。このとき事業部門 B の買収価格はより低くなる。

3.1 韓国の対内直接投資概観

先に進む前に,韓国の対内直接投資の歴史的展開について簡単にレビューしておこう。またその作業は,以下でのわれわれの分析動機を浮かび上がらせる上でも有益である。

韓国は,OECD加盟を果たした1996年時点においても外国資本による企業持分権取得を厳しく制限しており[8],少なくともその経済開発史上において,外国からの直接投資が重要な役割を担ってきたとは言い難い。しかし,この歴史は1997-98年危機を転機として劇的に変化した。図3-1は,1962-2003年における韓国の実質対内直接投資動向を図示したものである。なお,使用された投資額は認可ベース計数であるが,実行ベースの国際収支計数との比較によると両者はほぼ同じ動きを示しているので,全体的な動向については認可ベース計数でも十分捉えることが可能である[9]。また,表3-1に期間毎の投資国分布を示している。

図3-1によると,韓国の対内直接投資には過去三回のブームが観察されている。最初のブームは1970年代初頭に起こっており,その要因としてIMF体制の崩壊に伴う通貨調整の影響が大きいと考えられる。1960年代まで,韓国に対する最大の投資国はアメリカであり,1962-69年の投資累計額の実に42.1%が同国投資によって占められていた。それに続いていたのが日本であり,同期間の投資累計額の33.7%を占めていた。この意味で日米が当時の(そして現在の)最大の投資国であり,この二ヶ国だけで60年代の投資の4分の3以上を占めていた。こうした中で,日本企業は既に高度経済成長末期の60年代末より,比較劣位化した繊維産業や履物等の労働集約的産業の生産を韓国に移管しつつあったものの,この動きが1970年代初頭の急激な円高・ドル安により一挙に加速したのである。その結果,1970年代における日本の投資は総直接投資額の63.0%を占め,日本は圧倒的な投資国の地位を占めるに

---

8) OECD加盟は資本自由化を要件とするが,韓国はその必要最小限の基準を充足することによって加盟を果たしている。

9) 両者の間の相関係数は1976-2002年で0.940であった。しかし(1)認可ベース計数は国際収支ベース計数よりも長期のデータをカバーしている,(2)認可ベース計数は国別・産業別投資額を含んでいることから,以下では認可ベース計数を使用する。

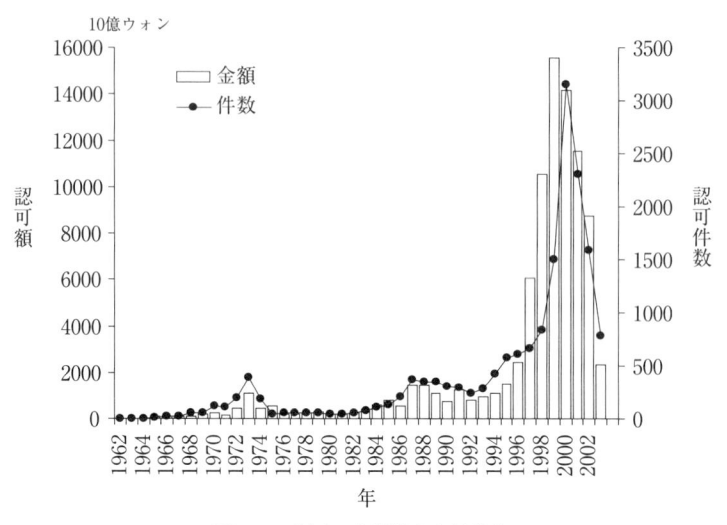

図 3-1　韓国の実質対内直接投資

注）　FDI はドルベース投資金額をウォン換算し，CPI でデフレートした実質額である。

至った。

　第二回目のブームは 80 年代後半に起こっており，再びプラザ合意後の円高に対応した日本企業の投資によって牽引されていた。この意味で，基本的な構図は 70 年代初頭のそれと大きく異ならない。しかしこの第二回目のブームは比較的短命であった。一つに 1987 年来の韓国ウォンの切り上げにより，そしてもう一つに民主化に伴う労使紛争激化・賃金急騰により生産移管先としての魅力が相対的に薄れ，日本企業は韓国（およびその他のアジア NIEs）から東南アジアに投資先をシフトさせたからである。また，その後アジア NIEs からの投資に追い越されたものの，この投資先シフトが 80 年代末からの東南アジアにおける爆発的な投資ブームと高度成長の火付け役となったことはよく知られている。なお，80 年代まで日本が韓国にとって最大の投資先国であったことを指摘しておこう。実際，1962-89 年の投資累計額のうち，日本からの投資は 50.4％を占めており，二番目のアメリカのシェア 27.2％を大きく上回っていた。

　しかし，1990 年代前半までの投資規模は小さく，例えば GDP に対する投資額は最大でも 1971 年における 2.4％であり，80 年代後半のブー

第 3 章　通貨・金融危機とファイヤーセール FDI

表 3-1　韓国の対内直接投資の投資国別構成　　(構成比：%)

期　　間	1962-69 年	1970-79 年	1980-89 年	1990-96 年	1997-2003 年	1962-2003 年
累計(百万ドル)	149.9	1,419.9	5,501.4	10,603.7	69,635.2	87,310.1
アメリカ	42.1	21.0	28.4	29.8	31.3	30.8
日　本	33.7	63.0	47.6	19.0	10.8	15.0
ドイツ	0.6	1.7	3.8	4.6	6.5	6.0
香港 SAR	2.9	1.9	3.5	4.0	1.6	2.0
オランダ	3.5	1.8	2.5	11.8	12.9	11.9
スイス	0.0	1.1	3.8	3.0	0.6	1.1
イギリス	7.1	1.3	2.8	3.3	2.7	2.7
フランス	0.0	1.0	2.4	2.8	4.0	3.7
その他	10.0	7.2	5.3	21.6	29.6	26.7

ム期でさえその比率は1%台でしかなかった。韓国経済にとって外資企業は，どのように控えめに見てもマージナルな存在でしかなかったのである。しかし図が示しているように，事態は90年代央，なかんずく1997-98年の韓国危機勃発以降において劇的に変化した。

　しかも，この第三回目のブームでは，それまでのブームとは全く様相が異なっていた。第一に，なによりも極端な経済不振の下でブームが起こった。直接投資の実証分析によると，国内市場規模が一つの重要な決定因であることが繰り返し報告されており，またこのことは，貿易と同じく直接投資が大部分先進国間の現象であることからも容易に理解できる。しかし，韓国のブームはこの経験則に反するものであった。第二に，それまでの最大の投資国であった日本の地盤沈下が顕著であり，1997-2003年の投資累計総額に占める日本からの投資シェアは僅か10.8%に減少した。韓国企業と同様に，日本企業も持続的なデフレの中で財務ポジションの悪化に呻吟していたのである。そして，この日本のポジションに取って代わったのが西欧諸国，特にアメリカとオランダであり，その最も象徴的な出来事が1999年におけるLG電子とオランダ・フィリップス社の間のクロスボーダーM&Aであった。第三に，詳細は割愛するが，投資先の産業分布も多様化しており，従来の製造業から金融・通信を含むサービス産業へ比重を移している。そして第四に，危機以前においてほとんど見られなかったM&Aの比重が劇的に増加した。

　加えて，危機の最中に行われた規制緩和に注目すべきである。実際，

危機の処理を担う金大中政権発足に伴い，同政権は1996年12月のOECD加盟以降も温存されていた外国人所有に関する多くの規制を迅速に緩和し始めた。なかでも，1998年11月に施行された外国投資促進法は大きな刺激となり[10]，また，1999年4月に施行された新外国為替取引法も資本勘定を含む外国為替取引の一層の自由化を促した。こうした制度変化を背景として，90年代末から2000年代初頭にかけて韓国の対内直接投資は記録的ブームを経験しており，1997-2003年の僅か7年間で1960年代からの実質投資累計額の80％近くを占めるほどの盛行ぶりであった。以下のわれわれの課題は，この危機時における直接投資の盛行要因を実証的に明らかにすることである。

3.2 実証分析の方法論

直接投資の動機は多様でありうる。それゆえファイヤーセールFDIを検証する理想的方法は，個別企業レベルの個票データを活用することであろう[11]。しかし，個別直接投資案件と対象企業の財務データの整合的なデータベースを構築することは容易なことではない。そこで，以下では第一次接近として，データの利用可能性が比較的容易な公式統計を用いて分析を進めてみたい。

より具体的には，韓国に対する主要投資国8ヶ国[12]からなるパネル・データを活用して次のような関係を推定する。

---

10) 1997年時点において対内直接投資禁止部門は27存在していたが，1998年1月にはそれが21に削減され，さらに1999年1月には7へ，2000年7月には4へそれぞれ削減された。同時に部分開放部門も1997年の26から2000年7月には17に削減された（韓国財政経済院ホームページ）。

11) 関連する研究を若干ピックアップすると，Aguiar and Gopinath（2005）はトムソン・フィナンシャル社が作成しているM&Aの個票データを活用して，本稿と同様のファイヤーセールFDIの存在を，1998年のアジア通貨・金融危機時において実証的に検証している。また，Chari et al.（2004）は，クロスボーダーM&Aのアナウンスメントが株価におよぼすポジティブな効果を，イベント分析により示している。最後に，Baker et al.（2004）は90年代後半からの世界的なFDIブームの説明因として，買収対象資産が割安化したという仮説（cheap asset仮説）と株価の上昇による資金調達コストの割安化（cheap capital仮説）のいずれが支持されるかを実証的に分析した。その結果によると，後者の仮説が支持されており，この結論はdi Giovanni（2005）のファインディングスと整合的である。

12) アメリカ，日本，ドイツ，香港SAR，オランダ，スイス，イギリスおよびフランスの8ヶ国である。

$$\log(FDI) = a \times 韓国企業財務状態の脆弱性指標$$
$$+ その他コントロール変数$$

 われわれの目標はファイヤーセール FDI の検証であり,韓国企業の財務ポジションの悪化が対内直接投資の有意な決定因であること ($a>0$) を実証的に確認することである。そのため,認可ベース投資額を採用し,為替レートでウォン表示に変換した金額を CPI でデフレートした実質直接投資 *FDI* を被説明変数として使用する (以下,実質値はすべて 1995 年価格)。第二に,韓国企業の財務ポジションを表す変数として,できる限り長期間にわたって利用可能な (したがって時系列テストの適用が可能な) データを採用することが望ましい。この分析の必要性から,財務ポジションの脆弱性指標として比較的長い時間をカバーしている不渡り手形実質額 *Dishonored Bills* を採用することにしたい。実際,このデータは 1967-2003 年の長期にわたって利用可能であるばかりでなく,(銀行サイドから見た) 韓国企業の財務ポジションを比較的うまく捉えているように思われる[13]。そして第三に,規制緩和の影響を捉えるために 1998 年以降を 1,その他を 0 とする規制緩和ダミー *Deregulation Dummy* を加える。

 直接投資の経済動機は多様でありうるので,さらにその他の関連変数をコントロールする必要がある。その最初の追加的説明変数として,市場規模の代理変数として最もポピュラーな実質国内総生産 *GDP* を加える (ほんの数例であるが,中欧向け直接投資を分析した Carstensen and Toubal (2004),中国向け直接投資を分析した Cheng and Kwan (2001),日本の対内直接投資を分析した Hara and Razafimahefa (2003),アメリカの対内直接投資を分析した Blonigen (1997) 等の先行研究を指摘すること

---

 13) 例えば Hahn and Mishkin (2000) は,1990 年代初頭からの韓国銀行部門財務状態の持続的な劣化 (したがってその裏側にある企業部門の財務状態悪化) を報告しているが,*Dishonored Bills* の系列はこの危機以前における傾向をよく捉えているように思われる。一方,代替的に財務報告書 (Financial Statement) の財務関連指標を使用することも考えられるが,どの指標を活用すべきかについて曖昧性が残る上に,時代を遡るほどその信頼性が低下するようである (Lee, Lee and Lee, 2000)。

ができ，知識資本仮説からの一般的方向付けである Carr et al. (2001)，Markusen (2002) 等も同様の説明変数を導入している）。第二の追加的説明変数は，二国間実質為替レート *REXR* である。ここで変数 *REXR* は，その値が高くなると韓国ウォンに対して外国通貨が実質増価する（韓国ウォンは減価する）ように定義されている。実質為替レートを説明変数として加える理由は幾つか考えられよう。一つに，韓国ウォンの実質減価は韓国における生産コストの相対的低下を意味するので，企業支配権を温存したままでの生産移管のインセンティブを強める。また，この経路は韓国を含む東アジアにほぼ共通して見られる現象である（Goldberg and Klein, 1997）。もう一つの経路は，Froot and Stein (1991) によって強調された相対富効果である。この仮説によると，通貨価値の上昇した国ではその国の投資家の正味資産が相対的に増加するので，直接投資のファイナンスを外部資金に依存する場合，正味資産の大きくなった投資家は有利な条件で資金を調達可能である（Bernanke and Gertler, 1989）。その結果として，現地投資家に比べて企業資産に対しより高い買値を付けることが可能となる。したがって，韓国ウォンの実質減価は韓国に対する直接投資を刺激する。第三の経路は，市場取引では取得が困難な，しかし親子間での内部移転が可能な企業特殊資産の存在を重視するものである（Blonigen, 1997）。企業内部の経営資源移転には外国為替取引が関与しないので，一国の通貨下落は外国投資家にとって特殊企業資産取得価格を割安化させ，その結果として直接投資を促進するわけである[14]。ただし，為替レート変動から派生した相対富効果は株価変動から誘発されたそれと区別できないので，後者をコントロールすることが望ましい（Klein and Rosengren, 1994）。そのため，第5番目の説明変数として，CPI でデフレートした実質株価 *Share Prices* を採用する[15]。

---

14) この動機に基づく直接投資は，医薬品や IT 関連業種に多いと考えられる。また，韓国企業は主として電子・通信分野に優れた企業資産を蓄積している国際的な企業を輩出しており，この資産取得動機は無視しえない重要性を持っていると考えられる。

15) Klein and Rosengren (1994) は，説明変数として「相対」株価の対数を使用しているが，韓国の株価指数が 1972 年以降しか利用可能でないという事情を考慮して，絶対株価水準を使用する。しかし絶対株価指数と相対株価指数の選択は特に結果に影響しない。

以上に加えて，われわれはさらに四つの説明変数をコントロールする。第6番目の説明変数は，Bénassy-Quéré et al. (2001) が強調する為替レートの浮動性 *EXR Volatility* である[16]。実際，為替レートの浮動性は外国投資家の投資利益の不確実性を高め，投資を抑制するように作用するかもしれない。またリアル・オプション理論が示唆するように，為替レート浮動性の増大は投資延期の価値を高めることにより投資抑制的に作用する (Kulatilaka and Kogut, 1996)。第7番目の説明変数は，日本とアメリカの地域別直接投資分布を説明するために Eaton and Tamura (1994) によって初めて導入された二国間距離 *Distance* である。その最も簡単な正当化は，新経済地理学の示唆する（実質）市場ポテンシャルである。しかし，市場ポテンシャルは直接観察できない変数であり，またその計測も若干厄介であるので (Redding and Venables, 2004)，ここでは Head and Mayer (2004) の結果を援用して，単純に距離によってデフレートした GDP で代理する。われわれは既に実質 GDP をすべての投資国に共通の説明変数として加えているので，このことはまた，二国間距離を新たな説明変数として加えさえすればよいことを意味している。

第8番目の説明変数は韓国固有の説明変数であり，労使関係の難しさの程度である。実際，韓国の労組はアグレッシブという評価は国際的に広く流布しており，その影響が直接投資決定に現れている可能性は高い。この影響を捉えるために，労使紛争による逸失労働日数 *Work Days Lost* を説明変数に加える[17]。

最後に第9番目の説明変数として，1991年以降を1，その他期間を0とした日本ダミー *Japan Dummy* を加える。90年代における日本企業の投資不振は表3-1を観察すれば明らかであり，同様の異常性はアメリカにおいても報告されている (Klein et al., 2002)。その原因については幾つかの議論が可能であるものの，ここでの関心はそこにはないので，単純にダミー変数によりその影響を捉える。

---

16) 月次データによる過去3ヶ年の名目為替レート（LCU／韓国ウォン）対数値の前年同月比変化の標準偏差を使用した。なお，実質為替レートを使用するかそれとも名目為替レートを使用するかは重要な問題ではなく，いずれでも同じ結果が得られる。

17) 労使紛争件数や関与労働者数の使用も試みたが，結果は同じであった。

要約すると，われわれは韓国の対内直接投資を9個の説明変数によって説明する。このうち *Dishonored Bills, Deregulation Dummy, GDP*, および *Work Days Lost* はすべての投資国に共通であり，残る変数 *REXR, SharePrices, EXRVolatility, Distance* および *Japan Dummy* は個々の投資国に固有の変数である。実質 GDP は1970年以降についてのみ利用可能であるので，1970-2003年を推定期間とする。またデータの出所等は補論に示されている。

3.3 単位根テストおよび推定式の特定化

先に進む前に，関連する変数の時系列特性をチェックしておこう。この目的のために，Elliot et al. (1996) によって提案された Dikey-Fuller-GLS 単位根テストを実施する。なお，このテストは，確定的（deterministic）コンポーネントが存在する場合，通常の単位根テストよりも検定力が高いことが知られている。結果は表 3-2 に整理されている。ここで，表 3-2 は投資国に共通の変数に関する結果の要約表であり，後ほど行われる集計レベルでの分析の準備として，総実質直接投資 *FDI*, 集計実質為替レート *REXR*, 集計株価 *Share Prices*, 集計為替レート浮動性 *EXR Volatility* の単位根テスト結果を同時に示している（後三者は対応する個別国変数の1970-2003年類型直接投資金額シェアによる加重平均値として定義されている）。なお，個別投資国に属する変数のテスト結果は，表 3-2 のそれとほぼ同じであるので省略する。帰無仮説は「単位根の存在」であり，統計量の棄却点は Elliot et al. (1996) によった。

これらのチェックによると，第一に *FDI* の対数，*REXR* の対数，および *EXR Volatility* は全て定常変数と判断される。第二に，*GDP, Share Prices* および *Work Days Lost* の対数はすべて I(0) であるが，その一階階差をとることにより定常化が可能である。なお，念のため個別投資国に属する変数について，標準的な Im et al. (2003) および Maddala and Wu (1999) によるパネル単位根テストも実施してみた（表3-3）。この結果が示しているように，株価を除けば，以上の結論はこのパネル単位根テストによっても支持されている。

以上の予備的チェックを踏まえ，最終的に投資国の固定効果を加えた次のようなスペシフィケーションに従って推定を行うことにした。

第3章 通貨・金融危機とファイヤーセールFDI　　　83

表3-2　DF-GLS単位根テスト：集計変数

変　数	スペシフィケーション	t値	ラグ次数
log(FDI)	intercept/trend	-2.962*	4
log(Dishonored Bills)	intercept/trend	-3.112*	2
log(GDP)			
水準	intercept/trend	-1.263	0
一階階差	intercept	-5.289***	0
log(REXR)	intercept/trend	-3.188*	0
log(Share Prices)			
水準	intercept/trend	-2.625	1
一階階差	none	-3.489***	0
EXR Volatility	intercept	-3.833***	1
log(Work Days Lost)			
水準	intercept/trend	-2.314	2
一階階差	intercept	-5.524***	0

注）　REXRおよびShare Pricesは8主要投資国の加重平均値（ウェイトは1970-2003年の投資累計額シェア）。EXR Volatilityは，まず8主要投資国通貨に対する韓国ウォンの名目実効為替レートを月次ベースで作成し（ウェイトは1970-2003年投資累計シェアを使用），この指数の対数値の年間変化の過去3年間標準偏差により作成した。Work Days Lostのサンプル期間は1974-2003年である。

***　1％の水準で有意
**　5％の水準で有意
*　10％の水準で有意

$$\log(FDI) = \text{country specific dummies} + a_1\log(Dishonored\ Bills)$$
$$+ a_2 Deregulation\ Dummy + a_3\Delta\log(GDP) + a_4\log(REXR)$$
$$+ a_5\Delta\log(Share\ Prices) + a_6 EXR\ Volatility + a_7\log(Distance)$$
$$+ a_8\Delta\log(Work\ Days\ Lost) + a_9 Japan\ Dummy + \text{error term}$$

(8)

ここで，Δは一階階差を表す数学的オペレーターであり，単位根テストの結果を参考にして，アメリカ，日本，香港SAR，オランダおよびスイスの実質為替レート対数はトレンドを除いた計数を使用した。また，70年代の韓国の対米ドル・ペッグ制を反映して，ウォンの対米ドル為替レート浮動性にゼロの要素が一部存在するため，EXR Volatilityは対数変換していない。期待される符号条件は$a_j > 0$ for $j=1-5$, and $a_j < 0$ for $j=6-9$であり，われわれの焦点は「企業の財務ポジション悪化が直接投資を促進する（$a_1>0$）」という仮説の妥当性の検証である。

　残差の不均一分散と相互依存性の可能性を考慮して，推定は

表 3-3　パネル単位根テスト

変　数	IPS	(p-values)	Maddala-Wu	(p-values)
log(FDI)	-5.415	(0.000)	62.10	(0.000)
log(REXR)	-5.140	(0.000)	57.61	(0.000)
log(Share Prices)	-2.006	(0.022)	26.97	(0.042)
EXR Volatility	-7.368	(0.000)	74.95	(0.000)

注) IPS は Im et al. (2003) の t-bar テスト統計量, Maddala-Wu は Maddala and Wu (1999) のフィッシャー統計量である。個別投資国の関連変数に関する ADF テストの t 値を t_i, マッキンノンの p 値を p_i とすると, t-bar テスト統計量は「t-bar＝投資国数の平方根×｛t_iの平均値－t_iの期待値の平均値｝/t_iの分散期待値平均の平方根」により定義され（期待値は Im et al. (2003, 66) の Table3 によった）, 全ての変数が I(0) との帰無仮説（対立仮説は一部もしくはすべてが I(1)）の下で漸近的に規準正規分布に従う。一方 Maddala-Wu テスト統計量は $-2\Sigma \ln p_i$ により定義され, 同じ帰無仮説の下で漸近的に自由度が 2×投資国数 の χ^2 分布に従う。

Seemingly Unrelated Regression（SUR）により行われる。階差変数が部分的に存在するので, 推定期間は 1971-2003 年の 33 年であり, データは非バランスデータである（この点は後ほど触れる）。また, 内生性の可能性についても後ほど簡単にチェックしよう。

3.4　推定結果

a　パネル回帰分析結果　　表 3-4 は, パネル・データによる推定結果を整理したものである。おそらく朴大統領による維新体制宣言と戒厳令の混乱を原因として, 労使紛争変数 *Work Days Lost* の 1972・73 年データが欠損しているため, 最初の (1) 式ではそれを除外して推定を行っている。推定結果はわれわれの予想を強く支持するものである。第一に, 企業財務脆弱性の代理変数である *Dishonored Bills* 項のパラメーター a_1 の推定値が予想通り正値であり, かつ 1％の水準で統計的に有意であった。このことはまた, 韓国の対内直接投資の決定因として企業財務ポジションが重要な要因であることを強く示唆している。例えば, 1996-1998 年の間に韓国の対内直接投資は 4.29 倍に急増したが, 同じ期間に実質不渡り債権残高は 2.79 倍に増加した。したがって, 点推定値 0.78 を用いると, 企業財務悪化のみで同期間における直接投資急増の 50％ が説明可能である。

第二に, 投資規制緩和が予想通りの符号で, かつ 1％の水準で有意に

表 3-4　韓国の対内直接投資決定因：パネル・データ

説明変数	(1) SUR	(2) SUR	(3) SUR	(4) 3SLS	(5) Two Stage
log(*Dishonored Bills*)	0.777 (11.36)***	0.792 (12.34)***	0.751 (11.42)***	0.777 (10.95)***	0.760 (12.58)***
Deregulation Dummy	1.003 (3.486)***	1.317 (4.752)***	1.084 (4.059)***	1.064 (3.754)***	1.124 (4.882)***
Δ log(*GDP*)	6.482 (2.692)***	7.600 (3.929)***	6.592 (2.772)***	8.690 (2.558)**	6.534 (3.145)***
log(*REXR*)	1.172 (2.713)***	0.700 (1.596)	1.180 (2.805)***	1.335 (2.600)***	1.125 (1.848)*
Δ log(*Share Prices*)	−0.381 (−1.108)	−0.910 (−2.447)**			
EXR Volatility	0.002 (0.126)	−0.007 (−0.595)			
log(*Distance*)	9.97E+10 (0.004)	1.93E+12 (0.115)			
Δ log(*Work Days Lost*)		0.206 (3.015)***			
Japan Dummy	−1.836 (−7.574)***	−1.813 (−7.171)***	−1.177 (−7.976)***	−1.775 (−7.792)***	−1.664 (−4.015)***
adjR^2	0.727	0.741	0.730	0.725	0.603
推定期間	1971-2003	1975-2003	1971-2003	1972-2003	1971-2003

注)　*Dishonored Bills* および *GDP* は 1995 価格，*REXR* および *Share Prices* は 1995 年を 100 とする指数。国別固定効果を加えて推定が行われている。推定方法は (1)-(3) 式が SUR，(4) 式が 3SLS，(5) 式が Heckman (1979) の二段階推定である（Mill's ratio に関する推定結果は省略されている）。
カッコ内の計数は *t* 値。
***　1%の水準で有意
**　5%の水準で有意
*　10%の水準で有意

推定されている。この規制緩和のインパクトは非常に大きいと考えられ，点推定値が 1.0 という結果を踏まえると，この要因だけで 1998 年以降の直接投資を 100%増加させたことを意味している。第三に，実質 GDP も直接投資に強い影響を及ぼしており，1%の経済成長が概ね 6.5%の直接投資増加をもたらしている。

　第四に，実質為替レート項も正でかつ 1%の水準で有意に推定された。このことはまた，韓国ウォンの実質減価が韓国の対内直接投資を増加させる傾向があることを意味する。しかし，実質株価に関わる推定値の符号条件が満たされておらず，しかも統計的に有意でないことを考慮する

と，この為替レート変動の効果は相対富効果というよりも生産コスト効果（そして部分的に Blonigen 効果）に由来していると考えられる。韓国の場合，相対富効果は重要な要因とは考え難いのである。

　第五に，為替レートの浮動性ならびに距離の効果は有意に推定されていない。二国間距離が有意に推定されていないという結論は，最大の投資国であるアメリカが分析対象投資国の中で最も韓国から遠い国であることを想起すれば，特に驚くべきことではない。また，直接投資決定因としての為替レート浮動性の重要性が一部の論者によって強調されているものの（e.g., Bénassy-Quéré et al., 2001），韓国の対内直接投資の場合，それは重要な要因ではないようである。最後に，日本ダミーが予想通りマイナスで有意に推定されている。90 年代以降の日本の 10 年以上にわたる経済不振は，国内だけでなく，海外直接投資面においても現れていたのである。

　一方，労使関係の影響を捉えるために，分析期間を短くして *Work Days Lost* を加えた推定を行ったところ，表の(2)式のような結果が得られた。しかし，統計的には有意であるものの，予想に反してその符号条件が満たされていない。アグレッシブな労組の存在が韓国に対する直接投資にとって一般にネガティブに捉えられているようであるが，われわれの分析は必ずしもその評価を支持していないのである。

　推定式(3)式は，有意でない変数をすべて除外した場合の結果であり，韓国の対内直接投資決定因として企業財務ポジション *Dishonored Bills*，規制緩和 *Deregulation Dummy*，市場規模 *GDP*，実質為替レート *REXR*，および日本ダミー *Japan Dummy* の五つの説明変数の有意性を再確認している。言うまでもなくわれわれのキー・ファインディングは，対内直接投資決定因としての企業財務ポジションの重要性の検出である。

　次に，結果に関する若干の頑健性のチェックを行っておこう。最初のチェック・ポイントは説明変数の内生性の可能性であり，この点をチェックするために，三段階最小自乗法（3LSL）による推定を行ってみた。ここで操作変数として定数項と日本ダミーに加え，その他説明変数の一期ラグ値を使用した。表 3-5 の(4)式に示されているように，推定結果は(3)式とほとんど変わるところがなく，内生性の可能性による歪みは深刻な問題ではなさそうである。

一方，これまで推定は非バランス・パネル・データにより行われてきた（70年代においていくつかの国のFDIがゼロである）。僅か15サンプルであるものの，このゼロに対応する観測値の除外が結果に影響している可能性をチェックするため，Heckman（1979）による二段階推定を試みた[18]。表の最後の(5)式に示されている推定結果が示唆するように（第一段階のprobitモデル推定結果，および第二段階のMillの逆数に関する推定値は省略した），推定結果は(3)式のそれとほとんど変わらない。このように，ゼロの観測値の除外によるサンプル選択バイアスも特に深刻な問題ではないようである。

b **集計ベースの推定結果** 結果の頑健性をチェックするもう一つの方法は，同じデータを集計レベルで推定してみることである。また，この集計レベルでの直接投資の決定因の推定は，それ自身分析価値があろう。そのため，個別投資国に固有の変数である二国間距離および日本ダミーを除外する。

表3-5に整理されているように，結果はパネル・データによる分析とほぼ同じである。第一に，われわれの焦点である *Dishonored Bills* のインパクトは正でありかつ1%の水準で有意に推定されている。また，その有意性はスペシフィケーションとは無関係である。しかも，詳細は省略するが，この変数を除外すると推定式の説明力が大幅に低下する。この意味で韓国の対内直接投資を説明する上で，国内企業の財務ポジションは極めて重要な決定因と言えよう。第二に，実質経済成長率のパラメーター推定値の有意性が若干低下している。しかし，逆に実質為替レートのパラメーター推定値が大きくなった。そして第三に，実質株価や為替レートの浮動性，そして労使関係の難しさを表す変数は有意に推定されていない。最後に表の(4)式は，規制緩和ダミーを除く説明変数に1年のラグをとって推定を行った結果であり，(3)式とほぼ同じ結果が得られている。このことはまた，内生性による歪みの可能性は特に問題ではないことを意味する。いずれにせよ，韓国の対内直接投資は，マクロ

---

18) やや恣意的であるが，代替的にはゼロのエントリーを1に置き換えることによってその対数値をゼロに設定し，Tobitモデル（もしくはEaton and Tamura（1994）によるthreshold Tobitモデル）によって推定することも可能であろう。

表3-5 韓国の対内直接投資決定因:集計レベル

説明変数	(1)	(2)	(3)	(4)
log(Dishonored Bills)	0.457	0.568	0.433	0.490
	(5.178)***	(5.362)***	(5.601)***	(5.676)***
Deregualtion Dummy	0.752	1.352	0.945	0.825
	(1.415)	(2.265)**	(2.268)**	(1.908)*
$\Delta \log(GDP)$	5.336	5.106	5.332	3.437
	(1.766)*	(1.784)*	(1.841)*	(1.157)
log(REXR)	4.326	2.354	4.148	2.887
	(2.969)***	(1.465)	(3.066)***	(2.224)**
$\Delta \log(Share\ Prices)$	−0.531	−0.327		
	(−0.630)	(−0.315)		
EXR Volatility	0.007	−0.010		
	(0.293)	(−0.383)		
$\Delta \log(Work\ Days\ Lost)$		0.098		
		(0.830)		
adjR^2	0.821	0.862	0.831	0.817
D.W.	1.307	1.238	1.239	1.166
推定期間	1971-2003	1975-2003	1971-2003	1972-2003

注) 推定方法はOLS。(4)式は規制緩和ダミーを除く説明変数について1年のラグをとった場合の推定結果。カッコ内は t 値。
*** 1%の水準で有意
** 5%の水準で有意
* 10%の水準で有意

表3-6 対内直接投資急増の要因:財務ポジション悪化の寄与率

(単位:%)

年	表3-4の推定式(3)の結果を用いた場合			表3-5の(3)式を用いた場合
	点推定値による評価	下5%	上5%	点推定値による評価
1997	58.1	44.5	73.7	51.8
1998	30.7	23.6	38.8	30.5
1999	19.5	14.9	24.8	25.9
2000	12.2	9.7	15.0	15.3
2001	8.6	6.9	10.4	11.0

注) 1996年をベンチマークとして,財務ポジション悪化によって説明される投資増加額の投資増加総額に占める割合を表わす。「上5%」「下5%」とは a_1 の点推定値の上下95%信頼区間に対応する推定値を使用した場合の寄与度を表す。

面に関する限り非常に少数の説明変数でかなりの程度説明可能であり，特に企業財務ポジションを説明変数に加えることがきわめて重要と考えられる。

  c **財務ポジション悪化の影響** 最後に，危機時における企業財務ポジション悪化が韓国の対内直接投資ブームをどの程度説明可能かを，簡単に評価しておこう。そのため，危機が勃発した直前の年である 1996 年をベンチマークに選び，財務ポジション悪化の直接投資に及ぼす影響を

$$\left(\frac{DishonoredBills_t}{DishonoredBills_{1996}}\right)^{a_1} \times FDI_{1996}$$

によって計測する。ここで時間 t は対象年であり，FDI_{1996} は 1996 年時点の直接投資額[19]，a_1 は $Dishonored\ Bills$ 項のパラメーター推定値である。この大きさを個別投資国毎に計測し，その合計と 1996 年直接投資合計額との差を財務ポジション悪化のインパクトと考えることにする。計測には最も控えめな推定である表 3-4 の (3) 式の 0.751 を a_1 の推定値として採用し，その 95% 信頼区間を併用する。また，頑健性をチェックするため，同様の計算を集計レベルについても行ってみた（a_1 の推定値として表 3-5 の (3) 式の 0.433 を使用した）。

  結果は表 3-6 に整理されている。ここで，計数は総変化に対する割合で表示されている。表によると，個別投資国をベースとした結果と集計ベースの結果との間にほとんど差はなく，韓国危機がにわかに表面化しつつあった 1997 年において，直接投資増加の 50% 前後がこの財務ポジションの悪化によって説明されている。また，危機によって深刻な不況に直面した 1998 年においても，直接投資増加の 30% 前後がこの要因によって説明可能である。もちろん 1998 年以降の投資増加の主要要因は規制緩和であり，1998-2000 年の直接投資増加の概ね 50-70% 程度をこの要因が説明している（結果は省略されている）。このように，少なくと

---

 19) 1996 年の直接投資額で評価するという方法は，一種の切片調整を行うことを意味する。

も危機の当初において，企業財務ポジションの悪化が韓国直接投資急増の重要な要因である可能性は高く，それだけで投資増加の 30-50% 程度を説明可能なのである。

第4節　結　　論

　経済危機の局面では，一般に事業部門の収益性は極端に悪化する。しかし，アジア通貨・金融危機の経験では，負債資本が急速に流出する中で，それに逆らった直接投資の急増が観察された。本章はその動きをファイヤーセール FDI と捉え，その背後にある経済的合理性を流動性危機および過剰債務問題のコンテキストにおいて理論的に整理した。その結果，ファイヤーセール FDI はその名の響きとは逆に，それ自身としては資源配分を改善する可能性が高いことを示した。

　この理論的パースペクティブから，危機時における直接投資の盛行が最も顕著であった韓国を具体的事例として，若干の実証分析を行ってみた。その結果によると，危機当初の時期において，投資増加の 30-50% 程度がファイヤーセール FDI によって説明されることが示唆された。外資に対してあまり開放的でない日本的な開発戦略を長らく踏襲してきた韓国であるが，危機をきっかけとした直接投資ブームは，韓国にとって直接投資の新時代を画した出来事であったと言えるであろう。

補論　データの出所

FDI, Dishonored Bills：韓国国家統計局ホームページ（http://www.nso.go.kr）所収のデータを使用した。

GDP：韓国銀行ホームページ（http://www.bok.go.kr）所収のデータを使用した。

REXR, Share Prices, EXR Volatility：実質為替レートは CPI ベースで作成した。実質為替レート，株価および為替レート浮動性に関するデータソースは IMF, International Financial Statistics CD-ROM, February 2004. である。なお 1990 年以前の香港 SAR の CPI および株価は同地域のデータソースによる。スイスの株価は OECD, OECD

Statistical Compendium 2001 および IFS に依存し，1998 年以降のイギリスの株価は FT-100 を使用した。

Distance：J. Haveman dataset（http://www.macalester.edu/research/economics/PAGE/HAVEMAN/TRADE.Resources/TradeData.html）所収のデータを使用した。

Work Days Lost：1975-2003 年については NSO ホームページ所収のデータを使用した。それ以前は ILO, Yearbook of Labour Statistics によっている。

第Ⅱ部

中国経済の国際化と国内経済統合

第4章

中国の対内直接投資と市場ポテンシャル
──新経済地理学による分析──

第1節 は じ め に

　中国の台頭が著しい。今から30年前までは文化大革命の後遺症を引きずった貧しい中国であったが，1978年12月の中国共産党第11期中央委員会第三回全体会議における「改革・開放」路線の採択以降急速に経済力を付けつつあり，一人当たり所得は3000ドル台の低中所得国に昇格したばかりであるものの，GDPの絶対規模では2007年においてドイツを抜き，アメリカ，日本に継いで世界3番目の大国に躍進した。また，2004年には日本，2007年にはアメリカをそれぞれ抜いてドイツに続く世界第二位の貿易大国に，そして，2006年には日本を上回る世界最大の経常収支黒字国にそれぞれ変貌しており，そう遠くない将来において，経済規模でも日本を追い抜く勢いである[1]。
　こうした中国の台頭を支える要因は多岐にわたるものの，新しい国家建設方針の一方の柱である「開放」政策の重要性を否定する人はほとんどいないであろう。社会主義計画経済の時代では，国家統制による重工業化政策が志向される一方で，対外的には「自力更生」路線が採用された。国際政治環境の影響が大きいものの，対外取引は先進工業プロジェクト導入や借款返済のための食糧品・資源輸出，あるいは戦略的援助等

---

[1]　2005年ICPの改訂購買力平価で評価した中国のGDPは2001年に日本のそれを抜き，現在アメリカに続いて世界第2位の地位を占めている。

の二義的役割しか与えておらず，核兵器から食糧まで質を問わなければ一応何でも生産可能なフルセット型経済を目指してきたのである。

　しかし，こうした事実上の閉鎖経済体制は，中国国民の生活水準向上にはあまり寄与しなかった。事実，中国の特権地域である都市部でさえも，当時は日用品に事欠くありさまであり，まして，1978 年時点において中国国内基準で農村人口の 30.7％に相当する 2 億 5000 万人もの貧困層が農村部に存在する等，中華人民共和国の前半 30 年の歴史は政治的混乱の中での貧困の持続であったのである[2]。

　改革・開放路線は，こうした計画経済体制の漸次解体と市場経済への移行とともに，グローバリゼーションの機会（ただし，金融を除く）を活用する戦略への転換を意味している。そして，それはある意味で，近隣のアジア NIEs の経済的成功体験を踏襲する戦略とも言うことができよう（Woo, 1999）。しかし，中国は戦後の日本や韓国，台湾と異なり，シンガポール・マレーシアに代表される東南アジア型の外資活用路線を採用してきた。80 年代後半から経済開発路線の新しい世界潮流が，国内企業を主体とする伝統的な幼稚産業育成から生産のグローバル化を背景とした外資企業誘致に変化する中で，中国はこの世界的潮流を実践する代表的国家となったのである。この意味で，中国経済の台頭を対内直接投資（以下，単に直接投資もしくは FDI とも表記する）というファクターを抜きにして語ることはほとんど不可能と言ってよい。

　この第 4 章の目的は，中国の台頭を一方から支える直接投資に焦点を当て，その決定因に関する一つの実証分析を行うことである。具体的には，中国の対内直接投資は 1992 年の鄧小平による「南巡講話」を契機として急速に拡大した後に，比較的高い水準でそれが持続していること，そして東部沿海地域に投資が地域的に偏在しているという二つの特徴を持っている。この二つの特徴を捉える分析枠組みとして，われわれは「新経済地理学（New Economic Geography: NEG）」のそれを援用する。

---

　2) 2005 年 ICP の購買力平価改訂に基づく Chen and Ravallion（2008）の貧困人口再推計によると，1981 年時点における中国の貧困人口（一日 1 ドル基準）は 7 億 3040 万人（対総人口比 73.5％），同年の世界の貧困人口総数 15 億 2830 万人の 48％を占めていた。ちなみに，その後中国の貧困人口は劇的に減少しており（2005 年時点において 1 億 610 万人，総人口比 8.1％へ減少），この貧困の削減が改革・開放の最も重要な成果となっている。

第4章 中国の対内直接投資と市場ポテンシャル

　実際,中国は13億の人口が960万km²という広大な国土に分布する広域経済であり,伝統的に「地域のかたまり」という側面の強い経済である。しかも,中国経済の国際化には著しい地域差が存在することはよく知られた事実であり,こうした空間軸がきわめて重要な経済にあって,一国をあたかも一つの統合体とみなす接近は誤解と混乱を招き易い。そこで,この内外経済統合の程度を明示的に考慮した市場ポテンシャルというNEGのキー・コンセプトを軸に,中国対内直接投資の諸特徴を市場経済化という制度変化をも加味して数量的に評価する。

　この目的のためには,市場ポテンシャルという直接観察できない変数の計測が不可欠である。確かにAmiti and Javorcki (2005) 等のようにその代理変数を使用することによって分析を進めることも可能であるが,本章は,理論に忠実な市場ポテンシャルの計測方法であるRedding and Venables (2004) の接近を試みる。そのため,IDE/JETRO (2003),国家信息中心 (2004) の中国地域間産業連関表を活用し,一級行政区レベルにおける市場ポテンシャルの時系列データを構築する。この新しいデータを基礎として,90年代初頭から始まった直接投資ブームの要因,ならびに投資の地域偏在の要因を数量的に評価することが本章の主要課題である。その結果,第一に,92年以降の対内直接投資ブームを説明する上で,同年から始まった全国ベースでの対外開放政策の拡大・深化とともに,その後の中国の直接投資政策の基本となった「市場を以って技術に換える(以市場換技術)」政策の寄与が大きいこと,第二に,投資の地域偏在を説明する要因として,市場ポテンシャルの寄与が大きいことを数量的に明らかにする。また,この評価を踏まえて,「国内経済統合」という中国の古くて新しい問題に言及してみたい。

　以下,本章の構成を示しておこう。まず次節において,中国の対内直接投資の展開を簡単に整理する。続く3節ではわれわれの理論枠組みを説明し,具体的な推定式を導く。4節ではデータの作成方法ならびに推定結果が示され,引き続き幾つかの要因分析を行う。最後の5節は結論を簡潔に要約している。

第2節　中国の対内直接投資

　中国経済における外資企業のプレゼンスは，国際比較の視点から観察する限り，われわれの目に非常に大きく映る。例えば，世界最大の直接投資受入国であるアメリカにおける全外資企業（銀行を含む）の雇用は，最新ベンチマーク調査実施年の2002年時点で607.05万人であり（BEA, 2006），2004年におけるOECD加盟19ヶ国における外資企業の全産業総雇用は2,027.86万人であった（OECD, 2008）[3]。一方，2004年に実施された第二次・第三次産業に関する中国最初の包括的調査である第一次経済センサスの結果によると，同年に登記済みの在中国外資法人企業15万2,370社の総雇用は，同年の日本の総就業者数6,329万人の37％に相当する2,334.05万人となっている（国務院第一次経済普査領導小組弁公室編『中国経済普査年鑑2004：総合巻』2005年, 19）。確かに同年の中国就業者総数7.52億人との対比で見ると，そのシェアは僅かに3.1％ときわめて小さいものの，一国単位でこれだけの雇用を外資企業が創出する例は，他の世界を見渡しても皆無と言ってよく，この意味で中国における外資企業のプレゼンスは，雇用面に限定してもわれわれの想像を超える驚異的大きさであると言えよう。

　表4-1は，この在中国外資企業の活動を，継続的なデータが得られる工業部門に限定して整理したものである[4]。なお，参考までに，第二・三次産業をカバーしたより包括的な2004年第一次経済センサスによる集計結果も示されている。表によると，2007年時点で外資企業の工業生産・付加価値シェアは，全国平均では3割程度（付加価値の対GDP比は12.5％）であるが，それが集中する東部沿海部では4割近くに達して

　　3）　ただし，オーストラリアは2000年，オーストリア，フィンランドは2001年，ポルトガルは2002年，日本は2003年であり，フランス・スペインはサービス産業のみのカバレッジである。

　　4）　1979年の合弁企業法施行以来，25％以上の出資比率が外資企業の最低認定要件であり，中国の出資制限は，建前上は100％の独資を除いて当初より青天井であった（ただし個別業界規制がある）。おそらく，当初の政策意図が企業誘致というよりも，返済負担のない外国資金導入という側面が強かったためと考えられる。

第4章　中国の対内直接投資と市場ポテンシャル　　99

表4-1　在中国外資企業の活動　　(単位：%)

	工業生産シェア		工業部門付加価値シェア		輸出シェア	
	1993年	2007年	1993年	2007年	1993年	2007年
全国	9.1	31.5	8.4	27.4	27.5	57.1
東部沿海地域	13.1	39.9	12.9	37.3	32.0	61.0
渤海湾沿岸	6.2	25.0	6.5	23.2	20.5	56.1
長江下流域	10.5	41.7	11.5	40.0	23.9	62.4
華　南	31.6	59.7	28.7	57.0	39.5	61.7
中部地域	2.3	12.5	2.3	11.7	5.3	19.9
西部地域	1.8	10.0	2.0	8.7	6.3	14.1

	工業部門就業者数シェア		2004年第一次経済センサス		2004年第一次経済センサス	
	1993年	2007年	資産	対総資産	就業者数	対総就業者
全国	3.9	29.9	10.4兆元	10.8%	2331.6万人	3.1%
東部沿海地域	6.9	40.2	9.1兆元	13.0%	2104.0万人	7.9%
渤海湾沿岸	2.9	21.4	2.5兆元	7.6%	406.0万人	3.4%
長江下流域	5.2	37.1	3.6兆元	15.6%	651.3万人	8.2%
華　南	21.4	62.9	3.0兆元	21.3%	1046.7万人	15.1%
中部地域	1.0	9.2	0.8兆元	5.5%	143.3万人	0.7%
西部地域	0.8	7.2	0.5兆元	4.4%	84.3万人	0.4%

注）　工業企業は1993年が郷及び郷以上独立採算工業企業，2004・2007年が全国有及び年商500万元以上非国有企業。外資企業には香港・台湾・澳門系企業を含む。地域区分は以下の通りである（三地帯区分は2000年以降の新区分による）。
　　　渤海湾地域：北京・天津市，河北・遼寧・山東省
　　　長江下流地域：上海市，江蘇・浙江省
　　　華南地域：福建・広東・海南省（東部地域は上記三地域の11省・市）
　　　中部地域：山西・吉林・黒龍江・安徽・江西・河南・湖北・湖南省
　　　西部地域：内蒙古・広西・四川（重慶と統合）・貴州・雲南・西蔵・陝西・甘粛・寧夏・青海・新疆の省もしくは自治区
資料）　国家統計局工業交通統計司編『中国工業経済統計年鑑』1994年，国家統計局編『中国統計年鑑』1995, 2008年。国務院第一次経済普査領導小組弁公室編『中国経済普査年鑑2004：総合巻』2005年。

おり，特に華南地域では約6割という驚異的水準となっている。また，外資の役割は特に貿易面で大きく，2007年時点において輸出の約6割が外資企業によって担われている。言うまでもなくその主要形態はアパレル・雑貨・履物，90年代後半からはさらに電子・通信機器を加えた加工貿易である。また，WTO加盟後の約束履行期間である2001-2006年の5年間で，中国の輸出は2,661億ドルから9,691億ドルへ3.6倍増

加したが，その増加額7,030億ドルの61.3％に相当する4,306億ドルが外資企業による輸出増加であった（国家統計局編『中国統計年鑑』2007年）[5]。2002-2007年における中国のWTO加盟ブームを牽引する輸出・投資の両軸の一端は，中国で操業する外資企業の寄与によるところが大きいのである。

一方，雇用面での寄与は，生産・貿易に比べると小さい。しかし，例えば華南地域では同地域工業部門雇用の6割を占めており，近年躍進著しい長江下流域においても40％弱のシェアに達している等，特定産業・地域では無視できない規模に達している[6]。ただし，これらの計数は所定規模以上の工業企業のみを対象としたものであり，表の最後の欄に示されている2004年第一次経済センサスの結果が示しているように，誇張されていることに注意しよう。

しかし，民営企業とともに中国経済成長のいわばアンカー役となった感のある外資企業も，現在のように隆盛を誇るようになったのはここ十数年来のことであり，例えば工業生産額に占める外資企業の生産シェアは1990年時点で僅か1.8％に過ぎなかったことからも分かるように（国家統計局工業交通統計司編『中国工業経済統計年鑑』1991年，3），1992年以前では華南地域を除けばその影響力は大きくなかった。

具体的には，1979年の中外合弁企業法施行と翌年の4つの経済特区の設置，および広東・福建省に対する特殊・弾力措置の適用を出発点とした外資誘致政策も，当初は地理的に制限されたものであった。その後，1984年，1988年と幾つかのモメンタムを得ながら対外開放区が増設されていったものの，1992年の社会主義市場経済路線の確定までは，実態的には「隔離」された対外開放であったと言ってよい[7]。

---

5) Rodrick (2006), Schott (2006) によると，中国の貿易，とくにその輸出構造は経済発展水準の割には先進国のそれにより近いという特徴を持っている。例えば，2004年において中国がアメリカを抜いて世界第一位のIT製品輸出国になったことは，その最も分かり易い一面であろう。言うまでもなく，その最大の要因は，外資企業による加工貿易の進展である。

6) 以下において産業面に特に言及しないが，最大のホスト産業は電子・通信機器であり，同産業における外資企業シェア（2007年時点）は工業生産額で84.0％，付加価値では76.5％，輸出では91.1％（当該計数のみ2006年），固定資産では82.1％，雇用では75.3％とこれまた驚異的水準に達している（国家統計局編『中国統計年鑑』2008年，516-519）。

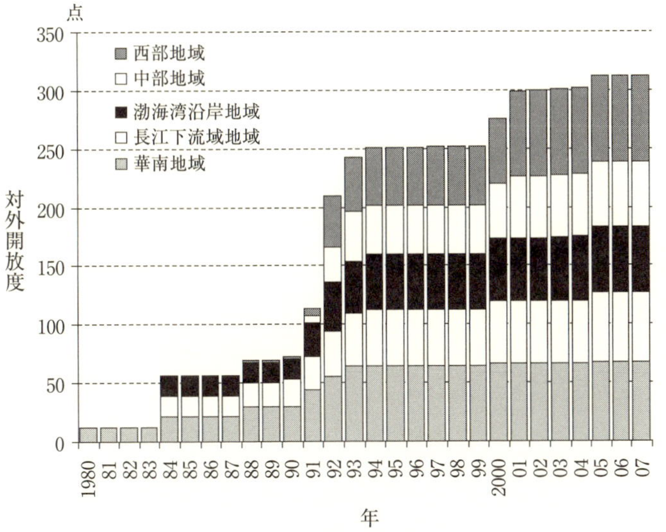

図 4-1　中国の地域別対外開放の推移

注）国家級開放区を点数化して合計した指数（後出の *Policy*，補論3を参照）。地域区分は表4-1の脚注を参照。

その様子は，中国の国家級対外開放区の推移を，優遇措置の重点度の違いに着目して点数化し，それを地域別に集計・図示した図4-1によって明瞭に示されている（指数の詳細は後述する）。この図からも明らかなように，対外開放区は当初は華南地域に限定され，1984年より他の東部沿海部に拡大されたものの，90年代初頭まで内陸部の開放地域は，広西壮族自治区を除いて存在しなかった。いわば社会主義計画経済一色の中国本土に対外開放区という資本主義の別世界が創設されたのであり，その自然な帰結として，東部沿海部に傾斜した地域開発が進行した。中国の改革は，旧計画体制と新しい市場経済体制とが暫時並存するという「双軌制（dual tracking system）」を特徴としているが，その戦略が直接投資（および貿易）体制についても適用されてきたのである。

ちなみに，こうした双軌制の下で，1986年に行われた政策転換につ

7）中国の対外開放政策の全般的なレビューについては，Branstetter and Lardy（2006）を参照。また，外資と内資の差別的制度についてはHuang（2003）が詳しい。

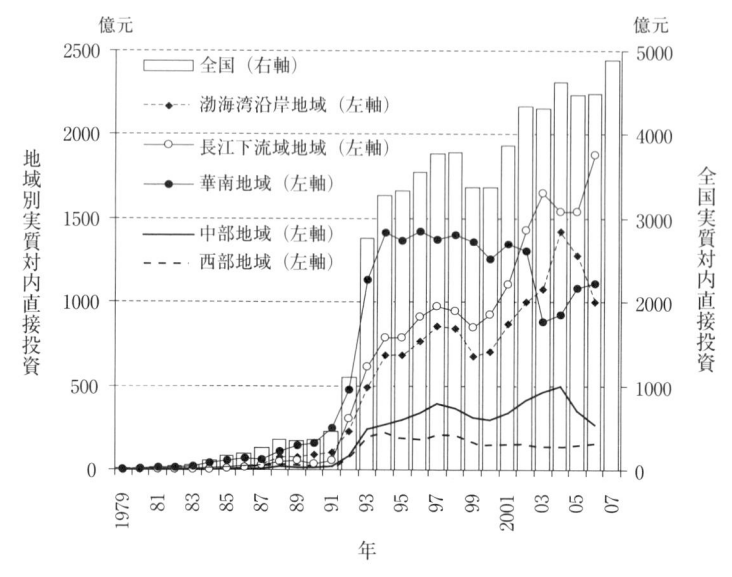

図 4-2　中国の地域別対内直接投資

注）2000 年実質値。地域区分は表 4-1 の脚注を参照。

いて言及しておく必要があろう。より具体的には，同年の国務院による「外国投資奨励規則」により，中国対内直接投資体制をそれまでの「許可」から「奨励」体制に変更することが謳われ，この目的のために，外国投資企業は優遇政策を適用される企業と通常の政策・規制を受ける企業の二つに区分された。ここで，優遇待遇を受けることのできる外国投資企業の要件は輸出志向外国投資企業と先進技術外国投資企業の二つであり，適格外国投資企業は 1986 年以前の政策および規制に盛り込まれた待遇を超えて，課税，融資，原料課徴金，労務管理，輸出権，外貨バランス規制に関連したさまざまの便宜を享受できるようになった（Huang, 2003, 405-406）。要するに，中国の本当の意味での外資奨励の開始は，プラザ合意を契機とした東アジアの構造変化というタイミングを的確に捉えたこの 1986 年の直接投資レジーム変化からであったと考えられるのである。しかし，この地域限定的な対外開放政策は，1992 年において転機を迎える。第一に，既存の東部沿海部に加えて内陸部にも対外開放区が拡大された（いわゆる「全方位・多元的対外開放」）。改

革・開放後の中国の当面の課題であった「計画からの脱却（growing out of the plan）」が達成されるのとほぼ軌を一にして（Naughton, 2007），投資制度面での双軌制もこの頃をもって急速に解消され始めたのである。その結果として，1992年以後の直接投資ブームは，程度の差はあれ全国ベースで進展した（図4-2）。

　第二に，1990年における土地使用権売却・譲渡の容認を背景として地方政府主導の開発区ブームが発生し，この不動産開発ブームに香港・台湾系資本が便乗した。この意味で当初の投資ブームは，一部不動産投資ブームによって牽引された面があることは否定できない。しかし，不動産関連投資はその後下火になり，逆に製造業を中心とする独資形態での外資企業の中国市場参入が本格化する。そして第三に，こうした製造業を中心とするブームの火付け役として特に重要であったのは，1992年の「市場を以って技術に換える（以市場換技術）」政策であったと考えられる。中国は表向き外国の優れた技術を交換条件として国内市場を開放し始めるのである（Naughton, 1996）。事実，在中国外資企業の粗生産額に対する国内販売比率は，中国全体で見る限りこの1992年を節目として急激に上昇している[8]。また，それまで香港・マカオ経由の投資（おそらくそのかなりの部分が本土からの迂回投資）が圧倒的シェアを占めていたのに対し，この1992年の政策転換を契機に投資国が多様化した（Zhang, 2005）。

　この1992年改革により，華南地域に集中していた直接投資はかなりの程度分散化し始めた。しかし，それも東部沿海部内部での分散化に過ぎず，東部沿海部への投資偏在現象そのものはその後もあまり変わっていない（表4-2）。このことはまた，特区・開放区設置という形での対外開放政策の影響力がかつてに比べると薄れていることを意味しており，2000年における西部大開発開始に伴う開発区増設が一部大都市を除いてこれまでのところ必ずしも所期の効果をあげていないことが，その一

[8) 後述のデータによると，中国全体としての外資企業国内販売比率は1991年の22.1％から1992年には46.5％に上昇しており，1994年以後では概ね6割水準で推移している。また，1994年1月の経常勘定取引における実質的な通貨の交換性確立（ただし，形式的には1996年12月，外資は同年7月）が，内販規制緩和に伴う資材輸入や収益送金の必要性増大の下で重要な意味を持っていたことは言うまでもない。

表 4-2 対中国直接投資（累積額）の推移

年	1980	1985	1990	1995	2000	2005
累積実行額			（億ドル）			
地域合計	1.6	25.9	143.0	1,294.3	3,438.5	6,164.8
東部沿海部	1.6	24.6	129.4	1,117.0	2,955.0	5,323.4
渤海湾沿岸	0.0	3.0	29.3	253.0	714.2	1,445.2
長江下流域	0.0	1.4	19.9	296.4	859.5	1,803.3
華　南	1.6	20.2	80.2	567.5	1,381.2	2,074.9
中部地域	0.0	0.4	5.3	97.7	299.1	563.6
西部地域	0.0	0.8	8.3	79.7	184.4	277.8
構成比			（%）			
東部沿海部	99.0	95.3	90.5	86.3	85.9	86.4
渤海湾沿岸	1.7	11.6	20.5	19.5	20.8	23.4
長江下流域	0.0	5.4	13.9	22.9	25.0	29.3
華　南	97.4	78.3	56.1	43.8	40.2	33.7
中部地域	0.0	1.7	3.7	7.5	8.7	9.1
西部地域	1.0	2.9	5.8	6.2	5.4	4.5

注）　全国合計は地域合計であり，その他（分類不明と中央使用分，および金融業投資）を含む中国全体としての合計とは異なる。地域区分は表 4-1 の脚注を参照。

つの証左であろう。

　他方，中米 WTO 加盟交渉妥結を受けた 2000 年 10 月における外資三法の改正に始まる一連の規制緩和は，中国の対内直接投資レジームの新しい歴史の幕開けになりつつある。第一に，貿易関連投資措置（Trade Related Investment Measures: TRIM）ルールにより，ローカルコンテンツ規制や外貨バランス，輸出義務といった外資に対する差別的な規制の撤廃が求められた。また，この措置と並行して，従来の四区分による外資ガイドラインが一部修正され，例えば自動車のように，従来の制限業種から奨励業種への変更等による投資促進が行われた。第二に，その実効性をひとまず置くとして，貿易関連知的財産権ルールにより無体財産権の保護が明示された。そして第三に，従来工業・不動産関連に制限されてきた外国企業参入を，流通・金融・通信を含むサービス分野に拡大することが約束された。中国はいわば WTO ルールをテコとして，市場経済化の流れを拡大・深化させようとしているのである。また，こうした一連の改革を経て，中国は発展途上国としては最も開放的な国の一つになりつつある（Branstetter and Lardy, 2006）。

しかし，WTO 加盟のインパクトは，貿易面に限れば予想以上のものであったが，外資流入面への影響は必ずしも判然としない。確かにマクロ集計値を観察する限りでは，対中国直接投資は，1999・2000 年の低迷期をはさんで WTO 加盟前後より再びその増勢を回復し，金融業向け投資を含めてむしろ加速化しているようにも見える。しかし，図 4-2 によると，上海・江蘇・浙江の長江下流域地域や北京などの一部華北地域への投資は顕著に拡大しているものの，華南地域や西部地域等への外資流入に加速感はなく，例えば福建省のように，金融フロー面での直接投資はむしろ減少傾向にある地域も少なくない。このように，2001 年末の WTO 加盟後の直接投資動向は地域による跛行性によって特徴付けられ，90 年代初頭のような一律増勢転換といった現象は観察されていない。

第 3 節　実証分析の枠組み

それでは，こうした中国の直接投資ブームはどのように説明できるのであろうか？対内直接投資決定因を分析した先行研究事例は，中国に限定してもおびただしい数にのぼるものの，その多くは必ずしも明確な理論的基礎付けに基づくものではない[9]。そこで，本章は，市場ポテンシャルの役割を強調した NEG の理論枠組みによる接近を試みる。その骨格は非常に単純であり，資本の集積が地域の（限界）生産費用と市場ポテンシャルの二つの要因に依存するということである。以下，最初にその論理を簡潔にレビューし，その後，中国の制度的特徴を組み込む作業

---

9)　ほんの一例を挙げると，Liu, Song, Wei and Romilly (1997), Wang and Swain (1995), Wei (1995) 等の比較的初期の試みから始まり，直接投資の地理的分布決定因を分析した Broadman and Sun (1997), Dees (1998)，集積利益の役割を強調した Amiti and Javorcki (2005), Belderbos and Carree (2002), He (2008)，空間計量経済学のテクニックを応用して直接投資の地理的な補完・代替関係を分析した Coughlin and Segev (2000)，ダイナミックパネル・データの System GMM による最初の実証分析である Chen and Kwan (2000)，国家間の直接投資の補完・競合関係や投資国別特徴を分析した Eichengreen and Tong (2005), Fung, Iizaka and Parker (2002, 2003, 2005), Zhang (2005)，人的資本の役割を強調した Gao (2005)，直接投資の GDP 弾力性変化を強調した Sun, Tong and Yu (2002)，為替レート変動の役割を強調した Xing (2006)，等がある。

を行うことによって，本章の課題に答えたい。

3.1 ベンチマーク・モデル

いま，中国国内の地域をインデックス i ($i=1, 2, ..., K-1$)で区別し，各地域には農業と呼ばれる同質財産業と工業と呼ばれる産業の二つの産業が存在するとしよう。そして，農業品をニュメレールに選択する。一方，工業は多くの差別化財からなり，地域 i に立地する企業が生産する製品バラエティ総数（企業総数）を n_i で定義する。農業財と工業財についてはコブ・ダグラス型の効用関数を仮定し，工業品消費についてはCESタイプの集計関数を想定しよう。このとき，よく知られているように，特定の製品バラエティに対する j 地域の需要量は $q_{ij} = (t_{ij}p_i/P_j)^{-\sigma}(E_j/P_j)$ ($i=1, 2,..., K-1, j=1, 2,..., K-1, K$)により与えられる。ここで p_i は i 地域に立地する企業の工場出荷価格であり，$t_{ij}-1$ は i 地域から j 地域への移出（輸出）にかかる氷山（iceberg）型輸送コスト[10]，E_j は j 地域の工業品名目総支出，P_j は次式によって定義される j 地域の工業品集計価格指数である。

$$Q_j = (P_j)^{1-\sigma} = \sum_{i=1}^{K-1} n_i (t_{ij}p_i)^{1-\sigma}$$

また，$\sigma(>1)$ は共通の代替弾力性であり，$j=1, 2, ..., K-1$ は国内，$j=K$ は外国を表している。企業のサイズは全体の中では非常に小さく，それゆえ個別企業はその集計価格に及ぼすインパクトを無視して価格設定を行う。c_i を i 地域における限界費用と定義すると，i 地域に立地する特定企業の総粗利潤は $\pi_i = \sum (p_i - c_i) t_{ij} q_{ij}$ であるので，最適工場出荷価格は仕向け地に共通の $p_i = c_i/(1-1/\sigma)$ の水準に決定される。

新たに記号を

---

10) 消費地において1単位の財の供給を得るためには，生産地において $t_{ij}(>1)$ 単位の生産・出荷が必要であり，輸送過程において氷山のように $t_{ij}-1$ 単位の財が消耗すると考える。なお，輸送コストは文字通りの輸送にかかる費用だけでなく，流通コスト等を含んだ地域間の経済統合の程度を表すパラメーターと理解すべきである。この意味で，当該パラメーターを以下では代替的に「交易費用（trade costs）」と呼ぶこともある。

$$G_j = \sum_{i=1}^{K-1} n_i (t_{ij} c_i)^{1-\sigma} \tag{1}$$

で定義し，以下ではこの変数G_jを「価格指数」と呼ぶことにしよう。なお，ありうる混乱を回避するため，以下ではP_j（もしくはQ_j）を「生計費指数」と呼ぶ。しかし，両者の間には$(1-\sigma^{-1})^{\sigma-1} G_j = (P_j)^{1-\sigma} (= Q_j)$という一対一の（負の）関係があることに注意しよう。さらにNEGのキー・パラメーターである$\phi_{ij} = (t_{ij})^{1-\sigma}$を市場アクセス可能性 (market accessibility) と呼ぶことにする[11]。そして（実質）市場ポテンシャルを

$$MP_i = \sum_{j=1}^{K} \phi_{ij} \frac{E_j}{G_j} \tag{2}$$

により定義する。そうすると粗利潤は簡潔に

$$\pi_i = \frac{1}{\sigma} (c_i)^{1-\sigma} MP_i \tag{3}$$

と表現可能である。

　企業は新規参入に際してFの固定費用を負担しなければならない。このモデルでは，企業は特定の製品バラエティに特化しており，超過利潤の存在により新規参入と製品バラエティ増加が起こるので，その参入・退出調整は次式のように記述できる。

$$F \Delta n_i = H(\pi_i - F) \quad \text{where } H(0) = 0, \text{ and } H'(\ ) > 0$$

ここで，Δは単位期間当たりの増分記号であり，$H(\ )$は調整関数である。左辺は特定地域iへの投資額であり，これを直接投資と考え記号FDIで表記する。このとき上式を対数線形近似すると，a_iをパラメーターとして

---

11) Free-ness of trade とか phi-ness と呼ばれることもある。

$$\log(FDI_i) = a_0 + a_1 \log(\pi_i) \quad (i=1, 2, ..., K-1) \tag{4}$$

が得られる[12]。ここで$a_1>0$である。この(3)(4)式が示しているように，直接投資の決定因は限界費用c_iで捉えられる供給要因と，市場ポテンシャルMP_iで捉えられる需要要因の二つの要因に集約可能である（Head and Mayer, 2003, 2004）。

3.2 「市場を以って技術に換える」政策

既述のように，中国の対外開放政策は，1979-91年の地域限定的な対外開放の局面から1992年以降の全国ベースでの対外開放局面へ，そして2001年末のWTO加盟以後の局面へと大きく三つの時期にわたって推移してきた。こうした各局面における制度変化の特徴を捉えることは実証面での不可欠の作業であるものの，特に1992年以後の対内直接投資の急増は，その後の中国経済の国際化に決定的インパクトを与えたという意味で，きわめて重要な意味を持つ。

この1992年以後のブームは，かなりの程度対外開放政策の拡充・深化によるものと見られるものの，同年における「市場を以って技術に換える（以市場換技術）」政策という中国の政策転換も深く関わっていると考えられ，この点について，Naughton（1996）による次の指摘はきわめて興味深い。

> 「1992年に中国は外国投資家，特に「先進技術」を提供しうる投資家にかなりの市場アクセスを提供し始めた。先進技術の定義は何でも含みうるものであり，そしてより重要なことは，その解釈がしばしば外国投資飢餓症にあえぐ地方政府当局者に委ねられたことであった。」(Naughton, 1996, 279)

---

12) 均衡では粗利潤$=F$であるので，通常の均衡の近傍での対数線形近似では対数が定義不能である。しかし，$H(\ )=1.0$となる粗利純を$F^*(>F)$で定義すると，$(FDI-1.0)/1.0 \cong 1.0 + (F^*-F)H'(F^*-F)\{\pi-(F^*-F)\}/(F^*-F)$と近似でき，また正の変数$y, x$について$(y-x)/x \cong \log(y/x)$であるので，$(F^*-F)H'(F^*-F)>0$に注意すると，この近似式は$\log(FDI) = a_0 + a_1 \log(\pi)$と整理できる。

実際，Naughton（1996, Figure 2, 279）が端的に示しているように，この1992年を転機として在中国外資企業の国内販売比率が顕著に増加し始めるのである[13]。

以上の規制緩和は，分析的には次のように捉えることができよう[14]。いま，中国の特定地域iに立地する外資系企業を考える。外資系企業にとって，輸出は自由に可能であるものの，国内販売について

$$DS_i \geq \sum_{j=1}^{K-1} t_{ij} p_{ij} q_{ij} \quad (i=1, 2, ..., K-1) \tag{5}$$

という制約に直面している。ここで，DS_iは所与の国内販売規制上限，p_{ij}はi地域に立地する企業の仕向け地jに対する工場出荷価格である。企業はこの制約条件の下で，利潤を最大にするように価格設定を行う。制約条件(5)に関わる非負のラグランジェ乗数をμ_iで定義すると，輸出には制約条件がないので，(5)式の下での粗利潤$\pi_i = \sum (p_{ij} - c_i) t_{ij} q_{ij}$の最大化に関するKuhn-Tucker条件より

$$1 - \sigma \frac{p_{ij} - c_i}{p_{ij}} - \mu_i (1 - \sigma) = 0 \quad \text{for} \quad j=1, 2, ..., K-1 \tag{6}$$

$$1 - \sigma \frac{p_{iK} - c_i}{p_{iK}} = 0 \tag{7}$$

---

13) 在中国外資企業の活動は，その国籍による特徴を持つ。例えば，主力である香港・台湾系企業は輸出基地構築，欧米系は国内市場狙い，日系はその中間といった評価が一般的なものであろう（Branstetter nand Foley, 2007; Fung et al., 2002; Whalley and Xin, 2006; Zhang, 2005）。しかし，中国全体として見る限り，実際には1992年より在中国外資企業の活動は輸出から国内販売に移っており，現在では国内販売比率は60％近辺で安定している（注8を参照）。この事実はまた，90年代初頭より日米欧の企業進出が本格化したことと整合的である。なお，国内販売規制緩和とは，認定企業が「中国国内で製造する製品を国内で販売する」権限の規制緩和であり，輸入品を国内で販売する貿易権の規制緩和ではないことに注意する。加えて，中国で生産された製品の流通は中国内資企業を介さなければならず，流通面の参入規制緩和はWTO加盟を待たなければならなかったのである。また，認可権限は，3000万ドル（後に5000万ドルに引き上げられた）をメルクマールとしてそれを上回る投資案件は中央政府に，それ以下の案件は地方政府にある。

14) Sun et al.（2002）は，中国の対内直接投資の実質GDP弾力性が90年代初頭より顕著に増加していることを報告している。しかし，その制度的背景については触れられていない。

を得る。ここで，(5)式が拘束しない場合$\mu_i=0$であるので，(6)(7)式より価格は内外で共通である。しかし，それが拘束する場合，共通の国内販売向け工場出荷価格は同輸出向け工場出荷価格よりも高く設定される。そこで，以下では共通の国内向け価格をp_iで，輸出向け価格をp_Kでそれぞれ表す。

　企業は集計価格Q_jに及ぼすインパクトを無視して行動するという仮定より，制約条件(5)式は，

$$DS_i \geq (p_i)^{1-\sigma} \sum_{j=1}^{K-1} \phi_{ij} \frac{E_j}{Q_j} \tag{5'}$$

と表せる。$p_i=p_K$のときの(5')式右辺をDS_i^*と置こう。(6)式より，p_iはμ_iの単調増加関数，また，(5')式右辺は（所与の集計価格の下で）p_iの単調減少関数であるので，$DS_i \geq DS_i^*$の場合，国内販売制約は拘束しない。このとき，国内向け価格は輸出向け価格に等しくなり，企業粗利潤は(3)式に一致する。

　他方，$DS_i^* > DS_i$であるとき，国内販売規制が拘束するので，国内向け価格は(5')式を等号で成立させる水準に決定される（μ_iはこの価格に対して(6)式により決定される）。$\sigma>1$と仮定されているので，国内向け価格ならびにラグランジェ乗数は国内販売上限DS_iの単調減少関数である。

　国内販売から得られる利潤を$\pi_{-K}=(p_i-c_i)(p_i)^{-\sigma}\sum_{j=1}^{K-1}\phi_{ij}(E_j/Q_j)$で定義しよう。すると，(6)式を考慮すれば

$$\frac{\partial \pi_{-K}}{\partial p_i} = \left\{1 - \sigma \frac{p_i - c_i}{p_i}\right\}(p_i)^{-\sigma} \sum_{j=1}^{K-1} \phi_{ij} \frac{E_j}{Q_j} < 0$$

である。したがって，p_iが国内販売制約DS_iの単調減少関数ということより，国内向け販売から得られる粗利潤はDS_iの単調増加関数となる。しかし

$$\pi_{-K} = \frac{1}{\sigma}(c_i)^{1-\sigma} \delta_i \sum_{j=1}^{K-1} \phi_{ij} \frac{E_j}{Q_j}$$

とも表現できる。ここで

第4章　中国の対内直接投資と市場ポテンシャル

$$\delta_i = [1 + \mu_i(\sigma-1)]\left(\frac{\sigma}{(1-\mu_i)(\sigma-1)}\right)^{1-\sigma} = \delta(DS_i)$$

と定義されており，これまでの議論より$\delta'(\ )>0$である。このことはまた，$DS_i^* > DS_i$のときの粗利潤が

$$\pi_i = \frac{1}{\sigma}(c_i)^{1-\sigma}\left\{\delta(DS_i)\sum_{j=1}^{K-1}\phi_{ij}\frac{E_j}{Q_j} + \phi_{iK}\frac{E_K}{G_K}\right\} \quad \text{where } \delta'(\ )>0 \quad (9)$$

と表現できることを意味する。このように，特に驚くべき結果ではないが，国内販売規制DS_iの緩和は，市場ポテンシャルを高めることによって投資誘因を強化すると結論できよう。以下，簡略化のため記号を

$$MPD_i = \sum_{j=1}^{K-1}\phi_{ij}\frac{E_j}{Q_j}, \quad MPF_i = \phi_{iK}\frac{E_K}{G_K}$$

によって定義し，前者を「国内市場ポテンシャル」，後者を「外国市場ポテンシャル」と呼ぶことにする。したがって，i地域に進出する外国企業の直面する市場ポテンシャルは$MP_i = \delta(DS_i)MPD_i + MPF_i$と表現可能である。

3.3　推定式

以上の枠組みを基礎として，次に実際の推定式を説明する。そのため，生産関数を最も単純な$y_i = A(Infra_i)^\alpha(H_iL_i)$ $(\alpha>0)$と特定化する。ここで，H_iは労働拡張的（labor augmented）と仮定された人的資本であり，公的部門が供給するインフラストラクチャー・ストック$Infra$が一種の外部効果をもたらすと考えられている。このとき限界費用は，単純に

$$c_i = B(Infra_i)^{-\alpha}\left(\frac{w_i}{H_i}\right) \quad (10)$$

と表現できる。ここでw_iはi地域の賃金，Bはパラメーターである。

この定式化によると，第一に，限界費用は立地する地域のインフラストラクチャー整備状況$Infra$に依存している。実際，中国ではこのイン

フラの整備状況は地域によって大きく異なり，企業立地を左右する上できわめて重要な要素と考えられる（Démurger, 2001）。第二に，限界費用は効率単位で測った賃金 w/H に依存しており，Borenstein et al. (1998)，Gao (2005) が強調するように，人的資本が限界費用を経由して直接投資の地域分布に影響しうる[15]。

他方，Naughton (1996) の示唆に従い，直接観察できない国内販売規制を在中国外資企業の国内販売比率（RDS_i）で代理する。そして，関数 $\delta(\ )$ を線形近似し

$$\delta(DS_i) = d_0 + d_1 RDS_i$$

と特定化しよう。国内販売規制が拘束していない場合，$d_0=1, d_1=0$ であるので，パラメーター d_1 が有意に正であるとのテストは，同時に制約条件が拘束しているか否かのテストを意味する。ただし，地域的な国内販売規制は TRIM ルールに抵触するので，この制約は 2000 年までとし，WTO 加盟の 2001 年以降は考慮する必要がないと考えられる。

最後に，中国における対外開放政策の展開を表わす制度変数を導入する。その代理変数として，各種の特典や諸種優遇措置が認められている経済特区や経済技術開発区の設置状況を活用することが考えられ，また，この方法は多くの先行研究において試みられてきた（Fung et al., 2002, 2003, 2005; Gao, 2005; Head and Ries, 1996; Chen and Kwan, 2000）。しかし，ここではこれらを個別に処理するのではなく，優遇措置の重点度の違いに着目して点数化し，それを単一指標に集約した対外開放政策指数 *Policy* を使用する。この指数はまた，現在までのとろこうデータの利

---

15) 労働投入に加えて，さらに資本や中間財投入を考慮すべきかもしれない。例えば，NEG モデルにおいてしばしば登場するように，生産は各地域（外国を含む）で生産される工業品バラエティからなる合成中間財の投入を必要と仮定しよう。このとき，限界費用関数には効率単位賃金に加えて，価格指数 G が現れることになる。しかし，価格指数は市場ポテンシャルと密接な逆相関関係があるため，中間財投入の考慮は多重共線性という厄介な問題を提起する。また，資本ストックの考慮も同様である。ちなみに，技術的問題を度外視して，価格指数を考慮した推定を行ってみたところ，中間財価格指数は直接投資に有意でポジティブな効果（中間財投入コストの低い地域に投資が集中する傾向）を持つものの，その寄与度は大きくない（被説明変数総変動の 7%）ことを確認している。それゆえ，中間財投入等のその他の要素投入を捨象することの犠牲は，深刻でないと考えられる。

用可能性が限られる地域間での外資優遇措置の差も反映していると期待される。そうすると，下付き添え字($_t$)を時間を表すインデックスと定義すれば，(4)(9)(10)式に対応する推定式は次式のように特定できる。

$$\log(FDI_{i,t}) = b_0 - b_1\log(w_{i,t}/H_{t,t}) + b_2\log(Infra_{i,t}) + b_3Policy_{i,t}$$
$$+ b_4\log\{(1-WTO_t)(d_0+d_1RDS_{i,t})MPD_{i,t}$$
$$+ WTO_tMPD_{i,t} + MPF_{i,t}\} + u_{i,t} \qquad (11)$$

ここで$u_{i,t}$は攪乱項であり，パラメーターb_i, d_iの期待される符合条件は定数項を除きすべて正である。なお，2001年のWTO加盟以降では，$d_0=1$, $d_1=0$という国内販売規制なしのモデルを想定する。そのため，2001年以降は1，それ以前の年は0のWTO加盟ダミーWTO_tを推定式に導入している。

第4節　対内直接投資の決定因

4.1　データ

(11)式を，中国の一級行政区である29省・市ベースで推定する（直接投資実績額が公表されていない西蔵自治区は除外し，重慶市と四川省は統合した）。まず，直接投資は，米ドル建て実行ベース計数を世銀の実効為替レートにより人民元ベースに変換した金額を，投資デフレーターを用いて2000年価格の実質値に変換した系列FDIを使用する。ただし，1985年まで広東・福建省以外のほとんどの省で投資実績がなく，また，既述のように，中国の対内直接投資が本格化するのは1986年の外国投資奨励規則制定以降のことであるので，1986年を推定開始年とする。したがって，データの利用可能性を考慮して，推定期間は1986-2006年とした。ちなみに，2006年はWTO加盟時に約束した諸種規制緩和の履行最終年であるので，区切りとして都合がよい。なお，データの出所等は補論を参照されたい。

次に，賃金は職工平均賃金を使用するが[16]，外国投資家から見て重要なのは外国との相対賃金と考えられるので，日米欧9ヶ国とNIEs4ヶ

国・地域の13ヶ国の製造業時間当たり雇用者報酬の人民元換算額で地域別賃金を割った比率を使用した。また，NEGによると，賃金は理論上市場ポテンシャルと正相関があるので，多重共線性を回避する意味からも，この調整が望ましい。人的資本は6歳以上人口の教育水準とZhang et al. (2005) の教育投資収益率推計から作成されており，その詳細は第5章の補論において説明されている。

第三に，各一級行政区レベルでのインフラ・ストックの代理変数として，国営鉄道営業距離，水運延長，道路延長の合計を省面積で割った交通インフラ密度を採用する。第四に，制度・政策要因による対外開放度の地域差を明示するため，Démurger et al. (2002a, 2002b) により提案された地域別政策優遇度を拡張した変数を採用する。具体的には，国家級開発区を対象として経済特区・上海浦東新区を3点，経済技術開発区・台湾投資区・辺境経済合作区を2点，保税区・輸出加工区等を含むその他国家級開放区を1点とカウントし，その省・市別合計を対外開放政策指数 *Policy* とする。この指数は中国の対外開放が当初の局地的・地域限定的局面から全国ベースに拡大されたことだけでなく，2000年以降の西部大開発に伴う内陸部の開放区設置をもよく捉えている（図4-1）。

一方，推定に際して最も厄介な問題は，中国国内の地域別市場ポテンシャルデータの利用可能性であり，おそらくこの制約がNEGによる中国経済分析の最大の障害になってきたと考えられる[17]。しかし，幸いなことに，IDE/JETRO (2003) による2000年中国地域間産業連関表がRedding and Venables (2004) のアプローチを援用するための基礎データを提供している。詳細は補論に譲ることにして，ここではその推計手順の概略を説明しておこう。

---

16) 製造業の職工賃金は1990年以降しか利用可能でない。しかし全産業平均と製造業賃金は強く相関しているので，前者を使用してもさほど問題はない。より深刻な問題は都市部の常勤労働者の平均賃金データを使用することの妥当性であろう。しかし出稼ぎ労働者の賃金統計は断片的であり，体系的なデータ整備はなされていない。

17) そのため，通常は例えばGDPを距離で割ったHarris index等のもっともらしい代理変数を使用している（e.g., Amiti and Javorcki, 2005）。しかし，われわれの推定作業には，国内と海外の二つの市場を明示的に区別した市場ポテンシャルが必要であるので，この簡便法は不適切である。

そのコア部分は，地域間産業連関表の地域間交易フローデータを用いて

$$\log(X_{IJ}) = \log(n_I c_I^{1-\sigma}) + \log(E_J/G_J) + \log\phi_{IJ}$$
$$(I=1, 2,..., 8, J=1, 2,..., 8, 9) \quad (12)$$

という重力方程式を推定することである[18]。ここでX_{IJ}は地域間交易フローであり，Iは中国国内の集計された八つの地域を表すインデックス，$J=9$は外国をそれぞれ表す。上式右辺の第一項を記号S_Iで，また右辺第二項を記号MA_Jでそれぞれ表記すると，これらは地域に固有の変数であるので，地域固定効果により推定可能である。

他方，市場アクセス可能性を

$$\phi_{IJ} = (Dist_{IJ})^{-a}\exp\{-b_J Border_{IJ} + cOpenness_{IJ}\} \quad (13)$$

と特定化する。ここで$Dist_{IJ}$は二地域I, J間の距離，$Border_{IJ}$は$I=J$の場合（つまり同一地域内部の取引である場合）0，その他の場合1のダミー変数，$Openness_{IJ}$は$J=9$の場合（つまり取引が外国への輸出である場合）地域Iの対外開放度，その他の場合0と置いた擬似ダミー変数である。ここで，$\exp\{-b_J\}$は，国際貿易の実証分析において通常「国境効果（national border effect）」と呼ばれるものに対応しており（McCallum, 1995），中国国内の省境が省間交易に及ぼす効果に関わっているので，ここではそれを「省境効果（provincial border effect）」と呼ぶことにする。あるいは，$\exp\{b_J\}$は域外取引に対する域内取引の倍率を表しており，地域Jの「ホームバイアス」の程度を測定している。ちなみに，中国においてこの省境効果（もしくはホームバイアス）は，伝統的に「諸侯経済」現象に関連付けて議論されており（第6章参照），その意味で，中

---

18) 前節の記号を用いると，二地域間の名目交易フローは$n_i(t_{ij}p_i)q_{ij} = n_i(p_i)^{1-\sigma}\phi_{ij}(E_j/G_j)$と表せる。Redding and Venables (2004) は，この関係から市場ポテンシャル（および価格指数）の一致推定値を得る方法を開発した。なお，理論編では価格を限界費用に，またQをGに置き換えているが，$(1-\sigma^{-1})^{\sigma-1}G_j = Q_j$という関係があるので，いずれでも計測結果は同じである。

国国内の市場アクセス可能性を明示的に考慮することはきわめて重要である。第二に，東部沿海部の急速な成長が国際経済統合の進展によって可能となってきた経緯からも明らかなように，中国国内における国際経済統合度の著しい地域差を考慮することも等しく重要であろう。このように，市場アクセス可能性に関する以上の定式化は，地域間の距離によって測られた自然交易障壁に加えて，①中国国内の地域によって異なる省境効果（もしくはホームバイアス），②地域によって異なる対外開放度，という中国地域経済の二つの特徴を明示的に組み込んだモデル設定となっている。

第二ステップは，以上の集計化された地域レベルで計測された市場ポテンシャルを 30 省・市レベルに分割する作業であり，そのため Head and Mayer（2004, 2006）に従って，まず$\exp\{MA_J\}$によって大地域区分別実質支出を再現し，これに各大地域を構成する一級行政区の個別 GDP シェアを乗じて省・市別実質支出E_j/G_jを計測した。次に，距離弾力性，ホームバイアス，対外開放度の推定値を使用して個別省・市レベルの市場アクセス可能性を計測し，30 省・市レベルの 30×31 要素からなる市場アクセス可能性行列$[\phi_{ij}]$を作成した。そして，この市場アクセス可能性行列と実質支出ベクトルにより仕向け地別市場ポテンシャルを計算し，その合計を一級行政区レベル市場ポテンシャルとした。最後に，2000 年価格評価内外実質 GDP 系列から実質支出の時系列を作成し，これと市場アクセス可能性行列より，他の時点における市場ポテンシャルを計測している。

第六に，国内販売比率 RDS の補完推計について簡単に触れておく。具体的には，在中国外資企業の地域別貿易統計は 1990 年より，また地域別国内生産額は 1993 年からしか利用可能でない。しかし，貿易総額は 1980 年から，また工業生産総額は 1986 年より利用可能であるので，実行ベース直接投資を活用して国内生産額ならびに輸出額を別途推計し，この推計額より 1986-1992 年の地域別国内販売比率を計測した（詳細は補論 2 を参照されたい）。

最後に，変数の定常性について簡単にチェックしておこう。具体的には，推定に使用された変数について Im et al.（2003）および Maddala and Wu（1999）によるパネル単位根テストを実施してみた。結果は表

第4章　中国の対内直接投資と市場ポテンシャル

表 4-3　パネル単位根テストの結果

変数	IPS	(p-values)	Maddala-Wu	(p-values)
$\ln(FDI)$	-5.367	(0.000)	125.05	(0.000)
$\ln(w/H)$	-1.426	(0.077)	107.05	(0.000)
$\ln(Infra)$	3.272	(1.000)	18.79	(1.000)
Policy	-18.471	(0.000)	54.24	(0.616)
$\ln(MP)$	-6.705	(0.000)	21.55	(1.000)
RDS	-2.760	(0.003)	86.48	(0.009)

注) IPS は Im et al. (2003) の t-bar テスト, Maddala-Wu は Maddala and Wu (1999) によるフィッシャーテスト。検定統計量は IPS $=\sqrt{29}$ {ADF テストの t 値平均 − t 値の期待値の平均}/t 値の分散期待値平均の平方根, Maddala-Wu $= -2\Sigma\ln(p_i)$ (p_i は説明変数の一期ラグ値の p 値) である。ここで 29 は省・市数である。検定の帰無仮説はいずれも「29 省・市すべての系列が単位根を持つ」, 対立仮説は「一部もしくは全ての系列が単位根を持たない」であり, 帰無仮説の下で統計量 IPS は漸近的に平均ゼロ, 分散 1 の基準正規分布に, Maddala-Wu は漸近的に自由度 2×29 の χ^2 分布に従う。市場ポテンシャルは $MP = MPD + MPF$ によって定義されている。

4-3 に要約されており, それによると, 交通インフラ・ストックを除いて, 変数が非定常との強い結果は得られていない。また, 交通インフラ・ストックは対外開放政策指数と同様に政策変数であるので, 外生変数と考えることが適切であろう。

4.2　推定結果

モデルは非線形であるので, 不均一分散の可能性も考慮して非線形加重最小自乗法 (Nonlinear Weighted Least Squares: NWLS) により推定を行った。また, 直接投資の地域偏在要因に分析の焦点があるため, それを地域ダミーというブラックボックスで処理する固定効果モデルではなく, 共通の定数項を仮定したプール回帰で推定を行う。

表 4-4 は, 推定結果の要約表である。表の(1)式は以下のベンチマークであり, 得られた結果は予想通りのものである。第一に, 直接投資は常識通り相対的に賃金の高い地域において少なくなる傾向がある。ただし, 中国の効率単位で測った地域間賃金格差はさほど大きくなく, 後述するように, 賃金格差は直接投資の重要な決定因として現れない[19]。第二に, 交通インフラ・ストックで代理されたインフラ整備状況も有意な決定因である。このことはまた, 物流コストが企業立地を規定する上で

きわめて重要な要因であることを示唆しており，海と港を巡る国際物流ネットワークから疎遠な内陸部は，加工貿易狙いの企業立地に不利であることを意味している。第三に，対外開放政策指数 *Policy* の影響も正しく推定されており，かつ1％の水準で統計的に有意であった。後ほど数量的に明らかにされるように，この変数は中国対内直接投資動向を強く左右しており，この意味で中国の地域による対外開放度の差はきわめて重要な投資決定因と考えられる。

次に，本章の新機軸である市場ポテンシャルの役割について触れておこう。まず，国内販売規制が拘束しているか否かのテストであるd_1の推定結果を見ると，点推定値は正で概ね0.5，統計的にも1％の水準で有意である。このことはまた，Naughton（1996）が強調するように，中国の対内直接投資決定因としての国内市場アクセス可能性がきわめて重要な要因であったことを意味している。一方，d_0とd_1の推定値の合計はほぼ1.0であるので，国内販売比率 *RDS* の平均値が1994年以降約0.6であることに注意すると，WTO加盟までの期間において，外資企業は国内市場ポテンシャルを百パーセント有効な市場と認識していなかった（つまり，国内販売規制が拘束していた）との推測が支持されている。そして，市場ポテンシャル項全体に関わるパラメーターb_4も符号条件を満たし，かつ1％の水準で統計的に有意に推定されている。その推定結果によると，市場ポテンシャルの1％の増加は直接投資を1.2％増加させる。

次に，説明変数の内生性の可能性を簡単にチェックしておこう。そのため，同じスペシフィケーションで非線形加重二段階最小自乗法（NW2SLS）による推定を行ってみた。ここでHead and Mayer（2006），Knaap（2006），Redding and Venables（2004）の示唆に従い，市場ポテンシャルの操作変数として中国の政治・経済中心地と考えられる北京市，上海市および香港SARまでの各省省都からの距離（北京・

19）中国の都市部では，計画期において全国一律の等級賃金制度が浸透していた。そのため，改革・開放の出発時点における地域間賃金格差は大きくなかった。こうした歴史的遺産に加えて，中央政府による少数民族自治区に対する補助金交付が内陸部，特に西部地域の割高な賃金をもたらしてきた。その結果として，最も奥地に位置する西部地域の賃金が，中部地域のそれを上回るといういささか奇異な現象が生じている。

第4章　中国の対内直接投資と市場ポテンシャル

表4-4　対内直接投資関数の推定結果：1986-2006年

説明変数	NWLS (1)	NW2SLS (2)	NWLS (3)	NWLS (4)	NWLS (5)
constant	0.167 (0.660)	0.581 (1.079)	0.767 (0.661)	0.442 (0.671)	0.240 (0.653)
$\ln(W/H)$	-1.342 (0.144)***	-1.325 (0.259)***	-1.388 (0.142)***	-1.312 (0.143)***	-1.338 (0.142)***
$\ln(Infra)$	0.900 (0.066)***	1.003 (0.070)***	0.919 (0.065)***	0.850 (0.068)***	0.868 (0.066)***
Policy	0.122 (0.006)***	0.129 (0.008)***	0.131 (0.006)***	0.122 (0.006)***	0.122 (0.006)***
$\ln(Market\ Potential)$					
b_4	1.180 (0.060)***	0.997 (0.090)***	1.106 (0.057)***	1.194 (0.060)***	1.210 (0.060)***
d_0	0.559 (0.112)***	0.548 (0.233)**	0.481 (0.108)***	0.522 (0.107)***	0.533 (0.102)***
d_1	0.495 (0.133)***	0.432 (0.199)**	0.431 (0.122)***	0.472 (0.126)***	0.485 (0.122)***
長江下流域地域ダミー			0.375 (0.206)*		
華南地域ダミー			-1.193 (0.200)***		
西部地域開発ダミー				-0.349 (0.157)**	
東北地域開発ダミー					-0.630 (0.245)**
$Sargan(\chi^2(7))$ [p-value]		6.421 [0.492]			
$Hausman(\chi^2(7))$ [p-value]		4.099 [0.768]			
adjR^2	0.796	0.794	0.800	0.797	0.796
No. of Obs.	609	609	609	609	609

注）NWLSは非線形加重最小自乗法，NW2SLSは非線形加重二段階最小自乗法（操作変数は定数項，交通インフラ対数とその1・2期ラグ，対外開放度指数とその1期ラグ，国内販売比率の1期ラグ，Brandt and Holz (2006)の生計費対数変化とその1・2期ラグ，北京・上海・香港SARまでの距離，およびWTOダミーの14変数とした）。Sarganは過剰識別制約テスト統計量，HuasmanはNWLS推定値を帰無仮説，NW2SLS推定値を対立仮説とするハウスマンの特定化テスト統計量，[ ]内はそのp値。( )内は漸近標準誤差，(***)は1％，(**)は5％，(*)は10％の水準でそれぞれ統計的に有意であることを表す。

上海市は自己の距離）を使用し，また効率単位賃金の操作変数として，Brandt and Holz (2006) による地域別生計費指数の対数変化等を使用してみた。結果は表の(2)式に示されており，(1)式の結果と大差ないこ

とから推測されるように，内生性によるバイアスの可能性は重要な問題ではなさそうである。

　この点をより形式的に確認するため，まず過剰識別制約テストを行ってみたところ（Davidson and Mackinnon, 1993; Wooldridge, 2002），使用した操作変数（およびモデルの特定化）が適切との帰無仮説は通常の統計的有意水準では棄却されなかった（表の Sargan 統計量を参照）。次に，NWLS の推定値を帰無仮説，NW2SLS の推定値を対立仮説とするハウスマンの特定化テストを実施したところ（表の Hausman 統計量を参照），通常の統計的有意性水準では帰無仮説を棄却できない。以上のことから判断して，説明変数の内生性がパラメーター推定値に深刻なバイアスをもたらしている可能性は小さいと考えられ，それゆえ以下では，推定式(1)をベンチマークとして採択する。

　次に，WTO 加盟の効果について簡単に触れておこう。なお，共通の効果は既に WOT ダミーによる市場ポテンシャル変化によって捉えられているので，残る問題はその地域に対するインプリケーションである。しかし，図4-2を観察すれば容易に推測できるように，1992年の規制緩和と異なり，WTO 加盟はすべての地域に対して一律の投資促進効果を持っていたわけではない。なかでも，最もはっきりしていることは，WTO 加盟に伴い投資地域が従来の華南地域から上海市・江蘇省を中心とする長江下流地域にシフトしたことであろう。この点を確認するため，2001年以後の長江下流地域，もしくは華南地域を1，その他を0とする地域ダミーを挿入して再推定を行ってみたところ，ほぼ予想通りの結果が得られた（(3)式）。外資の参入産業の高度化に伴う高学歴人材需要の増加や2003年以降の労働力不足・賃金高騰等を背景として，出稼ぎ労働者に依存した華南地域から高学歴人材供給が豊富な長江デルタ地域へ投資対象地域がシフトしたことがその背景であろう[20]。ただし，長江下流域地域ダミーの推定値は正であるものの，その有意性は限界的である。

　一方，2000年に始まる西部大開発や，2004年以降の東北地域再開発の効果はネガティブなものである（表の(4)(5)式）。ここで，表の西部地

---

20)　われわれの分析枠組みでは確認が難しいが，2001年における台湾の先端産業における大陸投資規制緩和も重要な要因であったと考えられる。

第4章　中国の対内直接投資と市場ポテンシャル

表 4-5　対内直接投資決定因の寄与度　　　（単位：％）

説明変数	1986-2006 年	1986-91 年	1992-2000 年	2001-06 年
効率単位賃金[ln(w/H)]	-3.6	4.6	-3.8	-3.0
名目賃金[ln(w)]	-8.6	0.9	-6.6	-4.8
人的資本[ln(H)]	4.9	3.7	2.8	1.8
交通インフラ[ln($Infra$)]	21.2	21.7	31.8	24.0
対外開放政策[$Policy$]	24.1	12.9	31.5	23.7
市場ポテンシャル[ln(MP)]	34.0	21.3	36.0	31.9

注)　表4-4の(1)式の推定結果を使用した。残差の存在により合計は100％に一致しない。

域開発ダミー（東北地域開発ダミー）は2000年以降（2004年以降）を1，その他を0とするダミー変数に関する推定値である。推定結果によると，いずれも有意にマイナスに推定されており，このことはまた，鳴り物入りで開始された二つの地域開発プロジェクトも，少なくとも外資誘致という点ではほとんど成功していないことを意味している。なお，その原因の一端については後ほど触れる。

いずれにせよ，WTO加盟は，中国全体で観察した場合対内直接投資を再度増加させたかに見えるものの，その地域的なインプリケーションは一様ではなく，僅かに長江下流域地域（および北京市）の投資活発化が見られるにすぎない。ただし，結果は示されていないが，個別ではなく，渤海湾沿岸地域等のダミーをも加えた一括推定では，長江下流域ダミーも有意でなくなる。それゆえ，以下では地域ダミーを特に考慮しないことにする。

最後に，各説明変数の説明力について大まかに評価しておこう。その一つの工夫として，格差尺度に関するShorrocks（1982）の要因分解を応用する（Qing and Tsui, 2005）。いま，理論モデルを$y=X\beta+u$としよう。ここでyは被説明変数（直接投資の対数値），$X=\{x_1, x_2, ..., x_K\}$はK個の説明変数ベクトル，βはそれに関連した係数ベクトル，uは攪乱項である。また係数推定値ベクトルを$\hat{\beta}$，残差を$\hat{u}$とする。このとき，残差の和はゼロに等しいので，簡単な計算によりvar$\{y\}=$ cov$\{X, y\}\hat{\beta}+$var$\{\hat{u}, y\}$が成立し，これより次の関係式を得る。

$$1 = \sum_{s=1}^{K} \frac{\hat{\beta}_s \text{cov}\{x_s, y\}}{\text{var}\{y\}} + \frac{\widehat{\text{cov}}\{u, y\}}{\text{var}\{y\}}$$

したがって，被説明変数の総変動に占める説明変数x_sの寄与度は$\hat{\beta}_s \text{cov}\{x_s, y\}/\text{var}\{y\}$により計算可能である。

表4-5は，この考え方による要因分解の結果である。ここで全期間に加え，1986-91年の部分対外開放期，1992-2000年の全面開放期，および2001-2006年のWTO加盟期の三つのサブ期間別の計数を示した。これによると，全期間に渡って市場ポテンシャルが最も説明力の高い説明変数であり，これに続くのが対外開放政策である。特に，1992年以降，この二つの説明変数だけで全変動の6割前後が説明可能である。それに続くのが物的インフラの整備状況であり，全期間で概ね21%の説明力を持つ。最後に，賃金コスト要因は重要な要因とは言えない（1986-91年で寄与率が正である理由は後述する）。また，Gao（2005）の主張とは異なり，人的資本の寄与率は小さく，かつ次第に低下している。

4.3 ブームの要因

いずれにせよ，前節の分析は，中国の対内直接投資の説明因として対外開放政策と市場ポテンシャルの役割が大きいことを示唆している。そこで，1992年以後の直接投資ブームがなぜ起こり，また，現在までなぜ持続しているかという疑問の一端に答えるために，次のような簡単なシミュレーションを行ってみた。いま，直接投資の説明モデルを$FDI_t = (X_t)^a \times Others_t$と仮定しよう。ここで，$X_t$は対象とする特定の説明変数，$a$はそれに付随するパラメーター推定値，$Others$は誤差項を含むその他の説明変数である。この関係に従って，1991年を基準とした説明変数X_tの変化の効果を計測したい。そのため，X_{91}をその1991年水準とし，これが不変に維持されたと仮定した場合の仮説的投資をFDI_t^*と置く。このとき$FDI_t^* = (X_{91})^a \times Others_t$であるので，$FDI_t - FDI_t^* = \{1-(X_{91}/X_t)^a\} \times FDI_t$によりその変化の効果を計測可能である。

表4-6は，以上の考え方に従って計算された対外開放政策変化の寄与と内販規制緩和の寄与，および1991年からの実際の投資増加に対する寄与率を整理している。この表によると，1992年以後の直接投資ブー

第4章　中国の対内直接投資と市場ポテンシャル　　123

表 4-6　規制緩和の効果

(単位：2000 年価格，億元)

年	対外開放政策	寄与率, %	内販規制緩和	寄与率, %	残差
1992	429.60	(60.5)	149.71	(21.1)	131.35
1993	1382.30	(61.8)	285.06	(12.7)	571.17
1994	1800.97	(61.1)	531.62	(18.0)	613.96
1995	1740.14	(60.4)	604.04	(21.0)	535.54
1996	1846.53	(58.4)	589.39	(18.6)	725.69
1997	1931.18	(57.2)	593.29	(17.6)	850.18
1998	1961.37	(59.2)	633.64	(19.1)	717.51
1999	1784.95	(61.3)	574.09	(19.7)	551.13
2000	2046.90	(70.6)	531.68	(18.3)	319.25

注）　カッコ内は1991年水準からの変化のFDI増加に対する寄与率。表4-4の(1)式の結果を使用して計算した。

ムのうち，60％程度は対外開放政策の展開によっており，圧倒的な説明要因となっている。この意味で，1992年の南巡講話に続く中国の限定開放から全面開放への政策転換が，投資ブーム喚起にとって決定的重要性を持っていた。しかし第二に，「市場を以って技術に換える」政策の影響も少なくなく，われわれの推計によると，その寄与率は20％程度と評価される。このように，92年以降の中国の直接投資ブームを始動させた一因として，同年における国内販売規制緩和というインセンティブ供与が，無視できない重要性を持っていたと言えよう[21]。

4.4　直接投資の地域偏在

次に，その85％以上が東部沿海部に集中するという直接投資の地域偏在現象の要因について，若干の数量評価を行ってみたい。いま，他の事情を一定として，説明変数 x の値が東部11省・市の平均値からなる仮想的地域の直接投資を FDI_{East}，残り18省・市の平均からなる地域のそれを FDI_{Inland} としよう。すると，説明変数 x に関するパラメーター推定値を b と置けば

---

21)　迂回投資の存在等により投資国別データが不完全であるため，確認は難しいものの，89年の天安門事件後の善隣外交の展開の中で，東南アジアや韓国といった近隣諸国との国交樹立や台湾の投資規制緩和も重要な要因であったと考えられる。

$$\frac{FDI_{East}}{FDI_{Inland}} = \left\{ \frac{Ave(x_{East})}{Ave(x_{Inland})} \right\}^{b}$$

により特定説明変数 x の寄与度を計算できる。ここで $Ave\{\ \}$ は平均を表す。

表4-7は，このような考え方に従って，各説明変数が直接投資の地域偏在に及ぼす寄与の大きさを計算したものである。なお，比較対象地域の組み合わせは「東部地域対内陸地域」，「東部地域対西部地域」，および「東部地域対東北地域」の三つとし（最後の組み合わせの東部地域は，分母に含まれる遼寧省を除いた10省・市とした），また，1986-91年，1992-2000年，および2001-2006年の三つのサブ期間別に結果を整理した。例えば「東部対内陸」の組み合わせの最後列の3.578は，東部の市場ポテンシャル平均が内陸部のそれに比べて高いために，それだけで東部沿海部への投資を内陸部に比べて3.578倍多くさせていることを意味している。

この表から，幾つかの興味深い論点を読みとることができよう。第一に，対中直接投資が本格化する直前の1986-91年の期間において，市場ポテンシャルやインフラはもとより，賃金コストも内陸ではなくむしろ東部への投資を有利にさせていた。中国における地域間の名目賃金格差は，計画期の全国一律の都市部賃金政策や西部少数民族自治区に対する中央政府からの戦略的補助の交付等により，改革・開放当初ではさほど大きくなく，しかも80年代では人的資本の地域間格差が比較的大きかったため，効率単位で測った賃金は内陸部よりもむしろ東部の方が割安であった。このように，80年代では，実はほぼすべての面において内陸部よりも東部沿海部の方が外資の立地に有利であったのである。ただし，東部沿海部の成長に伴う名目賃金格差の拡大と教育普及に伴う人的資本の地域間格差縮小を反映して，その後次第に実効賃金格差は内陸部への投資を有利にさせる方向に推移している。

第二に，インフラストラクチャーの地域間格差は改革・開放当初より非常に大きく，また，1990年代に入って東部への集中投資によりむしろそれは拡大していた。その結果として，1999年までインフラストラクチャーの地域格差は東部への直接投資を有利化する要因として作用し

第4章 中国の対内直接投資と市場ポテンシャル

表4-7 東部地域 vs 内陸地域の FDI 格差要因

(単位：東部 FDI/内陸部 FDI（倍）)

	東部/内陸部	東部/西部	東部/東北部
実効賃金			
1986-1991 年	1.089	1.228	0.833
1992-2000 年	0.776	0.856	0.629
2001-2006 年	0.711	0.772	0.650
インフラ			
1986-1991 年	2.228	3.041	2.087
1992-2000 年	2.349	3.198	2.241
2001-2006 年	2.227	3.109	2.522
対外開放政策			
1986-1991 年	2.143	2.129	1.863
1992-2000 年	3.145	3.187	1.472
2001-2006 年	3.050	2.973	1.554
市場ポテンシャル			
1986-1991 年	2.079	2.498	0.828
1992-2000 年	2.573	3.014	1.116
2001-2006 年	3.578	4.211	1.358

注）表4-4の(1)式の結果を利用し，{当該変数東部平均/当該変数内陸平均}^当該パラメーター推定値により計算した（対外開放政策は exp{パラメーター推定値×東部・内陸部指数格差}により計算した）。市場ポテンシャルは国内販売比率を考慮した国内市場ポテンシャルと対外市場ポテンシャルの合計を利用した。地域区分は表4-1の脚注を参照されたい（東北は遼寧・吉林・黒龍江の三省であり，最終列の東部地域には遼寧省を含まない）。

続けており，内陸部に比べて概ね2.3倍程度東部へ投資を偏在させていた。しかし，2000年より開始された西部大開発等を反映して，このインフラストラクチャー格差は若干縮小傾向にある（ただし，東北地域との対比では，拡大傾向が持続）。しかし，その格差自体が元々大きく，現在は80年代水準を回復したに過ぎない。このように，東部沿海部と内陸部，特に西部地域とのインフラストラクチャー格差は依然大きく，内陸部への投資誘致の大きな障害であり続けている。なお，東部地域と東北部地域との対比では，このインフラ格差が投資偏在の最大の要因であることを指摘しておきたい。

第三に，予想通り対外開放政策の影響が非常に大きい。しかも，驚くべきことに，部分開放から全面開放に転じた1992年以降において，内陸部よりもむしろ東部沿海部において対外開放が進展しており，その効

表 4-8 中国の地域別交易費用の要約表（2000 年）

	域内取引	内陸地域	沿海地域	外　国
内陸地域	3.182	5.565	4.455	5.190
東北地域	2.996	5.832	4.779	5.129
中部地域	3.149	5.585	4.264	5.150
西北地域	3.689	5.517	4.984	5.328
西南地域	3.265	5.401	4.793	5.291
東部沿海地域	2.837	5.207	4.444	4.019
北部直轄市	2.288	5.222	4.309	3.936
北部沿海地域	2.802	5.107	4.249	4.885
中部沿海地域	2.746	5.153	4.665	4.206
南部沿海地域	3.306	5.478	4.455	3.772

上段「移出・輸出先地域」

注）市場アクセス可能性 $\phi_{ij}=(t_{ij})^{1-\sigma}$ より，代替弾力性 $\sigma=8.0$ と仮定して交易費用 t_{ij} を計測した（関税等価はこの計数から 1.0 を控除することにより得られる）。表は取引金額による加重平均値。地域を構成する省・市名は補論 1 を参照。

果が現在まで持続している。確かに，2000 年以降の西部大開発により，西部地域に優先的な対外開放政策が実施されたものの，その効果は数量的には限られており，90 年代の 3.187 倍から 2000 年代の 2.973 倍への投資偏在是正効果しか持っていなかった。また，事態は東北部についてもほぼ同様であり，むしろこの要因による投資偏在は増加している。このことはまた，90 年代までに形成された歴史の遅れを取り戻すことは，容易なことでないことを含意していよう。

そして第四に，直接投資の地域偏在を左右する最大の要因は市場ポテンシャル格差であり，90 年代初頭より持続的にその重要度が高まっている。例えば，1986-91 年における市場ポテンシャル格差の寄与は，東部向け投資を内陸部に比べて 2.079 倍促進する働きを持っていたが，市場を持って技術に換える政策などにより，その倍率は 1992-1999 年の期間において 2.573 倍に拡大した。そして，この倍率は WTO 加盟に伴って一段と上昇し，3.578 倍に達している（西部地域との対比では，実に 4.211 倍）。サービス業の対外開放を約束した WTO 加盟以降，中国は製造拠点とともに市場としての存在感を増していると言われているが，そのトレンドは既に 90 年代から始まっていたのであり，WTO 加盟はそれを加速したと言えよう。このように，中央政府の政策転換によりイン

フラストラクチャーや開放政策面での東部地域バイアスは是正される方向にあるものの，その動きは遅々としている一方で，市場ポテンシャル格差の持続的拡大という乗り越えがたい要因の存在により，投資の地域偏在是正は大きく進展していないのである．

4.5 分析含意：国内経済統合の重要性

以上の分析から明らかになったことは，市場ポテンシャルの地域差が直接投資吸引力差の非常に大きな要因の一つになっているということである．この事実は，直接投資の誘致が難しい内陸部にとってきわめて深刻である．実際，前節で示されたように，効率単位賃金格差は内陸部への立地を有利化させつつあるものの，インフラ不足を含めて距離の壁が厚く，内陸部では加工貿易狙いの企業進出を期待することは難しい（おそらく低賃金狙いだけであれば，むしろ海運ネットワークが発達した東南アジアのベトナム等が選好される可能性が高い）．したがって，観光を含む資源開発を別にすれば，内陸部の投資誘致は内需関連型の誘致とならざるをえないのであり，直接投資，あるいは広く内資を含む企業一般の誘致にとって，まさに市場ポテンシャル不足がその最大の障害と言えよう．

ここで，市場ポテンシャルが，外国を含む全地域の実質支出を市場アクセス可能性によって加重集計した概念であることを想起しよう．つまり，それは各地域の実質支出の大きさだけでなく，市場アクセス可能性 ϕ によって測られた地域間経済統合度にも依存しているのである．しかし，ひるがえって中国の内外経済統合の進展状況を点検すると，相対的に豊かな地域は国際経済統合を進めることにより豊かになっているものの，肝心の国内経済統合は一部を除いて立ち遅れ気味と考えられる．

この点を確認するため，市場ポテンシャルの計測過程の副産物として得られる地域別の交易費用（理論モデルの輸送コスト）t_{ij} のオーダーを観察することが有益である．表4-8はこの目的のために作成されており，中国8大地域の移出・輸出先別交易費用（取引金額加重平均）を示している．ここで，交易費用を計測するためには代替弾力性 σ の情報が必要であるが，ここでは Andersen and Wincorp（2004）によって標準的と考えられている $\sigma=8.0$ を仮定している．なお，交易費用の水準はこの代替弾力性に非常に敏感であるが，以下の定性的結論そのものはその

大きさに依存していない。

　さて，この表はいくつかの興味深い事実を明らかにしている。第一に，内陸部地域の交易費用は国内・海外を問わず一般に高い。この事実はまた，内陸部では距離等の経済統合を阻む要因をコントロールした後にも残る地域のホームバイアス（地域間取引に対する地域内部取引の選好バイアス）が強く，国際貿易はもとより，国内交易も相対的に希薄であることを意味している。しかし，より興味深い点は，内陸部地域の対沿海部移出に関わる交易費用と沿海部地域の対外国輸出に関わる交易費用の鮮やかな対照であり，明らかに前者が後者よりも高いという事実である。実際，われわれの計測によると，内陸部の沿海部向け移出に対する障壁の関税等価は，沿海部の外国向け輸出のそれよりも平均で 43.6%（= 445.5% − 401.9%）高くなっている。このことはまた，内陸部と東部沿海部の「国内経済統合」が東部沿海部における「国際経済統合」に比べて立ち遅れていることを意味しており，いわば改革・開放以降の中国の経済統合は「外が先，内が後」という意味で転倒しているのである。その結果として，東部沿海部における成長の果実は内陸部にあまり浸透しておらず（宮川他，2008; Fu, 2004; Hioki, 2004; Okamoto and Ihara, 2004），また，一部の大都市を除いて企業誘致もままならないのが現状であろう。このように，内陸部への企業誘致に関わる重要な障害の一つは，内陸部に対する沿海部の省境効果の高さ，もしくは市場アクセス可能性の低さであり，国際間で言うところの南北間貿易関係のそれ（Mayer and Zignago, 2005）と定性的には同じである。いずれにせよ，中国における投資偏在現象の打開の鍵は，インフラ投資による距離の壁の打破という通常指摘される政策対応に加え，中国国内に横たわる国内交易障壁の克服にあるように思われる。

第 5 節　結　　論

　地域ベースの集計化された直接投資データによる推定という制約はあるものの，本章は，NEG の分析枠組みに沿った直接投資に関する一つの実証分析を試みた。その結果得られた第一の結論は，1992 年以降の

中国対内直接投資の急増の60%程度が同年の部分開放から全面開放への政策転換によっていること，そして，20%程度が「市場を以って技術に換える」政策により説明可能であるということである。この意味で，やや意外なことに，中国対内直接投資ブーム形成の背後に中国国内市場の開放というインセンティブ政策の影響があったのである。一方，WTO加盟の直接投資地域分布に対するインパクトは，上海・江蘇・浙江の長江下流域地域等の一部地域への投資増に限定されており，必ずしも一様でない。

　第二に，東部沿海部への直接投資偏在の最大の要因は市場ポテンシャルと対外開放政策の地域差であり，インフラ・ストック格差がこれに続いている。そして，インフラストラクチャー不足もさることながら，内陸部への内外企業誘致にとっての重要な障害は内陸部に対する沿海部の省境効果の高さ，もしくは市場アクセス可能性の低さであることを示した。このように，今後の重要な政策課題の一つは，国内経済統合の推進・加速であると考えられる。

　もちろん，本章の分析は，地域を基本的な分析視点としているため，幾つかの限界がある。特に，WTO加盟後，直接投資の地域分布に明確な特性が見られなくなりつつあり，今後，より特定化した地域や産業，あるいは企業という別の属性が重要性を増してくるものと考えられる。その分析は今後の課題であろう。

補論1　中国の省・市別市場ポテンシャル・集計価格指数の計測

　この補論では，中国一級行政区レベルの市場ポテンシャルの計測に関する技術的詳細を説明する。なお，後の必要上，NEGのもう一つのキー変数である集計価格指数 G の計測の説明も合わせて行う。

　a　**市場ポテンシャルの計測**　　中国の地域別市場ポテンシャル・集計価格指数を計測するために，本章は，IDE/JETRO（2003）による2000年中国地域間産業連関表を活用する[22]。ここで，同データは中国の8地

---

22) 同表は，1997年の中国地域産業連関表と2000年の地域間・国際取引をミックスさせて作成されており，中国では，同じデータが国家信息中心（2004）として公刊されている。なお，市村・王（2004）による1987中国地域間産業連関表も有益な情報を提供してい

域・17 産業レベル地域間交易フローデータを中間財取引ならびに最終需要別に作成しており，その地域区分は以下の通りである。

　1.東北地域：遼寧・吉林・黒龍江省
　2.北部直轄市：北京・天津市
　3.北部沿海地域：河北・山東省
　4.中部沿海地域：上海市・江蘇・浙江省
　5.南部沿海地域：広東・福建・海南省
　6.中部地域：山西・安徽・江西・河南・湖北・湖南省
　7.西北地域：内蒙古自治区・陝西・甘粛・青海省・寧夏回族自治区・新疆ウイグル自治区
　8.西南地域：広西壮族自治区・重慶市・四川・貴州・雲南省・チベット自治区

われわれの最初の作業は，この8地域ベース推定により必要な情報を得ることである。

　まず，同地域間産業連関表は競争輸入型であるので，最も詳細な8地域・17産業レベルに遡って各地域別・産業別に輸入係数を計算し，中間財需要・最終需要額にこの係数を掛けて輸入行列を作成した。そして，原交易フロー額よりこの輸入を控除することにより国内交易フロー行列を作成した。このデータに基づいて本文(12)式を推定し，$\exp\{MA_J\}$により実質支出E_J/G_Jを推計する。なお，製造業を推定対象としている。

　一方，市場アクセス可能性を，本文(13)式のように特定化する。ここで$Openness_{IJ}$は$J=9$の場合（つまり取引が外国への輸出である場合）対外

る。しかし，同データの地域間交易フローは中間財取引の計数しか作成されておらず，最終需要面でのそれを欠いている。また，本章の基礎的作業完了後，われわれとほぼ同じ方法論に基づいて中国の省別市場ポテンシャルを推計した Hering and Poncet（2006）を発見した。ただし，1997年の28省の最終需要金額データから出発しているため省間取引は一括されており，JETRO/IDE データのような個別取引行列は利用可能でない。したがって，本章が使用したデータよりも粗いデータを使用していると見られる。なお，宮川他（2008）は，Hering and Poncet（2006）や JETRO/IDE データよりもさらに完成度の高い1997年時点29省レベル地域間産業連関表を構築しており，また最近，2002年時点中国地域間産業連関表が公表・利用可能となっている。

開放度を表す変数$CPolicy_I$，その他の場合0.0の擬似ダミー変数であり，他の変数は本文で定義されている通りである。また，対外開放度指数$CPolicy_I$は，1980年からの地域別対外開放政策指数$Policy$の累積点数を，当該集計地域の面積で割った値を使用した。

残る問題は，集計化された地域間ならびに地域内部，および外国との距離の計測である。第一に，中国30省・市の省都（直轄市の場合，市）間のいわゆるgreater circle distanceにより個別省・市間の距離を測定する。第二に，8地域の各々を構成する省・市について，各々の省都間の距離のGDPシェア加重平均を二地域間距離とする。第三に，集計化された地域内部の距離として，既に説明した各地域を構成する主要都市（ないし地域）間の距離のGDPシェア加重平均値を採用した。

外国との距離は，次のようにして計測した。まず，2000年時点における中国の輸出先上位40ヶ国を選ぶ（これら40ヶ国向け輸出は同年における中国総輸出の93.4%を占める）。ここでデータはIMF, Direction of Trade 2004の輸入国サイド計数を利用し，また香港SARは留保輸入のみを対象とした（25%の再輸出マージンを仮定して推計した）。次に，個別省・市からこれら個別国までの距離を計測した。ただし，中国の貿易はその大部分が北米・欧州航路という世界二大航路を巡る海と港のネットワークを介して行われている事実を考慮し，中国の主要コンテナ・ハブ港（北は青島・天津・大連港，中部は上海港，南は香港港）経由の延べ距離を使用する。そのため外国をアメリカ大陸（アメリカ・カナダ・メキシコ・ブラジル・チリ・アルゼンチン），極東（日本・韓国）・オセアニア（オーストラリア・ニュージーランド・フィリピン），台湾・香港SAR・その他香港以西27ヶ国の3群に区分し，アメリカ大陸向け輸出は上海港か香港港経由の近い方で，極東・オセアニアは最寄りのハブ港経由で，台湾・香港・その他香港以西の国は香港港経由でそれぞれ輸出が行われると仮定する。そして，各省都から主要港経由の合計距離を2000年輸出金額シェアで加重平均したものを個別省・市の外国との距離と考える。また，集計ベース地域の外国との距離は，地域を構成する省・市の距離をGDPシェアで加重平均したものを使用した。

以上のようにして計測された諸変数を用いて，(12)式を2000年時点の中国8地域ベースで推定した。なお，ダミー・トラップに対処するた

め，東北地域のS_1をオミットして推定を行っている。推定結果の詳細は省略するが，後学のため，中国国内の省境効果（もしくはホームバイアス）の大きさを報告しておくと，距離その他の要因をコントロールしても残存する域内取引へのバイアスの程度（域外取引に対する域内取引の倍率）は，中部沿海地域の3.5倍から西南地域の21.0倍と非常に大きな差があり，特にその程度は東北地域（14.2倍），中部地域（11.0倍），西北地域（15.4倍），西南地域の内陸部において大きい。逆に沿海地域ではその程度は低く，最低の中部沿海地域に続いて南部沿岸（7.7倍），北部直轄市（7.8倍），北部沿岸地域（8.2倍）の順となっている。また，中国全体の単純平均値は11.1倍（共通の省境効果を仮定した場合，10.4倍）であった。

　次のステップは，集計化された地域単位での市場ポテンシャルを30省レベルのそれに分解することである。そのため，最初に，Head and Mayer（2004, 2006）に従い，個別省・市の実質支出を$E_j/G_j = \{Y_j/Y_J\}\exp\{MA_J\}$により配分する。ここで，$Y_J$は$J$地域のGDP，$Y_j$は当該地域を構成する省もしくは市のGDPである。第二に，距離弾力性，省境効果，対外開放度の推定値を使用して個別省・市レベルの市場アクセス可能性を(13)式にしたがって計測する。ここで，距離は省都間のgreater circle distanceを（四川省は重慶市と四川省のGDP加重平均値），省もしくは市内部の距離は(2/3)SQRT$\{Area/\pi\}$をそれぞれ使用する（$Area$は省・市の面積）。また，対外開放度は，個別省・市の単位面積当たり累積対外開放度指数に同地域に占める面積のシェアを掛けたものを使用した。

　しかし，このようにして得られた市場アクセス可能性に導出された実質支出を乗じても，その地域合計は第一段階で推定された集計ベースでの地域市場ポテンシャルに一致しない。そこで，加法性を保証するため，第一段階で推定された地域単位での市場アクセス可能性に第二段階で計測された個別省・市ベース市場アクセス可能性の地域別シェアを乗じることにより31×30の市場アクセス可能性行列$[\phi_{ij}]$を作成した。そしてこの割り振られた市場アクセス可能性に個別実質支出を乗じることによって30省・市ベース市場ポテンシャルを計算した。

第4章 中国の対内直接投資と市場ポテンシャル 133

  b **集計価格指数G_jの推計**　一方，省・市別集計価格指数は次のようにして推計した。まず地域別相対競争力（東北地区を1.0に基準化）を$exp\{S_I\}$により再現する。次に，各地域を構成する省・市別供給アクセスを，市場ポテンシャルと同様にして各地域を構成する省・市のGDPシェアで割り振り，$n_i(c_i)^{1-\sigma}=\{Y_i/Y_I\}\exp\{S_I\}$により計算する。集計価格指数$G_j$は$\sum_i\phi_{ij}\{n_i(c_i)^{1-\sigma}\}$により定義されるので，既に市場ポテンシャルの計算に用いた個別市場アクセス可能性ϕ_{ij}を$n_i(c_i)^{1-\sigma}$に乗じ，それを合計することにより求めることができる。
  このようにして計測された集計価格指数（生計費指数）と一人当たりGDPの間には強い正（負）の相関があり，Redding and Venables (2004)の結果と整合的な結果が得られている。

  c **時系列データの作成**　残る問題は，省・市別市場ポテンシャルおよび集計価格指数の時系列データを計測することである。まず，2000年価格実質GDPを$y_{j,t}$と置く。そして，2000年を基準時点として，$(E_j/G_j)_t=\{y_{j,t}/y_{j,2000}\}(E_j/G_j)_{2000}$によりその他時点の実質支出を計測する。ここで，外国のGDPは2000年価格実質GDPを2000年時点為替レートでドル換算した金額を40ヶ国について計算し，それを2000年輸出シェアで加重平均したものを使用した（データはIMF, World Economic Outlook Databaseのそれを使用した）。
  最後に，市場アクセス可能性は対外開放度のみ可変的と考え，その他の変数は固定して計算した。対外開放度は集計ベースで計測し，それを上述の方法で省・市別に割り振ることにより計算した。このようにして他の時点における市場ポテンシャルを計測した。
  集計価格も同様にして計算した。まず，2000年時点の供給アクセスを$(S_i)_{2000}$とすると，他の時点におけるそれは$(S_i)_t=\{y_{i,t}/y_{i,2000}\}(S_i)_{2000}$により計測可能である。そして，これに市場アクセス$\phi_{ij}$を掛け，それらを合計したものを各時点における集計価格とした。

  補論2　在中国外資企業の生産・輸出データ
  在中国外資企業（外国側所有比率25％以上の企業で，香港・台湾・澳門の在外華僑・華人企業所有企業とその他国籍者所有企業）の地域別工業生産

額は 1993 年から，また貿易額は 1990 年から利用可能である。また総額は国内工業生産額が分析期間の初年である 1986 年から，貿易額は 1980 年から利用可能である。そこで，データが欠落する期間の地域別金額を次のようにして別途推計した（以下，輸出のケースを想定して説明するが，国内生産額の場合も同様である）。

　第一ステップ：1979 年からの直接投資実行金額（ドルベース）の累積値を計算し，その地域別シェア $S^{FDI}(i, t)$ を 1979 年から計算する。ここで i は地域，t は年次を表す。そして $T(t)$ を外資企業の t 年における輸出総額とすると $T^{(1)}(i, t) = S^{FDI}(i, t-1) \times T(t)$ により第一次推計値 $T^{(1)}(i, t)$ を計算する。80 年代の直接投資はその大部分が加工貿易狙いのそれであるとの想定による推計である。ここで累積 FDI シェアは前年のそれが使用されていることに注意する。

　第二ステップ：しかしこのようにして推計された 1990 年時点輸出推計額 $T^{(1)}(i, 1990)$ が実際値 $T(i, 1990)$ に一致する保障はない。そこで次のステップとして 1990 年時点での調整係数 $k(i, 1990) = T(i, 1990)/T^{(1)}(i, 1990)$ を地域別に計算し，これを第一次推計値に掛けることにより第二次推計値 $T^{(2)}(i, t) = k(i, 1990) \times T^{(1)}(i, t)$ を計算する。1990 年でいわば切片調整を行うわけである。

　第三ステップ：このようにして得られた第二次推計値の地域別合計 $T^{(2)}(t) = \sum_i T^{(2)}(i, t)$ は 1990 年を除いてその実際値 $T(t)$ に一致する保証はない。そこで次に全体金額との整合性を維持するため，年次毎に調整係数 $g(t) = T(t)/T^{(2)}(t)$ を計算し，$T^{(3)}(i, t) = g(t) \times T^{(2)}(i, t)$ により最終推計値を得る。この第三次推計は，その導出過程から明らかなように①毎年の地域合計総額はその実績値に一致する，② 1990 年推計値はデータが利用可能な初年の地域別実績計数 $T(i, 1990)$ に一致する，ことを保証している。

補論 3　データの作成方法・出所一覧

対内直接投資 FDI：実行ベース直接投資（ドルベース）は国家統計局国民経済総合統計司編『新中国五十年統計資料匯編』中国統計出版社 1999 年，国家統計局貿易外経統計司編『中国対外経済統計年鑑』中国統計出版社 1994-2005 年，および国家統計局編『中国統計年鑑』中

国統計出版社 1999-2005 年によっており，中国統計年鑑等において従来様式の統計の公表が停止された 2005 年以降は，中華人民共和国商務部『2007' 中国外商投資報告』公共商務信息服務 2007 年 190 ページによった。なお，1994 年以前の人民元換算用為替レートは，二次レートを考慮した世銀の実効為替レートを使用している。

賃金 w：地域別職工平均賃金を外国賃金で割った計数を使用した。中国データは国家統計局国民経済総合統計司編『新中国五十年統計資料匯編』中国統計出版社，1999 年，および国家統計局編『中国統計年鑑』中国統計出版社，1999-2007 年によった。また外国賃金は U. S. Bureau of Labor Statistics, International Comparison of Hourly Compensation Costs for Production Workers in Manufacturing 1975-2006（http://www.bls.gov）所収の 13 ヶ国（アメリカ，カナダ，日本，フランス，ドイツ，イタリア，オランダ，イギリス，韓国，台湾，香港 SAR，シンガポール）平均時間当たり雇用者報酬とし（ウェイトは中国の貿易シェア），それを世銀の実効為替レートで人民元に換算した計数を使用した。

為替レート：1981-84 年が内部決済レート（75％）と公定為替レート（25％）の加重平均，1985-86 が二次レート（55％）と公定為替レート（45％）の加重平均，1987-93 年が外貨調剤中心レート（1987-90 年が 45％，1991-93 年が 80％）と公定為替レートの加重平均（カッコ内の計数はウェイト），1994 年以後は公定為替レートを使用した。1993 年までの世銀実効為替レートは Zhang (2001)，1994 年以後は IMF, International Financial Statistics によっている。

省都間の距離：二地点 i, j 間の greater circle distance は，$Dist_{ij} = 6367\cos^{-1}\{\sin(\text{latitude of }i)\sin(\text{latitude of }j) + \cos(\text{latitude of }i)\cos(\text{latitude of }j)\cos(\text{longitude of }i - \text{longitude of }j)\}$ によって計測した（単位は km）。ここで 6367 は地球の平均半径（km）であり，北緯（南緯）および西経（東経）は正値（負値）でカウントする。計算に必要な緯度・経度情報は Astro Dienst/Astro Atlas and Timezone Database（http://www.astro.com）および Global Gazetteer（http://www.calle.com/world/）によった。

インフラ *Infra*：国営鉄道営業距離，水運延長，道路延長の合計を面積

で割った交通インフラ密度を使用した。データは国家統計局工業交通統計司編『中国工業交通能源五十年統計資料匯編』2000年，および『中国交通年鑑』中国交通年鑑社 2001-2007 年によった。

人的資本 H：6 歳以上人口教育レベル別人口統計，および Zhang et al.（2005）による教育投資収益率推定結果より計測した。詳細は第 5 章補論を参照されたい。

国内販売比率 RDS：国内販売比率 RDS（％）は 100×{1－(為替レート × 外資系企業輸出（ドル）/外資企業工業生産額（人民元）)} により計算した。データの出所は国家統計局工業交通統計司編『中国工業経済統計年鑑』1988-1994 年，国家統計局貿易外経統計司編『中国対外経済統計年鑑』2000 年，国家統計局編『中国統計年鑑』1994-2007 年，国務院第一次経済普査領導小組弁公室編『中国経済普査年鑑 2004』2005 年である。

対外開放政策指数 $Policy$：経済特区・上海浦東新区を 3 点，経済技術開発区・台湾投資区・辺境経済合作区を 2 点，保税区・輸出加工区等を含むその他国家級開放区を 1 点とカウントし，その省・市別合計とした。開放区の設置場所ならびに設置年次は，中華人民共和国商務部ホームページならびに大橋（2003, 18-19）によった。

実質 GDP：2004 年の第一次経済センサスに伴い，全国同様，地方レベル国民所得統計も 1993 年まで遡って改訂が行われており，本章はこの遡及改訂統計を使用している。使用された資料の出所は次の通りである。国家統計局国民経済核算司編『中国国内生産総値核算歴史資料 1952-1995』東北財経大学出版社 1997 年，国家統計局国民経済核算司編『中国国内生産総値核算歴史資料 1952-2004』中国統計出版社 2007 年，国家統計局編『中国統計年鑑』中国統計出版社 2006-2008 年。また，投資デフレーターの出所も同じである。

第5章

対内直接投資と地域の成長および格差
――地域成長会計による接近――

第1節　は じ め に

　海外直接投資（以下，単に直接投資と呼ぶ）は一国にどのようなインパクトをもたらすのであろうか？　この疑問に答えることは，実はそれほど簡単ではない。一つに，例えば成長，産業構造，産業組織，雇用・賃金，国際収支への影響等，直接投資のもたらすインパクトが多岐にわたる。また，直面する経済的背景によってもその焦点が異なるであろう。実際，Blonigen and Wang（2005）が示唆しているように，効果の大きさそのものが発展途上国と先進国とで異なるかもしれない。さらに，投資国と被投資国とでその政策関心が異なるのは自然である。

　しかし，80年代後半から経済成長，もしくは経済発展という観点からの直接投資の役割が注目を浴びるようになった。貿易・投資障壁のシステマティックな削減や情報通信技術の急激な発達等による国際経済統合の進展（Mayer and Zignago, 2005）を背景として，一国の経済発展政策のメイン・ストリームが国内企業を軸とする幼稚産業育成から，生産のグローバリゼーションの進展を背景とした外国企業誘致に変質しているからである。特に東アジアを主舞台として，いわば「投資が貿易を創る」時代が到来しており，日本やアジアNIEsからの直接投資と生産移管が東アジア・レベルでの巨大な分業・貿易システムを形成し，この循環に組み込まれていくことによって一国の成長が可能となってきた。その代表例が中国（および東南アジア）であり，まさにこの世界経済の

構造変化がその経済的台頭の国際的背景であった。

その一方で，直接投資をテコとした経済発展戦略は，新しい政策課題を提起している。実際，国際的次元から最適立地として選択される地域は特定の条件を満たしたそれに限られ，一国全体にあまねく均等に分布するわけではない。確かに小国であれば，こうした地域間の不均等分布はさほど問題とならず，例えばマレーシアの経験が示唆するように，毎年100億ドルにも満たない対内直接投資でも転換点通過という発展途上国が最初に直面するハードルを越えることは比較的容易であるかもしれない。ところが，中国のような広域経済がこうした経済発展戦略を採用すると，異なった経済問題に直面する。第一に，特定地域の成長の果実は必ずしも他の地域に自動的に波及・拡散するわけではない。発展途上国一般がそうであるように，国内経済統合が十分に進展していないからである。第二に，国内労働市場の統合が不完全であるため，人の移動によってこのギャップを埋めることも難しく，まして戸籍制度や農村部土地利用制度に問題を抱える中国ではなおさらのことであろう。そして第三に，発展途上国ではそれを補完すべき財政その他の制度設計が未完備であり，所得再分配制度による成長果実均霑にも限界がある。その結果として，グローバリゼーションの機会をうまく活用できる地域とそうでない地域のアンバランスが顕著となり，格差という問題に直面する。このように，発展途上国は一般に国内経済統合の未発達という次善の状態に置かれていることが通例であり，グローバリゼーションの提供する機会を活用する戦略は，こうした次善の世界において別の緊張をもたらす可能性が高い。そして中国は，いわばそのショーケースなのである。

本章の目的は，中国を分析対象として，直接投資の経済的インパクトを「地域の成長と格差」という視点から数量的に評価してみることである。また，このケース・スタディは，評価が必ずしも定まらない国際統計を活用した直接投資のマクロ実証分析を部分的に補完する役割を持つと期待されよう[1]。

---

1) 国レベルのパネル・データを活用した直接投資のマクロ実証分析は，人的資本賦存量や金融制度，政策レジーム等の条件が充足されたときに限りその成長加速効果が発揮されるという意味で，なんらかの閾値（threshold）もしくは吸収能力（absorptive capacity）仮説を支持している（Alfaro et al., 2004; Balasubramanyam et al., 1996; Borensztein et al., 1998;

この分析目的に適したアプローチとして，幾つかの可能な接近が考えられる。例えば，直接投資で拡張された条件付収束（conditional convergence）モデルの適用がその最も簡単な接近であり，このアプローチは資本ストックという構築が難しい変数が不要というメリットを持っているため，広範囲にわたって応用・分析が行われてきた（Aziz and Duenwald, 2001; Dayal-Gulati and Husain, 2002; Chen and Fleisher, 1996; Démurger, 2001; Li, Liu and Rebelo, 1998）。しかし，その理論上の大前提は「収穫逓減」であり，それが中国の実情に適した前提であるか否かは議論の余地があろう。事実，90年代以降の地域格差拡大傾向（あるいは一人当たり所得分布のいわゆる二つのピーク（twin peaks）形成傾向）を反映して，実証的にもそのよって立つ前提自身が怪しくなっており（陳, 2000a；川畑・孟, 2000；Démurger et al., 2002a, 2002b），また，従来の実証結果について，ダイナミック・パネルの推定に伴う技術的観点からも疑問が提起されてきた（Carkovic and Levine, 2005）。

第二の接近は，中国経済の国際化を支える貿易および直接投資という二つの変数に着目し，実質GDP，輸出もしくは輸入，および対内直接投資の三つのマクロ変数（もしくはその部分集合）について，VARあるいはVECMを応用するそれである（Baharumshah and Thanson, 2006; Choe, 2003; Liu et al., 2002）。しかし，改革・開放以降の中国の歴史は浅く，マクロの単純な時系列分析はほとんど不可能であり，特にこの制約は実質GDPについて厳しい。また，サンプル数不足をパネル・データの活用によって補完することは自然な接近であるが，従来の研究では，条件付き収束モデルと同様にダイナミック・パネルの処理に対する関心が希薄である（Choe, 2003）。さらに，VAR分析はデータに語らしめるという側面が強く，月並みな問題指摘ではあるものの，機械的な計測結果の背後に潜む経済メカニズムの洞察が乏しい。

第三に，外資企業部門の生産するGDPを推計し，これに基づいて直

Durham, 2004; Xu, 2000）。しかし，ダイナミック・パネル特性を考慮した上で直接投資の効果を再検討したChoe（2003），Carkovic and Levine（2005）は，その成長加速効果に否定的である。なお，Lipsey（2006）は金融フローしか捉えていないマクロ統計とそれに基づく分析の限界を指摘しており，Kosa et al.（2006）は資本自由化の功罪というより広い視点からの包括的なサーベイを行っている。

接投資の成長寄与を直接推計する接近も現れてきた（Whalley and Xin, 2006）。しかし，このアプローチを地域レベルに拡張するためには多くの追加的仮定が必要であり，現状ではその適用可能性は難しいように思われる。

　代替的にわれわれは，直接投資の生産性改善効果を明示的に組み込んだ生産関数を推定することによってその成長寄与を計測するという，よりプリミティブかつ簡単な接近を試みる。この目的のために，本章はAlfaro et al.（2006），Ciccone and Hall（1996），Markusen and Venables（1999），Rodríguez-Clare（1996）等の直接投資の垂直的スピルオーバー効果（後方連関効果）を強調した先行研究を基礎として，直接投資が地域の生産性を改善するメカニズムを明示する。特に，地域の集計産出を外資企業の生産性優位，および地域集積効果の二つのチャネルを通じた生産性改善効果と生産要素投入に分解する簡単な理論枠組みを構築し，その枠組みをベースとして直接投資の生産性改善効果（および資本蓄積効果）を推定する。

　この接近の最大のハードルは，地域レベル資本ストック・データの利用可能性であるが，中国のデータ開示状況を所与とすると，現在ではそれはまったく乗り越え難い障害ではなくなっている。しかし，近年Holz（2006b）は，支出としての投資と実際の生産能力増加の区別，および物理的意味での資本除却と減価償却の区別という従来の代表的な資本ストック推計方法では十分考慮されてこなかった（もしくは資本財の年齢-効率プロファイルについて暗黙のうちに幾何分布を仮定することによって回避されてきた）問題を指摘し，中国全体に関する新しい資本ストック推計を示した。ただし，Holzの接近は，通常の固定資本形成データに基づく進捗ベース実質資本ストックに対して，建設仮勘定（建設中の機械・建物ストック）を除いた据付ベース実質資本ストックの推計可能性を指摘しているものの，物理的損壊や摩耗によるスクラップ等の文字通りの資本除却しか考慮されていないため，その「新しい資本ストック推計」は現存資本ストックの実質価値という意味での粗資本ストック概念に対応するものに留まっている[2]。そこでわれわれは，Holzの論点を部分的に考慮しつつ，生産要素としての資本ストック（および生産性）計

　2）この問題点は，日本の内閣府が作成・公表している民間企業資本ストックのそれと同じである（野村，2004，70-78）。また，全社会固定資産投資そのものに基づく資本ストッ

測の国際標準と考えられる OECD（2001a, 2001b）の方法によって据付ベース実質生産資本ストック系列を中国の 29 省レベルで新たに推計し，人的資本および直接投資を加味した拡張された生産関数を推定する。この作業を通じて，従来ほとんど行われることのなかった直接投資の成長寄与に焦点を当てた地域レベルの成長会計を試みることが，以下の第一の分析課題である。

他方，1990 年を転機として中国の地域格差が明らかに拡大に転じており（陳, 1996, 2000b；加藤・陳, 2002；加藤, 2003；Aziz and Duenwald, 2001; Démurger et al., 2002a, 2002b; Chen and Fleisher, 1996; Kanbur and Zhang, 1999; Lyons, 1991; Tsui, 1991, 1993），その要因の一つとして，その 85％以上が東部沿海部地域に集中しているという直接投資の地域偏在があることは誰しもが推測できることである。しかし，最近，Wan et al.（2007）は 1987-2002 年における中国地域格差の要因を半対数非線形モデルによる所得生成関数の推定を基礎として分析し，一人当たり直接投資額で表されたグローバル化要因の地域格差尺度に対する寄与率は，使用される格差尺度とは無関係に 7％程度ときわめて小さいことを示した。同様に，Tsui（2007）は，1965-1999 年の長期タイムスパンから中国の地域格差の要因を分析し，直接投資の対 GDP 比で代理された開放度指数の地域格差尺度（タイルの平均対数偏差尺度）に対する累積寄与率が 1999 年時点で 9％程度と，やはり小さいことを報告している。しかし，モデルや説明変数の選択，ならびにその解釈の相違等を差し置いても，直接投資の地域格差に対するインパクトについてのこれら先行研究では明らかに外資企業による生産要素投入の寄与が無視されており，その結果として直接投資の寄与が過小評価されている可能性が高い。

本章の第二の目的は，生産関数の推定結果を基礎として，このギャッ

クの計測にも問題が多い。実際，国民所得概念である固定資本形成と中国において最も注目を集める全社会固定資産投資との間に近年著しいギャップが観察されており，後者が前者を大幅に上回るようになった（国家統計局編『中国統計年鑑』2008 年によると，ギャップは 2007 年において 3.21 兆元，対 GDP 比 12.5％であった）。そのおそらく最大の原因は，全社会固定資産投資に含まれている不動産取引の拡大であり（両者間の関係は「粗固定資本形成＝全社会固定資産投資＋不動産業付加価値＋探鉱調査費＋土地改良投資－既存建物・機械機器・土地取得額－植栽投資」となっている），この部分は土地使用権の移転取引にすぎないので，それを除外した粗固定資本形成ベースによって投資を計測することが望ましい（Bai et al., 2006）。

プを埋めることである。特に，直接投資の生産性改善効果だけでなくその要素投入の貢献を明示的に考慮すると，中国の地域格差に対する直接投資の寄与率は Tsui（2007）や Wan et al.（2007）の示唆するオーダーよりも大きく，直接投資はそれだけで地域格差尺度を 12-25％程度押し上げてきたことを示唆する一つの試算を示してみたい。

以下，本章の構成を示しておこう。まず次節において，直接投資で拡張された生産関数を推定し，この結果に基づいて直接投資の寄与を明示した中国の成長会計分析を行う。続く 3 節では中国の地域格差動向を簡潔に整理した後，直接投資がどの程度これに寄与したかを数量的に明らかにする。最後の 4 節は結論部分である。

第 2 節　直接投資と地域の成長

2.1　生産関数アプローチ

経済成長の源泉を分析するスタンダードな接近は，いわゆる成長会計である。その最もポピュラーな方法は，各投入量増加率を要素分配率でウェイト付けして集計したものを生産要素投入寄与と考え，残差を全要素生産性（Total Factor Productivity: TFP）の寄与と解釈するものである（Ezaki and Sun, 1999; 橋口・陳，2006）。また，最近では TFP の中身を技術変化と資源利用の効率性に分解する DEA（Data Envelop Analysis）アプローチも現れてきた（Unel and Zebregs, 2006）。しかし，これらの地域成長会計では，われわれの主要関心事である直接投資の役割は明示的でない。

ところで，そもそもなぜ直接投資が地域の成長を促進・加速するのかというファンダメンタルな疑問に答えることは，実は容易なことではない。実際，直接投資に期待される技術のスピルオーバー効果（spillover effect）について，ミクロ・データに基づく膨大な先行研究事例の評価はまちまちであり，これまでのところ必ずしもコンセンサスが得られていない[3]。その結果として，一見自明に思われる地域やマクロ・レベルの直接投資の成長促進効果を実証的に分析するための理論枠組みは，現在までのところ十分確立されているとは言えない状況にあるのである

（Alfaro et al., 2006）。

しかし，少なくとも中国に関して，次の二つの経験則を考慮することが分析上重要と考えられる。その第一は，日本においても確認されているように（深尾・天野，2004，第4章），外資企業の生産性が現地の国内企業のそれに比べて平均的に高いという事実である。例えばOECD（2005, Chap. 2）およびその準備論文であるDougherty and Herd（2005）は，国家統計局の内部資料である1998-2003年の工業企業個票データを使用して，所有制別企業のTFPの水準および上昇率を計測している。その結果を活用すると，1998年および2003年の平均付加価値シェアで加重平均した国内企業の平均TFP（国家持ち株比率50％超の国家直接統治企業のTFPを100とする指数，1998-2003年平均）は160.7であるのに対し，外資企業（非大陸投資家所有比率50％超の企業）のTFPはそれよりも約20％高い192.3であった（OECD（2005, Table 2. A2.1, 129; Table 2. A2.3, 132）より計算した）。また，戸堂（2008, 146-147）は，北京の中関村科技園の企業レベル・データにより，同工業園区で操業する外資企業（華人系を含む）のTFPが国内企業のそれに比べて約40％高いことを報告している[4]。したがって，この外資企業の生産性優位を所与とすると，外資シェアの上昇は投資受け入れ国・地域の生産性を改

---

3) 直接投資のスピルオーバー効果に関する包括的なサーベイについては，Görg and Greenaway（2004），戸堂（2008，第4章）等を参照されたい。なお，中国に限定して若干の研究事例について触れておけば，個別企業レベル・データによる分析として，外資が最も集中する電子産業における負の水平的スピルオーバー効果の可能性を示したHu and Jefferson（2002）や，スピルオーバー効果の所有制別相違に着目し，国有企業に対しては負であるものの民営企業に対しては正のスピルオーバー効果を見出したHale and Long（2006），あるいは北京市の中関村科技園に立地する企業を分析対象として，産業レベルの水平的スピルオーバー効果は見出せないものの，スピルオーバー効果の有無が進出企業の現地における研究開発活動に依存していることを明らかにした戸堂（2008，第5章，121-156）等がその代表例である。また，Liu and Lin（2004），Liu（2008）は，川上の部品産業に対する正の垂直的スピルオーバー効果（Javorcik, 2004; Blalock and Gertler, 2008）の存在を，中国について実証している。一方，Ran et al.（2007）は，2001-2003年の30省・19製造業パネル・データに基いて，直接投資が国有企業の集中する内陸部に対して負のスピルオーバー効果をもたらしているものの，製造業全体ではネットで13.71-34.62％の生産性改善に寄与していることを報告している。その他，深圳経済特区という特定空間に限定して直接投資のスピルオーバー効果を実証的に分析したLiu（2002）や，地域別特許申請データを活用してそのスピルオーバー効果を分析したCheung and Lin（2004）も，それぞれ異なった観点から正のスピルオーバー効果を報告している。

善するはずである。

　第二に，集積利益により直接投資が特定地域に集中・偏在する傾向があるだけでなく（Belderbos and Carree, 2002; Braunerhjelm and Svensson, 1996; He, 2008; Head et al., 1995; Head and Ries, 1996），逆にこの直接投資の特定地域集中が，同時に集積効果という地域レベルの生産性改善効果をもたらしている可能性が高い。例えば Ran et al.（2007）は，2001年より公表が始まった中国工業部門の産業・地域別内外資出資データを用いて，Aitken and Harrison（1999）のスピルオーバー効果の実証分析枠組みを産業だけでなく地域（省）レベルに拡張し，直接投資の産業スピルオーバー効果は内陸部国有企業に対する市場侵食効果によりマイナスである可能性があるものの，地域レベルのそれはプラスであることを強く示唆する実証的証拠を示した。また，Madariaga and Poncet（2007）は，条件付収束モデルに直接投資の空間計量経済学（Blonigen et al., 2004; Coughlin and Segev, 2000）のアイデアを組み込んだ分析枠組みにより，1990-2002年の中国180地区級市データを活用して中国の地域経済成長に対する直接投資の成長促進効果を分析している。それによると，当該地域だけでなく地理的に近い他地域の直接投資が地域成長に対して相互にプラスの外部効果をもたらしている事実が実証的に明らかにされている。

　4）　同様の事実は，よりマクロの工業統計によっても確認でき，例えば次式は，1995年工業センサス（第三次全国工業普査弁公司編『中華人民共和国1995年第三次全国工業普査資料匯編（地区編）』中国統計出版社 1997年）において公表されている所有制別企業データをプールした生産関数の推定結果である（推定方法は SUR，カッコ内の計数は t 値）。

$\ln(Y/L) = -0.2563 + 0.6084 * \ln(K/L) + 0.0989 D_{JH} + 0.2558 D_{SH}$
　　　　　(-2.044)　(9.927)　　　　　(1.471)　　(3.778)
　　　　　　$+ 0.2103 D_{FFE} + 0.1368 D_{others}$
　　　　　　　(2.843)　　　　(0.936)

$\text{adj} R^2 = 0.455$　NOB$=143$

ここで Y は付加価値，K, L は生産用固定資産および同職工数，$D_{JH}, D_{SH}, D_{FFE}, D_{others}$ はそれぞれ連営企業，株式制企業，外資企業（華人系を含む），その他所有制企業を表すダミーであり，これら係数推定値は国有企業との生産性格差を表す。この結果によると，外資企業の生産性は株式制企業とともに最も高く，国有企業のそれの$\exp(0.2103) = 1.234$倍である。この推定結果を利用すると，国内企業の平均生産性（国有企業を100，付加価値シェア平均）は102.6であるので，外資企業の生産性は国内企業に比べて約20%高かったことになる。

このように，直接投資のインパクトは多様でありうるものの，その役割を明示した地域成長会計を行う第一歩として，最低限，外資企業の生産性優位，および集積効果の二つの要因の影響を捉えることが重要と考えられる。そこで本章は，Alfaro et al. (2006)，Ciccone and Hall (1996)，Markusen and Venables (1999)，Rodríguez-Clare (1996) 等の洞察に依拠した次のような簡単な理論枠組みを基礎として直接投資のインパクトを分析する。いま，特定地域（一級行政区である省・自治区・直轄市を念頭に置く）に立地する二つのタイプの企業を考え，それらを国内企業と外資企業と呼ぶ（前者を記号 D で，後者を記号 F でそれぞれ識別する）。そして各企業の生産関数を

$$Y_s = A_s F_s^{bs} X_s^{1-bs} \quad (0 < b_s < 1,\ s = D, F)$$

と特定化しよう。ここで，A_s は全要素生産性，F_s は後述する資本と労働からなる合成生産要素投入，X_s は中間財投入指数であり，混乱のおそれは少ないと考えられるので，とりあえず地域を区別するためのインデックスを明示していない。また，中間財は地域・国際間で貿易できないと仮定し，最終財をニュメレールに選ぶ。そして，地域レベルの集積効果を組み込む理論トリックとして，Ciccone and Hall (1996) に従い

$$X_s = \left\{ \sum_{i=1}^{n} (x_s(i))^a \right\}^{1/a} \quad (0 < a < 1)$$

という集計関数を仮定しよう。ここで n は中間財バラエティ数，$x_s(i)$ は個別中間財の投入量である。そして，決定的な前提として，外資企業の中間財生産弾力性 $1-b_F$ は国内企業のそれ $1-b_D$ に比べて大きいとする。このとき，Rodríguez-Clare (1996) が明らかにしたように，外資企業の地域集中は後方連関効果を通じて地域の中間財バラエティ数 n を増加させ，地域全体としての生産性を改善する。

最終財を生産する企業の最適化問題は，二段階に分けて考えることができる。まず，総中間財投入量 X_s を所与として，費用最小化により個別中間財需要が決定され，それは $x_s(i) = [p(i)/P]^{-\sigma} X_s\ (s=D, F)$ という需要関数に集約される。ここで，$\sigma = 1/(1-a)\ (>1)$ は中間財の代替弾

力性，$p(i)$は個別中間財価格，Pは

$$P = \left\{ \sum_{i=1}^{n} p(i)^{1-\sigma} \right\}^{1/(1-\sigma)}$$

によって定義される中間財の集計価格である。そして，wを合成生産要素の価格指数と定義すると，最終財の費用最小化により，$wF_s = b_s Y_s$，$PX_s = (1-b_s)Y_s$という関係が導かれる。

　地域の非貿易財である中間財の供給者は国内企業からなり，当該地域に立地する内外資企業から派生する中間財需要合計$x_D(i) + x_F(i)$を所与として，利潤を最大にするように価格を設定する。一般性を失うことなく，各中間財生産には1単位の固定費的要素投入と，産出に比例した1単位の限界要素投入が必要と仮定しよう。したがって，利潤総額は$p(i)\{x_D(i) + x_F(i)\} - w\{x_D(i) + x_F(i) + 1\}$であるので，十分大きい$n$の下で自らの行動が他の生産者に及ぼす反応を無視して行動すると仮定すれば，中間財価格は共通の$p = w/(1 - 1/\sigma)$の水準に決定される。また，自由参入・退出により均衡では超過利潤が消滅するため，利潤ゼロ条件より，個別中間財の生産総量は$x_D(i) + x_F(i) = \sigma - 1$の水準に確定する。このように，個別の中間財生産量は共通の定数となるので，煩雑化を避けるために，以下ではバラエティを表すインデックスiを省略する。

　次に，外資・国内企業から派生する中間財需要を考える。最適化条件より，集計中間財投入は$X_s = [(1-b_s)/b_s](w/P)F_s$ $(s = D, F)$であるので，個別中間財需要関数，および中間財の最適価格を考慮すると，最終財単位要素投入当たりの中間財需要量（および固定費部分を除く同要素投入量）は$nx_s = [a(1-b_s)/b_s]F_s$ $(s = D, F)$と表せる。ここで，新たに記号を$k_s \equiv a(1-b_s)/b_s$ $(s = D, F)$で定義し，Rodríguez-Clare（1996）に従ってこれらを「連関係数（linkage coefficient）」と呼ぶことにしよう。すると，競争均衡条件より$x_D + x_F = \sigma - 1$であるので

$$n(\sigma - 1) = k_D F_D + k_F F_F \tag{1}$$

という関係が得られる。他方，地域全体としての生産要素投入総量Fを所与とすると，中間財生産に投入される生産要素は$n(x_D + x_F + 1)$で

第5章　対内直接投資と地域の成長および格差

あるので

$$n+(1+k_D)F_D+(1+k_F)F_F=F \tag{2}$$

が成立する。われわれの問題は直接投資のインパクトにあるので，Alfaro et al.（2006）に従って外資企業の要素投入 F_F を外生変数と考えよう。すると，上の(1)(2)式より中間財のバラエティ数 n および国内企業の要素投入 F_D が決定される。このとき，簡単な計算により，

$$n=n(FK)=\frac{F}{1+(\sigma-1)(1+k_D)/k_D}\left[1+k_F(\frac{1+k_D}{k_D}-\frac{1+k_F}{k_F})FK\right] \tag{3}$$

が得られる。ここで，$FK=F_F/F$ は外資企業による地域の要素投入シェアであり，以下ではそれを単に外資シェアと呼ぼう。したがって，外資企業の連関係数が国内企業のそれよりも大きい（$k_F>k_D$）という仮定の下では，外資シェア FK の上昇は地域の中間財バラエティ数 n を増加させる（$n'(FK)>0$）。外資企業の参入は最終財を生産する国内企業の退出を余儀なくさせるものの（競争効果），その一方で中間財需要を増加させる（後方連関効果）。そして，上記の仮定の下では，外資企業の参入に伴う中間財需要増加が国内企業の退出に伴う中間財需要減少を凌駕するので，地域全体としての中間財バラエティ数が増加するのである（Markusen and Venables, 1999; Rodríguez-Clare, 1996）[5]。

　残る問題は，地域全体としての生産関数の導出である。まず，$nx_s=k_sF_s$ という関係を利用すると，$X_s=n^{1/a}x_s=n^{1/(\sigma-1)}k_sF_s$ である。したがって，最終財の生産関数は $Y_s=[A_s k_s^{1-bs} n^{(1-bs)/(\sigma-1)}]F_s$（$s=D, F$）と表現可能である。

　一方，(1)式より，中間財産業全体としての要素投入量は $n+k_DF_D+k_FF_F=n\sigma=(1/a)(k_DF_D+k_FF_F)$ であるので，地域全体としての生産要素投入を表す(2)式は，$(1+k_D/a)F_D+(1+k_F/a)F_F=F$ と表現できる。修正された要素投入を $F_s^*\equiv(1+k_s/a)F_s$ によって，また修正外資シェアを $FK^*\equiv(1+k_F/a)FK$ によってそれぞれ定義しよう。ここで，F_s^* は最

終財だけでなく投入中間財の生産に要した生産要素投入を含むという意味で，直接・間接の要素投入総量と解釈できる。そして，国内企業の修正された TFP を $A(n) \equiv A_D k_D^{1-b_D} n^{(1-b_D)/(\sigma-1)} / (1+k_D/a)$ によって定義する。なお，関数 $A(n)$ は n の増加関数 $(A'(n)>0)$ であることに注意しよう。このとき，国内企業の最終財生産関数は $Y_D = (1-FK^*)A(n)\, F$ と簡潔に表現できる。

他方，$A_F > A_D$ を仮定し，国内企業の修正 TFP に対する外資企業の修正された TFP の倍率 $1+\theta$ を

$$[1+\theta(n)]A(n) \equiv A_F k_F^{1-b_F} n^{(1-b_F)/(\sigma-1)} / (1+k_F/a)$$

によって定義する。ここで $\theta(n)(>0)$ は外資企業の国内企業に対する生産性優位の程度を表しており，n の増加関数 $(\theta'(n)>0)$ である。このと

---

5) （3）式が示しているように，正確には，バラエティ数 n は外資シェア FK だけでなく，地域の生産要素投入密度 $F/Area$ のポジティブ関数と考えるべきである（Ciccone and Hall, 1996; Ciccone, 2002）。ここで，$Area$ は地域の空間面積である。しかし，①集積効果は地理的範囲に強く依存しており，その範囲が広がると急速に低減することが知られているが（Ciccone, 2002; Rosenthal and Strange, 2003, 2004; 森川，2008），われわれの分析対象とする中国の一級行政区（省・自治区・直轄市）は諸外国で言えば「国」に匹敵する規模であるため，省レベルでの実証上の検証は難しい。加えて，②変数の非定常性の可能性に対処するため，推定は水準ではなく階差により行われる。その結果，集積効果の分析に不可欠のスペース $Area$ が地域固定効果として処理されてしまい，推定式から消滅するという不都合が発生する。このように，われわれの分析対象が一級行政区に置かれている限り，この要素投入密度の影響を捉えることは難しいため，ここでは外資シェアの効果のみに限定して分析を進めている。ちなみに，Ciccone and Hall（1996），Ciccone（2002）の枠組みに従って，データが得られる中国の 267 地区級市レベル（日本の県にほぼ相当）の集積効果を 2004 年に限定して推定してみたところ，次のような結果が得られる（Y は非農業 GDP，L は非農業就業者数，P は人口，$Area$ は面積，$RFGIO$ は外資企業工業生産額シェアであり，推定方法は GMM。操作変数は前年人口対数，面積対数，前年外資企業工業生産額シェアおよびすべての省固定効果ダミーとした。カッコ内の計数は標準誤差，$Sargan$ は過剰識別制約テスト統計量，p はその p 値，データは国家統計局城市社会経済調査司編『中国城市統計年鑑』中国統計出版社 2004・2005 年によった）。

$$\ln(Y/L) = \text{provincial fixed effects} + 0.1078 \ln(P/Area) + 0.4274 RFGIO$$
$$(0.0439) \qquad\qquad (0.1872)$$
$$Sargan = 1.875\ (p=0.173)\ \text{adj}R^2 = 0.507\ \text{NOB} = 267$$

この推定結果によると，人口密度で測定された地域の集積密度，および外資シェアの代理変数としての外資企業工業生産シェア項はともに 5 パーセントの水準で有意に正に推定されており，外資シェアの増加が地域の生産性を改善するというわれわれの仮説を支持している。

き，外資企業の生産関数は簡潔に$Y_F=[1+\theta(n)]FK^*A(n)F$と表現できるので，地域全体としての付加価値は最終財産出量の合計$Y=Y_D+Y_F$に一致することに注意すると，地域の実質総産出は

$$\ln Y = \ln(1+\theta(n)FK^*) + \ln A(n) + \ln F \tag{4}$$

のように，三つの要素に分解可能である。第一に，外資企業の生産性優位を所与とすると，地域における外資シェア上昇は地域全体の生産性を改善する（右辺第一項）。第二に，外資企業の連関係数が国内企業のそれに比べて高い場合，外資企業のシェア上昇は地域の集積効果を通じて生産性を改善する（右辺第二項）。また，それは外資企業の生産性優位を強化するかもしれない（右辺第一項の$\theta(n)$項）。そして第三に，地域の生産要素投入増加により地域の生産が拡大する（右辺第三項）。したがって，nが外資シェアFKの関数であることに留意して，(4)式右辺の二項を$\ln FK=0$の近傍で対数線形近似すると（後ほど二次近似式に拡張する），地域レベルの集計生産関数は，

$$\ln Y_{it} = \gamma \ln FK_{it} + \ln F_{it} + \eta_{it} \quad (\gamma > 0) \tag{5}$$

と簡潔に表現できる（インデックスiは地域を，インデックスtは時間をそれぞれ表す）。そして，以下においてわれわれは，(5)式右辺第一項を直接投資の生産性改善効果と呼ぶ。ここで，η_{it}はその他の要因による生産性を表す変数である。

最後に，生産要素投入Fについて，最も単純なコッブ・ダグラス型関数

$$F_{it} = K_{it}^{\beta}(H_{it}L_{it})^{1-\beta} \quad (0<\beta<1) \tag{6}$$

を想定する。ここでK_{it}は実質資本ストック，H_{it}は人的資本，L_{it}は就業者数であり，直接投資の生産性改善効果を識別するため，外資企業の現地生産資本ストックや雇用は対応する生産要素投入に含めて定義されている。したがって，われわれはこの(5)(6)式の推定モデルをベンチマ

表 5-1　パネル単位根テスト：1987-2007 年

	IPS	(p-values)	Maddala-Wu	(p-values)
$\ln(Y/HL)$				
水準	2.057	(0.980)	36.71	(0.987)
一階階差	-9.329	(0.000)	197.44	(0.000)
$\ln(K/HL)$				
水準	1.491	(0.920)	44.68	(0.900)
一階階差	-9.119	(0.000)	202.56	(0.000)
$\ln(FK)$				
水準	3.184	(0.999)	12.01	(1.000)
一階階差	-4.081	(0.000)	115.63	(0.000)

注）IPS は Im et al.（2003）の t-bar テスト，Maddala-Wu は Maddala and Wu（1999）によるフィッシャーテスト。水準変数は時間トレンドを含むモデルで，また，階差変数はトレンドを含まないモデルで推定した。検定統計量は IPS＝$\sqrt{29}$（ADF テストの t 値平均 $- t$ 値の期待値の平均）/t 値の分散期待値平均の平方根，Maddala-Wu＝$-2\Sigma\ln(p_i)$（p_i は説明変数の一期ラグ値の係数推定値に関わる p 値）である。ここで 29 は省・市数である。検定の帰無仮説はいずれも「29 省・市すべての系列が単位根を持つ」，対立仮説は「一部もしくはすべての系列が単位根を持たない」であり，帰無仮説の下で統計量 IPS は漸近的に平均ゼロ，分散 1 の基準正規分布に，Maddala-Wu は漸近的に自由度 2×29 の χ^2 分布に従う。

ークとして地域成長会計を試みることになる。

　ただし，以上の枠組みでは，伝統的な産業レベルにおける直接投資のスピルオーバー効果が明示的でない。一つに，われわれの分析関心・焦点が直接投資の地域成長効果の評価にあり，ミクロの産業面でのスピルオーバー効果のメカニズム分析自体にはないこと，第二に，中国に限らず全産業・地域のカバレッジを持つミクロ・データの利用可能性が極めて限られていること，そして既説のように，なによりも研究者の間でスピルオーバー効果に関する評価がこれまでのところ必ずしも定まっていないからである。そのため，十分捉えられていない直接投資の効果が残存するかもしれず，この意味でわれわれの接近は部分的であるかもしれない。

　さて，人的資本で拡張された労働単位当たりの変数にモデルを変換した後，Chow（1993），Chow and Li（2002），Chow and Lin（2002），Li（2003）のように水準モデルで生産関数を推定することも可能であるが，その前に変数の定常性のチェックを行っておくことが望ましい。この目的のために，標準的なパネル単位根テストを行ってみた（表 5-1）。その

結果によると，水準変数は非定常である可能性が高いものの，一階階差をとることにより変数の定常化が可能であるようである。したがって推定は水準ではなく，次式の階差モデルによって行われる[6]。

$$\Delta\ln\left(\frac{Y}{HL}\right)_{it} = \alpha_{it} + \beta\Delta\ln\left(\frac{K}{HL}\right)_{it} + \gamma\Delta\ln FK_{it} + u_{it} \tag{7}$$

ここでΔは一階階差を表す記号であり，省別効果を表わすα_{it}は直接観察できないその他の要因による当該地域のTFP増加率である。また，u_{it}は攪乱項を表す。

説明変数の内生性の問題に対処する一つの工夫として，以下では説明変数に1期のラグをとる最も簡単な方法を採用する。その結果，直接投資ストックがすべての省において正となるのは1986年であるので，ストック変数が全て期末値で定義されていること，および一階階差をとることを考慮して，1988-2007年を推定期間とする。なお，1986年は，国務院の外国投資奨励規則により，輸出志向・先進技術外国投資企業に対して諸種優遇措置を認める奨励体制に移行したという意味で，1979年・1984年の経済特区・経済開発区設置，1992年の「以市場換技術（市場を以って技術に換える）」政策，および2001年12月のWTO加盟とともに，中国対内直接投資体制の一つの転換点であったことに注意を喚起しておこう（Huang, 2003）。要するに1986年は，中国の対内直接投資奨励体制が本格化した最初の年なのであり，それゆえ，それ以降に分析期間を限定することには十分な意味があると考えられる。

推定は西蔵自治区を除く29省レベルで行われる（重慶・四川は統合した）。直接投資ストックはドルベース直接投資実行額（再投資を含む）を人民元換算し，それを固定資産投資デフレーターによって実質化した額を積み上げた金額とした（以下，実質変数はすべて2000年価格）。この部分が中国における外国投資家の持分価値を表すからである。そして，直接投資のスピルオーバー効果分析の慣行に倣って，この金額を建設仮勘定を含む進捗ベース実質資本ストックで割った比率を外資シェアFKと

---

6) 長期の均衡関係を推定するという意図から，水準モデル（共和分関係）を推定する接近も可能である（Yao and Wei, 2007）。しかし，ここでは成長会計を行う上で必要な生産弾力性，および直接投資の生産性改善効果の情報を得ることに分析を限定する。

した。しかし，Holz（2006b）が主張するように，生産過程において実際に稼働する資本ストックは建設仮勘定を除いた据付ベース資本ストックと考えられるので，生産要素としての資本ストック K には進捗ベースではなく，据付ベース生産資本ストックを使用する。なお，この異なった資本ストック概念の影響は後ほど言及する。また，推定に使用された変数の作成方法およびデータの出所等は，補論において記述されている。

　推定結果を報告する前に，われわれの分析の限界について簡単に触れておこう。第一に，設備稼働率や労働時間変動の影響が考慮されていない。中国では現在までのところこの二つのデータは作成されていないため，この問題はわれわれの分析に限らずすべての成長会計分析の共通の欠陥となっている。第二に，直接投資の生産性改善効果を識別するために，実質資本ストック（および雇用量）の中に外資企業のそれを含めている。しかしこの処理は，時折問題となる直接投資のクラウド・インもしくはクラウド・アウト効果（直接投資が現地投資をさらに喚起もしくは抑制する効果）を捨象することを意味する（Blonigen and Wang, 2005; Borenzstein et al., 1998）。その結果として，直接投資の効果が過小評価（もしくは過大評価）される可能性がある。第三に，直接投資の資本ストック面からの寄与を評価する上で，M&A とグリーンフィールド（greenfield）投資の区別が重要である。実際，クロスボーダー M&A は実物資産所有者のリシャッフルに過ぎないので，その生産資本ストック増加に対する寄与はゼロと見なければならない。ところがデータの不備により，地域レベルにおいてこの区別を行うことが難しい。しかし，従来，中国はクロスボーダー M&A 投資の受け入れに積極的ではなく（OECD, 2006），UNCTAD の公表しているデータを観察しても 90 年代中頃までほとんど投資実績が見られなかった。そして，90 年代後半から WTO 加盟直後の 2002 年までは毎年 20 億ドル前後，総対内直接投資の 4-5% 程度を占めていたに過ぎない。ただし近年やや拡大に転じており，2005 年において 82.5 億ドル（金融を含む全対内直接投資の 11.4%）の実績となっている（http://www.unctad.org/fdistatistics）。しかし，中国では先進国間のようなクロスボーダー M&A が主要な投資形態とは言い難い状況にあり，したがってその区別は当座のわれわれ

の目的にとってそれほど重要ではないと考えられる。

2.2 推定結果

推定結果は表 5-2 に整理されている。まず，事前の予備的作業として，モデルのスペシフィケーション・テストを実施したところ（表の統計量 *Hausman* (1) を参照），地域個別効果と説明変数の直交性を前提した変量効果（random effect）モデルがより適切な特定化であることが判明したので，ここではそれを採択することにした。この場合，地域個別効果$α_i$は定数と個別効果を表す確率変数の合計と解釈され，直接投資以外の要因による地域 TFP が確定的（deterministic）トレンド部分と確率的（stochastic）トレンド部分からなることを想定することになる。

まず，最初の(1)式の結果では，推定されたパラメーター（定数項を除く）はすべて 1% の水準で統計的に有意であり，かつ符号条件も満たされている。しかし，資本の生産弾力性推定値 0.795 は，省レベル分配国民所得勘定から得られる中国のマクロ資本分配率（約 0.5）はもとより，概ね 0.6 近辺に集中している他の推計例に比べても高めである（南・牧野，1999，第 7・8 章；Chow, 1993; Chow and Lin, 2002; Jefferson et al., 1996, 155; Li, 2003; Wu, 2000)[7]。詳細は省略するが，その一つの理由は，われわれが人的資本を明示しているのに対し，その他の研究事例ではそれが無視されていることにあると考えられる。この点推定値を使用すると，労働の生産弾力性は 0.205（＝1.0－0.795）と推定され，1% の水準で統計的に有意であった（最終行を参照。標準誤差はデルタ法によって計測した）。もっとも，資本の生産弾力性とは逆に，他の推計例に比べて労働の生産弾力性に関するわれわれの推定値は小さい。そして最後に，われわれの焦点である直接投資の生産性改善効果は，予想通り正でかつ 1% の水準で統計的に有意に推定されている。この推定結果によると，1% の外資シェア増加により生産性が 1.3% 改善される。

一方，よく知られているように，中国の対内直接投資は特定地域に偏在する傾向があり，90 年代初頭の政策転換以降その傾向は若干改善さ

---

7) ただし，中国のマクロ分配率については，国有企業の労働への過剰分配（Li, 1997; Jefferson et al., 1996, 2000; 南・牧野，1999）や自営業者所得の帰属計算の困難（2003 年まで全額雇用者所得扱い）等の面で歪みの可能性があることに注意すべきである。

表 5-2　生産関数の推定結果：変量効果モデル

説明変数	1988-2007 年		
	(1)	(2)	(3)
constant	0.006	0.005	0.004
	(0.003)**	(0.003)	(0.007)
$\Delta \ln(K/HL)$	0.795	0.786	0.776
	(0.022)***	(0.022)***	(0.020)***
$\Delta \ln(FK)$	0.013	0.049	0.058
	(0.004)***	(0.011)***	(0.015)***
$\Delta \{\ln(FK)\}^2$		0.0024	0.0028
		(0.0007)***	(0.0008)***
Hausman(1) [χ^2stat.]	0.673	2.162	1.730
[p-values]	[0.714]	[0.540]	[0.630]
F stat. for time effects			16.13
[p-value]			[0.000]***
Hausman(2) [χ^2stat.]			1.043
[p-value]			[0.791]
adjR^2	0.691	0.697	0.726
No. of Obs.	580	580	580
労働生産弾力性推定値	0.205	0.214	0.224
	(0.022)***	(0.022)***	(0.020)***

注）　推定はすべて変量効果（random effect）モデルによっている。Hausman(1)は地域効果のみを考慮した場合の，また Hausman(2)は地域・時間効果の双方を考慮した場合のハウスマンの特定化テスト統計量であり（帰無仮説は変量効果モデル，対立仮説は固定効果モデル），下段のカッコ内はその p 値（以下，同じ）。F stat. は時間効果に関する F テスト統計量（帰無仮説は「時間ダミーの係数推定値がすべてゼロ」である）。カッコ内の計数は推定値の標準誤差。
（***）　1％の水準で統計的に有意　　　（**）　5％の水準で統計的に有意

れたとはいえ，現在でもその85％以上が東部の沿海部地域に集中している。その帰結として，直接投資の生産性改善効果が地域によって異なり，特にそれが集中する地域において顕著であるとの推測はごく自然なものと考えられる。実際，われわれの推定モデルは地域の集積効果を含んでいるので，珠江デルタ地域や長江下流域地域といった外資の集積する地域における顕著な生産性改善効果を許容した特定化による推定の必要性は高い。

　この集積密度による異なった生産性改善効果を捉える一つの工夫は，トランスログ型関数のように，直接投資の生産性改善効果を外資シェア対数の二次形式 $\{\gamma_0 + \gamma_1 \ln(FK)\}\ln(FK)$ によって近似することである。表

5-2の(2)式はこの代替的な特定化による推定結果であり，それによると，予想通り直接投資の生産性改善効果が存在する（$\gamma_0>0$）だけでなく，それが逓増的である（$\gamma_1>0$）との仮説は強く支持されている（該当項の推定値はいずれも1%の水準で有意であった）。

他方，これまで地域変量効果は考慮されているものの，時間効果は特に明示されていない。しかし，パネル・データ分析においてしばしばそうであるように，（直接観察できない）地域に共通のマクロ経済ショックが結果を左右しているかもしれない。その可能性をチェックするため，まず時間ダミー変数を加えてモデルを再推計し，すべての時間ダミーの係数がゼロとの帰無仮説をテストしてみた。その結果によると（表の F $stat.$を参照），仮説は1%の水準で棄却されており，このことはまた，横断面の地域効果だけでなく，時間効果を加えた特定化による推定を行うことが望ましことを意味する。ただし，地域・時間効果の双方を考慮した変量効果モデルを帰無仮説とする検定結果によると，仮説は棄却されていないので（表の $Hausman$ (2)を参照），変量効果モデルによって推定を行うことにした。

推定結果は表の(3)式に整理されており，それによると，(2)式と同様に外資シェアの一次，二次項ともに正でかつ1%の水準で有意に推定されている。このように，直接投資の生産性改善効果が逓増的であるとの結論は，モデルの特定化に依存しないという意味で頑健であると言えよう。

いずれにしても，非常に簡単なスペシフィケーションではあるものの，中国に関する限り，直接投資は雇用や資本ストック以外の面でも地域の成長にプラスの効果を発揮していると考えられ，しかもその生産性改善効果は，直接投資が集中する地域において比例以上に増加するという意味で逓増的であるようなのである。

2.3　地域成長会計

a　国内資本と外国資本　さて，先に進む前に，さらに二つの技術的問題を解決しておく必要がある。第一に，直接投資の成長寄与は生産性改善効果と生産要素としての資本ストック投入寄与の二つから構成される（雇用については後述する）。しかし，生産関数が後者を含む全資本ス

トック K によって定義されているため，その寄与を内外資本ストック部分に分解する必要がある。

　その要因分解方法として，$\ln(K)$ を時間に関して微分した $d\ln(K)/dt = (K^D/K)d\ln(K^D)/dt + (K^F/K)d\ln(K^F)/dt$ という関係を活用する。ここで K^D は国内資本，K^F は外資企業保有資本ストックである。つまり，総資本ストックの対数ベース成長率は各構成資本ストック成長率の加重平均であるので，この関係式の右辺第一項を国内資本投入寄与，右辺第二項を外国資本投入寄与とみなす。なお，実際の計算では，基準時点と比較時点間の対数ベース資本ストック成長率 $\ln(K_{2007}/K_{1987})$ が隣接する対数ベース資本ストック成長率 $\ln(K_t/K_{t-1})$ $(t=1988-2007)$ の累積合計に等しいという関係を活用し，隣接する時点の資本ストック・シェアの平均値をウェイトとして使用することにより計測精度を高めている。

　第二に，Lipsey（2006）等によって強調されているように，金融フローとして計上される直接投資と実際の生産資本投資を区別する必要がある。確かに投資リスクの高い初期段階では，しばしば現物出資（本国からの機械搬送）による資本参加も見られたため，直接投資額が現地における実物投資に対応しているとの観測も可能である。しかし，外資企業はなにも本国もしくは第三国の親会社からの資金のみに依存して投資活動を行っているわけではなく，また，出資された資金や内部留保資金は投資されずに運転資金や金融資産で運用されることも考えられる。

　そこでわれわれは，固定資産投資統計等の観察に基づき，次のようにして外資企業の実質投資および実質生産資本ストックを推計した。まず，外資企業の行う投資として，データが得られない1993年以前については直接投資実行額でそれを代理し，データが利用可能な1993年以降についてその固定資産投資を使用する。次に，建設中の資本ストックを除外した据付ベース資本ストックを計測するため，外資企業の据付ベース新設投資（中国では「新増固定資産」と呼ばれている）を「省レベル交付使用率×省レベル外資企業固定資産投資」により推計する。ここで交付使用率とは，固定資産投資に対する新増固定資産の比率を指す。そして，2002年以降については『中国固定資産投資統計年鑑』において公表されるようになった外資企業の新増固定資産データを使用し，この実効投資額を固定資産投資価格指数（2000年基準）によって実質化した。

次に，OECD（2001a, 2001b）の資本ストック計測方法に従って，この実効実質投資額を効率単位投資額に変換する（加齢に伴う資本減耗・効率低下の考慮）。ただし，外資企業の投資に関する投資資産別投資額データは2002年以降しか利用可能でないので，建物・構築物投資と機械機器・その他投資の年齢-効率プロファイル（補論を参照）を2002-2005年の実際の外資企業投資項目別構成比率で合成した。そして，各年の実質実効投資額にこのプロファイル係数を乗じることによって効率単位実質実効投資額を計測し，その年次別合計を生産資本ストックとみなした。なお，直接投資が全省で出揃うのは1986年からであるので，1979-86年の累計額をその初期値と仮定し，それに合成年齢-効率プロファイルを乗じることによりその後の効率単位資本ストックを計算している。

このようにして推計された外資企業の生産資本ストックは，2006年末時点において全生産資本ストック推計値（据付ベース）の8.2%であった（進捗ベースでは8.7%）。外資企業の行う固定資産投資は，ブーム期の1992年以降でも恒常的に全社会固定資産投資の1割弱であり，また，90年代初頭までその水準は非常に小さかったことを考慮すると，その生産資本ストックが全資本ストックの1割弱とのわれわれの推計結果はそれほど非現実的ではないように思われる[8]。

b **結果**　さて，以上の推定結果およびその他の準備を踏まえて，次に成長会計を行ってみよう。表5-3は全国レベルに集計化された結果の要約表であり，また，表5-4は三大地域別および東部沿海地域内部のサブ・リージョン別成長会計結果を示している（個別省・市レベルの結果は，巻末の表5-9にまとめられている）。ここで，表の成長率はすべて対数ベースで定義されており，実質経済成長率と個別要因寄与の集計は，ディビジア指数の離散近似であるTörnqvist indexの要領に従って，基準・

---

[8]　2004年第一次経済センサスの結果によると，在中国外資企業15万2,370社の資産総額は10兆4,114億元（約136兆円），総法人企業資産の10.8%であった（国務院第一次経済普査領導小組弁公室編『中国経済普査年鑑2004：総合巻』中国統計出版社2005年，19, 222-223）。したがって，非法人部門の存在を考慮すると，その資本ストックが中国全体水準の1割弱というわれわれの推計結果の妥当性は，この第一次経済センサスの結果によっても支持されているように思われる。

表 5-3 中国の実質経済成長率とその要因（1987-2007 年）：全国レベル集計結果

	寄与度(%/年)	構成比(%)
実質経済成長率	10.84	100.0
〈要因〉		
国内資本	8.25	76.2
労　　働	0.76	7.0
人的資本	0.46	4.3
就業者数	0.29	2.7
直接投資	1.57	14.5
資本ストック	0.84	7.8
生産性改善効果	0.73	6.7
残　　差	0.26	2.4

注) 29省レベルの経済成長率およびその要因を，名目GDPシェアの平均値をウェイトとして集計した。生産弾力性は表5-2の(3)式の推定値を使用している。

比較年時の名目 GDP シェア平均をウェイトとした加重平均集計によった。そして，表 5-2 の(3)式の推定結果を使用して計算が行われている（以下，同じ）。なお，分析期間は 1987-2007 年であるが，実質経済成長率に関するわれわれの全国レベル集計値 10.84％が，同期間の実績値 9.33％を 1.5％上回っていることに注意しよう[9]。

　まず，全国レベルの集計表に注目すると，表 5-3 から得られる第一の結論は，中国の成長が資本投入依存的であるということであろう。実際，国内資本に限定してもその寄与率はきわめて高く，76.2％の圧倒的な説明力となっている。このように，中国の高度経済成長は高い投資率によって可能になっており，この結論はマクロ経済や地域経済に関わらず等

---

9) 従来，地域 GDP 統計は全国レベル統計に比べて信頼性に乏しく，過大評価との一般的評価が定着していたが，2004 年第一次経済センサスに伴う GDP 統計の改訂は，この通念をみごとに覆してしまった（旧全国 GDP は大幅な過小評価であり，過大と考えられていた地域 GDP の積み上げ額が改訂値にほぼ一致していた）。もっとも，デフレーターの過小評価仮説は相変わらず根強く（Bosworth and Collins, 2007），また，例えば Tsui (2007)，Young (2003) のように，異なったデフレーターの使用によって GDP 統計の修正を試みることも可能である。しかし，①公式統計を否定する根拠がしばしば曖昧であること（例えば過小デフレーター仮説に対する Holz (2006a) の批判を参照），そして②公式統計に対峙する代替的な GDP 推計が多様である現状では（Wu, 2000），不安は残るものの公式統計による条件付き分析に限定せざるを得ない。それゆえわれわれの計測結果は幅を持って解釈されるべきである。なお，現行国民所得統計の残存する問題については，ADB (2007) を参照。

しく共通に得られるコンセンサスと言ってよい（橋口・陳，2006；Bosworth and Collins, 2007; Chow, 1993; Chow and Li, 2002; Chow and Lin, 2002; Ezaki and Sun, 1999; Hu and Kahn, 1997; Kuijs and Wang, 2005; Ren and Lin, 2005; Unel and Zebregs, 2006; Wang and Yao, 2003; Young, 2003）。

　第二に，人的資本の役割を考慮しても労働投入の寄与は逆に非常に低く，その寄与度は0.8％程度である。また，その中身を観察すると，人的資本の寄与が就業者のそれに比べて高く現れている。なお，Wang and Yao (2003) とは異なり，われわれの計測では人的資本の成長寄与度は0.5％であり，それほど大きくない。その最大の原因は労働の生産弾力性の差であり，彼らがわれわれのそれに比べてはるかに高い0.4-0.5を採用していることである。しかし，程度の差はあれ，中国の経済成長に対する労働投入の寄与が小さいとの評価は広く見られるものであり，その意味でこの論点は一般的な結論であろう。なお，具体的計数は示されていないが，中国の人的資本の成長寄与は，義務教育普及のテンポが加速した80年代において高く，90年代以降ではその飽和により小さくなっていることを記しておきたい。

　第三に，われわれの主要関心事である直接投資の成長促進効果を観察すると，その成長寄与度は中国全体で1.57％，10.84％の経済成長率に対する寄与率は14.5％と推計されている。ここで，われわれの推計結果は，貿易における外資企業のシェア（2007年時点で58％）や工業部門の粗生産・付加価値に占める外資企業シェア（同31％，および27％。国家統計局編『中国統計年鑑』2008年による）から類推される予想からややかけ離れていると感じられるかもしれない。実際，「中国の成長は外資依存」とのイメージ・認識は，中国の内外を問わず広く浸透しているように思われる。しかし，繰り返しになるが，中国における外資企業の資本ストック・シェア（推計値）は2006年で8.2％，また，後に触れる雇用シェアに至っては2004年時点で僅か3.1％であり，要素投入面から見たそのプレゼンスは非常に小さいこと，したがってその相対プレゼンスとの対比で直接投資の成長寄与を評価すべきである。

　一方，中国における直接投資の成長寄与の大きさを評価する上で，国際比較を行ってみることも有益であろう。そのため，現在，おそらく世

界で唯一整合的かつ包括的なデータが利用可能なアメリカの対内直接投資が参考になる。また，中国は2007年においてドイツを抜き，世界三大経済大国の一角を占めるまでに至っている現状を所与とすると，アイルランドやシンガポール，北欧，マレーシアといった小国ではなく，（先進国とはいえ）アメリカのような大国との比較がより有意義であろう。この関連で，米国GDPの3割弱を占めるに過ぎない在米多国籍企業（米国籍の多国籍企業と在米外資系企業）の生産性寄与が1995-2000年のITブーム期における米国非農業民間部門労働生産性上昇率2.8％の過半に相当する1.8％であったという事実を発見したCorrado et al.（2007, TableA4, 34）のデータが有益な情報を与えている[10]。それによると，1977-2000年の米国実質GDP成長率（対数ベース）は3.31％であったが，そのうち米国籍多国籍企業の寄与が0.864％，在米外資系企業の寄与が0.384％であった（期間平均GDPシェア×対数ベース成長率により計算した）。したがって，直接的な寄与しか捉えていないものの，世界最大の直接投資受け入れ国であるアメリカの同期間実質経済成長率の11.6％（＝100*0.384/3.31）が在米外資系企業の貢献分ということになる。このアメリカとの比較が明らかにしているように，中国の直接投資成長寄与に関するわれわれの推計結果は，一見したところ小さく映るかもしれないが，国際比較の観点からは必ずしもそうではないのである。

ちなみに，Whallay and Xin（2006）は，1995-2004年の外資企業のGDP推計から直接投資の成長寄与を推計し，1995-2004年の実質経済成長率に対する直接投資の寄与率は単純平均で32.7％（2003・2004年では40％以上）であったことを示している。しかし，彼らの推計は年商500億元以上の比較的規模の大きい工業企業を対象としたデータから計算されたシェアを直接経済全体に適用して得られたものであり，外資企業の付加価値を過大評価している可能性が高い（Branstetter and Lardy, 2006, 19, fn.27）。

しかし，その地域偏在を所与とすると，中国の直接投資の成長促進効果は一国全体ではなく，地域レベルで観察することがより重要であるか

---

10) 製造業，および部分的にサービス産業における外資企業の労働生産性寄与について，Criscuolo（2005a, 2005b）も有益な情報を提供している。

表 5-4　地域別成長会計 (1987-2007 年)

A. 寄与度 (年率, %)

	東部地域				中部地域	西部地域
		渤海湾沿岸	長江下流域	華南		
実質経済成長率	11.64	10.84	11.82	12.88	9.72	9.97
〈要因〉						
国内資本	8.77	8.04	10.12	8.04	7.61	7.62
労　　働	0.79	0.65	0.53	1.44	0.68	0.76
人的資本	0.48	0.41	0.36	0.81	0.42	0.46
就業者数	0.31	0.24	0.18	0.63	0.26	0.30
直接投資	2.06	1.51	2.03	3.13	1.04	0.83
資本ストック	1.24	0.70	1.13	2.42	0.37	0.29
生産性改善効果	0.82	0.81	0.90	0.71	0.67	0.54
残　　差	0.03	0.64	-0.86	0.27	0.38	0.76

B. 寄与率 (%)

	東部地域				中部地域	西部地域
		渤海湾沿岸	長江下流域	華南		
実質経済成長率	100.0	100.0	100.0	100.0	100.0	100.0
〈要因〉						
国内資本	75.3	74.2	85.6	62.5	78.3	76.4
労　　働	6.8	6.0	4.5	11.2	7.0	7.6
人的資本	4.1	3.8	3.0	6.3	4.4	4.6
就業者数	2.6	2.2	1.5	4.9	2.7	3.0
直接投資	17.7	13.9	17.2	24.3	10.7	8.3
資本ストック	10.7	6.5	9.5	18.8	3.9	2.9
生産性改善効果	7.0	7.5	7.6	5.5	6.9	5.4
残　　差	0.3	5.9	-7.3	2.1	3.9	7.7

注）　名目 GDP シェアの平均値をウェイトとして集計化した。地域区分は次の通りである。渤海湾沿岸地域は北京・天津市，河北・遼寧・山東省，長江下流域地域は上海市，江蘇・浙江省，華南地域は福建・広東・海南省，東部地域は渤海湾沿岸地域，長江下流域地域，および華南地域。中部地域は山西・吉林・黒龍江・安徽・江西・河南・湖北・湖南省，西部地域は内蒙古・広西・四川 (重慶市と四川省)・貴州・雲南・陝西・甘粛・青海・寧夏・新疆の省もしくは自治区。

もしれない。実際，表 5-4 によると，予想通りその効果は内陸部では小さく，逆に東部の特定地域において大きく現れている。例えば，これまで最も外資が集中している華南地域を観察すると，直接投資の成長寄与は 3.13%，同地域の実質経済成長率に対する寄与率は 24.3% であった。いわばその高度経済成長の源泉の四分の一近くが，直接投資によっているわけである。また，華南地域は他の地域と異なり，労働投入の寄与が

比較的高い点でも特徴的である。外資依存度の高さに加え，内陸部からの出稼ぎ労働者の大量動員による成長パターンがその実態なのであろう。第二に，全国レベルで確認されたように，成長の最大の要因は程度の差はあれどの地域においても国内資本投入であることを指摘しておきたい。この関連で特筆すべきは長江下流域地域（上海市，江蘇・浙江省）の成長要因であり，当該地域はいまや華南地域と並ぶ中国最大の外資集中地域であるにもかかわらず，国内資本投入の寄与が主要地域の中で最も高い。

このように，当然であるものの直接投資の中国経済に及ぼすインパクトは地域によって異なるのであり，東部と内陸部の差はもちろんのこと，同じ東部沿海部にあってもその役割は地域によって異なるはずである。そこで，Shorrocks（1982）のアイデアを援用した簡単な要因分解により，地域の成長と直接投資の関係を数量的に評価する試みを行っておこう。いま，i 地域の実質経済成長率を g_i，その第 s 要因の寄与を $z_{i,s}$ と置くと，成長会計の結果により $g_i = \sum_s z_{i,s}$ と分解できる。このとき地域間の成長率変動をその分散 $Var\{g_i\}$ で捉えると，それは

$$Var\{g_i\} = \sum_s \beta_s Var\{z_{i,s}\} \tag{8}$$

と表現可能である。ここで β_s は $\beta_s = Cov\{z_{i,s}, g_i\}/Var\{z_{i,s}\}$ と定義されており，特定要因 $z_{i,s}$ を成長率 g_i に回帰したときの OLS 推定値の確率極限という意味を持つ。したがって，地域間成長率変動は(8)式に従って個別要因に分解可能であり，後者はその地域間変動に回帰係数を乗じた $\beta_s Var\{z_{i,s}\}$ によって捉えられる。

表5-5は，以上の考え方に従って地域間成長率変動の要因分解を行った結果である。この表によると，第一に，成長率の最大の説明要因であった国内資本ストックがやはり地域間成長率変動の最大の説明要因であり，その寄与率は64.5％に及んでいる。第二に，労働投入は4.4％弱の説明力しかなく，地域間成長率変動の主要説明要因とは言えない。そして第三に，地域間の成長率変動要因としての直接投資の寄与率は実に46.2％となっており，国内資本に続く第二番目の要因となっている。ちなみに，資本ストック投入変動の寄与率は外資系企業のそれを含めると

表 5-5 地域間実質経済成長率変動の要因：
1987-2007 年

	分散・共分散	寄与率(%)
実質経済成長率	1.3981	100.0
〈要因〉		
国内資本	0.9015	64.5
労　働	0.0610	4.4
人的資本	0.0301	2.2
就業者数	0.0309	2.2
直接投資	0.6464	46.2
資本ストック	0.5365	38.4
生産性改善効果	0.1099	7.9
残　差	−0.2107	−15.1

注）表5-2の推定結果(3)を使用して計算した。

102.9％（＝64.3＋38.4）に達しており，この結果は「地域間成長率格差の最大の要因は資本投入の地域間格差」という従来の地域成長会計分析から得られた結論を再確認していると言えよう（Ezaki and Sun, 1999; 橋口・陳，2006；Unel and Zebregs, 2006）。

いずれにしても，われわれの分析は，直接投資の成長促進効果をマクロの集計レベルだけでなく，リージョンという横断面で観察することの重要性を強く示唆している。そこで，直接投資の成長寄与に焦点を絞って，地域の成長との関係を直接観察してみると（図5-1），確かに中国の地域成長は直接投資の成長寄与と密接な正の相関関係があり，直接投資を多く吸引できた地域では一般に高い成長が可能になっている。特にこの効果が顕著であるのは，早くから開放政策を採用してきた福建・広東・海南省の華南地域，そして，いまや広東省を追い抜く勢いの投資集中地域である上海市・江蘇省といった地域である。また，華北地域では予想通り北京・天津市のプレゼンスが目立っている。

その一方で，同じ東部地域にありながら直接投資ではなく，国内企業の成長により台頭してきた地域が存在することにも等しく留意すべきかもしれない。例えば，浙江省は民営企業の台頭により現在の地歩を築いたその代表例であり，寧波から杭州，上海に至る一部の地域を除けば，同じ東部地域にあっても顕著な直接投資受け入れ地域とは言えない（同様の傾向は山東・河北省でも観察される）。逆に遼寧省のように，東北地

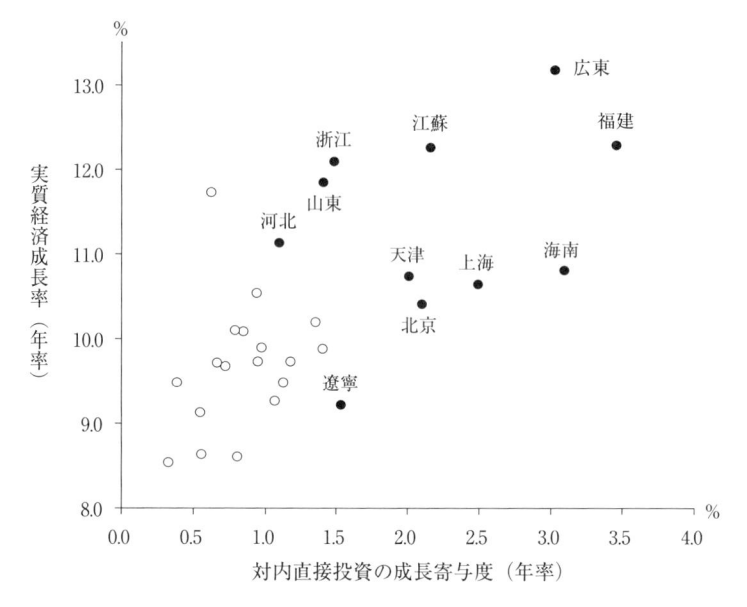

図 5-1　実質経済成長率と直接投資の成長寄与：1987-2007 年
注）作図に使用された数値は，巻末の表 5-9 に示されている。

域としては比較的多くの外資を吸引しながら（ただし大連・瀋陽に集中），どちらかと言うと低迷してきた地域も存在する。しかし，これら若干の留保にもかかわらず，全般的に見て地域間の成長パターンの相違が直接投資の吸引力の差によってかなりの程度説明できることは明らかであり，本章はそのオーダーを数量的に明らかにしたことになる。

c　**若干の補足**　最後に，若干の補足を行っておこう。その第一は，外資企業の雇用に関連した成長寄与であり，信頼に足る雇用データが得られないため，これまでその評価を意識的に避けてきた。しかし，第二次・第三次産業をカバーした 2004 年の第一次経済センサスの結果によっても外資企業雇用の相対規模は 3.1％と非常に小さく，また，われわれの労働生産弾力性推定値が 0.2 前後であることを考慮すると，その寄与が無視できるほどに小さいことは容易に推測できる。実際，データが得られる 1993-2007 年についてその成長寄与を計算すると（人的資本は内外資企業ともに同じと仮定した），工業統計ベース雇用では表 5-6 の A．

のような結果が得られた[11]。この表の結果が示しているように，外資企業雇用の成長寄与率は全国レベルで高々1％のオーダーであり，わずかに華南地域（および程度は小さいが長江下流域地域）において比較的大きい寄与が観察されるに過ぎない。確かに中国における外資企業の雇用規模は，2004年時点において2,334万人と（国務院第一次経済普査領導小組弁公室編『中国経済普査年鑑2004：総合巻』2005年，19），同年におけるOECD 19ヶ国の外資企業総雇用量2,028万人（OECD（2008）より計算した。ただし一部の国について対象年・対象産業が異なる）との対比で見ても非常に大きい。しかし，7.52億人という中国の就業者総数との対比では外資企業の雇用シェアはきわめて小さいと言わざるをえず，その結果として外資企業の雇用寄与を考慮しても，それはわれわれの結論にほとんど影響しないのである。

　第二に，成長会計で使用される実質生産資本ストックは，データの制約上，通常は建設仮勘定を含む進捗ベースで計測されるのに対し，ここでは従来の方法と異なり，Holz（2006b）の示唆に従って，それを除いた据付ベース生産資本ストックの推計値を使用した[12]。したがって，この資本ストック概念の違いが結果にどの程度影響しているかについて触

　11）　外資企業の雇用データとして，ここでは人口変動サンプル調査に基づく都市部就業者数ではなく，工業統計のそれを用いるが，工業統計にも①1993年以降についてのみデータが利用可能であり，しかも1996・98年データが欠落している。加えて②1998年において報告義務を負う企業が郷および郷以上独立採算工業企業から年間売上高500万元以上の大・中規模企業に変更されており，しかも2004年の第一次経済センサス実施に伴い，報告企業数が大幅に増加した（統計連続性の欠如），等の問題がある。そのため，連鎖法ではなく，1993年と2007年のシェア平均のみを活用して外資企業雇用の成長寄与を計算した。使用したデータの出所は，国家統計局工業交通統計司編『中国工業経済統計年鑑』中国統計出版社1994年，および国家統計局編『中国統計年鑑』2008年である。

　12）　中国における国民所得勘定の粗資本形成は粗固定資本形成と在庫増加の二系列のみからなり，それ以上の詳細情報は公表されていない。しかし，伝統的投資概念である固定資産投資に関して（両者の関係は本章脚注2を参照），建築・設備・その他の三つの投資財区分，当年の固定資産投資額，および当年において新たに生産能力化した固定資産額（新増固定資産と呼ばれている）などの詳細なデータが産業・地域・所有制別に作成・公表されている。本章では，当年の固定資産投資額に対する新増固定資産投資の割合（交付使用率と呼ばれている）を活用し，国民所得勘定の粗固定資本形成額にその比率を乗じた額を当年の新規生産能力増加額とみなすことにより据付ベース資本ストックを推計している（詳細は補論を参照されたい）。これに対し，粗固定資本形成そのものを使用して作成された系列が進捗ベース資本ストックであり，両者の差が建設途上で生産能力化していない資本ストック，つまり建設仮勘定である。

表 5-6　地域成長会計：代替的な推計結果

A. 外資企業雇用の寄与：1993-2007 年

	全国	東部	渤海湾沿岸	長江下流域	華南	中部	西部
実質経済成長率	11.23	11.83	11.37	12.14	12.14	10.45	10.36
〈要因〉							
外資雇用寄与度	0.11	0.19	0.07	0.21	0.34	0.01	0.01
［寄与率］	[1.0%]	[1.6%]	[0.6%]	[1.7%]	[2.8%]	[0.1%]	[0.1%]

注）表5-2の推定式(3)を使用して計算した。

B. 進捗ベース資本ストックを使用した場合の成長会計：1987-2007 年

| | 進捗ベース資本ストックを使用した場合（全国集計結果） || 備考：据付ベース資本ストックを使用した場合［表5-3の再掲］ ||
	寄与度	構成比(%)	寄与度	構成比(%)
実質経済成長率	10.84	100.0	10.84	100.0
〈要因〉				
国内資本	8.60	79.4	8.25	76.2
労　働	0.76	7.0	0.76	7.0
人的資本	0.46	4.3	0.46	4.3
就業者数	0.29	2.7	0.29	2.7
直接投資	1.64	15.2	1.57	14.5
資本ストック	0.92	8.5	0.84	7.8
生産性改善効果	0.73	6.7	0.73	6.7
残　差	-0.17	-1.5	0.26	2.4

注）表5-2の推定式(3)を使用して計算した。

れておくことは無益ではなかろう。

　表5-6のB.に掲載されている数値は，据付ベース資本ストックの代わりに，進捗ベース資本ストックを用いた場合の成長会計結果（全国レベル）である（外国資本も同様に進捗ベース計数を使用している）。ちなみに，比較を容易にするために，同表の備考欄に据付ベース資本ストックによる表5-3の結果が再掲されている。容易に予想されるように，進捗ベース資本ストックは据付ベース計数よりも大きいため（2006年末時点で前者は後者の1.39倍），その使用は資本投入の寄与を膨らませている。しかし，そのオーダーは国内資本で0.35%，直接投資で0.07%，合計0.42%であり，必ずしも大きくない。その理由は単純であり，両者を架橋する交付使用率（当年投資支出額に対する当年新規生産能力増加額の割合）が大きく変動しない限り，成長会計で重要な伸び率に大きな差が生

じないからである。このように，水準が問題である場合両者の違いは大きいが，成長率が分析対象である限り，資本ストック概念の違いの影響は大きくないと言えよう。

第3節　直接投資と地域格差

前節において，浙江省等の例外はあるものの，中国の地域の成長パターンがかなりの程度直接投資の吸引力の差によって説明できることを示した。その自然な帰結として，直接投資が中国の著しい地域格差拡大の重要な要因となってきたのではないかとの推測が生まれるのは自然であろう。最後にこの節では，この推測を数量的に評価する一つの試みを行ってみたい。

3.1　中国の地域格差

先に進む前に，中国の地域格差の展開について簡単にレビューしておこう。この作業はまた，われわれの分析結果を解釈する上でも有益である。

そのためには格差を測る対象変数を特定する必要があるが，ここでは最も単純な一人当たり実質GDP（2000年価格）を使用する。また不平等尺度として，加法分解可能性（additive separability）等のいくつかの望ましい特性を持つタイルの平均対数偏差（Mean Logarithmic Deviation: MLD）尺度を採用する。ここでタイルのMLDは

$$MLD = \sum_{i=1}^{N} p_i \log\left(\frac{\mu}{y_i}\right) \qquad (9)$$

によって定義され，p_iはi省の人口シェア，y_iはi省の一人当たり実質GDP，μはその全国平均，Nは省の数をそれぞれ表す[13]。

---

13) タイルのMLD尺度は，①豊かな地域の変化と貧しい地域の変化の双方を等分に映し出すという意味で，他の尺度に比べて相対的に偏りの少ない尺度である，②タイルのエントロピー尺度と同様，加法分解可能性という便利な特性を持つ，③格差の変化がタイルのエントロピー尺度のように所得ウェイトの変化に依存しないので，変化の要因の解釈が明確

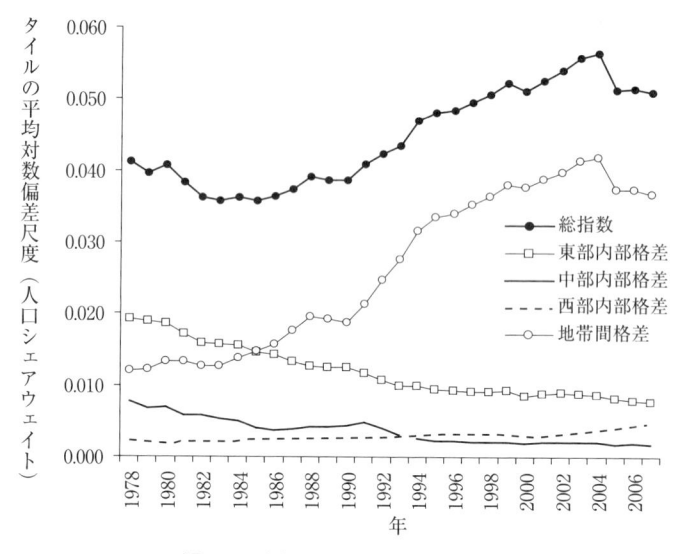

図5-2 中国の地域格差とその要因

注) 西蔵自治区を含む30省・市ベースで計測している。地帯区分は表5-4の脚注を参照。

一方，MLD 尺度は，MLD_s をグループ化された地域 s 内部の MLD 尺度，q_s をその人口シェア，μ_s をグループ化された地域 s の平均一人当たり実質 GDP と定義すると，次式のように分解可能である（グループは伝統的な東部，中部，西部の三地帯区分を採用する）。

$$MLD = \sum_{s=1}^{3} q_s MLD_s + \sum_{s=1}^{3} q_s \log(\frac{\mu}{\mu_s}) \tag{10}$$

この(10)式右辺の第一項は，グループ化された各地域内部の不平等尺度の人口ウェイト加重平均値であるので，「地域内部格差」尺度と捉えうる。また右辺第二項は各地域グループを一つの地域単位と考えた場合の MLD 尺度であり，「地帯間格差」尺度と解釈可能である。したがって(10)式は，全体の地域格差尺度を地域内部格差と地帯間格差の二つに分解している。

である（Shorrocks 1980），等の望ましい特性を持つ。もっとも中国の地域格差動向に関する分析結果は，どのような不平等尺度を用いても定性的にはほぼ同じである。

図5-2は，1978年の改革・開放以後に絞って，タイルのMLDによる中国の地域格差動向およびそのグループ別要因分解結果を示したものである。なお，西蔵自治区を含めた30省ベースで計測が行われており（ただし，人口ウェイトを使用する限り，西蔵自治区を含めるか否かは結果に影響しない），地域区分は表5-4の脚注に示されている。この図によると第一に，90年代，特に1990年以降中国の地域格差は明確に拡大トレンドに転じている。第二に，その要因を観察すると，東部（および中部）の地域内部格差が趨勢的に縮小する一方で，地帯間格差が逆に拡大傾向を示している。そして，この二つの要因の帰趨が中国全体としての地域格差動向を左右しており，90年代以降の格差拡大はもっぱら東部と内陸部の地帯間格差によってもたらされている[14]。

その背後にある中国の地政学的変化はよく知られている。第一に，計画期における中国の富の源泉はもっぱら三つの直轄市（北京・天津・上海市）および遼寧・黒竜江省の東北部であった。ところが，改革・開放以降における山東・江蘇・浙江・福建・広東省のいわばニューリッチの台頭（もしくはキャッチアップ）によって，これらオールドリッチの地位が相対的に後退した。この東部内部における新旧の地位交代が中国地域経済展開の第一の軸であり，それが東部内部格差の縮小として現れている。第二に，こうした東部のニューリッチ地域の台頭の一方で内陸部の成長が相対的に遅れてしまい，これが中国の地域経済展開の第二の軸を形成した。その結果として，第一の東部内部格差縮小と第二の地帯間格差拡大が中国全体としての地域格差動向を左右し，80年代では前者が，90年代以降では後者の役割が大きく現れてきたのである。このように，改革・開放以後の中国の地域経済の地殻変動を一言で表現すると，東部のオールドリッチとニューリッチの新旧交代を伴った東部沿海地域の相対的に高い成長と要約できよう（陳，1996，2000b；加藤・陳，2002；加藤，2003）[15]。

---

14) 2005年以降の総格差および地帯間格差の不規則な変化は，2005年を境とした西部地域の人口急減が示唆しているように，人口統計における常住人口データ精度の変化によるものと考えられる。ちなみに，国民所得勘定の一人当たり消費と消費水準データから逆算して得られる国家統計局の内部使用人口データを用いて計測すると，2005年以降も格差尺度は持続的に上昇している。

15) ここではこれ以上言及しないが，発展途上国一般がそうであるように，中国にお

3.2 直接投資の寄与

さて，以上の展開を念頭において，直接投資の地域格差に対する寄与の大きさを数量的に評価してみよう。この目的のため，他の事情を一定として外資シェアおよび同企業生産資本ストックが 1986 年末水準を維持した場合の仮想的な経済を想定する。いま，その仮想的な経済における実質総資本ストックおよび外資生産資本ストックを，それぞれ K' および $K^{F'}$ と表記しよう。ここで $K'=K-(K^F-K^{F'})$ である（混乱の恐れは少ないので，時間および地域を表すインデックスを省略している。また，プライム（ ' ）のない変数は実際値を表す）。このとき，仮想的な経済における実質産出 Y' と実際のそれ Y との間には $\ln(Y'/Y)=\beta\ln(K'/K)+\gamma_0\ln(FK'/FK)+\gamma_1\{(\ln FK')^2-(\ln FK)^2\}$ という関係があるので，この関係式より計算された Y' を用いて仮想的な経済における一人当たり GDP の地域格差尺度を計測可能である。したがって，現実の不平等尺度とこの仮想的経済における不平等尺度の差が地域格差に対する直接投資の寄与を表すと考えることができる。なお，データ制約により雇用面の寄与を無視するが，既に説明した理由により，この処理は結果に大きく影響しないと考えられる。

表 5-7 は，以上の考え方に基づいて行われたシミュレーション結果の要約である。ここで，計測に必要なパラメーターの推定値として，これまでと同様に表 5-2 の(3)式のそれを使用した。まず表の左上段には，現実の MLD（西蔵自治区を除く 29 省ベース人口加重計数。以下同じ）と仮想的な経済におけるそれが示されており，第三列には後者を基準にした場合の地域格差尺度の増加率が示されている。この表の結果によると，予想通り直接投資は中国の地域格差を拡大させる要因として作用しており，その程度は直接投資ブームが始まった 1992 年以降増加している。そして，そのオーダーは 2007 年において 25.0％に達した[16]。

いて地域格差以上に深刻なのは都市・農村格差である（Kanbur and Zhang, 1999）。また，われわれは一級行政区レベルでの所得格差を問題としているが，より下級レベルの地域単位での格差も，同じ東部内部でさえ非常に大きいことが知られている（鍾非，2005, 164-167）。

16) ここでは直接投資が 1986 水準を維持した場合をベースラインと考え，この仮説的経済から直接投資が増加した場合を現実経済とみなしてその効果を評価する。そのため，

第 5 章　対内直接投資と地域の成長および格差　　　　　　　　　　171

　ちなみに，このオーダーは，最近の研究事例におけるそれよりも大きい。例えば Wan et al. (2007) は，1987-2002 年における中国地域格差の要因を半対数非線形モデルによる所得生成関数の推定を基礎として分析し，中国の地域格差拡大の最大の要因が地域間の資本投入格差であることを示す一方で，一人当たり直接投資額で表されたグローバル化要因の地域格差尺度に対する寄与率は，使用される格差尺度とは無関係に 7％程度 (Wan et al. (2007, 54) によると，MLD では 2001 年時点で 7.24％) と，きわめて小さいことを報告している。同様に，Tsui (2007) は，文革期直前の 1965 年から 1999 年の長期タイムスパンから中国の地域格差の要因を分析し，やはり地域格差拡大の最大の要因が (70 年代以降の長期趨勢的な) 東部地域への資本投入偏在であることを明らかにするとともに，直接投資の対 GDP 比で代理された開放度指数の地域格差尺度 (タイルの MLD) に対する累積寄与率が 1999 年時点で 9％程度と (Tsui (2007, 79) の Figure 5 から概算)，やはり小さいことを報告している。しかし，モデルや説明変数の選択，およびその解釈等の相違もさることながら，これら先行研究ではわれわれの言うところの直接投資の生産性改善効果のみが分析対象となっており，外資企業による生産要素投入の寄与が無視されている。実際，われわれのシミュレーションにおいて直接投資の生産性改善効果のみを考慮した場合，2007 年時点における仮想経済の MLD は 0.0475 となり，直接投資の地域格差尺度に対する寄与率は 25.0％から 7.4％に大幅に低下する。そして，この生産要素投入を無視した場合のオーダーは Tsui (2007)，Wan et al. (2007) のそれとほぼ同じである。このように，彼らの推計は，生産要素投入を無視している点で明らかに地域格差に対する直接投資の寄与を過小評価していると考えられるのである。

　第二に，同表上段右側には地帯間格差に対する直接投資のインパクト

表ではこのベースラインに対応する「b. 仮説値」を基準として直接投資の寄与率を計算している。これに対して，現実経済をベースラインとみなす考え方もありえよう。ただし，その場合，直接投資が 1986 年水準に減少した場合の効果を問うことになる。このベースラインの選択に左右されない寄与率の計算方法は，対数ベースで変化率を計算することである。しかし，2007 年の対数ベース寄与率は 22.3％であり，われわれの方法によるそれ 25.0％と大差ない。

表 5-7　地域格差と直接投資の寄与

年	タイルの MLD 尺度			地帯間格差要因		
	a.実際値	b.仮説値	100×(a-b)/b	a.実際値	b.仮説値	寄与率(%)
1988	0.0392	0.0385	1.7	0.0195	0.0190	64.9
1989	0.0387	0.0372	3.8	0.0193	0.0183	67.6
1990	0.0387	0.0365	5.9	0.0188	0.0171	78.8
1991	0.0409	0.0380	7.5	0.0213	0.0189	83.8
1992	0.0423	0.0387	9.4	0.0247	0.0214	92.6
1993	0.0433	0.0385	12.5	0.0275	0.0227	100.1
1994	0.0470	0.0412	14.1	0.0316	0.0256	102.2
1995	0.0481	0.0413	16.6	0.0334	0.0265	100.8
1996	0.0484	0.0409	18.4	0.0340	0.0265	99.2
1997	0.0495	0.0409	20.9	0.0352	0.0270	96.6
1998	0.0506	0.0414	22.4	0.0364	0.0276	94.5
1999	0.0522	0.0424	23.0	0.0379	0.0288	93.3
2000	0.0512	0.0415	23.5	0.0377	0.0286	93.4
2001	0.0527	0.0429	22.8	0.0387	0.0296	93.1
2002	0.0541	0.0441	22.7	0.0398	0.0306	92.4
2003	0.0558	0.0456	22.3	0.0413	0.0319	92.6
2004	0.0565	0.0465	21.6	0.0418	0.0323	94.6
2005	0.0514	0.0419	22.7	0.0373	0.0283	94.3
2006	0.0515	0.0417	23.6	0.0373	0.0281	93.6
2007	0.0510	0.0408	25.0	0.0366	0.0272	92.4

年	地域内部格差要因			参考：東部内部格差		
	a.実際値	b.仮説値	寄与率(%)	a.実際値	b.仮説値	寄与率(%)
1988	0.0197	0.0195	35.1	0.0128	0.0125	35.5
1989	0.0194	0.0189	32.4	0.0125	0.0120	35.9
1991	0.0196	0.0191	21.6	0.0118	0.0113	23.7
1992	0.0176	0.0174	9.3	0.0107	0.0104	12.4
1993	0.0158	0.0158	-0.2	0.0100	0.0098	6.1
1994	0.0154	0.0156	-2.6	0.0099	0.0097	4.5
1995	0.0147	0.0147	-0.9	0.0094	0.0091	5.6
1996	0.0144	0.0144	0.9	0.0093	0.0088	6.5
1997	0.0143	0.0140	3.9	0.0092	0.0085	8.8
1998	0.0142	0.0137	6.0	0.0091	0.0083	9.9
1999	0.0143	0.0136	7.0	0.0092	0.0083	10.7
2000	0.0135	0.0128	6.6	0.0085	0.0076	10.1
2001	0.0140	0.0133	7.0	0.0089	0.0079	10.2
2002	0.0143	0.0135	7.7	0.0090	0.0080	10.7
2003	0.0145	0.0137	7.5	0.0088	0.0078	10.3
2004	0.0147	0.0142	5.4	0.0087	0.0078	9.0
2005	0.0141	0.0136	5.4	0.0081	0.0073	8.1
2006	0.0144	0.0136	6.7	0.0078	0.0069	9.6
2007	0.0144	0.0136	7.9	0.0077	0.0066	11.0

注）「寄与率＝各要因の a.実際値と b.仮説値の差÷全格差の a, b の差」により計算した。

が示されている。なお，表の最終列の寄与率とは，直接投資による全格差変動のうち，直接投資の地帯間格差に及ぼすインパクトで説明される割合を計算したものであり，例えば1988年の計数64.9は，同年のMLDの実際値と仮説値の差0.000669（＝0.0392－0.0385）に対する地帯間格差要因の差0.000434（＝0.0195－0.0190）の割合が64.9％であったことを表す。前節で説明されたように，90年代以降の中国の地域格差拡大は主として地帯間格差拡大によって牽引されており，その要因を探ることがきわめて重要な意味を持つ。そして，容易に予想されるように，われわれの簡単なシミュレーション結果は，そのおそらく最も重要な要因の一つが直接投資の地域偏在であったことを示唆している。実際，表の結果によると，直接投資の地域格差尺度に対するインパクトのうち，地帯間格差に対する部分が大部分を説明しており，2007年時点ではその寄与率は92.4％となっている。

　一方，表の下段の左側は，直接投資の地域内部格差に対する寄与を示している。なお，地域内部格差の最大の変化は東部地域において起こっているので（図5-2を参照），東部内部格差に焦点を絞ったシミュレーション結果を下段右側に示しておいた。この下段の二つの結果を観察すると，やや意外なことに，直接投資は同時に地域内部格差，特に東部内部の格差を拡大させる要因であり，その効果は90年代後半から顕著となっている。直接投資が集中する広東省や福建省，あるいは江蘇省などは，現在でこそ躍進著しい地域であるものの，改革・開放が始動する以前では相対的に貧しい地域であった。しかし，程度の差はあれこうした相対的に貧しい地域が直接投資をテコとして台頭してきたのであり，これが東部内部におけるオールドリッチに対するニューリッチのキャッチアップの一要因となった。ところが，90年代後半からはこうした地域は中国経済をリードする先進地域となり，かつての中国の富の源泉であった遼寧省や首都近辺であるにもかかわらずやや生彩を欠く河北省といった地域との東部内部格差が顕在化してきたのであろう。ただし，その寄与率のオーダーは東部内部格差要因でも10％程度であり，必ずしも大きくない。いずれにしても，直接投資は主として地帯間格差を拡大させることにより中国の地域格差拡大に無視できない影響力を持ってきた要因であることは間違いないようである。

表 5-8 代替的な不平等尺度の下での直接投資のインパクト：2007年時点

尺　度	直接投資の寄与率
タイルの MLD 尺度	25.0%
タイルのエントロピー尺度	24.9%
アトキンソン尺度	21.6%
変動係数	12.6%
ジニ係数	11.5%

注1) タイルの MLD を除く不平等尺度の定義は次の通りである（μ は平均一人当たり所得，ε は相対不平等回避度。ウェイトとして通常の等分ウェイト $1/N$ ではなく，人口シェアウェイト p_i を使用した）。タイルのエントロピー尺度 $= \Sigma(p_i y_i/\mu)\log(y_i/\mu)$，アトキンソン尺度 $= 1-\{\Sigma p_i(y_i/\mu)^{1-\varepsilon}\}^{1/(1-\varepsilon)}$，変動係数 $=$ SQRT $\{\Sigma p_i(y_i-\mu)^2\}/\mu$，ジニ係数 $=(1/2\mu)\Sigma_i\Sigma_j p_i p_j|y_i-y_j|$。

注2) 外資シェア FK および外資実質資本ストックを 1986年水準に固定した仮説的経済における不平等尺度に対する実際の不平等尺度の，2007年時点における増加率。配列は降順とした。

注3) ベースラインの選択に依存しない対数ベースで寄与率を計算すると，MLD 尺度は 22.3%，エントロピー尺度は 22.2%，アトキンソン尺度は 19.6%，変動係数は 11.8%，ジニ係数は 10.9% である。

3.3 代替的な不平等尺度による評価

もちろん以上の結論は，使用される不平等尺度にも依存している。そこで最後に，代替的な不平等尺度により同様の評価を行った場合の結果を示しておこう。

より具体的には，代替的な不平等尺度として，変動係数，ジニ係数，タイルのエントロピー尺度，およびアトキンソン尺度の四つの代表的な尺度を採用し，直接投資の地域格差に対する寄与率を各々の尺度により計測する（各尺度の定義は表 5-8 の脚注1を参照）。ここで，Tsui (1991; 1993) に従って，アトキンソン尺度の相対不平等回避度 ε を 2.0 と仮定して計測を行った。

結果は表 5-8 に整理されており，参考までにタイルの MLD 尺度による結果も合せて掲載している（配列は降順とした）。この表が示しているように，直接投資が地域格差に及ぼすインパクトの程度は使用される不

平等度尺度に依存しており，最大25.0%（MLD尺度）から最小11.5%（ジニ係数）の間に分布している。ここで，変動係数やジニ係数による寄与率が低いのは，これら尺度が直接投資の集中する相対的に高所得地域の所得変動を敏感に映し出す尺度であることによると考えられる。同様に，タイル尺度や1.0以上の相対格差回避度を仮定したアトキンソン尺度は，相対的に低所得地域のステータスに敏感な尺度であるため，直接投資の高所得地域成長促進効果による格差拡大を大きく映し出す傾向がある。しかし，どの尺度を採用するにせよ，直接投資の地域格差に及ぼすインパクトが無視できない程度であることには変わりない。

　もちろんわれわれの接近には，部分均衡論という意味で明らかな限界がある。また，不平等尺度は定性的なものであり，定量的評価に不向きとの批判もありえよう（例えば格差尺度として変動係数ではなく，その単調変換である変動係数の自乗を使用すると，直接投資の寄与率は，2007年時点で26.7%に上昇する）。しかし，直接投資の地域格差に対するインパクトに関する数量的評価が，従来，部分的にしか試みられていないことを所与とすると，われわれの第一次的接近にも十分な意味があると考えられる。

第4節　結　　論

　本章は，直接投資で拡張された生産関数を直接推定する接近により，中国経済に対する直接投資のインパクトを，地域の成長と格差という視点から分析した。その結果によると，第一に，1987-2007年の20年間における中国の経済成長に対する対内直接投資の寄与は，全国レベルでは1.6%の実質経済成長率嵩上げ，成長率に対する寄与率は15%との数量評価が得られた。しかし，第二に，直接投資は地域に不均等に分布しており，そのインプリケーションが重要であることも確認された。特に，対内直接投資は1987-2007年における中国の地域間成長率変動の46%を説明するきわめて重要な要因であり，直接投資を吸引することが地域の成長にとって一つの重要な鍵となってきたことを示した。そして第三に，直接投資の地域偏在のインパクトは決して小さくなく，地域格差尺

度を12-25％程度押し上げる要因として作用してきたことを示した。この意味で，多様な地域から構成される中国経済にとって，対内直接投資は無視できない要因であったのである。このように，われわれの推計結果はマクロとリージョンのギャップを浮かび上がらせており，このことはまた，特定地域に集中する直接投資のインパクトを一国全体に引き伸ばしてイメージすることの危険性だけでなく，同時にまた，一国のマクロ・データの観察からそのインパクトを推し量ることの困難をも示唆しているように思われる。

　もちろん，われわれの採用した接近は考えうるものの一つに過ぎず，代替的なアプローチを排除するものではない。しかし，一国のマクロ経済的視点からはもとより，地域レベルにまでブレークダウンした直接投資の成長寄与分析は，その重要性にもかかわらず従来ほとんど行われてこなかったと考えられる。その間隙を若干なりとも埋めることに成功したとしたら，本章の目的は達成されたと言ってよい。

補論　データの作成方法，および出所

実質生産資本ストック（据付ベース）：OECD（2001a, 2001b）に従って，次のようにして推計した。いま，第j資産のt期における据付ベース実質投資額を記号I_t^jで，またその耐用年数をT^jで，年齢sの資本財の残存確率（survival probability）関数をF_sで，年齢sの資本ストックの年齢-効率プロファイル（age-efficiency profile）関数をh_sでそれぞれ表わす。そして，t時点において新規に据付けられた資本財の使用者費用をu_t^0で表記する。このとき，生産資本ストックの集計数量指数K_tは

$$\ln\left(\frac{K_t}{K_{t-1}}\right) = \sum_{j=1}^{N} 0.5\{v_t^j + v_{t-1}^j\} \ln\left(\frac{PK_t^j}{PK_{t-1}^j}\right)$$

$$\text{where} \quad PK_t^j = \sum_{s=0}^{T_j} h_s^j F_s^j I_{t-s-1}^j$$

により計測される。ここで，PK_t^jは資産jの効率単位で測った実質生産資本ストック，v_t^jは$v_t^j = u_t^{0,j} PK_t^j / \Sigma_k u_t^{0,k} PK_t^k$によって定義される第$j$資本財の使用者費用シェアである。そして，実質化の基準年（2000年）における資産別効率単位実質資本ストックの単純合計にこの資本サービス

数量指数を乗じたものを，2000年価格実質生産資本ストックと考える。

まず，Holz（2006b, 2006c）の示唆に従い，省別粗固定資本形成に省別交付使用率（固定資産投資に対する新増固定資産の比率）を乗じた額を「据付ベース」新設投資とみなす（進捗ベース計数は交付使用率を1.0として得られる）。次に，中国では「建物・構築物」（以下単に建物投資），「設備・機械機器」（以下単に設備投資），および「その他費用」の三つの資産区分による固定資産投資データが利用可能であるので，省レベルの基本建設投資，更新改造投資，その他投資データから三つの資産項目別投資シェアを省別に計測し，この投資シェアを据付けベース投資額に乗じることにより投資資産項目別据付ベース投資額を推計する。なお，計測開始年次は1981年である。そして最後に，三つの資産項目に対応する投資デフレーターで三投資系列をデフレートすることにより実質投資額を計測した（資産別固定資産投資価格指数が利用可能でない1990年以前は，Bai et al.（2006）に従って，省別建設業GDPデフレーターで建物投資デフレーターを，また機械工業工場出荷価格指数（全国計数）で設備投資デフレーターを，省レベル固定資本形成デフレーターでその他投資デフレーターをそれぞれ代用した）。また，1980年末投資資産項目別資本ストックは，同様の要領により推計された全国ベース生産資本ストックと基本建設投資の新増固定資産の省別データから計測した累積実質投資の省別シェアにより推計した。

次に，OECD（2001b, 58, 62），Schreyer et al.（2003）に従い，資本財の残存確率関数を$F_s＝1－$累積対数正規分布と特定化し，年齢-効率プロファイルとして双曲線関数（hyperbolic function）$h_s＝\{T+1-s\}/\{T+1-\beta s\}$（$s＝0, 1, ..., T$）を仮定する（パラメーター$\beta$として建物は0.75，設備およびその他は0.5を想定した）。また，Bai et al.（2006, 11），Holz（2006c），野村（2004, 137, 156），OECD（2001b），Ren and Lin（2005, 24），張・呉・張（2004）等を参考に，建物の耐用年数を45年，設備・その他のそれを15年とした。

最後に，Hall-Jorgenson流の均衡条件$u_t^p＝P_t\{r+d-\rho\}$を活用して資本の使用者費用を計測した。ここで，P_tは新規資本財取得費用（資本財デフレーター），rは名目資本コスト（$\{1+$実質金利$(rr)\}\{1+$予想インフレ率$(p)\}$）により計測。予想インフレ率として消費者物価上昇率の過去5

年間移動平均を使用)，d は新規資本財の加齢に伴う資本減価率 (Schreyer et al. (2003, 18) の公式に従い，内生的に推計した実質金利18％を使用して計測した)，ρは新規資本財価格予想上昇率 (投資デフレーター上昇率の過去5年間移動平均を使用) であり，増値税や税制の効果は，データの制約により無視している。使用したデータの出所は次の通りである。国家統計局統計司編『改革開放十七年的中国地区経済』中国出版社 1997年，国家統計局国民経済核算司編『中国国内生産総値核算歴史資料 1952-1995』東北財経大学出版社 1997年，国家統計局国民経済総合統計司編『新中国五十五年統計資料匯編 1949-2004』中国統計出版社 2005年，国家統計局国民経済核算司編『中国国内生産総値核算歴史資料 1952-2004』中国統計出版社 2007年，国家統計局編『中国統計年鑑』中国統計出版社 各年版，国家統計局固定資産投資統計司『中国固定資産投資統計数典 1950-2000』中国統計出版社 2002年，同『中国固定資産投資統計年鑑』中国統計出版社 2003-2007年。

実質 GDP：2004年の第一次経済センサスに伴い，全国同様，地方レベル国民所得統計も 1993年まで遡って改訂が行われており，本章はこの遡及改訂統計を使用している。資料の出所は，実質生産資本ストックの作成に使用したそれと同じである。

就業者数：国家統計局国民経済総合統計司編『新中国五十五年統計資料匯編 1949-2004』中国統計出版社 2005年，および国家統計局編『中国統計年鑑』中国統計出版社 各年版によった。なお，公表されていない 2006年計数は，複利成長を仮定して前後の年の計数から推計した。

人口・人的資本：まず，地域別に利用可能な唯一の教育水準データである 6 歳以上人口の教育水準データから，最大公約数分類である短大以上，高校，中学，小学校，文盲・半文盲の 5 段階教育水準別人口シェア (S^j) を計算し ($j=1-5$)，「S^j×就業者数」を教育水準別就業者数 (L_t^j) とみなした (省を表す添え字は省略している)。ただし，1983-86 年，1988-89 年，1991-92 年はデータが欠落しているので，毎年同率でシェアが変化すると仮定してその間を補完した。次に，中国の教育投資収益率の最初の体系的な推計である Zhang et al. (2005, 739, Table3) から無学歴者 (文盲) 賃金を 1.0 に基準化した学歴別賃金 (倍率) を逆算し，各教育レベル別賃金総額シェア (w_t^j) を計測した。そして，実効労働投

入量指数E_tを,

$$\ln\left(\frac{E_t}{E_{t-1}}\right) = \sum_{j=1}^{5} 0.5\{w_t^j + w_{t-1}^j\} \ln\left(\frac{L_t^j}{L_{t-1}^j}\right)$$

により計測し,実効労働投入(E_t) = 人的資本(H_t) × 就業者数(L_t)という関係から,人的資本(H_t)を派生的に計測した。なお,6歳以上人口データによる人的資本の推計は,6-14歳人口を含むため,一般に就業人口ベースのそれを過小評価している。しかし,人口センサスおよび1%人口サンプル調査の所収データを活用してその誤差をチェックしたところ,過小評価率は最大4%であることを確認している。省別人口を含めて使用したデータの出所は,次の通りである。国務院人口普査弁公室・国家統計局人口統計司編『中国1982年人口普査資料』中国統計出版社 1985年,国家統計局人口統計司編『中国1987年1%人口抽様調査資料』中国統計出版社 1988年,国務院人口普査弁公室・国家統計局人口統計司編『中国1990年人口普査資料』中国統計出版社 1993年,全国人口抽様調査弁公室編『1995年全国1%人口抽様調査資料』中国統計出版社 1996年,国務院人口普査弁公室・国家統計局人口和社会科技統計司編『中国2000年人口普査資料』中国統計出版社 2002年,国家統計局人口和社会科技統計司編『中国人口統計年鑑』中国統計出版社 1994-2006年,国務院全国1%人口抽様調査領導小組弁公室・国家統計局人口和就業統計司編『2005年全国1%人口抽様調査資料』中国統計出版社 2007年,国家統計局編『中国統計年鑑』中国統計出版社 各年版。

対内直接投資:第4章と同じである。

表 5-9　省レベル成長会計（1987-2007 年）　　(単位：年率%)

省市名	実質経済成長率	国内資本	労働	人的資本	就業者数	直接投資	資本ストック	生産性改善効果	残差
北京	10.41	8.25	1.59	0.90	0.69	2.10	1.47	0.63	-1.54
天津	10.73	7.30	-0.01	0.08	-0.09	2.01	1.15	0.86	1.43
河北	11.13	8.87	0.74	0.44	0.30	1.10	0.42	0.67	0.42
山西	10.07	7.00	0.69	0.43	0.26	0.86	0.35	0.50	1.53
内蒙古	11.71	9.38	0.58	0.37	0.22	0.63	0.16	0.47	1.12
遼寧	9.21	5.49	0.41	0.28	0.14	1.53	0.64	0.89	1.78
吉林	9.48	7.13	0.26	0.19	0.07	1.13	0.47	0.66	0.96
黒龍江	8.60	6.62	0.63	0.38	0.24	0.81	0.16	0.65	0.55
上海	10.65	8.14	0.42	0.30	0.12	2.49	1.62	0.87	-0.40
江蘇	12.26	10.38	0.24	0.21	0.03	2.16	1.17	0.99	-0.52
浙江	12.09	11.26	1.05	0.61	0.44	1.48	0.69	0.79	-1.70
安徽	9.73	7.33	0.92	0.54	0.38	0.95	0.31	0.65	0.52
福建	12.28	7.78	1.25	0.71	0.54	3.45	2.59	0.86	-0.21
江西	9.73	8.30	0.82	0.52	0.31	1.18	0.38	0.80	-0.58
山東	11.85	9.20	0.55	0.37	0.18	1.41	0.52	0.88	0.69
河南	10.53	8.70	1.11	0.64	0.47	0.95	0.36	0.59	-0.23
湖北	9.88	7.42	0.05	0.11	-0.06	1.40	0.64	0.76	1.01
湖南	9.26	7.56	0.73	0.45	0.29	1.07	0.31	0.76	-0.10
広東	13.18	8.27	1.52	0.85	0.67	3.03	2.38	0.65	0.36
広西	10.20	7.40	0.93	0.55	0.38	1.36	0.65	0.70	0.51
海南	10.81	5.40	1.03	0.59	0.44	3.10	2.29	0.81	1.27
四川	9.89	7.71	0.55	0.34	0.20	0.98	0.35	0.62	0.67
貴州	8.64	7.47	1.22	0.70	0.52	0.56	0.16	0.39	-0.60
雲南	9.67	7.01	1.05	0.62	0.43	0.73	0.20	0.53	0.88
陝西	10.10	7.09	0.81	0.49	0.32	0.79	0.22	0.57	1.41
甘粛	9.71	5.78	0.60	0.39	0.21	0.67	0.22	0.45	2.66
青海	8.53	7.04	0.70	0.48	0.22	0.33	0.11	0.22	0.46
寧夏	9.12	7.36	1.27	0.73	0.54	0.55	0.10	0.45	-0.05
新疆	9.48	8.55	0.86	0.51	0.35	0.39	0.14	0.25	-0.32

注）成長率および寄与度の計算はすべて自然対数ベースによる。四川省は重慶・四川の統合計数。

第6章

地域分業構造の変容と域内市場効果

―――――

第1節　は じ め に

　中国経済の「全球化（グローバル化）」が喧宣されて久しい。その一つの転機は明らかに2001年12月のWTO加盟であり，この出来事により中国は一層の対外開放を約束するとともに，市場経済化路線が不動の国策であることを世界に対して印象付けた。その後，中国の貿易は予想を上回る勢いで増加し，加盟後の僅か5年間で3.6倍に拡大している。また，アジア危機後一時低迷していた対内直接投資もその後持ち直し，金融業向け投資をも含めるとむしろ加速化した感がある。そして，90年代初頭まで一部地域を除いて取るに足らない存在であった外資企業の活動も，現在では工業生産の約3割，貿易の6割弱を占めるに至っている。加えて，国内企業の国際化を阻んできた貿易権制度そのものが2004年に登録制に変更され，グローバリゼーションの波は地場企業にも及んでいる。改革・開放後の中国はいわばグローバリゼーションの寵児となった感があり，紆余曲折を経ながらもその潜在的機会を最大限享受していると言えよう。
　しかし，その一方で，既に第5章において中国の「転倒した経済統合」という現実を指摘した。確かに，中国経済の国際化もしくは外国との経済統合進展は疑う余地のない事実であるものの，ひるがえって国内の経済統合に目を転じると，相変わらず遅々としているかに見える。第一に，中国は計画期において意識的に地域単位の自給自足体制を指向し

た歴史的経緯を持っており (Lyons, 1985, 1986)，改革・開放はこの歴史を初期条件としてスタートした。そのため，この歴史的遺産が現在でも深く影を落としており，それがまた中国経済が地域のかたまりとしての特性を強く保持している一つの理由ともなっている。

　第二に，改革・開放後にあっても，地域間開発競争の結果としてむしろ産業の重複的開発と地域保護主義が顕著となり，少なくとも90年代初頭まで「市場分断」という市場経済化に逆行する動きを併発した。その後，省境封鎖等のあからさまな国内交易規制は消滅したものの，幾つかの傍証が示唆するように，地域保護措置が形を変えて残存しており (加藤, 2003；丸川, 2007；王, 2001；Li et al., 2003)，こうした慣性が経済的非効率性を助長している側面は否定し難い (Bai et al., 2004; Poncet, 2003, 2005; Young, 2000)。その結果として，地域間の相互依存関係は依然希薄であり，東部沿海部における爆発的な成長を内陸部につなぐ連鎖の弱さの一因ともなってきた (宮川他, 2008；Fu, 2004; Hioki, 2004; Okamoto and Ihara, 2004)。このように，中国において地域主義の残存が国民経済統合と経済の効率化を妨げているとの議論は，Young (2000) をはじめとして依然根強く，また，近年では2003年10月の中共第16期三中全会の「社会主義市場経済体制改善の若干の問題に関する決定」において，全国統一市場の構築が改めて主要政策課題の一つとして採り上げられるに至っている[1]。

　その一方で，国内交易障壁の低下により国内経済統合が進展しつつあるとの見方を支持する証拠も次第に増えている。その代表例がNaughton (2000) であり，1992年の地域産業連関表の観察から国内交易が国際貿易を上回る額となっていること (対GDP比50%対20%)，そして，1987-92年における地域間交易の伸び率がGDP伸び率はもとより国際貿易の伸び率をも上回っている事実を根拠に，Young (2000) の国内経済統合後退仮説に疑問を提起した[2]。第二の反論は工業統計を活

---

　1) その具体的施策として，2001年4月の国務院第303号令「市場経済活動における地区封鎖実施を禁止することに関する規定」を初めとする国務院関係省庁の通達が出されている（例えば2004年6月24日付け，および2005年4月1日付けの商務部・監察部・国務院法制辦公室・財政部・交通部・税務総局・質検総局連名による地区封鎖規定の整理に関する通達）。

用した記述統計による分析であり，後述するように，中国において地域レベルの産業特化・異質化が進行している事実が多くの研究によって明らかになっている（加藤, 2000, 2003；加藤・陳, 2002；Bai et al., 2004; Dougherty and Herd, 2005; OECD, 2005; Zhang and Tan, 2006）。そして第三に，Young（2000）では明確に認められなかった価格裁定諸力についても，一物一価の成立傾向という意味での経済統合進展を支持する証拠が出現しつつある（Fan and Wei, 2006; Huang and Rozelle 2006; Rozelle and Huang, 2005; Xu and Voon, 2003）[3]。このように，Young（2000）をはじめとする国内経済統合後退仮説の主張は近年では必ずしも確固たるものではなくなっており（Branstetter and Lardy, 2006），再検討の余地が大きいように思われる。

しかし，こうした中国地域間分業構造再編と国内経済統合の理論・実証分析の基盤は，依然不完全との感は否めない。一つに，実態分析の基礎である地域間交易フロー・データが鉄道貨物統計等を除けば十分整備されていないこと，そして，ようやくその開発が始まった地域間産業連関表（国家信息中心，2004；市村・王，2004；宮川他，2008；IDE/JETRO, 2003）も異時点間比較分析までには至っていない[4]。そのため，重力モデルのようなスタンダードな枠組みによる実証分析が難しく，その結果として，これまで産業特化指数（index of industrial specialization）や立地ジニ係数（locational Gini coefficient）といった記述統計による分析がどちらかと言うと主流になってきた。

この第6章の目的は，こうしたデータの利用可能性制約を所与とした

---

2) もっとも，Poncet（2003, 2005）は，1987・92・97年の同じ地域産業連関表の最終需要表を活用して，国境効果で測った国際経済統合が進展している一方で，国内の省境効果（もしくはホームバイアス）は逆に高まっていることを示し，A. Youngの議論を支持している。

3) その他，地域間の経済変動の要因としての地域固有要因の低下傾向に着目したXu（2002）や，Young（2000）の使用したデータに対する再検討を行ったHolz（2006c）等の研究を指摘しておきたい。

4) 顕著な例外は，個別省市レベルの産業連関表を活用したPoncet（2002, 2003），および1987・1997年の二つの中国地域間産業連関表を使った孟（2007）である。また，最近，1997年地域間産業連関表に続いて，2002年表が作成・公表された（国家統計局国民経済核算司編『中国地区投入産出表─2002』中国統計出版社，2008年）。しかし，デフレーターの制約により，この新しいデータを活用した分析は今後の課題である。

上で，新貿易理論の「域内市場効果（home market effect）」モデルの枠組みにより，中国の国内経済統合に関する一つの実証分析を試みることである[5]。そのメリットは，第一に，工業統計・国民所得統計だけを用いた節約的接近であるため，入手が比較的容易な時系列統計を活用可能であること，そして第二に，簡単ではあるが意味のある仮説検定が可能という点にある。特に，Poncet（2003, 2005）や Young（2000）の結論とは異なり，改革・開放後中国の地域間経済関係は90年代初頭から「地域単位のフルセット型産業構造」という特質を次第に失い，地域間分業が進展し始めていること，第二に，その背後に規模の経済性による集積の論理が作用し始めていることを示す。また，新経済地理学（New Economic Geography: NEG）が示唆するように（Hanson, 2005; Fujita et al., 1999; Krugman 1980, 1991a, b; Krugman and Venables, 1995; Head and Mayer, 2003, 2004, 2006; Puga, 1999; Redding and Venables, 2004），地域間分業構造再編を牽引するキー・ファクターとしての国内交易費用低下と規模の経済性が働く産業シェアの拡大という二つの事実を実証的に明らかにしてみたい。

　本章の構成は次の通りである。まず次節において，戦後中国の地域経済構造変容の長期トレンドを，工業部門に限定して概観する。続く3節では，われわれが採用する理論枠組みと実証分析の方法論を説明し，4節ではその枠組みに基づいて，農工というマクロ・レベルならびに個別産業レベルの実証結果を示す。最後の5節は，結論を簡潔に要約している。

第2節　中国の地域工業分布のトレンド：分散から集中へ

　計画期における中国の地域開発政策には，毛沢東の「均富論」ならびに軍事上の戦略的考慮の二つが関わっていたと言われている[6]。実際，

　5）ここでは中国地域経済の分析に関心があるので，home market effect の訳として「自国市場効果」ではなく「域内市場効果」を当てている。なお，その実証分析例として Behrens et al.（2005），Davis and Weinstein（1999, 2003），Feenstra et al.（1998），Hanson and Xiang（2004），Head and Ries（2001），Weder（2003）等がある。
　6）6大地区区分による地域単位での自給自足が追求されてきた（市村・王，2004, 119）。

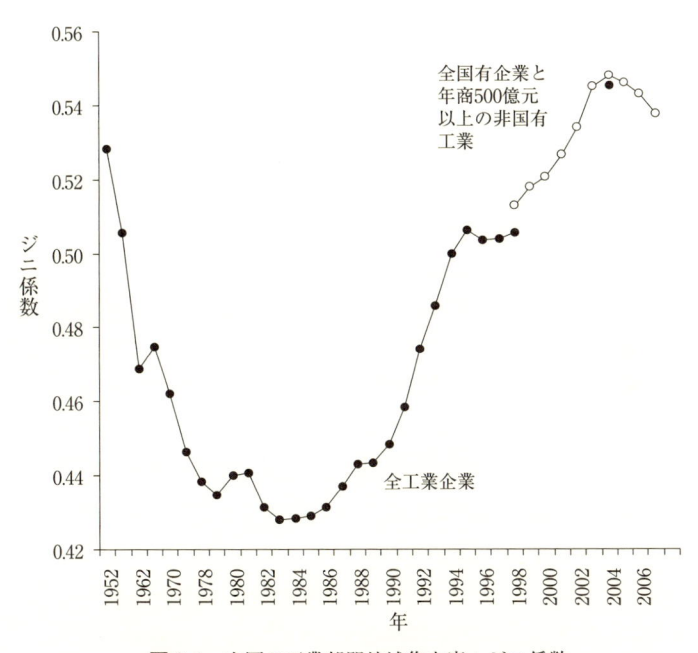

第6章　地域分業構造の変容と域内市場効果　　185

図6-1　中国の工業部門地域集中度：ジニ係数

注1）　30一級行政区レベル（1952・57年は西蔵を除く29省レベル）の工業集中度。
注2）　1978年以前は整合的なデータが利用可能な1952, 1957, 1962, 1965, 1970, 1975年，それ以後は暦年計数。
注3）　●マーカーの折れ線グラフは全工業企業ベース計数を，○マーカーの折れ線グラフは全国有企業および年商500万元以上非国有工業企業ベース計数を表す。2004年の●マーカーは第一次経済センサスの全工業企業ベース統計によっている。
資料）　国家統計局国民経済総合統計司編『新中国五十年統計資料匯編』中国統計出版社，1999年，国家統計局編『中国統計年鑑』中国統計出版社，1999-2008年，国務院第一次経済普査領導小組弁公室編『中国経済普査年鑑2004』2005年より作成。

　データが得られる1952年時点での工業生産ならびにGDPは，遼寧・黒龍江省の旧満州，天津・河北省，上海・江蘇省，青島を含む山東省，重慶を擁する四川省等のごく一部の地域に集中しており，上位5省のシェアは工業生産が55.5％，GDPでは37.4％であった（河北・天津は統合した）。こうした状況から出発して，中国は工業部門の地域分散化を意識的に進めており，工業生産に関する地域集中度指数（ジニ係数）を図示した図6-1からもこのことを確認できる[7]。なかでも1964年から

70年代初頭にかけて行われた「三線建設」は最も大掛かりな工業分散化政策であり，当時の国際情勢を反映した国家安全保障政策に従って，沿海部から内陸部に対して軍事関連産業を中心とする大規模な工業再配置が行われた。例えば，その計画の壮大性を推量する一つの指標として財貨・サービス純輸出で測られた地域間純資本移動規模を用いると，1964-72年における三線建設対象5省（四川・貴州・雲南・陝西・甘粛省）に対する純資本流入は，当該地域のGDPに対して平均22.3％に達した。その一方で，資源移転の主要な出し手である三直轄市（北京・天津・上海市）ならびに遼寧・黒龍江省といった旧富裕地域の純資本輸出は同地域の対GDP比平均32.8％に及んでおり，上海市に至っては実に同市GDPの57.5％相当の純資本輸出を強要されていたのである[8]。

しかし，ひるがえって工業化の歴史を繙くと，それは同時に工業集積の歴史でもある（Kim, 1995; Kim and Margo, 2003）。農業と異なり，工業部門では規模の経済性が強く働くからである。ところが当時の中国の工業化は，この経験則に反するものであった。計画期における中国の地域産業政策は，「大而全，小而全（大は大なりに，小は小なりに）」と言われるように，効率性を無視した地域単位のワンセット経済の育成であったと言えよう（Lyons, 1985, 1986）[9]。

---

7) ハーフィンダール指数やタイル指数のような代替的な集中度指数を使用しても，定性的結論は変わらない。

8) 国家統計局国民経済総合統計司編『新中国五十年統計資料匯編』1999年より計算した。ただし，地域GDP統計の財貨・サービス純輸出は統計上の不突合を調整する緩衝項目である可能性が高いので，その利用については注意が必要である（Holz, 2006d）。

9) 計画期における資源配分が非効率であったことを示唆する一つの実証的証拠として，地域間資本移動と資本収益率の関係を観察することが有益である。実際，改革・開放転換直前の1973-77年における地域間純資本移動（財貨サービス純輸出/GDP，％）NXと1978年時点産出・資本係数Y/Kの関係を，データが得られる26省・市について推定してみると，次のような結果が得られる（カッコ内は不均一分散を考慮した標準誤差から計算されたt値）。

$NX = 51.5 + 33.8 ln(Y/K)$ $adjR^2 = 0.362$, $NOB = 26$
   　　(3.90)　(3.65)

ここで，コッブ・ダグラス型生産関数を仮定すると，共通の資本生産弾力性の下では，全要素生産性の如何にかかわらず資本の限界生産性は産出・資本比率Y/Kに比例する。したがって，上式の結果は「資本の限界生産性の高い地域ほど純資本輸出地域となっていた」ことを意味している。このように，当時の地域間資本移動は，資本限界生産性の高い地域から低い地域への，いわば逆向きのそれであったのである。なお，程度は低下したものの，この中

他方，図によると，この工業配置の地域分散化傾向は，改革・開放が始動した後の 1980 年代前半でも持続しているかに見える。しかし，このマクロの傾向は，山東・江蘇・浙江・福建・広東省の新興地域の台頭と北京・天津・上海市ならびに遼寧省からなる旧富裕地域の相対的後退という二つのベクトルの綱引きの反映であり，東部沿海地域への工業集積という基調変化そのものは改革・開放政策転換から既に始まっていたと考えるべきである。こうした中で，1984 年の中国共産党第 12 期中央委員会第三回全体会議の決定（都市部への改革重点移行）を背景として，地方政府主導の新規工業基盤が乱立気味に設立された。そして，価格双軌制（市場価格と公定・政府指導価格体系が並存する制度）がほぼ解消される 90 年代初頭まで，省境封鎖等のあからさまな超法規手段を駆使した深刻な地域保護主義が蔓延するのである[10]。

　しかし，中国の工業部門地域集中度を示した図 6-1 によると，それまでの地域分散化のトレンドは 80 年代後半より明確にＵターンしており，特に 90 年代において持続的な集中化に転じている。確かに 90 年代初頭までは，はしご理論の考えに基づいて沿海部に傾斜した対外開放・諸種優遇政策が実施されたものの，92 年の鄧小平による南巡講話を転機として，中国は立ち遅れた内陸部開発を意識した地域開発政策を推し進めるようになった。そして，この色合いは 90 年代後半から益々濃くなっており，2000 年には西部大開発が，また近時では重工業に偏った産業構造からの転換に立ち遅れ気味であった東北地域の再開発が着手されている。しかし，こうした政策展開にもかかわらず，中国の地域工業分布の集中化はむしろ加速化しており，転換点通過に成功した 1960 年代以降の日本の高度経済成長期におけるような地域格差縮小と工業地方分散化の胎動が見られる状況にない。このように，中国において，特に 90

国における逆向きの地域間資本移動特性そのものは，改革・開放期においてもあまり変わっていないようである（Boyrea-Debray and Wei, 2005）。

　10）　その背後には財政請負制や国有企業管理権限の下放，さらには 1984 年における地方政府閣僚の中央政府任命権縮小（下管二級から下管一級への変更）等があったと言われている（加藤，2000；Bai et al., 2004; Poncet, 2005）。また，価格自由化が原材料よりも最終財分野において先行したために計画期の割安な生産財価格体系が温存されてしまい，その結果として，レント獲得目的的の外地製品流入阻止や原材料を巡る激しい争奪戦（綿花大戦やマユ大戦などの現象）が繰り広げられたと考えられる。

年代以降，抗し難い工業集積の力学が働き始めていると言えよう。

第二に，同様の傾向はよりミクロの産業レベルでも確認でき，この目的のために，次の三つの記述統計量を観察することが有益である。その第一は，Krugman（1991b）によって提案された産業特化指数を全国レベルで平均化した「地域構造差係数（regional structural difference coefficient）」指標である。いま，中国経済がn産業とK地域から構成されると考え，s_k^iを第i地域の工業総生産に占める第k産業生産シェア，y_kを全国工業生産に占める第k産業のシェア，そして第i地域の顕示比較優位指数を$RCA_k^i = s_k^i/y_k$によって定義する。このとき，Krugman（1991b）によって提案された産業特化指数L_{ij}を

$$L_{ij} = \frac{1}{2}\sum_{k=1}^{n} y_k \left| RCA_k^i - RCA_k^j \right| = \frac{1}{2}\sum_{k=1}^{n} \left| s_k^i - s_k^j \right| \qquad (1)$$

とすると，地域構造差係数はその平均値$L = \Sigma\Sigma L_{ij}/K(K-1)$によって定義される（$L_{ii}=0$に注意する）。ここで，産業特化指数は特定二地域間の産業構造の異質性の程度を測る尺度であるので，その平均値である地域構造差係数の低下は地域間での産業構造の同質化・重複化が，逆にその上昇は産業構造の異質化が進行していることを示唆している。

第二の指標は，「立地ジニ係数」もしくはHoover indexと呼ばれる尺度である。いま，特定産業kの全生産額に占める第i地域生産シェアをx_k^i，全国工業生産に占める第i地域工業生産シェアをz^iで定義し，産業立地の観点から定義された顕示比較優位指数を$l_i = x_k^i/z^i$によって定義しよう。そして，$l_1 \geq l_2 \geq l_3 \geq \cdots \geq l_K$となるように地域$i$の配列を約束する。このとき，立地ジニ係数は

$$G = \frac{1}{2}\sum_{i=1}^{n}\sum_{j=1}^{n} z^i z^j \left| l_i - l_j \right| = 1 + \sum_{i=1}^{n} z^i x_k^i - 2\sum_{i=1}^{n}\left[\sum_{s=1}^{i} z^s\right] x_k^i. \qquad (2)$$

によって定義され，特定産業kの立地顕示比較優位指数に関する二地域間の差の加重平均という意味を持つ。この指標は，縦軸にk産業の地域シェアx_k^iの累積和，横軸に地域の工業生産シェアz^iの累積和を測った図において，ローレンツ曲線と45度線が囲む面積の2倍に等しいという幾何学的対応を持つことが知られており，特定産業の地域集中度もし

第6章 地域分業構造の変容と域内市場効果　　　189

表6-1　中国の地域経済に関する記述統計

地域構造差係数

年	工業 指数	工業 産業数	製造業 指数	製造業 産業数
1985	0.2970	18	0.2649	14
1987	0.3073	21	0.2765	17
1989	0.3203	21	0.2945	17
1991	0.3385	21	0.3121	17
1993	0.3723	25	0.3037	20
1995	0.3903	25	0.3217	20
1997	0.4017	25	0.3333	20
1999	0.4353	25	0.3718	20
2001	0.4521	25	0.3958	20
2003	0.4578	25	0.4020	20
2005	0.4557	25	0.4087	20

立地ジニ係数：全国加重平均

年	工業 指数	工業 産業数	製造業 指数	製造業 産業数
1985	0.2565	18	0.2327	14
1987	0.2538	21	0.2302	17
1989	0.2506	21	0.2314	17
1991	0.2685	21	0.2483	17
1993	0.2916	25	0.2721	20
1995	0.3000	25	0.2815	20
1997	0.3103	25	0.2931	20
1999	0.3351	25	0.3195	20
2001	0.3479	25	0.3330	20
2003	0.3586	25	0.3435	20
2005	0.3587	25	0.3482	20

地域ジニ係数：全国加重平均

年	工業 指数	工業 産業数	製造業 指数	製造業 産業数
1985	0.2675	18	0.2337	14
1987	0.2654	21	0.2312	17
1989	0.2599	21	0.2312	17
1991	0.2804	21	0.2501	17
1993	0.2989	25	0.2747	20
1995	0.3116	25	0.2840	20
1997	0.3136	25	0.2933	20
1999	0.3447	25	0.3199	20
2001	0.3569	25	0.3322	20
2003	0.3673	25	0.3435	20
2005	0.3710	25	0.3484	20

くは地域特化の程度を表す指標と解釈できる。したがって，この指標が上昇（低下）したとき，特定産業の地域集中・特化（地域分散化・重複化）が進行していると理解できよう。

立地ジニ係数が特定産業の地域集中度を表す尺度としたら，それとのアナロジーにより，特定地域における産業集中度を考えることも可能である。いま，特定地域 i の産業構造を考え，産業を表すインデックス k の序列を $RCA_1^i \geq RCA_2^i \geq \cdots \geq RCA_n^i$ となるように再定義する。このとき

$$R = \frac{1}{2}\sum_{k=1}^{n}\sum_{j=1}^{n} y_k y_j \left| RCA_k^i - RCA_j^i \right| = 1 + \sum_{k=1}^{n} y_k s_k^i - 2\sum_{k=1}^{n}\left[\sum_{j=1}^{k} y_j\right] s_k^i \quad (3)$$

によって定義される指標は特定地域 i における産業集中度（もしくは特化の程度）を測る尺度と考えることができ，おそらく最初の考案者である Amiti（1999）に従ってこの尺度を「地域ジニ係数（regional Gini coefficient）」と呼ぶことにする[11]。したがって，この尺度が上昇（低下）したとき，特定地域における産業集中と特化（産業構造の分散化・多様化）が進行していると理解できよう。

表6-1 は，これら三つの指標を，工業部門および製造業部門についてデータが得られる 1985 年から 2 年間隔で計算したものである[12]。ここで，立地ジニ係数および地域ジニ係数はその全国平均値である。この表から幾つかの興味深い事実を読み取ることができよう。第一に，産業大分類データから中国の地域産業構造の同質化傾向を指摘し，改革・開放後の中国における重複的産業構造形成と地域保護主義蔓延の弊害を強調した Young（2000）の結果とは逆に，地域構造差係数は中国の産業構造が地域間で次第に異質化していることを明らかにしている（加藤, 2000, 2003；加藤・陳, 2002）。第二に，その背後において，産業の特定

---

11) Amiti 自身は地域ではなく国際経済に関心があったため，同指数を country Gini coefficient と呼んでいる。

12) 産業分類の変更があるため，対象産業数に若干の不連続性がある。ここでは 2000 年以降の中国工業経済統計年鑑に掲載されている産業を基準として産業数を選択している。なお，改革・開放後，中国は 1984 年，1994 年，および 2002 年の三回にわたって産業分類を変更しているが，本稿で使用する 2 桁産業レベルに関する限り，分類変更に伴う要調整額は大きくなく，許容範囲内と考えられる（徐, 2009, 32-33）。

地域集中もしくは特化の傾向が観察される。実際，立地ジニ係数は 80 年代から一旦低下した後，80 年代末より明確な上昇トレンドに転じた (Bai et al., 2004; Dougherty and Herd, 2005; OECD, 2005; Zhang and Tan, 2006)。そして第三に，地域における産業集中（もしくは産業特化）の程度を表わす地域ジニ係数も，80 年代央において若干低下した後，やはり 80 年代末より上昇トレンドに転じている。いずれにせよ，三つの記述統計の観察は明らかに Young (2000) や Poncet (2003, 2005) が主張する諸侯経済症候群の深化・拡大とは全く逆の傾向を示しており，80 年代末以降においてむしろ地域間の分業・特化の進展が示唆されるのである。以下でのわれわれの主要課題はこのことをよりフォーマルに検証すること，そして，その背後にある「国内交易費用の低下」という中国国内経済統合を左右するキー・ファクターを実証的に確認することである。

第3節　理論枠組みと実証分析の方法

3.1　域内市場効果

　中国は，1958 年の戸籍管理条例施行以降，永らく居住と移動の自由を制限してきた。確かに，2001 年 3 月の規制緩和（公安部「小城鎮（小都市）の戸籍管理制度改革に関する意見」の国務院承認と，同年 10 月の国務院 6 号文件）により最近では城関鎮（県政庁所在の町）クラスへの移住が可能になっているものの，安定した住居と職業という前提条件があるため，その対象は既住農業戸籍保有者に限定されている。また，北京・天津・上海といった大都市は依然その例外であり，現在でも「農転非」政策（戸籍受入枠を設定し，一定要件を満たす農業戸籍保有者に対して当該地域非農業（都市）戸籍への転換を認める政策のこと）が継続されている。規制緩和によっても，戦後日本や 70 年代の韓国・台湾のように，定住化を伴う都市化が一挙に進行する状況にないのである。第二に，「民工潮（出稼ぎ農民の流れ）」も最近では 1 億人を上回る規模となっており，実態的に農村労働力移動は既成事実化している（労働和社会保障部培訓就業司，2001, 2002）。しかし，その 8 割は近隣の町・都市への出稼ぎで

あり，1000万人以上の民工を受け入れている広東省や北京・上海市を別格として，全国ベースでの出稼ぎとなるとやはり限界がある，あるいは一部の大都市を除いて少なくとも受け入れ先の労働力規模から見れば依然小さい。つまり，生産要素の自由移動を前提した地域経済学よりもその制限を前提した国際経済学の方が，中国の実態を分析するのに少なくとも第一次接近としてより適していると考えられるのである[13]。

仮にこの労働移動制限を前提として認めると，中国の国内経済統合の分析に貿易理論の応用が可能となるはずである。そこで，実証分析の基礎として，本章が依拠する域内市場効果の論理を整理しておこう (Helpman and Krugman, 1985, chap. 10.4, 205-209)。

いま，収穫一定の生産技術を持つ農業と，規模の経済性が働く工業の二つの産業を考え，後者は差別化されたバラエティにより構成されているとしよう。工業品は独占的競争，農業品は完全競争が支配する産業であり，簡単化のため，生産要素は労働と呼ばれる（合成）生産要素のみとする。農業品は輸送費を無視できるものの，工業品の貿易には氷山 (iceberg) 型の輸送費がかかり，需要地での1単位の消費には $t\,(>1)$ 単位の財の発送が必要である。当該国内には「沿海地域」と呼ばれる地域と「内陸地域」と呼ばれる二地域が存在し，同一地域内であれば輸送費はかからないが，域外に移出する場合には無視できない輸送費がかかる。また，同一地域内における産業間生産要素移動は完全であるものの，地域間の移動は制限されている。各地域の農業生産性は同じでその水準を1に基準化し，農業品をニュメレールに選ぶと，不完全特化を前提する限り農業品で測った実質賃金は1で共通となる。

各地域に共通の家計効用関数は農業品・工業品消費に関してコッブ・ダグラス型であり，工業品支出シェアを記号 $\alpha\,(0<\alpha<1)$ で定義する。また，工業品の個別バラエティに対するサブ効用関数はCESタイプと

---

13) 民工潮の効果は，労働力移動のそれとして分析することが適切である（その一例として第7章を参照）。しかし，集積メカニズムが働く世界における労働移動の分析は，それほど簡単ではない。というのは，教科書的な MacDougall-Kemp 流の要素移動論の妥当性が必ずしも保証されないからである (Krugman, 1980; Fujita et al., 1999)。例えば，戸籍制度の全面緩和は，一方で地域間の賃金・所得格差を縮小させるとの議論があるものの (Whalley and Zhang, 2004)，逆にそれを拡大させる可能性もある (Fu, 2004)。労働移動が地域間の市場ポテンシャル格差をさらに拡大させるかもしれないからである。

考え，代替弾力性を$\sigma(>1)$と置く。このとき，i地域を原産地とする特定工業品バラエティに対するj地域家計の需要は$q_{ij}=(t_{ij}p_i)^{-\sigma}(P_j)^{\sigma-1}\alpha L_j(i,j=1,2)$となる。ここで，$p_i$は$i$地域に立地する企業の工場出荷価格であり，$t_{ij}-1$は$i$地域から$j$地域への移出にかかる氷山型輸送費（以下，経済統合に関わる包括費用という意味で「交易費用（trade costs）」と呼ぶ），L_jはj地域の労働賦存量，P_jは

$$(P_j)^{1-\sigma}=n_1(t_{1j}p_1)^{1-\sigma}+n_2(t_{2j}p_2)^{1-\sigma} \qquad (j=1,2)$$

によって定義されるj地域の集計価格（単位効用を実現するための最小支出），n_iは地域iにおいて生産される工業品バラエティ数である。また，域内交易費用はゼロであり（$t_{11}=t_{22}=1.0$），交易費用の対称性$t_{12}=t_{21}=t$を仮定しよう。

企業のサイズは全体の中では非常に小さいため，個別企業は集計価格に及ぼすインパクトを無視して価格設定を行う。βを地域に共通の工業品限界労働投入，Fを固定労働投入と置くと，共通の価格弾力性に直面しているので，価格はバラエティと独立の$p=\beta/(1-\sigma^{-1})$の水準に設定される。また，競争均衡条件より，個別工業品バラエティの生産量は$x=F(\sigma-1)/\beta$に決定される。

記号を簡略化するため，$\phi=t^{1-\sigma}(0<\phi<1)$と置き，この$\phi$を「市場アクセス可能性（market accessibility）」と呼ぶことにする。また，$j=1$を沿海地域，$j=2$を内陸地域とする。そうすると，両地域の個別工業品バラエティに関する需給均衡条件はそれぞれ

$$px=(p)^{1-\sigma}\left\{\frac{\alpha L_1}{(P_1)^{1-\sigma}}+\phi\frac{\alpha L_2}{(P_2)^{1-\sigma}}\right\} \qquad (4a)$$

$$px=(p)^{1-\sigma}\left\{\phi\frac{\alpha L_1}{(P_1)^{1-\sigma}}+\frac{\alpha L_2}{(P_2)^{1-\sigma}}\right\} \qquad (4b)$$

と表すことができる。ちなみに，右辺のカッコ内は，通常「（実質）市場ポテンシャル」と呼ばれるものに相当する。また集計価格は

$$(P_1)^{1-\sigma}=\{n_1+n_2\phi\}(p)^{1-\sigma} \qquad (5a)$$

$$(P_2)^{1-\sigma} = \{n_1\phi + n_2\}(p)^{1-\sigma} \tag{5b}$$

である。

さて,工業品全体としての需給バランス条件は $(n_1+n_2)px = \alpha(L_1+L_2)$ によって与えられるので,総バラエティ数を $n=n_1+n_2$,総労働賦存量を $L=L_1+L_2$ でそれぞれ定義すれば,$px=\alpha L/n$ である。したがって,この関係式を(4)式の左辺に代入して若干の変形を行えば,二つの需給バランス条件は簡潔に,

$$1 = \frac{s_1^Y}{s_1^M + s_2^M \phi} + \frac{\phi s_2^Y}{s_1^M \phi + s_2^M}, \quad 1 = \frac{\phi s_1^Y}{s_1^M + s_2^M \phi} + \frac{s_2^Y}{s_1^M \phi + s_2^M} \tag{6}$$

と表現可能である。ここで,$s_i^M = n_i/n$ は地域 i の工業品供給シェア,$s_i^Y = L_i/L$ は地域 i の GDP シェアである。そうすると,これを解けば

$$s_i^M - \frac{1}{2} = \frac{1+\phi}{1-\phi}\left\{s_i^Y - \frac{1}{2}\right\} \quad (i=1, 2) \tag{7a}$$

を得る。ただし,不完全特化を仮定している[14]。

一方,地域 i の農業品生産額は $L_i - n_i px = L_i - s_i^M npx$ であるので,$npx=\alpha L$ という関係を用いると,それは $L_i - s_i^M \alpha L$ と表現できる。また,一国全体としての農業生産額は $(1-\alpha)L$ である。それゆえ,不完全特化の下での地域 i の農業生産シェアは $s_i^A = \{s_i^Y - \alpha s_i^M\}/(1-\alpha)$ と表すことができ,この関係と(7a)式より,次のような関係式が得られる[15]。

$$s_i^A - \frac{1}{2} = \frac{1 - \frac{1+\phi}{1-\phi}\alpha}{1-\alpha}\left\{s_i^Y - \frac{1}{2}\right\} \quad (i=1, 2) \tag{7b}$$

---

14) $(1+\phi)/(1-\phi)=1/z(1>z>0)$ と置く。すると $s_i^Y \geq (1+z)/2$ のとき $s_i^M=1.0$ (他地域が農業品に完全特化),$(1-z)/2 \geq s_i^Y$ のとき $s_i^M=0.0$ (当該地域が農業品に完全特化) が解となる。それゆえ,(7a)式の関係は $(1+z)/2 > s_i^Y > (1-z)/2$ を仮定している。

15) $s_i^Y \geq (1+z)/2$ のとき $s_i^M=1.0$ であるので $s_i^A = \{s_i^Y - \alpha\}/(1-\alpha)$ となる。同様に $(1-z)/2 \geq s_i^Y$ のとき $s_i^M=0.0$ であるので $s_i^A = s_i^Y/(1-\alpha)$ を得る。このように (7b) は,$(1+z)/2 > s_i^Y > (1-z)/2$ を仮定している。

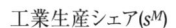

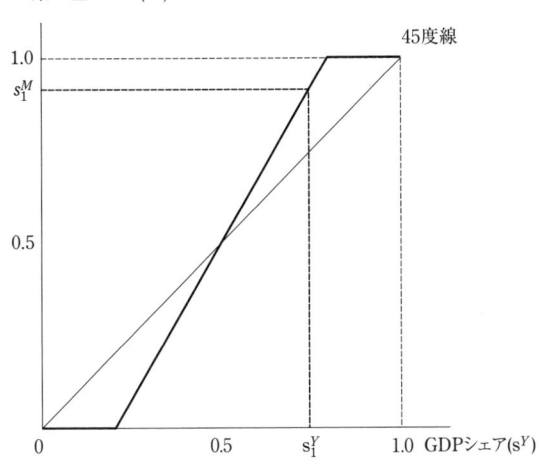

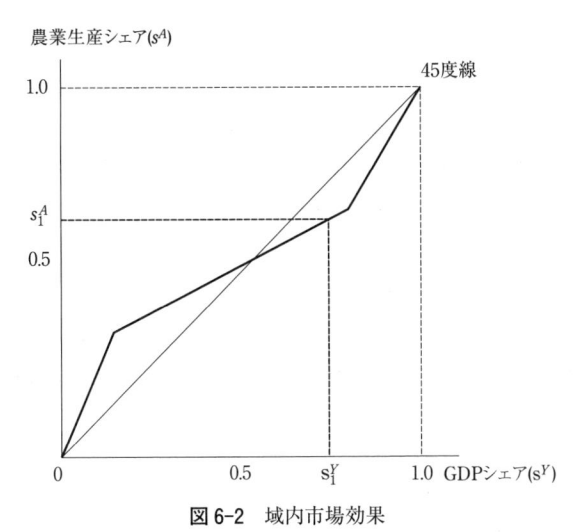

第6章　地域分業構造の変容と域内市場効果　　195

図 6-2　域内市場効果

出所）Helpman and Krugman（1985, 208）の Figure 10.4 を加筆した。

ここで，仮定より，GDP シェアは同時に当該地域の工業品ならびに農業品の需要シェアを表していることに注意しよう。また，$(1+\phi)/(1-\phi)>1$ である。したがって，(7a)(7b)式は需要の大きい地域にそのシェア以上の工業生産が集中し，農業生産はその逆であることを示している。

図6-2 は，以上のことを図解している。ここで，上の図の縦軸には各地域の工業生産シェア，横軸にはその GDP シェアが測られている。細い実線は 45 度線であり，貿易がない場合（つまり自給自足経済）の生産シェアと経済規模の関係を表す。そして，両地域間で交易が行われると，両者の関係は太い実線で示されたS字曲線で示される。同様に，下の図の太い実線は農業生産シェアと GDP シェアの関係を与えており，不完全特化領域においてその傾きは1より小さい[16]。

いま，沿海地域の GDP シェアが横軸の s_1^Y であったとしよう。すると，経済規模の大きい沿海地域の工業生産シェアは縦軸の s_1^M に，また，農業生産シェアは s_1^A にそれぞれ決まる。45 度線は同時に工業品もしくは農業品の需要シェアを表すので，需要規模の大きい沿海地域は工業品の純輸出地域，農業品の純輸入地域となる。このように，輸送費その他の交易費用が無視できない世界では，経済規模の大きい沿海地域が規模の経済性の働く工業品の純輸出地域となる（域内市場効果）。

第二に，市場アクセス可能性の上昇（交易費用の低下）は上図のS字曲線の勾配を大きくし，下図の実線のそれを小さくする。その結果，所与の GDP シェアの下で工業生産はさらに沿海地域に集中する。市場アクセス可能性の上昇を地域間の経済統合の進展と捉えることにすると，以上のことは「国内経済統合の進展は規模の経済が働く工業の沿海地域集中をもたらすとともに，内陸地域の農業特化を促す」と要約できよう。交易費用の低下は，特定地域への工業生産集中による規模の経済性実現を合理化するのである。このことはまた，経済統合に伴って地域間の産業構造の異質化，特定産業の地域集中，あるいは特定地域の産業特化が進展することを意味する。このように，域内市場効果モデルは，前節において説明された改革・開放後の中国における地域経済の構造変化を整

---

16) 図のキンクしている部分については，注 14・15 を参照。

第6章　地域分業構造の変容と域内市場効果　　197

合的に説明可能である。

3.2　多数財・多数地域モデルへの拡張

以上の2財・2地域モデルを多数の工業品を含む多数地域モデルに拡張することは，原理上はさほど難しくない。また，この作業は，実証分析の基礎を提供する上でも必要である。しかし，他の貿易理論と同じく，多地域（国）モデルでは，ある特別な場合を除いて一般に明快な結論を導くことが難しくなる。

そのため，当該国は K 地域から構成され，各地域の労働賦存量のみが異なるとしよう。ただし地域間の労働移動は制限されている。そして地域に共通の家計効用関数を

$$U_i = \prod_{r=1}^{J} (C_i^M(r))^{\alpha(r)} (C_i^A)^{1-\alpha}, \sum_{r=1}^{J} \alpha(r) = \alpha \quad (0<\alpha<1, i=1, 2, ..., K)$$

と特定化する。ここで，工業品は J 個の工業財からなり，その類別をインデックス r で区別している。そして，その総消費を $C_i^M(r)$ ($r=1, 2, ..., J$) とする。また，各工業財は複数のバラエティから構成されており，そのサブ効用関数をこれまで通り CES 型と仮定する。C_i^A は地域 i の農業品消費量であり，農業品に関する設定はこれまで通りである。

さて，コッブ・ダグラス型効用関数を仮定する限り，工業財間の交差価格弾力性はゼロであるので，工業品の個別財をそれぞれ独立に扱うことが可能である。個別工業財を，直接的な代替関係を持たないという意味での「産業」とみなすことが許されるならば，この仮定により，個別の産業を個々独立に扱える。そこで，煩雑化を避けるため，必要な場合を除いて以下では産業を表すインデックス r を省略する。

そうすると，前節と同様の要領により，不完全特化の下での個別産業の需給バランス条件は

$$1 = \sum_{j=1}^{K} \frac{\phi_{ij} S_j^Y}{G_j} \quad (i=1, 2, ..., K) \tag{8}$$

と表せる（(6)式に対応している）。ここで，$\phi_{ij} = (t_{ij})^{1-\sigma}$ は原産地 i の仕向け地 j に対する市場アクセス可能性であり，同一地域内の交易費

用はゼロ（$\phi_{ii}=1.0$）と仮定しよう。また，個別産業の相対価格G_j（$=(P_j/p)^{1-\sigma}$）は，次のように定義されている。

$$G_j = \sum_{i=1}^{K} s_i^M \phi_{ij} \qquad (j=1, 2, ..., K) \tag{9}$$

さて，先に進む前に，予め一般解を導出しておこう。そのため市場アクセス可能性行列を$\Phi=[\phi_{ij}]$，GDPシェア・ベクトルを$s^Y=(s_1^Y, s_2^Y, ..., s_K^Y)'$，特定工業財の生産シェア・ベクトルを$s^M=(s_1^M, s_2^M, ..., s_K^M)'$，その相対価格ベクトルを$G=(G_1, G_2, ..., G_K)'$，1を要素とする$K\times 1$ベクトルを$\zeta=(1, 1, ..., 1)'$でそれぞれ定義する（プライム（′）は転置を表わす）。また，diag$\{X\}$を，$K\times 1$次元ベクトルXをその各要素を主対角要素とする$K\times K$の行列に変換する記号と約束する。このとき，(8)式は$\Phi[\text{diag}\{G\}]^{-1}s^Y=\zeta$と表現可能であるので，$\Phi$が非特異と仮定すれば，$s^Y=\text{diag}\{G\}[\Phi^{-1}\zeta]=\text{diag}\{\Phi^{-1}\zeta\}G$である。したがって，$G=[\text{diag}\{\Phi^{-1}\zeta\}]^{-1}s^Y$を得る。

他方，(9)式は$G=\Phi's^M$と表現できるので，不完全特化下の個別産業の地域生産シェア決定式は，結局のところ次のように表現可能である。

$$s^M = \Phi'^{-1}[\text{diag}\{\Phi^{-1}\zeta\}]^{-1}s^Y = [\text{diag}\{\Phi^{-1}\zeta\}\Phi']^{-1}s^Y \tag{10}$$

なお，簡略化のため，以下では$W=[\text{diag}\{\Phi^{-1}\zeta\}\Phi']^{-1}$と表記する。この(10)式が意味しているように，2財・2地域ケースで妥当した(7a)式のような特定地域生産シェアと当該地域GDPシェアの一義的対応関係が，多数地域モデルでは必ずしも成立せず，一般に特定地域の生産シェアはすべての地域のGDPシェアに依存して決定される。

特定産業の地域生産シェアの決定において，自地域の需要だけでなく他地域のそれが関与するという結論は，財の生産が市場ポテンシャルに依存することの直接の帰結である。この論点の背後にあるロジックをより直観的に理解するために，例えば同じ経済規模を持つ二つの地域A，Bを考えてみよう。ただし，地域Aは巨大な市場を擁した第三地域に隣接しており，逆に地域Bの近隣には経済規模の小さな地域しか存在しないと仮定する。このとき地域Aの実質的な需要規模（市場ポテンシ

ャル）は明らかに地域Bのそれよりも大きいので，地域Aの生産シェアは地域Bのそれよりも大きくなる。しかし，その一方で，大市場を擁する地域に近接した地域Aは，地域Bに比べてそれだけ近隣地域からの強い競争圧力にさらされている。その結果，近隣地域製品との代替効果により，その実質的な市場規模は逆に小さくなるかもしれない[17]。したがって，多地域モデルでは第三地域市場を経由した二つの効果が複雑に絡み合うため，需要シェアの高い地域が同時に工業財の純輸出地域になるといった二地域モデルで得られた結論の単純な一般化は困難である。

3.3 モデルの特定化

いずれにせよ，モデルを多数地域（多数国）世界に拡張すると，3.1節において整理された域内市場効果の理論的明快性が薄れてしまう。それゆえ，域内市場効果モデルの持つ経済的インプリケーションを実証するためには，何らかの単純化が必要である。そこで，本章では，市場アクセス可能性行列にもっともらしい制約を課すことにより推定を可能にする接近を採用してみたい[18]。

より具体的には，次を仮定する。

$$\phi_{ij} = \phi_j \text{ for } i=1, 2, ..., K \text{ and } i \neq j \quad (0<\phi_j<1) \tag{11}$$

すなわち，国際貿易関係と同様の要領で，地域jに対する市場アクセス

---

17) この後者の効果は，通常「集積の影（agglomeration shadow）」と呼ばれている。いずれにせよ，Davis and Weinstein (2003) や Hanson and Xiang (2004) のように，域内市場効果の実証分析において単純な需要ではなく距離でウェイト付けした需要（市場ポテンシャルの代理変数）が使用されるのはこのためである。

18) Behrens et al. (2005) は，われわれと同じ多数財・多数国モデルにおいて，代替的な域内市場効果のテスト方法を提案している。しかし，「理論に基づく線形アクセス可能性フィルター（theory-based linear accessibility-filter）」と呼ばれる関係 $s^{M*}=\{[1+(K-1)\phi]/(1-\phi)\}W^{-1}s^M-\phi/(1-\phi)\zeta$（本章後出の(13a)式）から予測される工業シェア s^{M*} と，所得シェア・ベクトルの予測値 $W^{-1}s^M$ を用いた彼女たちのテスト方法には，線形アクセス可能性フィルターが「共通の」交易費用を仮定している一方で，貿易フロー・データから国別に「異なる」交易費用の行列 $\Phi=[\phi_{ij}]$ を別途計測し，$W=[\text{diag}\{\Phi^{-1}\zeta\}\Phi]^{-1}$ により予測値を導くという内部矛盾がある。

可能性は地域 j 域内を除くすべての供給地域 i に共通と仮定し，移入地域別の交易費用体系を考える．なお，国際間と異なり，国内においてFTAのような差別的制度は考え難いので，この仮定は比較的受け入れ易いと考えられる．このとき，相対価格ベクトルの定義式(9)式は $G_j = s_j^M + \phi_j \Sigma_{k \neq j} s_k^M = \phi_j + (1-\phi_j) s_j^M$ $(j=1, 2, ..., K)$ と表現できるので，市場アクセス可能性ベクトルを $\Phi^C = (\phi_1, \phi_2, .., \phi_K)'$ によって定義すると，(9)式は $G = \Phi^C + \mathrm{diag}\{\zeta - \Phi^C\} s^M$ と表現可能である．

一方，需給バランス条件 $G = [\mathrm{diag}\{\Phi^{-1}\zeta\}]^{-1} s^Y$ の第 j 要素は，j 地域のGDPシェア s_j^Y のみに依存する．したがって，$\mathrm{diag}\{\zeta - \Phi^C\}$ の逆行列は対角行列であるので，われわれの仮定は第三地域市場効果の消去を可能にしている．

補論において示されているように，不完全特化を前提すると，(11)式で表される市場アクセス可能性の仮定の下では，ベクトル $B = \Phi^{-1}\zeta$ の第 j 要素 B_j は

$$B_j = \prod_{\substack{s=1 \\ s \neq j}}^{K} (1-\phi_s)/\Delta \quad (j=1, 2, ..., K)$$

となる．ここで，Δ は市場アクセス可能性行列 Φ の行列式（determinant）であり，次式によって与えられる．

$$\Delta = \prod_{s=1}^{K}(1-\phi_s) + \sum_{i=1}^{K} \phi_i \prod_{\substack{s=1 \\ s \neq i}}^{K}(1-\phi_s) \quad (>0)$$

そうすると，個別工業財の生産シェア決定式 $\Phi^C + \mathrm{diag}\{\zeta - \Phi^C\} s^M = [\mathrm{diag}\{\Phi^{-1}\zeta\}]^{-1} s^Y$ より，$s^M = -[\mathrm{diag}\{\zeta - \Phi^C\}]^{-1} \Phi^C + [\mathrm{diag}\{\zeta - \Phi^C\}]^{-1} [\mathrm{diag}\{\Phi^{-1}\zeta\}]^{-1} s^Y$ という関係が導かれ，その個別要素を逐一表現すると，次式のようになる．

$$s_i^M = -\frac{\phi_i}{1-\phi_i} + \frac{\Delta}{\prod_{s=1}^{K}(1-\phi_s)} s_i^Y = -\frac{\phi_i}{1-\phi_i} + \left\{1 + \sum_{s=1}^{K} \frac{\phi_s}{1-\phi_s}\right\} s_i^Y$$

$$(i=1, 2., ..., K) \quad (12\mathrm{a})$$

このように，(11)式の単純化の下では，①他地域のGDPシェアの影響

第6章　地域分業構造の変容と域内市場効果

が表面上消滅し，その市場アクセス可能性の影響のみが残る。そして，②各地域のGDPシェアs_i^Yと個別工業財生産シェアs_i^Mの関係は線形となり，GDPシェアに関わる係数は全地域に共通でかつ1.0よりも大きい。なお，(12a)式は，個別産業rについて成立していることに注意しよう。

　この関係式は，幾つかの興味深い結果を導いている。第一に，GDPシェアの高い地域が比例以上の高い工業財シェアを持つという意味での域内市場効果の理論予測は，第三地域市場効果が消去された後でも必ずしも妥当しない（右辺第一項の定数項の存在による）。例えば，$s_i^Y > s_j^Y$としても，$\phi_i/(1-\phi_i)$が$\phi_j/(1-\phi_j)$よりも十分高い場合（すなわちj地域の交易費用がi地域のそれに比べて十分高い場合），$s_i^M < s_j^M$でありうる。地域jの高い交易費用が実質的な保護効果を持つため，小さな需要シェアにもかかわらず高い工業財シェアを保持しうるからである。

　容易に理解できるように，実はこのようなパラドキシカルな現象は2地域ケースでも起こりうるのであり，このことはまた，域内市場効果が地域間での同じ交易費用（$\phi_j = \phi$ for all j）という特殊な環境においてのみ妥当することを意味している[19]。実際，共通の交易費用の下では，(12a)式は，さらに次式のように単純化可能である。

$$s_i^M - \frac{1}{K} = \frac{1+(K-1)\phi}{1-\phi}\left\{s_i^Y - \frac{1}{K}\right\} \tag{13a}$$

もちろん，$K=2$の場合が(7a)式である。このとき，2地域モデルで得られた域内市場効果（および交易費用低下の効果）が多数地域モデルにおいても妥当する[20]。そして，実証的観点からは，域内市場効果仮説は右辺のs_i^Yに関わる係数が1よりも大という簡単な仮説に縮約可能である。このように，域内市場効果は，それ自身としてはひどく直感に訴えるものがあるものの，厳密に言えば交易費用の差をコントロールしたきわめ

---

19) 3.2節において説明した2地域モデルでは交易費用の対称性（$\phi_1 = \phi_2$）が仮定されていた。

20) 平均シェア$1/K$よりも大きい需要シェアを持つ地域は比例以上の工業財生産シェアを持ち（つまり純輸出地域となり），平均シェアよりも小さい需要シェアしか持たない地域は逆に純輸入地域となる。そして交易費用の低下は平均シェアよりも高いGDPシェアを持つ地域の工業財シェアを高め，逆に低い地域のそれを減少させる。

て特殊な環境でしか成立しない命題なのである。

　第二に，われわれの主要関心事である交易費用の効果について，非対称性を指摘しておく必要がある。実際，(12a)式から明らかなように，他地域 j の交易費用低下（ϕ_j の上昇）は当該地域 i の工業財生産シェアを増加させる一方で，当該地域の交易費用低下（ϕ_i の上昇）は逆にそれを「減少」させる[21]。そして両者の同程度の低下の帰結は一般に不確定であり，同地域の GDP シェアがその平均シェア($1/K$)よりも大きい場合プラス，逆に小さい場合マイナスとなる。このように，2 地域ケースで説明した交易費用低下の効果は，すべての地域における同程度の交易費用低下の帰結と捉える必要がある。

　一方，$n(r)$ を第 r 工業財の総バラエティ数と定義すれば，地域 i の農業生産額は $L_i - \sum_r n_i(r)p(r)x(r) = L_i - \sum_r s_i^M(r)n(r)p(r)x(r)$ と表現できる。しかし，個別工業財全体としての需給バランス条件 $n(r)p(r)x(r) = \alpha(r)L$ を活用すると，地域 i の農業生産額は $L_i - \sum_r s_i^M(r)\alpha(r)L$ となる。したがって，全体としての農業生産額は $(1-\alpha)L$ であるので，地域 i の農業生産シェアは $s_i^A = \{s_i^Y - \sum_r \alpha(r)s_i^M(r)\}/(1-\alpha)$ であり（$\sum_r \alpha(r) = \alpha$ に注意），それゆえ，(12a)式右辺第一項を $c_i(r) = \phi_i(r)/(1-\phi_i(r))$，第二項の係数を $a(r)$ とそれぞれ置くと，

$$s_i^A = \frac{\sum_{r=1}^J c_i(r)\alpha(r)}{1-\alpha} + \frac{1-\sum_{r=1}^J a(r)\alpha(r)}{1-\alpha}s_i^Y \tag{12b}$$

を得る。明らかに GDP シェア s_i^Y の前の係数は地域に共通であり，かつ 1.0 より小さい（マイナスであるかもしれない）。また，共通の交易費用（$\phi_j = \phi$ for all j）の下では，(12b)式はさらに次式に単純化される（不完全特化を仮定している）。

$$s_i^A - \frac{1}{K} = \frac{1 - \frac{1+(K-1)\phi}{1-\phi}\alpha}{1-\alpha}\left\{s_i^Y - \frac{1}{K}\right\} \tag{13b}$$

---

21) この交易費用の異なった効果は，1980 年代後半から 90 年代初頭にかけて深刻化した中国の地域保護主義と省間貿易戦争を部分的に説明するかもしれない。

ただし，工業品の場合と異なり，右辺の係数は交易費用φだけでなく支出シェアαにも依存している。このように，(11)式の単純化の仮定の下では，域内市場効果モデルは(12a)，(12b)式に縮約でき，共通の交易費用を仮定すると，さらに(13a)，(13b)式のように単純化が可能である。

3.4 実証分析の方法

さて，以上の接近を採用すると，域内市場効果モデルに対応する推定式は，(12a)式に対応した次式のような固定効果モデルに帰着する。

$$s_{it}^M = a_{0i} + a_1 s_{it}^Y + u_{it}^M \quad (i=1, 2, ..., K; t=1, 2, ..., T) \tag{14a}$$

ここで，s_{it}^M は時点 t における i 地域の工業財生産シェア，s_{it}^Y は同 GDP シェア，u_{it}^M は攪乱項である。そして，「$a_1>1$」もしくは「$a_{0i}<0$ for all i」が域内市場効果モデルの妥当性のテストとなる。なお，(12a)式によると，$a_1=1-\sum_i a_{0i}$ という関係が成立しなければならないが，固定効果モデルによる(14a)式の推定は，自動的にこの制約を満たすことに注意しよう[22]。

この移入地域別の異なった交易費用を仮定するモデルでは，需要シェアの大きい地域が比例以上の工業財生産シェアを持つという意味での域内市場効果は成立しないかもしれない。しかし，中国経済のコンテキストにおいて，二つの興味深い問題を検証可能である。その第一は，地域単位での自給自足傾向という意味での広く流布している「諸侯経済」仮説の検証である。実際，地域単位での自給自足が観察されるのであれば，生産シェアは需要シェアに一致するので，「$a_1=1$」が妥当するはずである。また，自給自足化傾向を高い交易費用（小さい市場アクセス可能性）と考えれば，個別地域で観察した場合の諸侯経済仮説は，「$a_{0i}=0$」という仮説に縮約できる[23]。そして，前者は全体としての傾向を，また，

---

22) 定数項の推定値は $\hat{a}_{0i}=\bar{s}_{it}^M-\hat{a}_1\bar{s}_{it}^Y$ によって計算される。ここで，記号の上のハットは推定値，バーは平均値を表す。また，シェアの平均値は $1/K$ である。したがって，この関係を横断面で合計すると $\sum_i \hat{a}_{0i}=1-\hat{a}_1$ が得られる。

後者は個別の傾向を検証する方法と考えることができよう。

　第二に，モデルの構造パラメーターである市場アクセス可能性は，中国国内の経済統合の程度を測る尺度と考えることができる。そして，幸いなことに，固定効果a_{0i}の推定値は$-\phi_i/(1-\phi_i)$の推定値であるので，域内市場効果モデルは個別地域毎の市場アクセス可能性（したがって交易費用）の推定を可能にしている[24]。

　一方，理論上は独立の関係ではないものの，工業品ではなく，農業品の生産シェア決定式から域内市場効果モデルにアプローチすることも可能である。いま，(12b)式に対応する

$$s_{it}^A = b_{0i} + b_1 s_{it}^Y + u_{it}^A \quad (i=1, 2, ..., K; t=1, 2, ..., T) \quad (14b)$$

という推定式を考えよう。ここで，s_{it}^Aはi地域の農業生産シェア，u_{it}^Aは誤差項である。したがって，もし域内市場効果モデルが妥当な経済理論であるならば，「$1 > b_1$」もしくは「$b_{0i} > 0$ for all i」が成立するはずである。なお，理論上は$b_1 = 1 - \sum_i b_{0i}$という関係が成立しなければならないが，推定では自動的にこの条件が満たされることは工業品の場合と同様である。しかし，農業品に関わるパラメーターは，市場アクセス可能性だけでなく支出シェアにも依存しているので，推定されたパラメーターから前者に関する推論を直接行うことは難しい。それゆえ，農業品に関する推定は，工業品に関するそれを補完するものと位置付けるべきであろう。

　いずれにせよ，われわれの推定方法は，生産シェアと需要シェアの代理変数としてのGDPシェアという二つの容易に利用可能な変数のみに依存しているため，データ制約の大幅な緩和を可能にしている。しかし，データの利用可能性制約を所与とすると，共通の交易費用を仮定して分析を進めることも，第一次接近としては有益と考えられる。この場合，(14a)(14b)式の地域固定効果が地域に共通の定数に退化するため，横

---

23)　a_{0i}は$-\phi_i/(1-\phi_i)$の推定値であり，市場アクセス可能性ϕと交易費用tの間には$\phi_i = (t_i)^{1-\sigma}$という関係があることに注意する。

24)　ただし，固定効果にはその他の観察できない地域固有の要因も多く含まれていると考えられるので，推定結果の解釈には注意が必要である。

断面データのみによって推定が可能である。また，この仮定の下では厳密な意味での域内市場効果が成立し，しかもそれは，Davis and Weinstein (2003) や Head and Ries (2001) のように，「$a_1 > 1$」（農業品の場合「$1 > b_1$」）というきわめて単純な仮説によって検証可能である。そして，共通の交易費用は(13a)式に従って簡単に推定できるので，それを平均的な交易費用と考えれば，中国国内経済統合の異時点間にわたる全般的な傾向を追跡可能である。

　以上の方法論に基づき，中国の30省・市を対象とした推定を行う（重慶市は四川省と統合した）。なお，推定期間は改革・開放以後に限定する。それ以前は計画経済であり，モデルが前提する市場メカニズムが働いていなかったからである。一方，推定に際して内生性の問題に対処しておく必要がある。というのは，工業セクターが相対的に大きい地域ほどGDPシェアも大きいという逆の関係も十分想定できるからである。したがって，推定は操作変数法によって行われ，GDPシェアの操作変数として生産要素賦存量に関連した人口シェア，実質資本ストックシェア，およびDémurger et al. (2002a, 2002b) と同様の方法によって作成された対外開放政策指数を使用した。なお，これらの変数のデータ出所等は既に前章において説明されているので，ここでは繰り返さない。また，その他のデータの出所は補論において説明されている。

　このように，われわれの接近は，域内市場効果に関する最初の実証分析であるDavis and Weinstein (1999, 2003) や，アメリカ・カナダ間貿易を対象として域内市場効果を分析したHead and Ries (2001) と類似している。これに対して，近年，域内市場効果の実証分析の方法は多様化している。例えば，Weder (2003) は，Krugman (1980) モデルを二国・多数財モデルに拡張した枠組みに基づいてイギリスとアメリカの26産業における第三国向け輸出構造を分析し，域内市場効果（自国市場効果）の存在を支持する結果を得ている。また，Hanson and Xiang (2004) は，国家間での実質市場ポテンシャルの相違を許容した二国・多数財モデルに基づいて，域内市場効果が現れやすい産業群とそうでない産業群をコントロールした上で，域内市場効果の存在を支持する実証結果を示した。このように，われわれの接近は，域内市場効果を分析する唯一のそれではないが，①多数財・多数国モデルの明示的な解析解に

依拠しており，②しかも他の代替的接近に比べてデータ制約が大幅に緩和されている，というメリットを持つ。加えて，③貿易パターン決定論としての域内市場効果に分析の重点を置くその他のアプローチは，国内交易フロー・データの利用可能性に関する制約を所与とすると，国内経済統合という中国地域経済の中心的問題を分析する目的には不向きと考えられる。

第4節　推定結果

4.1　農業・工業レベルの結果

a　マクロ・レベルの観察　推定結果を示す前に，中国の地域間分業構造が実際にどのようになっているかを，マクロ・レベルで観察しておくことが有益である。この目的のためには，共通の交易費用を仮定した枠組みで成立する関係を援用すると見通しがよい。図6-3は，2007年時点における中国の工業生産シェアとGDPシェアの関係を，また，図6-4は同年における糧食生産シェアとGDPシェアの関係を図示している（図6-2とのアナロジーに注意されたい）[25]。なお，計数はすべて平均からの階差により計算されており，農業の代表例として最も大きなシェアを持つ糧食（小麦，コメ，トウモロコシ，豆類，甘藷）を選んだ。そして，右上がりの実線は45度線，右上がりの点線は回帰線である。

これら二つの図を観察すると，次のような興味深い事実が浮かび上がってくる。第一に，工業生産分布の回帰線の勾配は1.0よりも大きい（図6-3）。特に北京，天津，上海の三直轄市，および山東・江蘇・浙江・福建・広東省の新興富裕地域は，北京市・福建省を除けば基本的に工業品に特化していると考えてよさそうである。ちなみに，現在における中国の工業生産は広東・江蘇・山東・浙江・上海の5省・市に集中しており，そのシェアは2007年時点で53.5％である（国家統計局編『中国統計年鑑』2008年，492）。

25）農工というマクロ・レベルに関する限り，西蔵自治区や青海省といった小さな地域でさえ完全特化は生じていない。このことはまた，図6-2のキンクする部分（完全特化部分）を考慮する必要性は特にないことを意味する。

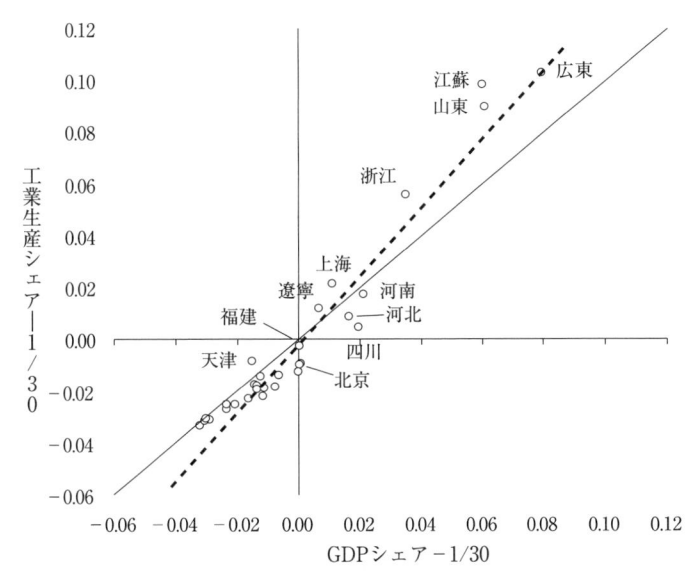

第6章　地域分業構造の変容と域内市場効果　　207

図6-3　工業生産シェアとGDPシェア：2007年

注）　破線は次の回帰線を（カッコ内はWhiteによる不均一分散頑健標準誤差），細い実線は45度線を表す。
$$s^M - 1/30 = 1.314\{s^Y - 1/30\} \quad \text{adjR}^2 = 0.944$$
$$(0.069)$$
資料）　国家統計局編『中国統計年鑑』2008年より作成した。

　第二に，その裏返しとして，説明力は弱いものの糧食生産分布の回帰線の勾配は1.0を下回っており（図6-4），工業品への特化が著しい沿海省・市の糧食生産シェアはGDPシェアよりも小さい[26]。そして，糧食生産に特化しているのは内陸部であり，その代表例は安徽・河南・湖南・江西・広西・四川・貴州・雲南の長江流域内陸部および西南地域，吉林とコメの一大産地に変貌した黒龍江の東北地域，そして内蒙古自治区である。最後に，その他の西北・西南省は工業・農業ともに自給自足経済に近い。このように，現在における中国の地域分業構造を大掴みに捉えれば，沿海部は工業品特化，内陸部は糧食生産特化，そして西部地域の自給自足経済ということになる[27]。

---

26)　一見したところ，農業シェアとGDPシェアの関係は希薄のように見える。しかし，図6-4の脚注において示されているように，回帰線の勾配は5％の水準で統計的に有意である（後出の表6-4も参照）。

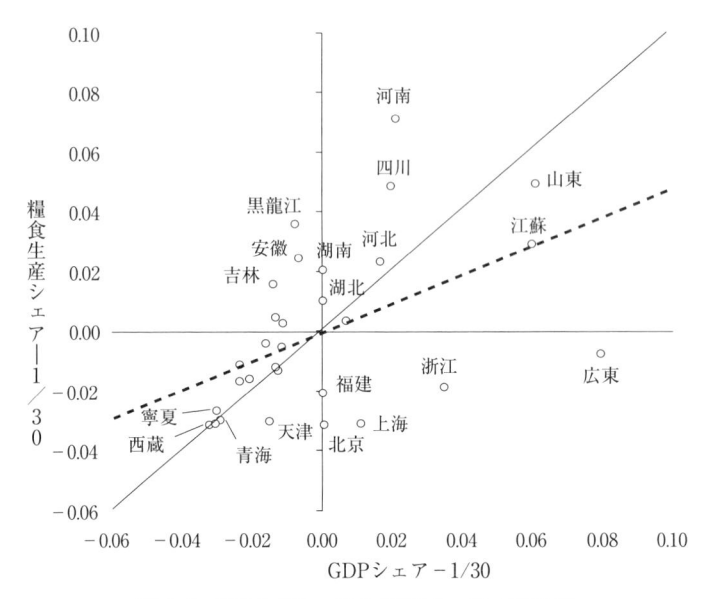

図6-4 糧食生産シェアとGDPシェア：2007年

注）破線は次の回帰線を（カッコ内はWhiteによる不均一分散頑健標準誤差），細い実線は45度線を表す。
$$s^M - 1/30 = 0.471(s^Y - 1/30) \quad \text{adjR}^2 = 0.228$$
$$(0.198)$$
資料）国家統計局編『中国統計年鑑』2008年より作成した。

いずれにせよ，2007年時点における中国の地域分業構造は域内市場効果モデルが想定するそれと概ね整合的である，あるいは「地域単位でのフルセット産業構造」という根強い中国感は，少なくともマクロ面で見る限り実態から乖離しており，既に影を潜めつつあると言えよう。そこで次の作業は，このことがよりフォーマルにも支持されるのかどうか，また，そうであるとしていつ頃からかを確認することである。

b　推定結果　最初に，(14a)(14b)式の固定効果モデルを，農業・工業という大分類によって推定した結果を示そう。表6-2はその要約表である。ここで，変化のトレンドを捉えるために，期間を80年代と90

27）図6-3では明確でないが，実際には資源を巡る国内交易があり，西部地域はその供給地域である。

表 6-2　固定効果モデルの推定結果

	推定期間			
	1980-84 年	1985-89 年	1990-98 年	1998-2007 年
工業部門 GDP シェアの係数(a_1)	0.822†† (0.079)	1.238† (0.129)	1.263†† (0.122)	1.523††† (0.109)
a_{0i} が有意に負の省数 5%の有意性基準 [10%の有意性基準]	3 [6]	15 [19]	19 [21]	25 [27]
農業部門 GDP シェアの係数(b_1)	0.128††† (0.127)	0.102††† (0.089)	-0.254††† (0.089)	-0.332††† (0.121)
b_{0i} が有意に正の省数 5%の有意性基準 [10%の有意性基準]	25 [26]	26 [26]	29 [29]	30 [30]

注）推定方法は2段階最小自乗法、操作変数は定数項、人口シェア、資本ストックシェア、および対外開放政策指数。（　）内の計数は推定値の標準誤差を表す。（†††）は1%の水準で、（††）は5%の水準で、（†）は10%の水準でそれぞれ有意に1.0と異なることを表す。なお、結果は省略されているが、「すべての $a_{0i}=0$」もしくは「すべての $b_{0i}=0$」という仮説はすべて1%の水準で棄却されている。

年代、そして2000年代の三つに区分してみた。ただし、80年代前半における改革の重点は農業分野にあり、工業部門改革の展開は主として80年代後半からであるので、80年代を1980-84年と1985-89年の二つの時期に細分した。また、1998年において、中国の統計対象工業企業が全工業企業から全国有企業及び年商500万元以上非国有工業企業に変更されていることを考慮して、90年代を1990-98年の期間で、2000年代を新基準統計による1998-2007年の期間でそれぞれ代表させる。

この要約表によると、80年代前半の推定結果は、域内市場効果モデルの想定する世界とは異なったものである。実際、a_1 の推定値は有意に1.0を下回っており、しかも、省別固定効果 a_{0i} が有意にマイナスである省は、5%の有意水準で僅か3省に過ぎない。しかし、この結果は特に驚くべきものではない。というのは、経済政策の舵取りが改革・開放政策に大きく変更されたとはいえ、当時の工業部門の主力は計画経済の影響を色濃く残した国有企業であったからである。

ところが、改革が都市部へ拡大された80年代後半から、事態は次第に変化している。第一に、a_1 の推定値は次第に上昇し、しかも有意に

1.0 を上回り始めた。実際，a_1の点推定値は，80年代後半の1.238から90年代の1.263に，そして2000年代では1.523にそれぞれ上昇しており，90年代では5％の水準で，2000年代では1％の水準で統計的に有意に1.0を上回っている。a_1の推定値から1を引いた値は平均的な市場アクセス可能性を表しているので，このことはまた，中国において市場アクセス可能性の全般的な改善（もしくは交易費用の低下）が起こったことを示唆している。第二に，有意にマイナスの固定効果を持つ省の数も次第に増加しており，80年代前半の3省から80年代後半では15省，90年代では19省，そして2000年代では25省へとほぼすべての省を網羅するに至っている（いずれも5％有意水準による）。このように，われわれの推定結果は，地域単位での自給自足という意味での諸侯経済症候群が，特に90年代に入って大きく後退したことを強く示唆していると言えよう。

　一方，表6-2の下段には，農業部門に関する推定結果が示されている。興味深いことに，b_1の推定値は予想通り1.0を下回るだけでなく，工業部門とは逆に次第に低下している。また，省別固定効果の推定値もほぼ理論通りの正値であり，その値は時間経過に伴って全般的に上昇している。言うまでもなく，この結果は工業部門で観察されたことと整合的である。

　以上のように，固定効果モデルの推定結果は，中国の全般的な国内経済統合の進展を強く示唆している。そこで，交易費用はその程度を表す尺度であるので，得られたパラメーター推定値から実際にその大きさを計測してみることも有益であろう。ただし，交易費用を計測するためには代替弾力性 σ に関する情報が必要である。中国における代替弾力性の推定例は，管見の限りではこれまでのところ皆無であるが，他の先行研究事例によると，それは概ね5.0から10.0の範囲に分布しているようである（Andersen and Wincoop, 2003, 2004; Baier and Bergstrand, 2001; Eaton and Kortum, 2002; Hanson, 2005; Head and Ries, 2001; Hummels, 2001; Lai and Trefler, 2002）。また，交易費用に関する実証分析の包括的サーベイである Andersen and Wincoop（2004）は $\sigma=8.0$ をベンチマークとして使用しているので，ここでは $\sigma=8.0$ を仮定して交易費用を計測してみた。なお，交易費用は代替弾力性の値にきわめて敏感であ

表 6-3 交易費用の推定結果：固定効果モデル

単純平均

	1985-1989 年	1990-1998 年	1998-2007 年
全　国	2.586	1.583	1.474
東部地域	2.167	2.109	1.796
中部地域	1.908	1.884	1.719
西部地域	1.396	1.382	1.315

工業生産額加重平均

	1985-1989 年	1990-1998 年	1998-2007 年
全　国	2.175	2.148	1.902
東部地域	2.322	2.233	1.787
中部地域	1.743	1.710	1.591
西部地域	2.575	2.599	2.531

注1）固定効果モデルの推定結果から計算された交易費用。省別固定効果は $-\phi_i/(1-\phi_i)$ の推定値であるので，定数項の推定値から ϕ_i を逆算した。その地域区分別平均値を使って $\phi_i=(t_i)^{1-\sigma}$ という関係より交易費用 t_i を計算した（代替弾力性 $\sigma=8.0$ を仮定した）。上段は ϕ_i の単純平均値，下段は ϕ_i の工業生産シェア加重平均値を使用した場合の結果である。

注2）地域区分は2000年以降の新区分を採用した。東部地域は北京・天津・上海市，河北・遼寧・山東・江蘇・浙江・福建・広東・海南省の11省・市，中部地区は山西・吉林・黒龍江・安徽・江西・河南・湖北・湖南省の8省，西部地区は内蒙古・広西・四川（重慶市と四川省の統合ベース）・貴州・雲南・西蔵・陝西・甘粛・青海・寧夏・新疆の11省・自治区である

るため，結果は幅を持って解釈されるべきである。また，80年代前半では有意味な結果が得られていないので，計測は80年代後半以降に限定している。

計測結果を整理した表6-3によると，予想通りの結果が得られている。実際，単純平均，金額加重平均のいずれで見ても交易費用は全国，各地域ともに低下傾向を示しており，このことはまた，中国の国内経済統合が総じて進行していることを再確認していると言えよう。ただし，東部の交易費用が内陸部のそれよりも高いとの結果は常識に反しているが，これは固定効果が東部においてプラスと推定された省が多いことの反映であり，直接観察されないその他の地域特殊要因が固定効果に反映されているためと考えられる。

以上の固定効果モデルに対し，厳しい前提ではあるものの，共通の交易費用を仮定した推定は，中国経済全体の平均的な傾向を分析する目的

にとって有用である。また，固定効果モデルはある程度幅を持った推定期間を必要としているのに対し，この共通の交易費用の仮定の下では横断面データのみで推定が可能であるので，中国国内経済統合の時間的推移をより仔細に検討することが可能である。なお，このモデルでは厳密な意味での域内市場効果が妥当し，それはa_1が1.0を上回るという単純な仮説によって検証可能である。

　表6-4は，共通の交易費用を仮定した場合の推定結果を整理したものであり，それによると，固定効果モデルによる推定結果とほぼ整合的な結果が得られている。第一に，a_1の推定値は1985年まで傾向的に低下した後，その後上昇に転じ，1991年より有意に1.0を上回り始めた。なお，点推定値は1985年まで1.0を下回っているものの，有意に1.0と異ならないことに注意しよう。第二に，a_1の推定値は年々上昇傾向にあり，1993年からは5%の水準で，また2001年以後では1%の水準で統計的に有意に1.0を上回るようになった。このことはまた，概ね90年代初頭まで地域単位での自給自足傾向という意味での諸侯経済現象が認められるものの，以後，中国において域内市場効果モデルが想定する地域間での分業・特化パターンが観察され始めたことを意味しており，この結論は固定効果モデルの推定により得られたそれと整合的である。

　一方，表6-4には，農業部門の推定結果も示されている。それによると，b_1の推定値はa_1のそれとは全く逆に低下傾向を示しており，1993年より有意に1.0を下回り始めた。ここでは十分考慮されていない天候や地理的条件等の要因にも強く影響されるため，農業部門の推定式の説明力は工業部門に比べてはるかに低いものの，90年代初頭頃より域内市場効果が有意に観察され始めたとの結論は，農業部門の推定結果によっても支持されていると言えよう。

　あるいは少し視点を変えて，経済統合の程度を表すパラメーターと理解されている交易費用の推移を直接観察することも有益であろう。この目的のために，代替弾力性が$\sigma=5.0$と$\sigma=8.0$の二つケースを取り上げ，(13a)式に従って実際に交易費用を推定してみた。推定方法は非線形2段階最小自乗法であり，操作変数はこれまでと同じである。結果は表6-5に整理されており，それによると，予想通り80年代後半から交易費用が次第に低下していること，そしてこのトレンドは確かに現在ま

表 6-4 域内市場効果の推定結果

年	工業 a_1の推定値	標準誤差	adjR^2	農業 b_1の推定値	標準誤差	adjR^2
全工業企業						
1978	0.907	0.136	0.782	1.147	0.204	0.372
1979	0.852	0.142	0.743	1.168	0.186	0.473
1980	0.866	0.141	0.744	1.155	0.180	0.487
1981	0.849	0.144	0.729	1.159	0.179	0.504
1982	0.852	0.135	0.733	1.126	0.181	0.511
1983	0.861	0.127	0.743	1.105	0.156	0.592
1984	0.937	0.110	0.782	0.983	0.140	0.628
1985	0.974	0.105	0.801	0.986	0.145	0.614
1986	1.010	0.100	0.819	0.962	0.141	0.632
1987	1.046	0.091	0.848	0.913	0.136	0.628
1988	1.085	0.084	0.872	0.873	0.131	0.624
1989	1.100	0.085	0.866	0.863	0.137	0.588
1990	1.134	0.092	0.849	0.836	0.129	0.605
1991	1.146†	0.083	0.877	0.833	0.126	0.613
1992	1.171†	0.086	0.877	0.786	0.138	0.524
1993	1.177††	0.079	0.892	0.721†	0.138	0.466
1994	1.196††	0.076	0.904	0.699††	0.136	0.473
1995	1.162††	0.074	0.906	0.724††	0.132	0.504
1996	1.185†††	0.067	0.923	0.724†	0.136	0.481
1997	1.184††	0.068	0.921	0.729†	0.140	0.475
1998	1.184††	0.069	0.917	0.696††	0.138	0.453
全国有及び年商500万元以上非国有工業企業						
1998	1.237††	0.098	0.856			
1999	1.258††	0.097	0.861	0.704††	0.144	0.439
2000	1.258††	0.094	0.869	0.673††	0.150	0.391
2001	1.281†††	0.081	0.903	0.578†††	0.157	0.290
2002	1.303†††	0.078	0.911	0.519†††	0.163	0.219
2003	1.325†††	0.076	0.919	0.493†††	0.160	0.202
2004	1.335†††	0.078	0.915	0.488†††	0.165	0.186
2005	1.312†††	0.069	0.931	0.506†††	0.163	0.201
2006	1.303†††	0.065	0.937	0.498†††	0.162	0.201
2007	1.304†††	0.062	0.942	0.526†††	0.169	0.197

注) 共通の取引費用を仮定したモデルを前提としており，推定は操作変数法によっている．1982・92年の農業はデータが利用可能でない西蔵自治区を除く29省・市ベース，その他は30省・市ベース．(†††) は1%の水準で，(††) は5%の水準で，(†) は10%の水準でそれぞれ有意に1.0と異なることを表す．

表6-5 交易費用の推定結果

年	σ=5.0のケース 推定値	標準誤差	σ=8.0のケース 推定値	標準誤差
全工業企業				
1986	7.239	(17.77)	3.099	(4.346)
1987	4.968	(2.453)	2.499	(0.705)
1988	4.263	(1.058)	2.290	(0.325)
1989	4.088	(0.874)	2.236	(0.273)
1990	3.800	(0.658)	2.144	(0.212)
1991	3.716	(0.528)	2.117	(0.172)
1992	3.574	(0.453)	2.071	(0.150)
1993	3.539	(0.398)	2.059	(0.132)
1994	3.452	(0.335)	2.030	(0.113)
1995	3.624	(0.417)	2.087	(0.137)
1996	3.500	(0.319)	2.046	(0.106)
1997	3.507	(0.325)	2.048	(0.109)
1998	3.509	(0.331)	2.049	(0.110)
全国有及び年商500万元以上非国有工業企業				
1998	3.360	(0.344)	1.999	(0.117)
1999	3.291	(0.308)	1.975	(0.106)
2000	3.292	(0.297)	1.975	(0.102)
2001	3.222	(0.230)	1.952	(0.080)
2002	3.162	(0.202)	1.931	(0.071)
2003	3.108	(0.180)	1.912	(0.063)
2004	3.084	(0.178)	1.903	(0.063)
2005	3.139	(0.172)	1.923	(0.060)
2006	3.162	(0.168)	1.931	(0.059)
2007	3.160	(0.161)	1.930	(0.056)

注) 推定は非線形2段階最小自乗法による。表の推定値から1.0を控除した計数が交易費用を表す。

で持続していることが読み取れる。換言すれば，地域間の経済統合を妨げる交易費用のシステマティックな低下によって，中国において工業集積の力学が作用しているのである。

　もっとも，常識的には交通体系整備その他による物流システムの効率化や家電業界等で見られる全国ベースでの流通システム形成等の要因を指摘できるものの，その低下がどのような要因によりもたらされたかのより具体的な分析は今後の課題とせざるを得ない。実際，長い研究蓄積が存在する国際間はともかくとして（Andersen and Wincoop, 2004），交易費用を規定する国内要因の研究は，アメリカのような先進国のケー

スでさえようやく緒に着いたばかりであり（Hillberry and Hummels, 2003, 2005），今後の研究に待つ所が大きい[28]。しかし，交易費用を軸とした経済統合の分析は，華々しい国際経済統合の進展の背後に追いやられ，とかくかすみがちな中国国内の経済統合という古くて新しい経済問題を照射する一つの有効な接近と考えられる。

　いずれにせよ，農・工というマクロの次元では，域内市場効果もしくは産業集積の顕在化は明らかのように思われる。しかし，その一方で，工業部門の沿海部地域集積は，国内経済統合ではなく輸出拡大によって可能となっているのではないかとの素朴な疑問が提起されるかもしれない。実際，中国の経済成長が貿易によって牽引されてきたとの議論は広く流布しており，その可能性をチェックしておくことは重要な作業であろう。

　その最も簡単な方法は，輸出を控除した工業生産について同様の推定を行ってみることである。ただし，中国の地域別・産業別輸出統計は1995年工業センサスおよび2004年の第一次経済センサス以降の工業統計についてしか公表されていないので，地域別工業品輸出を地域別輸出総額で代理することによって，また，報告工業企業の地域別輸出統計が公表されている1995年および2004-2006年については，原データを使用して推定を行ってみた。なお，1991年までの地域別貿易統計は，そのほとんどが国有外国貿易企業の立地ベース計数であり，原産地ベース統計は1992年以後しか利用可能でないため，1992年以後に分析を限定した[29]。その詳細は省略するが，推定結果によると，a_1の推定値が全般

---

28) 国務院発展センターのLi et al. (2003) は，国内市場分断と地方保護に関する中国最初の包括的調査の結果報告である。それによると，調査が実施された2003年時点において，①過去に比べると地方保護の程度は全般的に低下しているものの，タバコ，ビール，自動車，医薬品等の分野において依然，厳しい保護が実施されていること，②1993年以前における製品流入阻止・原材料流出抑制等の財市場直接規制に代わって，地元雇用優先や省外者の定住困難・子弟の教育問題等の労働規制，内外企業の法的差別，偽ブランド等の不公正取引容認，社会保障制度の未整備，政府調達の地元優先，技術者の移動困難等が地方保護措置の主要形態となっている，ことが明らかになっている。しかし，こうした非関税障壁がどの程度の数量的効果を持っているかは不明である。

29) 加えて，中国の地域別貿易統計は1986年に不連続性がある。例えば，広東省の貿易は，それまで香港経由の加工貿易がその加工賃のみしか計上されていなかったのに対し，1986年よりグロスの貿易額が計上され始めた（Tsui, 2007）。

的に低下するとともに，2004年以降を除いて一般に有意に1.0と異ならないとの結果が得られた。このように，われわれの結論は，ごく最近を除いて貿易の影響を無視したことに一部依存しているようである。

しかし，この修正は，多分に中国の輸出の35％から40％を占める広東省の存在に左右されている。実際，貿易依存度が例外的に高い広東省の影響をコントロールするため広東省ダミーを加えて再推定したところ，a_1の推定値は有意に1.0を上回ることを確認できる。第二に，論点を別の角度から補強するために，統計基準が変更された1998年以後に限定して，輸出を控除した場合の交易費用を再推定してみた。その結果によると，広東省を含む場合はもとより，それを除いても交易費用は低下傾向を示している。このように，中国の地域間工業分布は一部貿易によって左右されていることは事実であるが，それは海外貿易依存が例外的に高い広東省の存在に強く左右されており，それを除いて考えれば，程度の差はあれこれまでと同じ結論が得られるのである（青木，2006）。

4.2 産業別分析

もちろん以上の分析は，工業部門という高度に集計化された場合のそれであり，幾つかの問題が存在する。第一に，中国の工業部門には鉱業やその他資源関連産業が含まれている。明らかにこうした資源関連産業の立地は資源賦存状況に強く左右されているはずであり，域内市場効果モデルを単純には適用できない。第二に，同じく中国の工業には，電力・ガス・水道・熱供給という諸外国で言うところの公益事業部門が含まれている。しかし，中国のような広域経済では，こうした公益事業関連産業は「生産即消費」というサービス産業の特性を強く備えているはずであり，やはりモデルの適用に限界がある。第三に，需要増加に対し供給増加が比例的に追いつかないという意味での収穫逓減が固有に働く産業が存在するかもしれない（Davis and Weinstein, 1999, 2003）。そして第四に，中国固有の事情により，あらゆる産業において域内市場効果が働いていると考えることにも無理がある。自動車生産のように依然，地方保護主義の影響が根強く残っている産業が少なからず存在するはずだからである。

そこで，データが許す限りで最も詳細な産業分類により同様の推定を

行ってみた[30]。まず，固定効果モデルはある程度幅を持った推定期間を必要とするが，1985年から省別・産業別データの開示が始まったこと，そして，90年代後半において工業統計の作成・公表に不連続性がある（1995年の粗生産額定義変更，1998年の統計対象企業変更，1996・98年データの未公表）ことを考慮して，1985-89年，1990-94年，1999-2006年の概ね5年間隔で推定を行った。なお，データはこれまでの全工業企業（郷及び郷以上工業企業に村営工業企業を加えたもの）ではなく，郷及び郷以上独立採算制工業企業である（1999年以降は全国有及び規模以上非国有工業企業）。また，域内市場効果モデルの妥当性が疑わしい産業はあらかじめ排除し，通期で共通の省別・産業別データが利用可能な17製造業に分析を限定する[31]。しかし，産業別の需要シェア・データは現時点では利用可能でないので，それをGDPシェアで代理している。この意味で，以下の産業別分析は近似的なものと理解されるべきかもしれない。推定は2段階最小自乗法であり，操作変数はこれまでと同じである。

　推定結果は表6-6に整理されており，表の左半分がa_1の推定値を，右側半分に固定効果が有意にマイナスである省の数（上段は5%基準，下段のカッコ内は10%基準）を示している。また右肩添え字（†）は推定値が有意に1.0を上回ることを表している。この表によると，第一に，80年代後半ではa_1の推定値が有意に1.0を上回る産業がほとんど存在していなかったのに対し，時間の経過に伴ってその数が着実に増加している。実際，その産業数は，80年代後半が2産業であったのに対して，90年代前半が5産業，そして2000年代が8産業に増加している。また，モデルが予測する負の省別固定効果の数も，5%基準（10%基準）では80年代後半の115（134）から90年代前半の166（188），そして2000年代では227（241）へとやはりその数を増している。つまり，産業レベル

---

30) Hanson and Xiang (2004) は，輸送コストが高くかつ代替弾力性の小さい（規模の経済性が強く働く）産業において域内市場効果が現れ易いことを示している。しかし，現在利用可能なデータを所与とすると，中国の場合，2桁産業分類による分析がせいぜいである。

31) 食品製造業と食品加工業は食品工業として，また一般機械工業と専用機械工業は機械工業としてそれぞれ一括した。また1985年の食品工業，飲料製造業，およびタバコ加工業のデータは三産業を一括しているので，それら産業の推定は1986年からとした。同様に，精密機械工業のデータ開示は1987年からであるので，1987年から推定を行った。

表 6-6　固定効果モデルの推定結果：産業別

産　業	a_1の推定値 1985-1989年	a_1の推定値 1990-1994年	a_1の推定値 1999-2006年	a_1が有意にマイナスの省の数 1985-1989年	a_1が有意にマイナスの省の数 1990-1994年	a_1が有意にマイナスの省の数 1999-2006年
1. 食品工業	0.506 (0.193)	0.905 (0.211)	0.282 (0.336)	0 [0]	0 [0]	0 [0]
2. 飲料製造	1.329 (0.316)	1.170 (0.186)	0.367 (0.091)	5 [9]	7 [12]	0 [0]
3. タバコ加工	-0.265 (0.375)	0.149 (0.215)	-0.078 (0.419)	0 [0]	0 [0]	0 [0]
4. 繊維	1.203 (0.177)	2.256††† (0.211)	2.723††† (0.336)	17 [17]	27 [27]	27 [27]
5. 紙・同製品	0.806 (0.095)	1.546†† (0.252)	2.001††† (0.292)	6 [7]	16 [19]	25 [26]
6. 石油加工	-0.654 (0.714)	-0.101 (0.314)	0.291 (0.306)	0 [0]	0 [0]	0 [0]
7. 化学原料・同製品	1.161 (0.179)	1.062 (0.168)	2.424††† (0.270)	10 [16]	9 [11]	27 [27]
8. 医薬品	1.104 (0.158)	1.052 (0.160)	2.586††† (0.304)	10 [10]	7 [9]	26 [28]
9. 化学繊維	1.550 (0.454)	0.487 (0.349)	6.683††† (1.209)	11 [13]	0 [0]	29 [29]
10. 非金属鉱物製品	1.293†† (0.136)	1.143 (0.194)	1.236 (0.304)	17 [20]	6 [11]	4 [9]
11. 鉄及び同製品	0.648 (0.231)	0.565 (0.169)	1.076 (0.499)	0 [0]	0 [1]	0 [0]
12. 金属製品	1.176 (0.128)	1.431†† (0.199)	1.800††† (0.235)	17 [18]	19 [20]	24 [24]
13. 機械工業	0.670 (0.113)	0.959 (0.242)	0.105 (0.229)	1 [2]	0 [0]	0 [0]
14. 輸送機械	0.208 (0.182)	1.280 (0.254)	1.064 (0.579)	0 [0]	12 [12]	0 [0]
15. 電気機械	1.390†† (0.158)	2.308††† (0.224)	1.193 (0.182)	21 [22]	27 [27]	22 [22]
16. 電子・通信機器	-0.592 (0.270)	2.673†† (0.542)	2.296††† (0.416)	0 [0]	20 [21]	22 [27]
17. 精密機器	0.213 (0.275)	1.348 (0.318)	1.648†† (0.281)	0 [0]	16 [18]	21 [22]

注）　推定は2段階最小自乗法（タバコ工業，化学繊維，鉄及び同製品，輸送機械は誤差項にAR(1)を仮定して推定を行った），操作変数は定数，人口シェア，実質資本ストックシェアおよび対外開放政策指数である。左側の（　）内は標準誤差，(††)は5％の水準で，(†††)は1％の水準でそれぞれ有意に1.0を上回ることを表す。右側の上段は5％の有意水準で，[　]内は10％の水準でそれぞれ有意にマイナスに推定された固定効果の数を表す。

における観察によっても，交易費用の全般的かつ着実な低下が示唆されるのである。

一方，以上の論点は，トレンドの観察に有効な共通の交易費用を仮定した推定モデルによってより鮮明に析出可能である。ここで，90年代のデータ不連続性を考慮し，またトレンドを観察するという意図から，推定期間を1985年から2005年までの2年間隔とし[32]，産業数は，整合性が維持可能な工業25産業（1987・89・91年は21産業）に設定して推定を行った。また，理論パートにおいて示されているように，推定は産業別に独立に可能であるものの，誤差項の不均一分散ならびに相互依存性の可能性を考慮して，3段階最小自乗法（3SLS）により25産業を同時推定している。

結果は表6-7に整理されており，簡略化のため，鉱業4業種，および電力・ガス・水道・熱供給の推定結果は省略されている（すべて1.0を下回るか有意に1.0と異ならない）。表の最初の行は，産業固定効果と共通のa_1を仮定したプール回帰の結果であり，前節における結論の頑健性をサンプル数面で補強する意図を持っている。それによると，a_1の推定値は1985年時点では有意に1.0と異ならないものの，1991年より1％の水準で有意に1.0を上回り始めたこと，そして推定値が次第に上昇傾向を示していることは，表6-4のケースとほぼ同様である。

他方，その下段には，個別産業のa_1の推定値が示されており，簡略化のため，その標準誤差は省略されている（ほとんどは通常の水準で有意である）。表の結果によると，個別産業面では時間を追ってa_1の推定値が全般的に上昇傾向を示しているとともに，域内市場効果が有意に推定されている産業の数も着実に増加している。例えば，域内市場効果が有意に観察された産業数は1985・87年ではゼロ，1989年時点でも5％の有意水準で一産業（非金属鉱物製品）を数えるにすぎなかったが，その後年を追ってa_1が有意に1.0を上回る産業数は着実に増加し，2005年時点では5％水準で10産業，10％水準で11産業に拡大している。その代表的産業は，繊維，紙・同製品，化学原料，化学繊維，非金属鉱物製品，

---

32) 食料・飲料・タバコ産業および精密機械工業は，データの不連続性を考慮して，推定を1987年からとした。注31を参照。

表 6-7 域内市場効果の

産業	1985 年	1987 年	1989 年	1991 年	1993 年
工業部門全体	0.989	1.026†	1.014†	1.044†††	1.057†††
	(0.026)	(0.015)	(0.008)	(0.012)	(0.005)
1. 食品加工	n.a.	n.a.	n.a.	n.a.	1.151
2. 食品製造		1.040	1.041	1.040	1.212††
3. 飲料製造	}0.986	1.095	1.051	1.124	1.165
4. タバコ加工		0.642	0.535	0.517	0.481
5. 繊維	1.216	1.214	1.309	1.347	1.482†
6. 紙・同製品	0.985	0.983	1.018	1.073	1.175††
7. 石油加工	1.423	1.296	1.241	1.131	1.055
8. 化学原料・同製品	0.874	0.913	1.014	1.105	1.130
9. 医薬品	1.030	1.013	1.015	1.100	1.120
10. 化学繊維	0.838	1.063	1.167	1.360	1.530
11. 非金属鉱物製品	1.070	1.116	1.160††	1.167†††	1.246†††
12. 鉄及び同製品	0.928	0.868	0.904	0.831	0.799
13. 非鉄及び同製品	n.a.	n.a.	n.a.	n.a.	0.714
14. 金属製品	1.035	1.112	1.159	1.234	1.320††
15. 一般機械	1.014	1.039	1.116	1.141	1.217
16. 専用機械	n.a.	n.a.	n.a.	n.a.	1.175
17. 輸送機械	0.796	0.721	0.737	0.798	0.816
18. 電気機械	1.181	1.209	1.253	1.399††	1.489†††
19. 電子・通信機器	1.120	1.233	1.174	1.468	1.564†
20. 精密機器	n.a.	0.889	0.924	1.020	1.391

注) 推定は 3 段階最小自乗法による。1985-91 年の専用機械は一般機械に含まれる。カッコ内の
でそれぞれ有意に 1.0 を上回ることを表す。

金属製品，一般・専用機械，電気機械，電子・通信機器，精密機器・計測器であり，これらは日本に関する Davis and Weinstein (1999) の結果とほぼ整合的である。特に家電産業に代表される電気機械産業はその最も分かり易い事例であり，80 年代では国有企業を中心とした横並び式の家電メーカーの乱立により，上位 5 省の生産シェアは 1985 年の 54.5% から 1990 年時点において 52.9% へとその地域集中度は一時的に低下した。しかし，外資をも巻き込むその後の激しい企業間・地域間競争と淘汰により同産業の地域集積が著しく進行しており，2005 年時点では広東・江蘇・浙江・山東・上海の上位 5 省・市に実にその 75.0% の生産が集中している（計数は『中国工業経済統計年鑑』1991 年，2006 年によった）。

しかし第二に，日本の経験とは異なって，幾つかの産業で依然，域内

第6章　地域分業構造の変容と域内市場効果　　　　　　221

推定結果：産業別

1995 年	1997 年	1999 年	2001 年	2003 年	2005 年
1.030†††	1.052†††	1.122†††	1.140†††	1.163†††	1.158†††
(0.006)	(0.008)	(0.011)	(0.009)	(0.015)	(0.013)
1.064	1.098	1.229	1.286	1.234	1.242
1.122	1.101	1.192	1.125	1.067	1.028
1.152	1.119	1.138	1.123	1.101	1.089
0.381	0.418	0.427	0.412	0.476	0.485
1.447††	1.541††	1.686†††	1.738†††	1.790†††	1.834†††
1.170††	1.266†††	1.455†††	1.530†††	1.604†††	1.610†††
0.954	0.888	0.912	0.835	0.766	0.724
1.112	1.098	1.215	1.304††	1.406†††	1.441†††
1.022	1.012	0.907	0.908	0.939	1.007
1.491	1.557††	1.572††	1.754††	1.781†	1.787†
1.237†††	1.146††	1.327†††	1.313†††	1.282†††	1.320††
0.701	0.735	0.722	0.764	0.851	0.942
0.673	0.666	0.760	0.722	0.798	0.888
1.423†††	1.388†††	1.621†††	1.697†††	1.786†††	1.717†††
1.263	1.303	1.495††	1.510††	1.516††	1.448††
1.235	1.299†	1.379†	1.407††	1.299†	1.345†††
0.843	0.856	0.859	0.843	0.838	0.940
1.545†††	1.619†††	1.730†††	1.804†††	1.840†††	1.829†††
1.570	1.595†	1.605	1.700††	1.945†††	1.903†††
1.304	1.554†	1.791†	1.899†††	1.903†††	1.875†††

数は推定値の標準誤差（全体以外は省略されている）。(†††) は1%, (††) は5%, (†) は10%の水準

市場効果を確認できない。その代表例が輸送機械であり，公用車やタクシー，路線バス等の分野におけるあからさまなホームバイアス（ローカル・ブランドの優先購入）がその最も分かり易い原因であろう（丸川，2007，第5章）。また，地域保護の強い産業とされるタバコや飲料，医薬品でも，同様に域内市場効果は観察されていない。そして第三に，むしろ a_1 が低下した（地域分散が進行した）産業が存在し，その代表例は製鉄・同加工業，および石油加工業である。前者は計画期の中核産業であるが，改革・開放後においても上海・遼寧からの分散化傾向が持続している（河北・江蘇省のシェア増加が著しい）。そして同産業は，域内市場効果が現れ易い代表的産業であることに注意しよう（Hanson and Xiang, 2004）。中国の鉄鋼業は，粗鋼生産規模では日米欧の合計をはるかに上回る5億トン（2008年計数）と世界第一位の生産規模をほこるも

のの，200社以上の鉄鋼メーカーがひしめく典型的な諸侯経済産業なのである。また，石油加工業は伝統的な石油生産地である黒龍江・山東省・新疆ウイグル自治区に加え，新たに輸入石油の精製・販売を軸とした広東・江蘇省等への分散化が進行している。

次に，以上の結果の頑健性を，二つの面からチェックしておこう。第一に，こうした域内市場効果の検証は，一部貿易に左右されている可能性がある。その可能性をチェックするため，整合的なデータが得られる1995・2005年に焦点を絞って推定を行ってみたところ（結果は省略する），輸出を控除することによりa_1の推定値が全般的に低下するものの，域内市場効果が検証される産業分布（ならびに有意性）そのものは何も変わらなかった。第二に，農業・工業という集計ベースでは見られなかった要素として，完全特化の可能性を検討しておく必要がある。実際，西蔵自治区や青海省，寧夏回族自治区といった経済規模の小さな地域では，幾つかの産業についてゼロの生産量が観察される。この可能性は典型的な検閲されたデータ（censored data）問題であるので，トービット・モデル（Tobit model）による推定によって対処可能である。しかし，詳細は省略するが，明らかにゼロの生産量の明示的考慮は域内市場効果の検証に有利に働く。そのためこれまでの結論は補強されることはあっても，弱められることはないのである。

このように，依然，地域間分業・特化が進展していない産業が確かに残存するものの，全般的な産業集積化傾向は明らかである。では，製造業もしくは工業部門において，これら域内市場効果が有意に観察される産業の重みはどのように推移しているのであろうか。この疑問に答えるためには，共通の交易費用を仮定したモデルを活用して，域内市場効果が有意に推定された産業のシェアを計算してみることが有益である。結果は表6-8に整理されており，表の左側の計数は3段階最小自乗法によって，右側はトービット・モデルによって域内市場効果が有意に検証された産業の生産シェアならびに産業数が示されている（有意性の基準として5％と10％の二つを採用した）。そして，89年以前では域内市場効果が有意に認められる産業は存在しないので，1989年以降の計測結果のみが示されている。この表の結果によると，域内市場効果が有意に観察される産業のシェアが上昇トレンドにあるのは明らかであり，5％基準

では製造業に占めるシェアは 5.6%（1989 年）から 50.2%（2005 年）へと約 9 倍増加し（10%基準では 5.6%から 51.4%への増加），いまや製造業生産額の半分を占めるまでに至っている。また，中国において伝統的に重視されてきた工業（鉱業，製造業および公益事業）においても，水準は若干低下するものの，明らかに同様の傾向が観察される。このように，農工というマクロ・レベルでの観察結果はより非集計化されたレベルでも支持され，中国において着実に域内市場効果が浸透していることが分かる。

4.3 分析含意

以上の分析結果からどのようなインプリケーションが導けるであろうか。その最も重要な帰結は，中国の地域格差拡大のメカニズムに関する示唆であろう。実際，Fujita et al. (1999, chap. 5) はわれわれの採用した域内市場効果モデルの一バリエーションを用いて，交易費用がサステインポイント（sustain point）と呼ばれるある水準に達すると中心・周辺モデルが維持可能になり，さらにそれがブレークポイント（break point）と呼ばれるある水準を越えて低下すると，中心・周辺均衡が必然化する。そして，この可能性は，規模の経済性が働く工業部門の経済全体に占めるシェアが大きいほど高いことを示している。もちろんその帰結は，地域間所得格差の拡大である。

われわれの理論枠組みは直接，地域格差を意図した分析枠組みになっていない。しかし，新経済地理学と親子関係にある新貿易理論の分析枠組により，①中国において 80 年代後半より明らかに交易費用が低下しており，国内経済統合が着実に進展しつつあること，②規模経済の働く産業シェア（域内市場効果が有意に検証される産業シェア）が過去 10 年間で顕著に拡大し，製造業の 50%を占めるに至っていること，の二つの事実を示した。換言すれば，1990 年以降の中国における地域格差拡大の一因は，東部沿海部に集中する外資流入・貿易拡大に加えて，この二つの要因を軸とした集積メカニズムの浸透である可能性が高いのである。

表 6-8 域内市場効果が有意に検出される産業の生産シェア

	3SLS による結果			Tobit model による結果		
	統計的有意水準			統計的有意水準		
	5%以下	10%以下	$a_1>1$の産業数	5%以下	10%以下	$a_1>1$の産業数
製造業に占めるシェア (%)						
1989	5.6	5.6	1	5.6	5.6	1
1991	9.5	9.5	2	9.5	9.5	2
1993	18.7	33.1	5	24.6	26.4	8
1995	26.5	26.5	5	28.1	34.2	6
1997	26.9	37.9	6	31.4	37.9	8
1999	31.1	34.2	8	31.1	43.3	8
2001	50.8	50.8	11	50.8	50.8	11
2003	47.2	51.3	9	48.3	52.0	10
2005	50.2	51.4	10	50.2	51.4	10
工業に占めるシェア (%)						
1989	5.1	5.1	1	5.1	5.1	1
1991	8.9	8.9	2	8.9	8.9	2
1993	16.9	30.0	5	22.3	24.0	8
1995	23.4	23.4	5	24.9	30.3	6
1997	23.6	33.3	6	27.5	33.3	8
1999	27.3	30.0	8	27.3	38.1	8
2001	44.9	44.9	11	44.9	44.9	11
2003	42.3	46.0	9	43.3	46.0	10
2005	43.4	44.5	10	43.4	44.5	10

注1) 表の計数は域内市場効果が統計的に有意に検出された産業生産額の製造業（工業）生産総額に占めるシェアであり，「$a_1>1$の産業数」は域内市場効果が5%以下の水準で統計的に有意に検出された産業の数を表す。

注2) 「3SLSによる結果」は3段階最小自乗法による推定結果を使用した場合の計数であり，「Tobit modelによる結果」とは生産シェアがゼロの場合を考慮したトービット・モデルの推定結果を使用した場合の計数を表す。

注3) 製造業は工業から鉱業および電気・ガス・水道を除外した産業を指す。

第5節 結 論

本章は，域内市場効果という理論枠組みにより改革・開放後中国の地域間経済関係の変容に関する一つの実証分析を行った。その結果として第一に，中国において1990年代初頭より域内市場効果が統計的に有意に検証されることが示された。このことはまた，地域単位でのフルセッ

ト型産業構造という意味での「諸侯経済」が後退しつつあることを意味しており，影響力の強い研究である Poncet（2003, 2005）や Young（2000）の結論が必ずしも支持されないことが，従来の主として記述統計による分析とは異なる接近により示されたことになる。第二に，われわれは域内市場効果が有意に検証される産業のシェアが80年代末時点において無視できる大きさであったのに対し，2000年代では製造業の少なくとも50％を占めるに至っている現実を示した。確かに，自動車産業や鉄鋼業といった中国の重点産業分野において地域間の分業・特化傾向は依然顕在化しているとは言えないものの，こうした特定産業における観察事実をあたかも中国経済全般の特徴であるかのごとく拡大解釈することはミスリーディングなのである。われわれの分析は，工業化の過程は同時に工業集積の過程でもあるという他国の歴史が中国においても確実に再現されつつあり，Naughton（2007）によって強調されているように，中国が普通の発展途上国に収束しつつある現実を描写していると言えよう。

　もちろん，一つの理論モデルによってすべての側面を明らかにすることは不可能である。例えば本章が依拠した分析枠組みは，地域の構造的特徴や相互依存関係の変化といったより質的な分析には不向きと考えるべきである。また，中国の地域経済関係の展開を考察するにあたって，本章が対象とした集積メカニズムに加えて，①制度・政策要因，②初期条件・地理的要因，③グローバリゼーションのインパクト等のその他の要因も視野に入れる必要がある。本章は，これら諸要因のうち，second nature geography と呼ばれる集積メカニズムに若干の光を投じたものと理解されるべきである。

　第二に，われわれの議論は中国国内経済統合の「変化」に関する分析であり，その「現状」に関する判断とは区別されるべきである。実際，中国の国内経済統合が依然立ち遅れていることは否定できない事実であり，例えば，第4章の補論において，中国の地域内交易が経済規模，距離，政策優遇等の要因をコントロールした上で，地域間交易に比べて10倍を超える額にのぼっていることが示されている。ちなみに，Andersen and Wincoop（2003）によるカナダの対米国境効果（国際貿易に対して国内交易が何倍大きいかの程度）は1993年時点で10.7倍であ

り,Head and Mayer(2000)によるEU域内の国境効果推定値は,1993-95年の単一欧州議定書発効後時点で12.7倍である。また,Chen(2004, 98)によると,1996年時点における欧州7ヶ国の国境効果は,ドイツが2.6倍,イギリスが3.2倍,フランスが7.1倍,イタリアが7.5倍,ポルトガルが7.8倍,スペインが9.0倍,フィンランドが38.5倍であった[33]。このように,2000年時点においても,国際間での「国境効果」に匹敵するいわば「省境効果」が中国国内において残存しているのであり,本章はこの事実そのものを否定しているわけではない。われわれの分析結果は,現状でも中国の地域間分業関係はさほど密でないかもしれないが,かつてに比べると改善されていることを指摘していると理解すべきであろう。

補論1　数学注

この補論では,3.3節の技術的詳細を説明する。なお,煩雑化を厭わなければ一般的ケースへの拡張は比較的容易であるので,見通しを良くするため,$K=3$のケースで証明の骨格を示すに留める。まず,行列式の第3行から第2行を引き,その後第2行から第1行を引くと,

$$\Delta = \begin{vmatrix} 1 & \phi_2 & \phi_3 \\ \phi_1 & 1 & \phi_3 \\ \phi_1 & \phi_2 & 1 \end{vmatrix} = \begin{vmatrix} 1 & \phi_2 & \phi_3 \\ \phi_1-1 & 1-\phi_2 & 0 \\ 0 & \phi_2-1 & 1-\phi_3 \end{vmatrix}$$

$$= (1-\phi_2)(1-\phi_3) + \phi_2(1-\phi_1)(1-\phi_3) + \phi_3(1-\phi_1)(1-\phi_2)$$
$$= (1-\phi_1)(1-\phi_2)(1-\phi_3) + \phi_1(1-\phi_2)(1-\phi_3)$$
$$+ \phi_2(1-\phi_1)(1-\phi_3) + \phi_3(1-\phi_1)(1-\phi_2)$$

である。したがって$K=3$と置くと最後の式は次式のように表現可能である。

---

[33] ただし,国境効果は地域内部の距離の測り方にセンシティブである。この問題の一つの解決方法はMayer and Zignago(2005)によって与えられており,引用したChen(2004)の結果は,それと同じ主要都市間の距離のGDP加重平均値を用いた場合の推定結果から逆算したものである。

第6章　地域分業構造の変容と域内市場効果　　227

$$\Delta = \prod_{s=1}^{K}(1-\phi_s) + \sum_{i=1}^{K}\phi_i \prod_{\substack{s=1 \\ s\neq i}}^{K}(1-\phi_s)$$

他方，$B = (B_1, B_2, ..., B_K)'$ を

$$\begin{bmatrix} 1,\phi_2,........,\phi_K \\ \phi_1,1,........,\phi_K \\ .... \\ \phi_1,\phi_2,......,1 \end{bmatrix} \begin{bmatrix} B_1 \\ B_2 \\ ... \\ B_K \end{bmatrix} = \begin{bmatrix} 1 \\ 1 \\ ... \\ 1 \end{bmatrix}$$

という関係を満たすベクトルと定義し，左辺の係数行列を Φ と置く。このとき

$$B_j = \prod_{\substack{s=1 \\ s\neq j}}^{K}(1-\phi_s)/\Delta \quad (j=1, 2, ..., K)$$

とすると，ΦB の第 i 行は

$$\prod_{\substack{s=1 \\ s\neq i}}^{K}(1-\phi_s)/\Delta + \sum_{\substack{j=1 \\ j\neq i}}^{K}\phi_j \prod_{\substack{s=1 \\ s\neq j}}^{K}(1-\phi_s)/\Delta =$$

$$\frac{1}{\Delta}\left[\prod_{s=1}^{K}(1-\phi_s) + \sum_{\substack{j=1 \\ j\neq i}}^{K}\phi_j \prod_{\substack{s=1 \\ s\neq j}}^{K}(1-\phi_s)\right] = 1$$

であるので，確かに $\Phi B = \zeta$ という関係が成立する。

補論2　データの出所

省市別工業生産額データの出所は，1952-97年が国家統計局国民経済総合統計司編『新中国五十年統計資料匯編』中国統計出版社，1999年，残りの1998-2007年が国家統計局編『中国統計年鑑』中国統計出版社，1999-2008年である。また糧食生産量データは国家統計局農村社会経済調査総隊『新中国五十年農業統計資料』中国統計出版社，2000年，および『中国統計年鑑』による。なお，国家統計局編『改革開放十七年的中国地区経済』中国統計出版社，1996年を用いて1997年以前の旧四川省データの一部を補完している。

産業別・省市別工業データの出所は，1995年が第三次全国工業普査

弁公司編『中華人民共和国1995年第三次全国工業普査資料匯編(地区編)』中国統計出版社, 1997年, 2004年が国務院第一次経済普査領導小組弁公室編『中国経済普査年鑑2004：第二産業巻上冊』中国統計出版社, 2005年である。その他の1985-88年は国家統計局編『中国統計年鑑』1986-89年に, また1989-94年, 1997年, 1999-2003年, および2005年は国家統計局工業交通統計司編『中国工業経済統計年鑑』中国統計出版社, 各年版にそれぞれよっている。

　最後にGDP, 人口, 対外開放政策指数データの出所は第4・5章において説明されている。また, 実質資本ストックについては, 80年代前半データの必要性のため第5章の方法ではなく, Li（2003）の簡便法による推計値を使用した。

第7章

地域間人口・労働力移動と市場ポテンシャル

第1節　はじめに

　改革・開放後の中国における地域間人口・労働力移動は，戸籍制度の残存にもかかわらず次第に活発化しており，デフレが進行した90年代末以降，それまでの郷鎮企業による労働力吸収，いわゆる「離土不離郷（農村工業化）」モデルに代わる新しい農村労働力吸収メカニズムとなっている（Cai, Park and Zhao, 2004; Du et al., 2005）。あるいは同じことを，中国の国内経済統合という視点から見ると，依然限定的であるものの，財市場に加えて労働市場の国内統合が徐々に進展しつつあるということである。そして，戸籍制度や農村部における土地利用制度の壁を越えて，出稼ぎ形態ではなく，定住化を伴う都市化の進行がこれまで以上に不可欠になるものと考えられる。戦後の日本経済の経験が示唆するように，農業部門から非農業部門への労働力移動が中国の低農業生産性の根本要因である土地の希少性を緩和・克服し，その結果として成長の果実を広く全国民に均霑させる鍵となるからである。また，これこそがアーサー・ルイスの言う（そして発展途上国が直面する最初のハードルである）「転換点」通過の意味であり，この状態が実現されることによって初めて中国の積年の課題である三農問題の解決や内需主導成長が可能になるはずである。この意味で，今後の中国経済を展望する上で，地域間・産業間の人口・労働力移動のメカニズムならびにそのインパクトを分析しておく必要性はきわめて高い。

この第7章の主題は，以上の分析関心から中国の地域間人口・労働力移動のメカニズムを分析することである。中国の労働力移動の分析事例はおびただしい数にのぼるものの（丸川，2002；厳，2005；Du et al., 2005; Johnson, 2003; Poncet, 2006; Poncet and Zhu, 2003; Zhang and Song, 2003; Zhu, 2002），特に「新経済地理学（New Economic Geography: NEG）」の枠組みに依拠しつつ，従来あまり注目されてこなかったNEGのキー変数である「市場ポテンシャル」の役割に焦点を当てた分析を行ってみたい。Hanson（2005），Head and Mayer（2004, 2006），Redding and Venables（2004）等の分析から容易に予想されるように，中国においても地域間の賃金格差や一人当たり所得格差はかなりの程度市場ポテンシャルの相違によって説明可能であり，したがって地域間人口・労働力移動の決定因の背後にこうした地域による基礎的諸条件の差が潜んでいるはずである。本章の主要課題は，中国の地域別市場ポテンシャルの計測を体系的に試みた第4章の成果を活用して，中国の一級行政区間の人口・労働力移動の分析を行うことである。その結果，中国の地域間人口・労働力移動はNEGが示唆する集積メカニズムによって基本的に進行していることを示してみたい。

本章の構成は次の通りである。まず，次節において中国の地域間人口・労働力移動の現状を，戦後日本の経験を交えて簡単に素描する。続く3節においてわれわれが依拠する理論枠組みを説明し，4節において推定結果を報告する。5節は結論を簡潔に要約している。

第2節　中国の地域間人口・労働力移動

戦後日本の経験を引き合いに出すまでもなく，経済発展は同時に経済・社会構造の質的変容を伴うものである。なかでも工業化（もしくは産業化）と都市化の同時進行が決定的重要性を持つことは広く知られており，体制移行国であるとともに発展途上国でもある中国にとって，この経験則を踏まえておくことは，その現状と今後の方向性を確認する上できわめて重要な作業と考えられる。

図7-1は，1920年代以降の日本の工業化・都市化の足跡と，改革・

第7章　地域間人口・労働力移動と市場ポテンシャル　　231

図7-1　工業化・都市化の日中比較

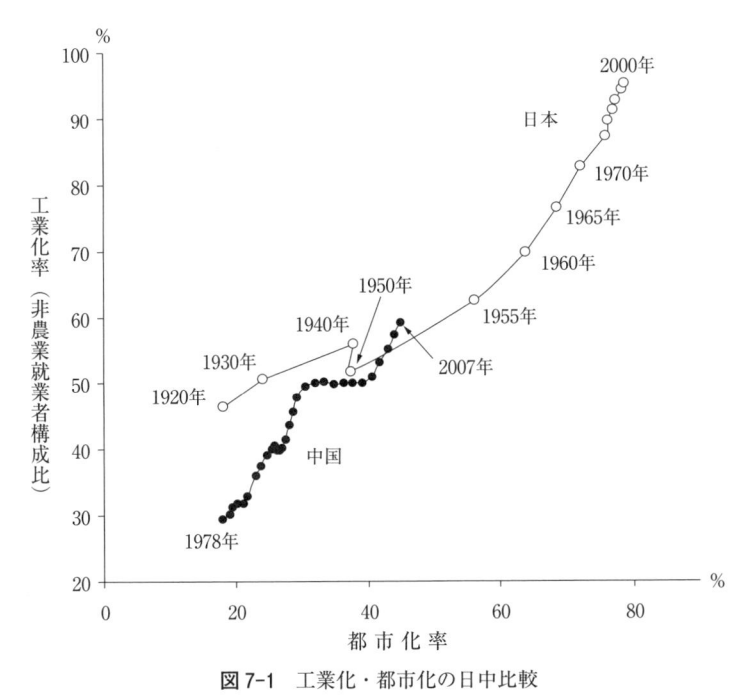

資料）日本は総務庁統計局ホームページ，中国は国家統計局編『中国統計年鑑』各年版。

開放以降の中国のそれとを重ね合わせたものである。ここで，工業化の程度は非農業部門就業者構成比により，都市化の程度は都市化率（全人口に占める都市人口の割合）によってそれぞれ測られている。地域差を捨象した平均像という限界に留意しなければならないものの，この図は改革・開放後中国の現時点における到達点と今後の目指すべき方向性の双方を明確にしているように思われる。第一に，改革・開放後平均10％近い経済成長を30年間にわたって実現してきたものの，現在の中国の到達点は人口・労働力面から見る限り，依然日本の1950年代前半段階である。ちなみに，東京オリンピック（1964年）と大阪万博（1970年）の開催時点における日本のポジションと，2008年に北京オリンピックを開催し，2010年に上海万博開催を控えている現在の中国のそれとの違いにも注目すべきであろう。明らかに現在の中国は，当時の日本に遠く及んでいない[1]。したがって第二に，今後中国の経済・社会において，

就業・居住面での工業化と都市化が一層進展していく余地はきわめて大きい。確かに東部の一部大都市の光景は先進国経済のそれとあまり異ならなくなっているものの，胡鞍鋼（2007, 21-22）の「一個国家，四個世界」論（中国という一つの国に四つの異なった世界が並存するとの議論）が的確に描写するように，それは中国の一側面（第一世界）にすぎない。そして全体として見た場合の中国は，実はこれからと考えられるのである[2]。

ひるがえって戦後日本の経験を振り返ってみると，地域間・産業間の大規模な人口・労働力移動，あるいは巷間言うところの「昭和の民族大

---

1) 東京オリンピック開催直後の1965年時点にける日本の非農業就業者比率は76.5%，都市化率は68.5%であったのに対し，2007年時点における中国のそれは，それぞれ59.2%，44.9%であった。なお，中国の農業就業者数の過大評価 - Rawski and Mead (1998) の言う「幽霊農民 (phantom farmers)」の存在 - を主張する Cai and Wang (2008) の推計値を使用すると，非農業就業者比率は2005年で62-67%に上昇するが，それでも当時の日本の水準に達しない。

2) 日本は1960年代初頭に転換点を通過したとの説（南，2002, 211-219）に従って，1960年時点における日本の都市化率64%を中国において実現するために必要な都市部への人口移動を計算してみると，2007年時点で2.5億人となる（Cai and Wang (2008) は，2005年時点において2000万人から1億人の農村過剰労働力の存在を主張している）。また，吉川（1992）が主張するように，日本の戦後高度経済成長が基本的に都市化の飽和によって終わったと考えることが許されるならば，日本の経験は，少なくとも人口・労働力面から判断して，今後中国の高度経済成長が，非農業就業者比率80%，都市化率70%の水準に到達するまで可能ということを示唆している。

ちなみに，中国の都市化が農村部における土地利用制度や戸籍制度の残存等により遅れているとの議論が散見される。この点を確認するため，一つの参考として2005年時点における世界142ケ国の都市化率（u%，WB, WDI 2007年データ）と一人当たりGDP（y, 2007年12月改訂ICP購買力平価ベース，IMF, WEO database）の関係を推定してみると，次のような結果が得られる。ここで経済発展水準の割に都市化が進行しているラテン・アメリカ18ケ国を捉えるためのダミーD_{LA}，砂漠・乾燥地域のゆえにやはり都市化が過度に進行していると考えられる中近東・北アフリカ12ケ国ダミーD_{Arid}に加え，中国ダミーD_{China}を説明変数に加えている（カッコ内は不均一分散頑健標準誤差から計算されたt値。残差の変動範囲を制限しないために，$100-u$で都市化率を基準化している）。

$ln\{u/(100-u)\} = -4.419 + 0.5291 ln(y) + 0.713 D_{LA} + 0.802 D_{Arid} - 0.383 D_{China}$
　　　　　　　　（-6.27）　（6.51）　　　（4.42）　　　（3.38）　　　（-5.60）
　　　　　　　　　　　　　　　　　　　　　　　　　　　　　　　adj$R^2 = 0.598$

この推定結果，特に中国ダミーD_{China}の係数推定値が示しているように，中国の都市化率はその経済発展水準の割には低いとの印象は，タイほど極端ではないものの，実証的にも一応支持されるようである。なお，この推定結果を用いて中国の2005年時点の一人当たりGDPに見合う都市化率を計算すると49%となり（現実は43%），8400万人程度の人口移動によりその水準が実現可能である。

移動」が，分配面での平等化を伴った高度経済成長という世界史上稀有な現象にとって決定的重要性を持っていた。部分的に異論はありうるものの，特に日本の高度経済成長は，①戦前期の輸出主導成長とは異なり，基本的に新製品の普及と産業成長を軸とする内需主導成長であったこと，そして，②その基本メカニズムの核心部分は，吉川（1992，第2章）が主張するように「都市化」であったことを認識しておくことが重要である。地方から沿海都市部への定住型人口・労働力移動が都市部における住宅・耐久財需要を誘発し，これが家電・自動車等の耐久消費財産業や鉄・石油化学等の素材産業の成長を促した。また，これら重化学工業部門は新しい技術をアメリカから輸入してそれを設備投資に体化させ，その完成品が都市部の新規需要を満たしていった。その結果さらに労働力需要が拡大し，地方から都市への一層の人口・労働力移動が引き起こされた。まさに民族大移動が中核となって，Matsuyama（2002）の言う「大衆消費社会」が出現したのである。そして，この都市化によって，農村部における過剰な人口・希少な土地という日本が永らく苦悶してきた課題が克服され，むしろ過疎が問題視されるまでに至った。1961年の農業基本法による農産物価格支持制度や1954年に始まる地方交付税制度といった制度的な裏付けもあったものの，貧しい日本の農村というイメージを払拭し，経済成長の恩恵が全国津々浦々に均霑した（つまり格差が縮小した）基本的メカニズムがこの人口・労働力移動による土地の希少性緩和であったことは否定し難い事実であろう。

このように，戦後日本の高度経済成長のコア部分は地域間・産業間の人口・労働力移動にあったと考えられる。これに対して，中国はどのようであろうか？　計画期では戸籍制度によって都市と農村は分断され，居住の自由はもとより職業選択の自由すら認められていなかった。当時の中国は，都市部の単位，農村部の人民公社体制という異なった社会構造が併存する二元社会であったと言ってよい。

こうした歴史的経緯から出発して，中国は次第に人口・労働力移動の余地を拡大していく[3]。その最初のブレークスルーは，1984年1月の中

3）中国の地域間人口・労働力移動の制度的背景の変遷について，例えば李（2006）が有益である。

共中央一号文件ならびに同年10月の「農民の集鎮への戸籍転出に関する通知」であった。およそ住居や職業選択の自由などなかった社会に，狭い範囲ながらも転籍・転職による人口・労働力移動が公式に認められたのである。そして，この規制緩和がその後の郷鎮企業の飛躍的成長と，農村部における1億3千万人もの非農業就業機会を創出する制度的背景であったことはよく知られている。

　しかし，郷鎮企業の雇用吸収力も90年代半ばでほぼ限界に達してしまった。モノ不足を背景として，作れば何でも売れる時代が終わったからである。その結果として，郷鎮企業の多くは企業所有形態の転換を含むリストラを余儀なくされ，この農村部における構造変化により農村労働力の非農業分野への移転が頓挫する。事実，中国の農業就業者構成比は，1997年から2002年の6年間にわたって50％の水準で足踏み状態となってしまった[4]。「離土不離郷」モデルという農村部を中心とした中国流の工業化は，ここにその歴史的転機を迎えるのである。

　その一方で，農村労働力は狭い農村部を超えて，近隣の都市，あるいは遠く沿海部の大都市へとその移動の範囲を広げていく。その最初の足がかりは1985年7月の暫住証制度の導入であり，1994年からはこの戸籍転籍を伴わない暫住移動が制度化され，地元の公安当局（警察）に流動人口証明を提出した後，移動先で暫住証明（および雇用者による就業許可証）を取得すれば省を超えて比較的自由に移動が可能となった（1994年11月の労働部「農村労働力の省間移動就業に関する規定」。ただし同通知は2005年2月に廃止）。また，農産物流通の自由化と1993年の食糧配給制の廃止もそれを後押しする重要な制度環境の変化であった。食糧配給切符がなければ食糧が調達できず，都市での生活そのものが不可能であった（したがって農民の出稼ぎが食糧調達の面から不可能であった）計画期の制度が，これをもって名実ともに消滅したのである。

---

[4] その一方で，都市化は不断なく進行した（図7-1を参照）。しかし，その動因について，それまでの中小規模都市の人口肥大化から人口100万以上の大都市への人口集中へと質的な変化が見られる。例えば都市人口増加の内容を観察すると，人口100万人以上の都市（現在170以上）の人口の増加が全都市人口増加に占める割合は1982-90年が45.8％，1990-96年が50.4％であったが，その後の1996-2004年ではその割合は実に96.5％に上昇した（国家統計局人口和就業統計司編『中国人口統計年鑑』各年版による）。

第 7 章　地域間人口・労働力移動と市場ポテンシャル

表7-1　中国の期間人口移動　　　　　　　　　　　(単位：万人)

中国		内訳				
時点	移動人口数	省内から	他省から	外国から	常住者定義	移動範囲
1987 年	3,053.26	2,422.06	626.50	4.70	半年以上	市・鎮・県間
1990 年	3,412.76	2,302.57	1,106.54	3.65	1 年以上	市・鎮・県間
1995 年	3,322.97	2,256.91	1,066.09	—	半年以上	市・鎮・県間
2000 年	12,759.41	9,356.89	3,398.12	2.21	半年以上	郷鎮・街道
2005 年	13,495.42	9,691.21	3,804.21		半年以上	郷鎮・街道

対 5 歳以上人口比						
時点	移動人口	省内から	他省から	外国から	5 歳以上人口数	
1987 年	3.2%	2.5%	0.6%	0.0%	96,866.28	
1990 年	3.4%	2.3%	1.1%	0.0%	101,407.22	
1995 年	2.9%	2.0%	0.9%	—	114,657.00	
2000 年	10.7%	7.9%	2.9%	0.0%	118,742.77	
2005 年	11.1%	8.0%	3.1%	—	121,348.40	

日本		内訳				
時点	移動人口数	県内から	他県から	外国から	常住者定義	移動範囲
1980 年	2,621.94	2,017.48	596.47	5.97	3 ケ月以上	市町村
1990 年	2,950.70	2,022.60	888.90	39.20	3 ケ月以上	市町村
2000 年	3,334.99	2,496.05	838.94	62.32	3 ケ月以上	市町村

対 5 歳以上人口比						
時点	移動人口数	県内から	他県から	外国から	5 歳以上人口数	
1980 年	22.4%	17.2%	5.1%	0.1%	11,698.90	
1990 年	25.3%	17.3%	7.6%	0.3%	11,679.20	
2000 年	27.6%	20.7%	6.9%	0.5%	12,079.32	

注)　期間移動人口とは5年前の常住地と現在の常住地が異なる5歳以上人口を指す(中国の場合、戸籍の変更を伴う移動とそうでない移動の両方を含む)。
資料)　中国は国家統計局人口統計司編『中国1987年1％人口抽様調査資料』中国統計出版社，1988年，国務院人口普査弁公室・国家統計局人口統計司編『中国1990年人口普査資料：第四冊』中国統計出版社，1993年，全国人口抽様調査弁公室編『1995年全国1％人口抽様調査資料』中国統計出版社，1996年，国務院人口普査弁公室・国家統計局人口和社会科技統計司編『中国2000年人口普査資料（下冊）』中国統計出版社，2002年，国務院全国1％人口抽様調査領導小組弁公室・国家統計局人口和就業統計司編『2005年全国1％人口抽様調査資料』中国統計出版社，2007年。日本は総理府統計局『日本統計年鑑』1982・1992・2006年による。

　表7-1は，中国の地域間人口移動を「期間人口移動（5年前と現在の常住地が異なる5歳以上人口数）」に絞ってまとめたものである[5]。なお，常住者の定義ならびに移動の範囲が統計によって異なっていることに注意しよう。特に2000年人口センサス以降では移動の範囲が従来の県レベル以上から郷鎮・街道レベルに引き下げられたため，見かけの人口移

動数が急増している。しかし，省間の移動はこの定義変更によって影響を受けないため，年度間の比較は可能と判断される。この表によると，1987年での省間移動は627万人（5歳以上人口比0.6%）であったものが1995年では1,066万人（同0.9%），2000年にはその3倍の3,398万人（同2.9%）に，そして，2005年では実に3,804万人（同3.1%）へと激増している。このように，中国の地域間人口・労働力移動は90年代後半から急増しており，現在では省内を含めて1.5億人に近いオーダー（2006年第二次農業センサスによる出稼ぎ労働者数は1.32億人）に達しているとみられる。

　第二に，省間人口・労働力移動の地域構成を整理した表7-2が示しているように，移動の流れが「内陸部から東部沿海部への移動」に大きくシフトしている。より具体的には，1987年時点における内陸部から東部（新区分による11省）への移動は全省間移動の36.3%を占めていたにすぎず，内陸部内部での移動シェア32.1%とほぼ拮抗していた（残り15.8%が東部内部，16.0%が東部から内陸部への移動であった）。しかし，この内陸部から東部への人口移動比重はその後次第に上昇し，1995年時点では48.4%，2000年時点では64.7%，さらに2005年では67.9%へと，中国の地域間人口移動の太宗を占めるに至っている。中国国内の地域間人口・労働力移動は徐々に拡大の趨勢を見せる一方で，同時にそれが広域化していると言えよう。

　ちなみに表7-1には，同じ期間移動人口統計がとれる日本の国勢調査の結果が示されている。一般に日本国内の人口移動性はアメリカやオーストラリア，韓国と同じように比較的高いことが知られている（その逆が欧州である。Obstfeld and Peri（1998）を参照）。移動範囲の定義が異なるため直接的な比較は困難であるものの，例えば日本の2000年時点における移動人口総数は5歳以上人口の27.6%を占めていた。これに

　5）ただし，いつ現在の常住地に移動したかは問われない。なお，その他使用される人口移動データとして，戸籍移動を伴わない人口移動をとらえた「暫住移動人口（流動人口）」や2000年人口センサスから作成が開始された「生涯移動人口（生まれた地域と現常住地の異なる人口統計）」が利用可能である。また，OD表が得られる農村労働力の移動については労働和社会保障部培訓就業司・国家統計局農村社会経済調査総隊（2001, 2002）があり，丸川（2002，第2章）はこのデータに基づく分析事例である。

第7章 地域間人口・労働力移動と市場ポテンシャル　　237

表7-2　中国の地域間人口移動　（単位：％）

	1987年	送出地域			
		東部11	中部8	西部12	合　計
受入地域	東部11	15.8	21.5	14.8	52.0
	中部8	10.0	7.6	7.1	24.6
	西部12	6.0	5.8	11.6	23.3
	合　計	31.8	34.8	33.4	100.0
	1990年	送出地域			
		東部11	中部8	西部12	合計
受入地域	東部11	19.6	17.4	17.5	54.6
	中部8	9.8	7.0	7.2	24.0
	西部12	5.6	5.0	10.8	21.4
	合　計	35.1	29.4	35.5	100.0
	1995年	送出地域			
		東部11	中部8	西部12	合計
受入地域	東部11	16.7	27.8	20.6	65.1
	中部8	5.4	4.9	4.4	14.7
	西部12	4.2	6.0	10.0	20.2
	合　計	26.3	38.8	35.0	100.0
	2000年	送出地域			
		東部11	中部8	西部12	合計
受入地域	東部11	12.6	40.4	24.3	77.3
	中部8	3.3	3.2	2.7	9.2
	西部12	2.8	3.9	6.8	13.6
	合　計	18.7	47.5	33.8	100.0
	2005年	送出地域			
		東部11	中部8	西部12	合計
受入地域	東部11	13.6	42.1	25.8	81.6
	中部8	4.6	2.1	1.5	8.1
	西部12	3.9	2.5	3.9	10.3
	合　計	22.2	46.7	31.1	100.0

注）　省間移動人口合計を100とする構成比（省内移動を含まない）。
　　地域区分は内蒙古・広西壮族自治区を西部に含める新基準によっている。
資料）　表7-1と同じ。

対し，同年の中国のそれは10.7％であり，また，中国の省間移動の割合2.9％は日本の県間移動の割合6.9％の半分以下である。このように，中国国内の人口移動性の程度はその絶対規模が大きいために非常に高く

見え，また，実際にその程度が次第に高まっていることは事実であるが，人口規模をコントロールした相対規模で観察する限り，現在の日本の水準には達していないと見るべきであろう[6]。

第3節　理論枠組み

それではこうした中国国内の人口・労働力移動の要因をどのように理解すればよいのであろうか？　以下ではその要因を，新経済地理学のパースペクティブから分析してみたい。

3.1　市場ポテンシャルと賃金

その出発点は，NEG モデルに共通する賃金と市場ポテンシャルの関係を導くことである。いま中国国内の地域をインデックス i ($i=1, 2, ..., K$) で区別し，各地域には農業と呼ばれる同質財産業と工業と呼ばれる産業の二つの産業が存在するとしよう。そして農業品をニュメレールに選択する。一方，工業は多くの差別化財からなり，地域 i に立地する企業が生産する製品バラエティ総数（企業総数）を n_i で定義する。農業財と工業財についてはコブ・ダグラス型の効用関数を仮定し，工業製品消費については CES タイプの集計関数を想定しよう。このときよく知られているように，i 地域に立地する特定企業の製品バラエティに対する j 地域の需要量は $q_{ij}=(t_{ij}p_i)^{-\sigma}(P_j)^{\sigma-1}E_j$ によって与えられる。ここで p_i は i 地域に立地する企業の工場出荷価格であり，$t_{ij}-1$ は i 地域から j 地域への移出にかかる氷山 (iceberg) 型輸送コスト，E_j は j 地域の工業製品名目総支出，$\sigma(>1)$ は共通の代替弾力性，P_j は次式によって定義される j 地域の工業製品集計価格指数である。

$$(P_j)^{1-\sigma}=\sum_{i=1}^{K} n_i(t_{ij}p_i)^{1-\sigma}$$

---

[6]　Kwon and Spilimbergo (2005) によると，中国に限らず旧社会主義諸国の国内人口移動性は一般に低いようである。

第7章　地域間人口・労働力移動と市場ポテンシャル　　239

企業のサイズは全体の中では非常に小さく，集計価格に及ぼすインパクトを無視して価格設定を行う。c_iをi地域における限界費用と定義すると，i地域に立地する特定企業の粗利潤は$\Sigma(p_i-c_i)t_{ij}q_{ij}$であるので，最適工場出荷価格は仕向け地に共通の$p_i=c_i/\{1-1/\sigma\}$に決定される。

新たに記号を

$$G_j = \sum_{i=1}^{K} n_i (t_{ij} c_i)^{1-\sigma} \tag{1}$$

で定義し，以下においてこの変数G_jを「価格指数」と呼ぶ。なお，ありうる混乱を回避するため，以下ではP_jを「生計費指数」と呼ぶことにするが，両者の間には$(1-\sigma^{-1})^{\sigma-1}G_j=(P_j)^{1-\sigma}$という一対一の（逆の）関係があることに注意しよう[7]。

一方，NEGのキー変数である市場アクセス可能性を$\phi_{ij}=(t_{ij})^{1-\sigma}$により，また市場ポテンシャルを

$$MP_i = \sum_{j=1}^{K} \phi_{ij} \frac{E_j}{G_j} \tag{2}$$

によりそれぞれ定義する。企業は新規参入に際してF_iの固定費用を負担しなければならない。そうすると企業の総利潤は簡潔に

$$\pi_i = \frac{1}{\sigma}(c_i)^{1-\sigma} MP_i - F_i \tag{3}$$

と表現可能である。

生産要素は労働のみとし，i地域に立地する企業の限界費用と固定費用を

$$c_i = \beta W_i, \quad F_i = \gamma W_i \quad (i=1, 2, ..., K)$$

と仮定する。ここでW_iは賃金，β，γは地域に共通のパラメーター（物

---

7) 実際の推定において利用可能な変数は価格指数Gであり，生計費指数Pの推計にはさらに代替弾力性情報が必要である。したがって，以下では価格指数Gを中心に分析を進める。

量単位の労働投入量）である。代表的な NEG モデルである Krugman（1991a），Fujita et al.（1999）のように地域間の労働移動の不完全性を仮定すると，競争均衡条件$\pi_i=0$は短期的には製品バラエティ調整ではなく賃金調整によって実現されるので，(3)式より

$$W_i = \left(\frac{\beta^{1-\sigma}}{\gamma\sigma}\right)^{\frac{1}{\sigma}}(MP_i)^{\frac{1}{\sigma}} \tag{4}$$

というよく知られた賃金方程式（wage equation）が得られる[8]。このように，各地域の賃金水準を決定するファンダメンタルズの一つは，当該地域の市場ポテンシャルである。例えば，内外の経済統合進展により，市場アクセス可能性でウェイト付けした特定地域の総実質市場規模（つまり市場ポテンシャル）が増加したとしよう。すると，その地域では企業利潤が増加するので労働需要が増加し，その結果として競争圧力により賃金が高騰する。ひどく単純ではあるものの，以上が賃金方程式(4)の背後にある経済ロジックである。しかし，こうした市場ポテンシャルの差によって引き起こされた賃金格差は，他地域からの人口・労働力移動を誘引するであろう。そして，これが経済力の集積をもたらすことになる[9]。

---

[8] もっとも，多くの NEG モデルのように，農業労働者が同一地域内を含めて移動不可能と仮定することは，分析上はともかく，あまり現実的とは言えない。この非現実性を克服する一つの方法は，Puga（1999）のように農業部門の収穫逓減を仮定することによって農業労働者の移動可能性と地域間の賃金格差の発生を整合化することであろう。なお，この競争均衡条件の実現メカニズムに関する理論・実証分析として Head and Mayer（2006）が有益である。

[9] 厳密に言えば，実質市場ポテンシャルも賃金の関数であるので，内生性の問題が発生する（Hanson, 2005; Brakman et al., 2006）。しかし，ここでは敢えてフル・モデルを明示せず，より直感に訴え易い解釈を選択している。第二に，投入要素は労働だけでなく中間財をも考慮しうる。例えば，家計の効用関数と同様に Armington タイプの集計関数を中間財について仮定し，労働と中間財のコブ・ダグラス型合成生産要素により生産が行われると仮定してみよう。このとき最小投入コストは，μを労働支出シェアと定義すると，$W^\mu P^{1-\mu}$に比例する。したがって，(4)式の左辺はこの合成投入価格指数に取って代わられるので，賃金は価格指数 P（もしくは G）にも依存する。このとき，市場ポテンシャルを通じたルートは「後方連関効果」，（中間財）価格指数を通じたルートは「前方連関効果」と呼ばれる。しかし，名目賃金ではなく実質賃金によって労働移動の誘因を考える限り，この中間財投入を考慮するか否かは推定されたパラメーターの解釈を変えるだけで，以下の議論の骨格そのものは変わらない。

3.2 移動先地域の選択

そこで次に,地域間の人口・労働力移動を考える。いま,ある地域 j に居住する人が就業・居住地の選択を考えており,その決定は移住先地域 i から得られる利得 Y_{ji}

$$Y_{ji} = V_{ji} + e_i \quad (i=1, 2, ..., K)$$

を最大にするという基準により行われると仮定しよう。ここで V_{ji} は地域 i の就業・居住から得られる期待所得であり,$Pjob_i$ を地域 i における就業確率,$Mcost_{ji}$ を現在の常住地域 j から選択された地域 i までの移動コストと新たに定義して,それを

$$V_{ji} = \log\left\{Pjob_i \left(\frac{W_i}{P_i^\alpha}\right) Mcost_{ji}^{-1}\right\} = \log\left\{Pjob_i \frac{(1-\sigma^{-1})^\alpha W_i}{G_i^{\alpha/(1-\sigma)}} Mcost_{ji}^{-1}\right\}$$

と特定化する(同一地域内での移動の場合 $Mcost_{jj}=1.0$ とする)[10]。なお,$\alpha(1>\alpha>0)$ は工業品支出シェアである。また,e_i は就業・居住地 i の諸特性の個人的認識に関する確率的要素である。したがって個人は $V_{ji} > V_{jk}$ for all k ($k \neq i$) のとき i 地域を就業・居住地として選択する。このとき確率変数 e_i が互いに独立でかつ同じ第一種極値(type I extreme-value)分布に従うと仮定すれば,i 地域が選択される確率は

$$Pr\{M_{ji}\} = e^{V_{ji}} / \sum_{k=1}^{K} e^{V_{jk}}$$

により与えられる(Maddala, 1983, 59-61)。そして j 地域の人口を L_j とすると,十分大きい人口の下では大数の法則により,j 地域から i 地域への総移動人口数は $migr_{ji}=Pr\{M_{ji}\}L_j$ となる。そうすると,j 地域内部の移動 $migr_{jj}=Pr\{M_{jj}\}L_j$ を考慮し,(4)式をも考慮すれば,

---

10) W/P^α は労働のみを保有する家計の間接効用に一致する。

$$\log\left(\frac{migr_{ji}}{migr_{jj}}\right) = const. + \log\left(\frac{Pjob_i}{Pjob_j}\right) + \frac{1}{\sigma}\log\left(\frac{MP_i}{MP_j}\right)$$

$$+ \frac{\alpha}{\sigma-1}\log\left(\frac{G_i}{G_j}\right) - \log\{Mcos\,t_{ji}\} \qquad (5)$$

という関係式を得る（定数部分は $const.$ に集約している）。この(5)式が以下の推定の基本式であり，その最大の特徴は，新経済地理学の二つのキー変数（市場ポテンシャルと集計価格指数）を説明変数に導入していることである[11]。なお，通常の（アドホックな）重力モデル・タイプの推定式とは異なり，移動先ならびに送出し地域の人口規模が推定式に現れていないことに注意しよう。

一方，われわれは，間接効用 V_{ji} が移動先の生計費指数 P_i^q でデフレートした実質賃金に依存していると仮定した。しかし，この仮定は暗黙のうちに定住型の労働力移動を前提しているという意味で，中国の実態から乖離しているかもしれない。実際，出稼ぎが主要動機である場合，稼得所得は生活に必要な部分を除いて出身地に送金される（もしくは貯蓄される）ので，移動先の生計費指数ではなく送出し地域におけるそれでデフレートすることが適切であろう。したがってこの場合には，(5)式右辺の第4項はゼロに退化するので，除外すべきである。

第4節　推　定

4.1　データと特定化

次に，実際の推定手順を説明する。まず人口移動フロー（$migr_{ji}$）として，既に2節で説明した人口サンプル調査・人口センサスの期間人口移動を採用する。ただし，1987サンプル調査の結果は後に触れる移民連鎖指数の作成に使用するので，分析の対象は1990, 1995, 2000, 2005年の四時点である。また1987・95年データでは西蔵自治区にデータ欠

---

11) Crozet (2004) は，われわれの枠組みと非常に類似したモデルに基づいてEU域内の人口移動を分析し，集計価格指数の役割（(5)式右辺第四項）を分析・強調している。しかし彼は市場ポテンシャルの役割には直接言及していない。

損があるため，整合性維持の観点から西蔵自治区を除いた29省を分析対象とした（重慶・四川は統合した）。なお，使用したデータの出所は，表7-1の脚注に記述されている。

次に，就業確率の代理変数として，都市部登録失業率U_iを採用する。ただし，中国の登録失業率は農業戸籍保有者を除外した地元都市戸籍保有者のみを対象としていること，第二に下崗や非自発的な早期退職，待業青年，あるいは登録漏れを十分反映していない等の問題が指摘されている（Giles et al., 2005; Xue and Zhong, 2003）。しかし，丸川（2002）に従ってデータが得られる2000年について登録失業率に下崗を加味した修正失業率を採用して予備推定を実施してみたところ，登録失業率による結果とほとんど差はなかったので，四ヶ年通期でデータが利用可能な都市部登録失業率を採用することにした[12]。

一方，Crozet（2004），Poncet（2006），Poncet and Zhu（2003）に従い，移動コスト関数を

$$Mcost_{ji} = (Distance_{ji})^d \exp\{-b \cdot Adjacency_{ji}\} \quad (b>0, d>0)$$

と特定化する。ここで$Distance_{ji}$は二地域間の距離（Km）であり，市場ポテンシャルの推計との整合性を維持するため，丸川（2002），厳（2005）の使用した鉄道距離やPoncet（2006），Poncet and Zhu（2003）の実測道路距離ではなく，一級行政区首都間のgreater circle distanceを使用した。また$Adjacency_{ji}$は二地域が省境を接していれば1，そうでなければ0の隣接ダミーであり，中国の省別市場ポテンシャルおよび価格指数の計測は，既に第4章において説明されているのでここでは繰り返さない。

他方，移動先の決定における情報利用可能性の重要性が多くの研究によって指摘されており，特に先発者からの情報提供や現地コミュニティへのアクセス等を反映した「移民連鎖（migration chain）」現象が広く観察されることが分かっている。この点は中国も例外ではないので，厳

---

12) データの出所は国家統計局人口和就業統計司・労働和社会保障部規劃財務司編『中国労働統計年鑑』中国統計出版社1997年および2006年である。なお，データが公表されていない2005年の上海の登録失業率は2004年計数を使用した。

(2005) に従い，前回実施された人口サンプル調査もしくは人口センサスの地域別移出先構成比 $Migration Chain_{ji}$ によりこの特性を捉えることにする。

最後に，中国固有の要因として，大・中都市において行われてきた人口・労働力流入規制の役割を明示する。実際，1977年に始まった「農転非（農業戸籍保有者に非農業戸籍への転籍を認める制度）」政策や，90年代初頭より上海・深圳で導入された「藍印戸籍制度（本地人の赤色スタンプ戸籍に対し，外地人の戸籍受け入れを青色スタンプで認める制度）」等の戸籍転籍に関わる規制だけでなく，他都市の都市戸籍保有者も含めて外地人に対する差別的な料金徴収や就業規制，さらには賃金・社会保障制度等の就労条件差別，子弟の教育サービス・アクセス差別等が行われている（Cai and Wang, 2007; Liu, 2005; Meng and Zhang, 2001; OECD, 2005a）。しかし，こうした受入地域における規制の役割を捉えることは不可欠の作業であるものの，残念ながら現時点ではその存在ばかりか，その程度をもカバーした包括的な指標は利用可能でない。そこで，本章では，試みに受入地域の全職工に占める国有部門職工の割合をその代理変数と考え，$Regulation_i$ として説明変数に加える[13]。国有部門の比重の高い地域ほど地元の雇用問題が深刻である可能性が高いこと，そして，地方政府は地元の都市戸籍者の雇用確保を最優先課題として社会・労働政策を実施してきたと考えられるからである。

要約すると，j を以前の常住地域，i を現在の常住地域と約束すれば，われわれの具体的な推定式は

$$\log\left(\frac{migr_{ji}}{migr_{jj}}\right)=a_0+a_1\log\left(\frac{MP_i}{MP_j}\right)+a_2\log\left(\frac{G_i}{G_j}\right)+a_3\log(Distance_{ji})$$
$$+a_4Adjacency_{ji}+a_5MigrationChain_{ji}+a_6\log\left(\frac{U_i}{U_j}\right)$$
$$+a_7Regulation_i+u_{ji} \qquad (6)$$

---

13) 代替的に，都市部就業者に占める国有部門就業者構成比が1994年より利用可能であるが，職工ベース計数とこの人口変動サンプル調査結果とは高い相関があるので，1990・1995・2000・2005年の四ヶ年を通じて利用可能な国有部門職工比率を採用する。データの出所は国家統計局国民経済総合統計司編『新中国五十五年統計資料匯編』中国統計出版社，2005年，国家統計局編『中国統計年鑑』中国統計出版社，2006年である。

となる。ここでu_{ji}は攪乱項であり，パラメーターの期待される符号条件はa_1, a_4, $a_5 > 0$, a_3, a_6, $a_7 < 0$である。また，中国の地域間人口・労働力移動の太宗は出稼ぎであるので，価格指数項の係数a_2は有意にゼロと異ならないはずである。

4.2 推定結果

推定は残差の不均一分散の可能性を考慮して，ウェイト付最小自乗法（Weighted Least Squares: WLS）によった。また結果は省略されているが，5年前の定住地域による固定効果を入れて推定を行っている[14]。

推定結果は表7-3に整理されており，表の(1)-(4)式は推定式(6)をWLSにより推定した結果である。これら推定結果はきわめて良好であり，理論通りの結果が得られている。特にすべての年にわたって，市場ポテンシャルおよび価格指数項がともに正でかつ統計的に有意に推定されていることは興味深い。しかし，先に進む前に，二つのNEG変数の内生性のチェックを最初に行っておこう。実際，中国における省間人口・労働力移動は，全体としては総人口の数%程度にすぎないものの，一部地域，特に出稼ぎが集中する北京市，上海市および広東省において現存人口・労働力に対し無視できない規模となっている[15]。こうした人口・労働力流入は，企業・製品バラエティ数や所得を変化させることによって市場ポテンシャルや価格指数に影響を及ぼしうるので，内生性の可能性を事前にチェックしておくことが望ましい。

そのため，Head and Mayer（2006），Knaap（2006），Redding and Venables（2004）の示唆に従い，市場ポテンシャルおよび価格指数の操作変数として，中国の政治・経済中心地と考えられる北京市，上海市および香港SARまでの各省省都からの距離（北京・上海市は自己の距離）の対数値を採用する[16]。ちなみに，市場ポテンシャルを操作変数に

---

14) 結果は省略するが，ランダム効果モデルを帰無仮説，固定効果モデルを対立仮説とするHausmanのspecification testを実施したところ，帰無仮説はすべての推定において1%の有意水準で棄却された。

15) 例えば，2000年（2005年）時点における省外からの流入人口の常住人口に対する割合は，北京市が13.3%（14.6%），上海市が12.9%（17.0%），そして広東省が13.7%（13.0%）であった（2000年人口センサス，および2005年1%調査による）。

16) 国際経済を分析対象としたRedding and Venables（2004）ではアメリカ，ブリュ

表7-3

説明変数	1990年 WLS (1)	1995年 WLS (2)	2000年 WLS (3)
log(*Market Potential*)	0.219	0.406	0.408
	(0.063)***	(0.096)***	(0.063)***
log(*Price Index*)	0.156	0.286	0.097
	(0.053)***	(0.072)***	(0.046)**
log(*Distance*)	-0.511	-0.345	-0.340
	(0.064)***	(0.093)***	(0.063)***
Adjacency	0.639	0.426	0.560
	(0.097)***	(0.141)***	(0.100)***
Migration Chain	0.082	0.137	0.093
	(0.006)***	(0.009)***	(0.005)***
log(*Unemployment*)	-0.134	-0.0001	-0.400
	(0.067)**	(0.091)	(0.087)***
Regulation	-0.019	0.003	-0.018
	(0.005)***	(0.007)	(0.004)***
Sargan(p-values)	0.177	0.060	0.014
Wu-Hausman(p-values)	0.00	0.015	0.00
adjR^2	0.703	0.532	0.724
No. of Obs.	812	812	812

注) 推定方法はウェイト付き最小自乗法（WLS）とウェイト付き2段階最小自乗法を含む）に加えて，北京・上海・香港の三つの地域までの距離（北京・上海は自己のンシャル項・価格指数項の外生性に関するWu-Hausmanのスペシフィケーション・パラメーター推定値が同時にゼロとの帰無仮説の下でのテスト結果）。いずれもp値
*** 1％の水準で有意
** 5％の水準で有意
* 10％の水準で有意

回帰させた第一段階の推定によると，いずれの距離変数も1％の有意水準でマイナスに推定されており，推定式の決定係数も0.65前後であった。また価格指数に関する結果も同様であり，決定係数は0.80前後で

ッセル，日本までの距離が，欧州を分析対象としたHead and Mayer（2004）ではブリュッセルまでの距離（および二地域間の距離の逆数の合計で定義される中心性指標）が，アメリカ国内を分析対象としたKnaap（2006）ではニューヨーク州およびカリフォルニア州までの距離が操作変数として採用されている。ちなみに代替的な操作変数としてHead and Mayer（2006）によって提案された中心性指標や中国の主要ハブ港までの最短距離も有効である。しかし三つの地域までの距離が第一段階の推定において最も説明力が高かったので，ここではこの操作変数を選択した。

第 7 章　地域間人口・労働力移動と市場ポテンシャル　　247

推定結果

2005年 WLS (4)	1990年 W2SLS (5)	1995年 W2SLS (6)	2000年 W2SLS (7)	2005年 W2SLS (8)
0.413	0.262	0.653	0.246	0.113
(0.070)***	(0.112)**	(0.178)***	(0.099)**	(0.103)
0.150	-0.065	0.291	-0.047	0.212
(0.052)***	(0.069)	(0.105)***	(0.062)	(0.071)***
-0.365	-0.557	-0.404	-0.377	-0.339
(0.068)***	(0.065)***	(0.102)***	(0.067)***	(0.072)***
0.593	0.518	0.443	0.441	0.577
(0.105)***	(0.098)***	(0.148)***	(0.102)***	(0.107)***
0.089	0.088	0.130	0.101	0.093
(0.005)***	(0.006)***	(0.010)***	(0.005)***	(0.005)***
-0.067	-0.323	0.133	-0.473	0.025
(0.167)	(0.085)***	(0.135)	(0.090)***	(0.173)
-0.022	-0.033	0.015	-0.037	-0.032
(0.003)***	(0.006)***	(0.012)	(0.005)***	(0.0047)***
0.003				
0.000				
0.694	0.691	0.534	0.706	0.689
812	812	812	812	812

（W2SLS）。操作変数は相対市場ポテンシャル・相対価格指数以外のすべての説明変数（定数項距離）の相対比対数を使用した。Sargan は過剰識別制約テスト結果，Wu-Hausman は市場ポテスト結果（操作変数を加えた第一段階の予測誤差を説明変数に加えた場合の予測誤差に関わるのみを掲載している。カッコ内の計数は推定値の標準誤差。

あった。そして，操作変数（およびモデル）の適切性をチェックするため，過剰識別制約テストも行ってみた（表の Sargan 統計量を参照）。それによると，2000・2005年の推定に難があるものの，5％の有意性基準で観察する限り，操作変数が適切との帰無仮説はその他の年については棄却されていない（代替的な特定化による推定式の欄も参照）。

次に，これらを操作変数として市場ポテンシャルおよび価格指数の外生性のテストを行ってみたところ，表 7-3 の下段の Wu-Hausman に示されているような結果が得られた（テストは第一段階の予測誤差を説明変数に加えた推定によっており，p 値のみを掲載した）。この結果によると，市場ポテンシャルおよび価格指数が外生変数との帰無仮説はすべてのケ

表 7-3

説明変数	1990年 W2SLS (9)	1995年 W2SLS (10)	2000年 W2SLS (11)
log(*Market Potential*)			
log(*Price Index*)	0.008 (0.006)	0.376 (0.101)***	0.047 (0.049)
log(*Distance*)	−0.495 (0.063)***	−0.237 (0.093)**	−0.320 (0.066)***
Adjacency	0.506 (0.100)***	0.442 (0.145)***	0.451 (0.105)***
Migration Chain	0.094 (0.006)***	0.146 (0.009)***	0.106 (0.005)***
log(*Unemployment*)	−0.390 (0.080)***	−0.149 (0.107)	−0.486 (0.092)***
Regulation	−0.038 (0.006)***	−0.010 (0.010)	−0.043 (0.005)***
Sargan (p-values)	0.746	0.164	0.131
Wu-Hausman (p-values)	0.000	0.006	0.000
adjR^2	0.682	0.523	0.691
No. of Obs.	812	812	812

注） 推定方法はウェイト付き最小自乗法（WLS）とウェイト付き2段階最小自乗法を含む）に加えて，北京・上海・香港の三つの地域までの距離（北京・上海は自己のンシャル項・価格指数項の外生性に関するWu-Hausmanのスペシフィケーション・パラメーター推定値が同時にゼロとの帰無仮説の下でのテスト結果）。いずれもp値
　*** 1%の水準で有意
　** 5%の水準で有意
　* 10%の水準で有意

ースで棄却されている。このことはまた，WLSによる推定結果は，表面上は非常に良好であるものの，それは見せかけのものである可能性が高いことを示唆している。

そこで，これら距離変数に加え，定数項，距離の対数，隣接ダミー，移民連鎖，失業率，移動先の規制を操作変数とした2段階最小自乗法（W2SLS）により推定を行ってみた。結果は表の(5)–(8)式に整理されており，それによると1990年・2000年について価格指数項が有意に推定されていない。一方，市場ポテンシャルを除外し，価格指数に焦点を絞った推定結果が表の(9)–(12)式に示されている。この結果によっても，やはり1990年・2000年において価格指数項が有意に推定されていない。

第7章 地域間人口・労働力移動と市場ポテンシャル

推定結果（続き）

2005年 W2SLS (12)	1990年 W2SLS (13)	1995年 W2SLS (14)	2000年 W2SLS (15)	2005年 W2SLS (16)
	0.215 (0.100)**	0.747 (0.171)***	0.200 (0.076)***	0.292 (0.083)***
0.257 (0.057)***				
−0.320 (0.070)***	−0.535 (0.061)***	−0.487 (0.094)***	−0.355 (0.061)***	−0.438 (0.066)***
0.580 (0.108)***	0.544 (0.094)***	0.336 (0.141)**	0.459 (0.100)***	0.529 (0.107)***
0.094 (0.005)***	0.087 (0.006)***	0.133 (0.010)***	0.101 (0.005)***	0.090 (0.005)***
0.070 (0.170)	−0.285 (0.074)***	−0.038 (0.119)	−0.466 (0.089)***	−0.120 (0.167)
−0.034 (0.004)***	−0.030 (0.005)***	−0.003 (0.010)	−0.036 (0.005)***	−0.037 (0.004)***
0.039	0.541	0.125	0.046	0.000
0.001	0.016	0.018	0.000	0.000
0.684	0.696	0.522	0.708	0.687
812	812	812	812	812

（W2SLS）。操作変数は相対市場ポテンシャル・相対価格指数以外のすべての説明変数（定数項・距離）の相対比対数を使用した。Sargan は過剰識別制約テスト結果，Wu-Hausman は市場ポテテスト結果（操作変数を加えた第一段階の予測誤差を説明変数に加えた場合の予測誤差に関わるのみを掲載している。カッコ内の計数は推定値の標準誤差。

このように，欧州域内の移民の決定因についてこの価格指数の効果を強調した Crozet（2004）の分析結果とは異なり，中国では移動先地域の生計費指数の役割は明確でないと言えよう。

既述のように，この結論は中国の移民の性格を想起すれば比較的理解しやすい。実際，中国の地域間人口・労働力移動の太宗は出稼ぎと考えられ，その稼得所得のかなりの部分は送金（もしくは貯蓄）されている。出稼ぎ先での実質所得というよりも，送出し地域の生計費基準による実質所得が問題なのである。以上の予備的なチェックを踏まえ，以下では価格指数項を除外した(13)-(16)式の推定式により結果を報告することにする。

まず，われわれの最大の関心事項である市場ポテンシャルに関わる係数推定値は，符号条件を満たし，かつ1％もしくは5％の水準で統計的に有意に推定されている[17]。既に説明したように，一般に市場ポテンシャルの高い地域では比較的高い賃金が形成される。その結果として，人口・労働力はこうした市場ポテンシャルが高い地域に移動する傾向があり，われわれの結果はこうしたNEG的な人口・労働力移動メカニズムが中国において働いていることを示唆していると言えよう。ただし，市場ポテンシャル項の係数推定値の逆数が代替弾力性との解釈を採用すれば，それは1.3から5.0とやや低めに推定されている。

一方，距離弾力性の推定値からも明らかなように，遠隔地域への移動は抑制される傾向にある[18]。興味深いことに，われわれの距離弾力性推定値（の絶対値）はCrozet（2004）による欧州5ケ国のケース（イタリアの −0.24 からオランダの −1.1 に分布，5ケ国平均で −0.71）よりも幾分低めとなっており，このことはまた，中国国内の人口・労働力移動が少なくとも距離の面で欧州ほどの制約を伴っていないことを示唆している。ただし，同じ人口・労働力移動データを使用したPoncet（2006），Poncet and Zhu（2003）による弾力性推定結果は −1.0 に近い値となっており，必ずしもわれわれの結果と整合的でない。その一つの理由は移民連鎖を明示的に推定しているか否かの違いであり，それを明示的に組み込むことによって弾力性推定値（の絶対値）は小さく推定されるようである[19]。しかし第二に，距離弾力性の推定値（の絶対値）は明らかに

---

17) 第一段階において市場ポテンシャルおよび価格指数を推計し，その推計値に基づいて人口・労働力移動決定因に関する推定が行われているという意味で，われわれの推定方法は広くみられる二段階アプローチである。しかし第二段階目の推定値の標準誤差は第一段階の推定における推定誤差を考慮していないため，一般に真のそれを過小評価しているかもしれない。しかし，Pagan（1984）によって示されているように，パラメーター推定値の有意性（つまりパラメーターの値がゼロという帰無仮説の真偽）のみが問題であれば，第二段階の推定から計算された標準誤差によるテストは一般に正しいテストとなる（パラメーターの値がゼロとの帰無仮説の下では，第一段目の推定誤差 = 0 を前提することになる）。また，われわれの推定方法は操作変数法であるので，Pagan（1984）が示唆する問題の解決方法に沿っている。

18) もっとも，実際には新疆ウイグル自治区への（おそらく入植・開墾や資源開発の現場労働を目的とした）移動は相変わらず活発であり，中国の例外的事例となっている。なお，詳細は省略するが，全国ベースの行商ネットワークで有名な浙江省からの移動は，特に説明困難なアウトライヤーではない。

低下傾向を示しており，このことはまた，中国における人口・労働力移動の広域化という事実と整合的である[20]。また，隣接ダミー変数の推定結果も予想通りのものであり，人口・労働力移動の多くは隣接する地域からのそれであるという事実を裏付けている。

第三に，移民連鎖は中国においても地域間人口移動を左右するやはり重要なファクターであり，表の *MigrationChain* 項の推定結果が示しているように，この効果は頑健かつ高度に有意であった。実際，推定結果によると，1987年から2005年の18年間にわたって移動先分布には正の相関が持続しており，このことはまた，中国の主要移動先である北京市，上海市，広東省等への人口・労働力移動パターンが固定化しつつあることを意味している。

第四に，都市部失業率で捉えた就業可能性の効果は，ほぼ予想通りのものであった。ただし，その強弱が時期によって異なっている。実際1990年は天安門事件に続く不況の年であり，当時の盲流現象を引き合いに出すまでもなく，人口移動は移動先の就業可能性に非常に敏感に反応していた。しかし，実態はともかくとして二桁成長に沸いていた1995年時点では，符号条件は満たしているものの有意に推定されていない。その一つの解釈は，1994-96年の農産物価格引き上げ政策等により農村部の経済状態が比較的小康を保っていたということであろう。ところが，2000年時点になると，この移動先の就業可能性の影響が強く現れている（符号条件を満たし，かつ1％の水準で有意に推定されている）。1997年からの農産物価格の大幅下落や郷鎮企業の不振等を背景とした農村部のデフレは，国有企業のリストラに直面した都市部とともに深刻化しており，農村労働力は移動先の就業可能性に敏感に反応しながら出稼ぎ先を選択していたものと考えられる。しかし，事態が大幅に好転した2005年では，再び就業確率変数は有意でなくなっている。

---

19) 例えば移民連鎖を明示した厳（2005, 92）の結果によると，距離弾力性は −0.1 から −0.5 の範囲に分布しており，われわれの推定結果と整合的である。一方，省間の農村労働力移動を分析対象とした丸川（2002, 61）の結果によると，距離弾力性は −2.7 程度と非常に高く推定されている。しかし，厳（2005）と全く同じ距離データを使用しているものの，その推定では移民連鎖が明示的でない。

20) Du et al.（2005）は，中国貧困県のミクロ・データを用いて同様の結果を示している。

最後に，国有部門職工構成比で代理された移動先地域の規制は，1995年を除いて符号条件を満たし，かつ統計的に有意に推定されている。なお，1990年と2000年が有意という結果は，やはり当該時期の経済情勢を反映していると理解すべきであろう。既述のように1990年は不況の年であり，また2000年は国有企業改革に伴う下崗がピークに達した年であった。特に後者の2000年においてこの効果が大きく現れており，この結果は都市部の雇用環境悪化に対する地方政府の政策対応を強く反映していると考えられる。また，2005年はブームに沸いた年であるが，東北部のように国有部門のリストラに伴う雇用情勢が依然おもわしくない地域が残存していることを反映しているのであろう。このように，特に都市部の雇用情勢が厳しい年において流入規制が有効に働いていたとの仮説は，実証的にも支持されている。

　以上のように，中国の地域間人口・労働力移動の決定要因に関する推定結果は価格指数の影響を除いてほぼ理論予測通りのものであり，このことはまた中国の人口・労働力移動のメカニズムがNEGの想定するそれと整合的であることを意味している。

第5節　結　論

　本章はNEGの理論枠組みに沿って，中国の地域間人口・労働力移動の決定要因を分析した。特に市場ポテンシャルおよび価格指数というNEGのキー変数を明示的に活用した推定を行ってみたところ，価格指数は有意でないものの，市場ポテンシャルが中国の地域間人口・労働力移動メカニズムのファンダメンタルズとしてクルーシャルに関わっていることが示された。もちろんわれわれが着目した二つの新しい変数（市場ポテンシャルと集計価格）の内生化という問題は残される。しかし，「市場ポテンシャルの高い地域に生産要素が集中する」というNEGの基本命題が妥当すること，したがって常識通り中国において集積の力学が作用し始めていることが，人口・労働力移動面から浮き彫りにされたのではないかと考えられる。

第8章

水平的財政不均衡と政府間財政調整
——地域間財政力格差のUターン？——

第1節　はじめに

　グローバル化時代の寵児とも言うべき中国の成長は，よく知られているように非常に大きな地域差を伴ってきた。その展開の概略は既に第5章において触れられているのでここでは繰り返さないが，こうした不均等発展の経済社会的帰結を是正する上で，最も重要な政策手段が財政政策であることは言うまでもなかろう。

　しかし，その中国の財政には，著しい地域差が存在する。例えば，地域の財政力を一人当たり財政支出で測ることにすると，2007年時点において最高は上海市の1万1,742元/人，最低は河南省の1,999元/人であり，その間には物価水準の差だけでは説明できない6倍近い格差がある[1]。1994年の分税制改革以降では，中央と地方の支出責任分担が比較的明瞭となっており，中央は外交・国防・武装警察・その他中央官庁運営・国家プロジェクト等に，また，地方は地域開発や貧困対策に加え，教育・医療，さらに最近では社会保障といった地域密着型の対人社会サービス供給とその費用負担をほぼ全面的に委ねられてきた。ところが，財政請負制の欠陥是正を狙った分税制改革は，地域格差縮小傾向から拡大傾向への転換という1990年以降の中国経済のトレンド変化の中で，

---

1) Brandt and Holz（2006）による省別生計費指数を2007年に延長して計算すると，同年における上海の物価水準は河南省のそれの1.53倍であった。

逆に財政面から地域格差を助長するという副作用を伴った。厳しく言うと，それは「金を稼げる地域に金を集める制度」に堕してしまったのである。そして，こうした地域公共サービス供給の分権的運営体制の下での水平的・垂直的財政力格差は，地域公共サービスの質・量両面での極端な格差とナショナル・ミニマムの未実現[2]，さらには財源不足を補うための末端における「濫収費」の蔓延と繰り返される予算外予算の膨張というゆゆしき事態を招き，World Bank（2002）によって「行き過ぎた地方分権」と指摘されるまでに至ったのである[3]。

こうした分権的財政制度の不備に対処するため，中央政府は自らの財源補助をテコとして，2000年より西部地域を，その後東北地域をターゲットとした地域開発プログラムを立ち上げるとともに，いわゆる三農問題を緩和・是正するための税費改革や，農村部義務教育制度改善，新農村合作医療制度導入等の一連の農業・農村改革を行ってきた[4]。そして，2003-2007年の5年間に及ぶ二桁成長や金税工程改革（増値税徴収のコンピューター化）などによる税収増加を背景として，近年，中央政府は政府間財政調整の規模を急速に拡大させている。事実，中央政府の対地方政府補助は，2000年の4,665億元（対GDP比4.7％）から2007年には1兆8,138億元（同7.0％）へと爆発的に拡大しており，格差助長という分税制の当初の欠陥が是正されつつあるという意味で，中国財政はUターンしているかに見えるのである。

しかし，31の省・直轄市・自治区からなる一級行政区レベルに限定

　2）　例えば，中国は1986年に義務教育法を施行したにもかかわらずその実現は遅れ，農村部の義務教育無料化が始まったのは2007年からである。

　3）　中国は，国際的に見ても財政の地方分権の程度が高い国と考えられる。例えば，やや古くなったが，比較可能な1997年時点で観察すると，同じ移行経済であるロシアの地方政府財政シェアは，収入が40.6％，支出が37.6％であるのに対し（Dabla-Norris, 2005, 5），中国では収入が税収返還調整後で74.4％，支出が72.6％となっている。同様にOECD加盟国と比較すると（OECD, Revenue Statistics 1965-2002, 2003, 25），OECD加盟国地方政府の収入シェア（社会保障を除く）は連邦制国家平均で36.0％，その他単一制国家平均で17.4％，OECD単純平均で22.4％であった（いずれも2001年計数）。

　4）　濫収費現象の核心的問題である農村課税の逆進性，税費改革の展開およびその効果，残る課題等について，Lin and Liu（2007），Tao ansd Qin（2007）の議論が有益である。特にLin and Liu（2007）は，90年代の農産物市場の自由化に伴う伝統的な農村課税ベース（穀物政府買い上げ制度の地方政府関与に伴う実質課税）の消失が，地方末端政府の財源不足の重要な制度的背景であったことを強調している。

しても，中国の政府間財政調整の実態に迫ることは，実はそれほど簡単ではない。なかでも，1994年分税制改革において改革反対勢力に対する宥和策として導入された税収返還がその実態を見通し難くさせており，これに加えて，2002年の所得税共有改革に際しても，同様の激変緩和措置が採られたからである。この第8章の目的は，一級行政区レベルにおける税収返還規模の推計に基づいて，中国の地域間財政力格差の実態とその要因を，政府間財政調整の役割に焦点を当てて分析することである。この分析を通じて，華々しい中国経済のグローバル化の中で，その果実を広く一国全体に波及させる制度設計の重要性を浮かび上がらせてみたい。

この目的のために，次節において，最初に1994年分税制改革および2002年所得税共有改革に伴って導入された税収返還制度を説明し，税収返還を考慮した場合の中国の中央政府と地方政府の財源配分，税収返還の特性・変遷等について概説する。以上の基礎的事実の説明に引き続き，3節では中国の「水平的財政力格差」に焦点を当て[5]，中国の一級行政区レベルにおける財政力格差の推移とその要因を，Shorrocks（1982）の要因分解法によって分析する。特に，1994年分税制改革は，当初，地域間の財政力格差を拡大させたものの，それから11年を経過した2005年からようやくそれが縮小に転じていること，そしてその背後に逆進的な税収返還の重要度低下と，税収返還を除外したという意味での政府間財政調整の「真水」部分の拡大，およびその再分配効果の顕在化があることを指摘する。しかし，それにもかかわらず，「財政の再分配機能の低下」という改革・開放以降の中国財政の長期トレンドそのものが大きく軌道修正されているわけではなく，その意味で近年における中央政府を介した政府間財政調整の効果は依然，限定的であることが示される。

---

5) 以下において，地方政府全体としての地域間財政力格差を「水平的財政力格差」と呼び，地方政府内部の財政力格差である「垂直的財政力格差」と区別する。

第2節 中国の財政改革と税収返還制度

2.1 分税制と税収返還制度

中国は，1994年において分税制改革を実施した。従来曖昧であった中央と地方の支出責任を明確化した上で[6]，租税を中央固定税，地方固定税，中央・地方共有税に区分することにより，税種によって中央・地方政府の収入分属を確定する制度に移行した。1980-93年の財政請負制時代では，個別交渉・請負契約による複雑かつ多様な収入配分関係が蔓延していたのに対し，中国はこの財政請負制時代の混乱・錯綜を是正して，「税種による統一的収入配分」という近代税制度への脱皮を目指したのである。第二に，その最大の目玉は17％の増値税（付加価値税。日本の消費税に相当するが，投資財も課税対象）を共有税とし，そのうちの75％を中央政府取分，残り25％を地方政府取分としたことであった。そして，新生中国において初めて中央政府直属の税務署が創設され，増値税およびその他中央税の徴収を国家税務局が担当することになった。このように，分税制は税の徴収を地方に委ね，中央に上納した残りを地方が留保するという道徳的陥穽の余地に満ちた財政請負制の仕組みからの訣別を狙った改革であったと言えよう。そして第三に，地方分権化と「塊々（「条々」と呼ばれる上から下へのタテの権限拡大に対比される地域内部での部署間のヨコの権限拡大・集中現象）」の台頭に伴う無秩序な徴税・借入に対処するため，課税決定権は一部を除いてほぼすべて中央政府に集中され，同時に地方政府の直接借入は中央政府を経由する以外にできなくなった（1994年予算法）[7]。このようにして，中央政府は，80年代後半より顕著になっていた「二つの比重（国家財政収入の対

---

6) しかし，支出責任の配分に実質的変更はなかったと言われている（World Bank, 2002; Ahmad, Singh and Fortuna, 2004）。実際，支出面で見た中央の比重は，1980年代後半から90年代初頭にかけて50％強から30％程度に低下した後，その後30％前後で安定している。この意味で分税制改革は，その名が意味する通り，主として収入面での改革と言える。

7) もっとも，「費用」という名目による実質的な課税は残存した。また，その正確な規模は不明であるが，地方プロジェクト融資に対する政府保証や諸種基金流用，賃金・事業プロジェクト代金未払い債務等の巨額の地方債務が残存していると言われている。

GDP 比と税収中の中央政府取分比率)」の低下，そして，その淵源である「塊々」の台頭に歯止めをかけることを狙ったのである（項，1999)[8]。

しかし，1984年・1990年の二度にわたる分税制改革試行の失敗を教訓として，「税収返還制度」という宥和策を導入して改革が実行に移された。税収が豊かな一部の地方政府の根強い抵抗に対し，既得権益を擁護することにより改革をスタートせざるを得なかったのである。

この分税制改革により新たに導入された税収返還ルールは，次の公式によって記述される（中国財政部主管『中国財政年鑑』1995年，62)。

$$本年税収返還額(RR_t) = 前年税収返還額(RR_{t-1}) \times \{1 + 0.3 \times 両税伸び率(g_t)\} \quad (1)$$

ここで，「両税」とは二つの税という意味であり，1994年に新たに中央政府収入となった消費税（酒・タバコ税等の日本の物品税に相当する税）と増値税の75％部分を指す。そして，1993年の「純上割中央収入（新たに中央政府収入となった税収から新たに地方政府収入となった税収の差額)」を税収返還の基数（RR_0）とし，1994年からこの金額にプラス・アルファを加えて税収返還が実施された。新たに中央政府に吸い上げられた税収は100％返還が保証され，税収の伸びの3割分をこれに加えて地方に返還するという内容である。

一方，2002年において，企業・個人所得税に関する中央・地方政府間での「所得税共有改革」が実施された。1994年分税制改革では，中央政府所轄企業及び銀行等の企業所得税は中央政府が，また地方政府所轄企業や外資企業の所得税および個人所得税（預金利息の源泉徴収税を除く）は地方政府の取分となっていたが，この制度を廃止し，2002年では中央：地方＝50：50，2003年以後では中央：地方＝60：40の割合で

---

8) 分税制改革そのものは中央政府と一級行政区レベル政府（省，自治区，直轄市，計画単列市—日本の政令指定都市に相当—）の間の改革であり，省以下の下級レベル政府を直接の対象としていない。そのため，下級地方財政レベルでの制度変化は地域によりバラバラであり，またこれが中国の地方財政を見通し難くさせている要因でもある（World Bank, 2002)。以下ではデータの制約により，主として中央政府と統合された地方政府の財政関係に分析を限定する。

所得税のシェアリングが行われること，そして，新規の中央政府帰属税収は全額西部地域開発目的に使用されることになった（中国財政部主管『中国財政年鑑』2002年，54-55）。

　しかし，1994年分税制改革と同様に，この制度導入に伴う地方政府税収減に対処するため，2001年の所得税収を基数として，実際の所得税取分がこの基数を下回る場合，その差額を全額中央政府が補償することになった。そして，この補償分が2002年より「税収返還」として計上されている。そこで，混乱を避けるために，以下では1994年分税制改革に伴う税収返還を「両税の税収返還」，2002年以降の所得税共有改革に伴うそれを「所得税の税収返還」とそれぞれ呼んで区別することにする。

　この税収返還制度は，公式統計に現れる表向きの数字と実態を乖離させるという意味で，予算外予算とともに中国の財政構造を見通し難くさせてきた最大の要因の一つである。なぜなら，毎年公表される中央政府の地方補助額は，この税収返還を含んでいるからである。

　問題の重要性を理解するために，中央政府と地方政府の支出規模，およびその構成を示した表8-1を観察しよう。なお，中国の地方政府とは「省—地区（もしくは市）—県—郷鎮」の四層の政府組織の総称であり（規模的には，地区は日本の県に，中国の県は日本の市町村にそれぞれ相当する），本章で言う地方政府とは，この四層の地方政府の統合勘定を意味している。また，中国の財政年度は当年1月1日から12月31日の1年間である。この表の最後の二列に示されているように，中央政府の総支出のうち地方政府に対する補助支出が，1994年の分税制改革を節目に，それ以前の30％弱から一挙に57.7％に上昇した。第二に，積極財政に転じた1998年より地方補助の金額自体が爆発的に拡大しており，1997年の2,857億元（対GDP比3.6％）から2007年には1兆8,138億元（同7.0％）へと6倍強に増加している。そして第三に，この地方補助は中央政府の総支出の過半を占める最重要支出項目であるばかりでなく（2007年で総支出の61.3％），1994年以降，地方政府支出（中央政府に対する上納金支出を含む）の5割前後を占めるという意味で，地方政府の財政支出を裏付ける最も重要な財源となっている。つまり，1994年の分税制改革以後，地方補助という名の政府間財政調整が中国財政にお

第8章 水平的財政不均衡と政府間財政調整   259

表 8-1　中国の国家財政　　　　　　（単位：億元）

年	中央政府 本級支出	中央政府 地方補助	地方政府 本級支出	地方政府 上解支出	地方補助／総支出(％) 中央政府	地方補助／総支出(％) 地方政府
1993	1,312.06	544.63	3,330.24	600.31	29.3%	13.9%
1994	1,754.43	2,389.09	4,038.19	570.05	57.7%	51.8%
1995	1,995.39	2,534.06	4,828.33	610.01	55.9%	46.6%
1996	2,151.27	2,722.52	5,786.28	603.88	55.9%	42.6%
1997	2,532.50	2,856.67	6,701.06	603.80	53.0%	39.1%
1998	3,125.60	3,321.54	7,672.58	597.13	51.5%	40.2%
1999	4,152.33	4,086.61	9,035.34	598.13	49.6%	42.4%
2000	5,519.85	4,665.31	10,366.65	599.12	45.8%	42.5%
2001	5,768.02	6,001.95	13,134.56	590.96	51.0%	43.7%
2002	6,771.70	7,351.77	15,281.45	637.96	52.1%	46.2%
2003	7,420.10	8,261.41	17,229.85	618.56	52.7%	46.3%
2004	7,894.08	10,407.96	20,592.81	607.17	56.9%	49.1%
2005	8,775.97	11,484.02	25,154.31	711.96	56.7%	44.4%
2006	9,991.40	13,501.45	30,431.33	787.27	57.5%	43.2%
2007	11,442.06	18,137.89	38,339.29	862.79	61.3%	46.3%

注）　本級支出とは当該政府固有の財政需要を充足するための支出であり，上解支出とは中央政府に対する地方政府の上納金のことを指す。中央政府の地方補助は税収返還，体制性補助，その他地方補助の合計，中央総支出は本級支出と地方補助の合計，地方総支出は本級支出と上納支出の合計である。中央政府は2000年より，地方政府は2003年より支出に債務利息を含む。
資料）　2006年までは中華人民共和国財政部主管『中国財政年鑑』2007年より作成した。2007年は財政部「2007年全国財政決算」2008年7月8日（www.mof.gov.cn）による。

いてその役割を大幅に伸長させ，現在まできわめて重要なポジションを占めてきたのである。

　しかし，税収返還は，実態的には中央政府の地方政府に対する「義務的」補助であるので，本来の意味での中央政府補助は，毎年公表されている地方補助支出からこの税収返還を控除した額と考えるべきである。また，税収返還は，その性格からして地方政府の本級収入と処理すべきであろう。ところが，税収返還を含む地方補助が中国財政においてきわめて重要なポジションを占めているにもかかわらず，いったいどれだけの税収返還が行われているかはこれまでのところ断片的にしか明らかにされたことがなく，この不透明性が中国財政の実態，特に政府間財政調整の理解を阻んできた。われわれの最初の課題はこの税収返還額を一級行政区レベルで推計することであるが，その作業は技術的であるので補論に譲り，以下ではその推計値に基づいて，税収返還が中国財政におい

て持つ重み，およびその性格について幾つかの予備的説明を行っておきたい。

2.2 中央・地方政府間の税収配分

分税制改革の一つの狙いは，1985年の38.4%から1993年の22.0%までに低下していた中央政府の税収シェアの低下を食い止め，概ねそれを60%に引き上げることであった。そしてこの目標は，1994年の中央政府税収シェアが55.7%へ一挙に上昇したことから窺えるように，形の上では成功であったと言えよう。

しかし，税収返還という実質的には地方政府に帰属する税収を調整した後の実態はどのように推移してきたのであろうか。表8-2はこの素朴な疑問に答えている。ここで，表は公式統計上の中央政府収入割合と，税収返還を地方政府の本来の収入と考えた場合のそれを計算したものである。この表によると，確かに分税制改革導入直後の1994・1995年では，実態的な中央政府税収シェアは22%水準でほとんど変わっておらず，その意味では分税制改革は失敗であった，もしくは税収返還により当初の目標は骨抜きにされていた。しかし，その後の推移を観察すると，特に金税工程改革が進展した近年において実質的な中央政府収入シェアは急速に上昇しており，2007年時点においてそれは46%に達している。時間がかかったとはいえ，中央政府収入シェアは10年間で倍増したのである。

ちなみに，同表には中央政府の（本級）支出シェアも示されている。それによると，確かに90年代では中央政府の支出シェアが実質的な収入シェアを上回っており，中央財政は財源面から多くの制約を受けていたことが窺える。しかし，2000年台に入るとそのポジションは逆転し，その収入シェアが恒常的に支出シェアを上回るようになった。分税制改革の一つの狙いであった中央政府を介する広義の政府間財政調整が，中国において曲がりなりにも機能し始めていると言ってよいであろう。

その背後には，（両税の）税収返還ルールの巧妙な仕掛けが潜んでいる。この点を明らかにするための一つの思考実験として，両税の伸び率gをパラメーターと考えてみよう。すると(1)式より，t年後の地方政府取分は$S_L=\{(1+0.3g)/(1+g)\}^t$，中央政府取分は$S_C=1.0-S_L$であるの

第 8 章 水平的財政不均衡と政府間財政調整

表 8-2 中央政府と地方政府の財政収入

年	財政収入，億元 中央政府	財政収入，億元 地方政府	税収返還，億元 合計	税収返還，億元 内，両税分	中央政府収入割合 公式統計	中央政府収入割合 調整値	中央政府支出割合	両税中，中央取分
1993	957.51	3,391.44	—	—	22.0%	22.0%	28.3%	—
1994	2,906.50	2,311.60	1,798.99	1,798.99	55.7%	21.2%	30.3%	18.8%
1995	3,256.62	2,985.58	1,867.26	1,867.26	52.2%	22.3%	29.2%	25.0%
1996	3,661.07	3,746.92	1,948.64	1,948.64	49.4%	23.1%	27.1%	31.4%
1997	4,226.92	4,424.22	2,011.63	2,011.63	48.9%	25.6%	27.4%	35.9%
1998	4,892.00	4,983.95	2,082.76	2,082.76	49.5%	28.4%	28.9%	41.1%
1999	5,849.21	5,594.87	2,120.56	2,120.56	51.1%	32.6%	31.5%	41.9%
2000	6,989.17	6,406.06	2,206.54	2,206.54	52.2%	35.7%	34.7%	46.6%
2001	8,582.74	7,803.30	2,334.76	2,334.76	52.4%	38.1%	30.5%	52.7%
2002	10,388.64	8,515.00	3,011.00	2,420.36	55.0%	39.0%	30.7%	57.4%
2003	11,865.27	9,849.98	3,425.27	2,528.00	54.6%	38.9%	30.1%	61.6%
2004	14,503.10	11,893.37	4,051.00	2,711.97	54.9%	39.6%	27.7%	66.6%
2005	16,548.53	15,100.76	3,757.33	2,855.44	52.3%	40.4%	25.9%	70.1%
2006	20,456.62	18,303.58	3,930.22	3,023.44	52.8%	42.6%	24.7%	73.6%
2007	27,749.16	23,572.62	4,121.27	3,208.04	54.1%	46.0%	23.0%	76.8%

注) 中央政府財政収入割合の「調整値」は，税収返還を地方政府の帰属収入とみなした場合の中央政府収入割合。税収返還中，両税分の返還額は 2004 年以降が推計値，その他は実績値である。実積値は 1994・95 年が内藤 (2004, 148)，1996-99 年が張 (2001, 71)，2000・2001 年が Ahmad, Singh and Lockwood (2004, 16)，2002 年が宋・紹 (2005)，2003 年が『中国財政年鑑』2004 年，p.64 による。

資料) 中華人民共和国財政部主管『中国財政年鑑』2007 年その他より作成した。

で，簡単な計算により

$$\frac{\partial \log S_L}{\partial t} = \log\left(\frac{1+0.3g}{1+g}\right) < 0, \quad \frac{\partial \log S_L}{\partial g} = t\left\{\frac{0.3}{1+0.3g} - \frac{1}{1+g}\right\} < 0 \quad (2)$$

を得る ($g>0$ を仮定している)。つまり①制度導入後の年数 t が経過するほど，また②両税の伸び率 g が高いほど中央政府の取分シェアが増加する。このように，税収返還ルールは非常に巧妙に設計されており，時間経過に伴い，また国家税務局の徴税能力強化により，ほぼ自動的に中央政府の取分が増加する仕掛けになっているのである。

一方，両税中の実際の中央政府取分は，表 8-2 の最後の列に示されている。表の計数が示しているように，分税制導入時点の 1994 年における中央政府取分シェアは僅か 18.8% でしかなかった。しかし，その後同シェアは持続的に上昇し，2001 年で過半に達した後，2007 年時点では実に総額の 77% を中央政府がシェアできるようになっている。いず

表 8-3　中国の中央政府による

年	地方補助合計	①税収返還	②体制性補助	③その他補助	(構成比)
1994	2,389.09	1,798.99	114.00	476.10	(19.9%)
1995	2,534.06	1,867.26	115.00	551.80	(21.8%)
1996	2,722.52	1,948.64	111.00	662.88	(24.3%)
1997	2,856.67	2,013.95	111.41	731.31	(25.6%)
1998	3,321.54	2,082.61	112.93	1,126.00	(33.9%)
1999	4,086.61	2,165.90	118.51	1,798.11	(44.0%)
2000	4,665.31	2,281.34	125.96	2,262.68	(48.5%)
2001	6,001.95	2,334.76	120.04	3,547.15	(59.1%)
2002	7,351.77	3,011.00	321.00	4,024.00	(54.7%)
2003	8,261.41	3,425.27	323.75	4,489.00	(54.3%)
2004	10,407.96	4,051.00	328.96	6,028.00	(57.9%)
2005	11,484.02	3,757.33	385.68	7,341.01	(63.9%)
2006	13,501.45	3,930.22	380.00	9,191.23	(68.1%)
2007	18,137.89	4,121.27	380.00	13,611.18	(75.0%)

注 1)　地方補助は①税収返還、②体制性補助（財政請負制時代において導入され、1994-2001 年が両税の税収返還額、2002 年以降は両税と所得税の税収返還の合

注 2)　2002 年より従来の「一般補助（使途制限のない地方補助）」は「財力性転（2000 年より開始)、③調整給与転移支付（1999 年より開始）、④農村税費改革あり、日本の国庫支出金に相当する。1994-2000 年の体制性補助・専項補助の金 Fortuna（2004, 9）から補助総額を用いて逆算した計数、2002 年は『中国財政政年鑑』2006 年、p.95 の計数である。2006・2007 年のその他補助・専項移転

注 3)　備考欄の「過渡期転移支付（過渡期財政移転）」は 2002 年より「一般性転された。1995-1999 年計数は『中国財政年鑑』1999 年、p.465、2000/2001 年計国財政年鑑』2004 年、p.62、2004・2005 年計数は『中国財政年鑑』2006 年、中央和地方予算草案的報告』2008 年 7 月 8 日によっている。

れにせよ，「税収返還により分税制改革が骨抜きになった」との評価は，制度導入当初はともかくとして，既に実態にそぐわなくなっていることを認識すべきであろう。

　次に，税収返還により水増しされてきた感のある中央政府の対地方政府補助の内容について，簡単に触れておこう。表 8-3 は，中国の公式統計による中央政府の地方補助支出を，税収返還とその他地方補助に分解したものである。ここで，体制性補助とは財政請負制時代に導入され，1994 年分税制改革実施後も温存された少数民族自治区等に対する定額補助のことである（中国財政部主管『中国財政年鑑』1995 年, 62)。一方，その他補助の内訳は，使途制限のない「一般補助」，および日本の国庫支出金のように使途目的を特定した「専項転移支付（専用補助)」

第8章　水平的財政不均衡と政府間財政調整　　263

地方政府補助とその内訳　　　　　　　　　　　　　　　（単位：億元）

| ③の内訳 || 備考：過渡期転移支付 | 地方政府支出に対する割合 ||
財力性転移支付	専項転移支付		①税収返還	③その他補助
115.10	361.00	—	39.0%	10.3%
176.80	375.00	20.71	34.3%	10.1%
173.88	489.00	34.65	30.5%	10.4%
214.25	517.06	50.21	27.6%	10.0%
249.12	876.89	60.54	25.2%	13.6%
416.83	1,381.27	75.30	22.5%	18.7%
835.09	1427.58	84.45	20.8%	20.6%
1,470.48	2,076.67	138.16	17.0%	25.8%
1,622.00	2,402.00	279.00	18.9%	25.3%
1,912.00	2,577.00	380.00	19.2%	25.2%
2,603.87	3,424.13	745.03	19.1%	28.4%
3,812.72	3,528.94	1,120.15	14.5%	28.4%
5,159.70	4,031.53	1,359.00	12.6%	29.4%
7,092.90	6,518.28	2,503.82	10.3%	34.2%

1994年分税制導入後も温存された補助），③その他補助の合計である。税収返還は，計である（一部推計値）。
移支付」に名称が改められている（①一般性転移支付，②民族地区転移支付転移支付等からなっている）。「専項転移支付」とは使途が特定された補助金のこと額は Zhang and Martinez-Vazquez (2003, 34)，2001年は Ahmad, Singh and 年鑑』2003年，p.50，2003年は『中国財政年鑑』2004年，p.62，2004年は『中国財支付は，体制性補助を380億元と仮定して推計されている。
移支付」（日本の地方交付税に相当）に名称が変更され，財力性転移支付制度に包括数は『中国財政年鑑』2002年，p.58，2002年計数は倪（2005），2003年計数は『中p.53，2006・2007年計数は財政部「関于2007年中央和地方予算執行状況与2008年

の二つに大別されるが，2002年より前者は「財力性転移支付」という呼称で一括されている。また，備考欄の「過渡期転移支付（過渡期の財政移転交付）」とは，1995年に開始された中国最初の基数による地方交付制度であり（日本の地方交付税に相当。詳細は例えば World Bank (2002) を参照），2002年に「一般性転移支付」という名称に呼称を変えて財力性転移支付勘定に包摂されている（倪，2005；宋・紹，2005）。最後に表の最終列には，地方政府支出（中央への上納金を含む）に対する地方補助収入割合が示されている。

　この表によると，1994年以降，地方政府の支出のうち常時5割前後が中央政府からの補助によって賄われているが，その中身は1998年を分岐点として顕著に変化している。第一に，それ以前では税収返還の重

要度が非常に高く，例えば分税制改革元年の 1994 年時点において，中央政府による地方補助の 4 分の 3 は税収返還であり，その他のいわば「真水」部分は 600 億元程度，地方政府総支出の 1 割強を占めるに過ぎなかった[9]。しかし第二に，1998 年の積極財政転換以降においてその他地方補助が急速に拡大し，西部大開発が始動した 2000 年より税収返還を上回ってしまった。そして，2007 時点では全地方政府支出の 30％強がこの「真水」部分によって賄われている[10]。このように，「中央政府の地方補助は主として税収返還」という時代は既に過去のものとなりつつあり，中央政府固有の財源による地方補助が爆発的に拡大している。しかし，それがはたしてどのような効果を持ったかは別問題であり，その点については後ほど触れることにしよう。

2.3 税収返還の逆進性

前節において，税収返還の「規模」に関する説明を行った。次に，この節では，「豊かな地域ほど税収返還は多いという意味で，税収返還ルールは逆進的である」という，同制度の「地域分布」特性について触れる。

まず，税収返還の逆進性という事実は，図 8-1 を観察すると明白である。ここで図は，分税制改革が実施された 1994 年時点における一人当たり GDP と一人当たり税収返還（両税分）の関係を図示したものである。明らかに一人当たり GDP の高い地域がより多くの税収返還を受けており，この意味で税収返還制度は典型的な金持ち優遇政策と言える。このことを所与とすると，1990 年より地域格差拡大が顕著になる中で，それを助長する制度の導入・維持は政策的には問題であろう。中国は過去十数年余り，この「制度による不平等助長」を放置してきたのである。第二に，税収返還の逆進性は，限界的な所得増加以上に返還額が増

---

9) 80 年代についてはデータの制約により確かなことは言えないものの，旧財政請負制時代の「上解収入（地方政府による中央政府への上納金）」が中央政府による政府間財政調整の主要財源であったと考えられる（その他，地方や人民銀行からの借入があったと推測される）。この事実を踏まえると，地方政府総支出に占める中央補助の「真水」部分は，1997 年まで持続的に低下していたとみるべきであろう。

10) 1998 年より開始された社会保障補助支出や，1999 年からの「社会保障専用基金」も勘案すると，割合はさらに高くなる。

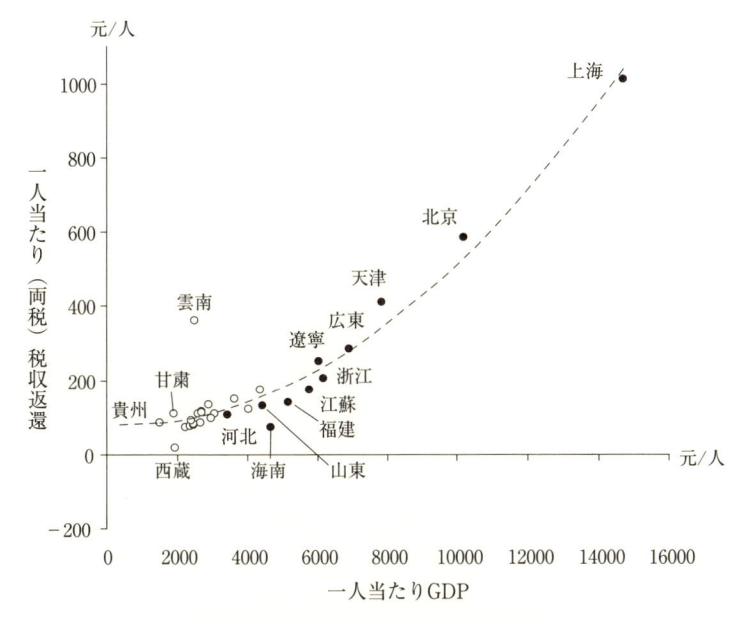

第 8 章　水平的財政不均衡と政府間財政調整　　265

図 8-1　地域格差と税収返還額（1994 年）

注）　税収返還は両税分のみである。黒丸は東部沿海部，白丸はその他の内陸部を表し，点線は二次曲線による回帰線（雲南・西蔵を除く）である。なお，雲南省の税収返還が大きいのは，タバコ税の税収返還によるものと考えられる。

加するという意味で「逓増的」であり，この事実は図 8-1 のフィットされた回帰線を観察すれば明らかである。しかし，前節における税収返還ルールの仕組みに関する説明からも容易に推測できるように，その程度は次第に後退している。

この点を確認するために，一人当たり税収返還額 RR と一人当たり GDP y の関係を二次関数 $RR = a + by^2$ によって近似し，二次項に関するパラメーター b を推定してみた（一次項は有意でなかったので除外した）[11]。なお，2002 年以降，所得税の税収返還が開始されることを考慮して，その部分を含んだ推定も合わせて行った。

---

11)　結果は省略するが，絶対額では税収返還額が小さい貧しい地域の動向が反映されにくい点を考慮して，$\log RR = a + by$ という半対数線形モデルの推定も行ってみたが，パラメーター b に関する定性的結果は同じであった。なお，タバコ税還付額の多い雲南省，および両税そのものが極端に少ない西蔵自治区についてダミー変数を加えて推定を行っている。

表8-4 税収返還の逆進性の推移

年	両税の税収返還 bの推定値	標準誤差	両税・所得税の税収返還 bの推定値	標準誤差
1994	4.530	(0.145)	—	—
1995	3.067	(0.102)	—	—
1996	2.328	(0.070)	—	—
1997	1.813	(0.050)	—	—
1998	1.526	(0.041)	—	—
1999	1.285	(0.035)	—	—
2000	1.113	(0.036)	—	—
2001	0.996	(0.041)	—	—
2002	0.808	(0.039)	0.926	(0.043)
2003	0.656	(0.034)	0.731	(0.032)
2004	0.469	(0.025)	0.474	(0.025)
2005	0.383	(0.020)	0.377	(0.021)
2006	0.320	(0.017)	0.319	(0.018)
2007	0.251	(0.014)	0.251	(0.014)

注: 回帰式 $RR = a + b(y/1000)^2$ の係数 b の推定値(雲南省・西蔵自治区ダミーを加えた)。ここで,RR は一人当たり税収返還額(元/人),y は一人当たり GDP (元/人)である。

推定結果は表8-4に整理されており,一人当たりGDPの自乗に関わる係数bが有意に正値(つまり逆進性は逓増的)であること,しかし,その大きさは時間経過に伴い大幅に減少していることを確認できる。また,2002年に導入された所得税の税収返還もやはり逆進的であり,一時的にその逓増度を増幅させる効果を持っていたが,それも急速に消滅していることが分かる。経済成長に伴う所得税収増により,税収が2001年の補償基数を上回る地域が加速度的に増加し,その結果として所得税の税収返還が大幅に減少しているからである。このように,税収返還ルールは逆進的であるものの,時間経過に伴いほぼ自動的に税収中の地方返還シェアを低下させ,その逆進性の程度を緩和するメカニズムを内包していると言えよう。

では,こうした税収返還の逆進性が緩和・後退したことにより,中国の地域間財政力格差は是正されてきたのであろうか? そこで次節において,中国の地域間財政力格差動向を観察した後,分税制のインパクトを含めてこの疑問に答えることにしよう。

第3節　中国の地域間財政力格差とその要因

　中国の地域間財政力格差は非常に大きい。その重要性と帰結を理解する上で，最初に図8-2を観察しておくことが有益である。ここで図は，中国30省・市レベルでの一人当たり教育・医療財政支出で捉えた地域間公共サービス供給格差を，変動係数とタイルの平均対数偏差（Mean Logarithmic Deviation: MLD）により計測した結果である[12]。この図によると，一人当たり教育・医療支出格差は，計画期の1960年代から傾向的に低下しており，これは，都市農村格差は存在するものの，都市内部・農村内部格差縮小という同期のトレンド（Lyons, 1991）と符合している。改革・開放転換当初における中国の教育・医療水準が発展水準の割には高かったという一般的評価は周知のところであるが，その計画期の（数少ない）成果をこの図に垣間見ることができるのである。

　しかし，この計画期のトレンドは，明らかに1980年の財政請負制導入を契機として反転しており，しかも分税制改革によってそれが劇的に加速している[13]。現代中国における教育・医療・社会保障サービスの地域間（および都市農村間）格差は著しいものの，その格差は実は分税制改革を契機として一段と拡大した可能性が高いのである。そして，このトレンドにようやく転機が巡ってきたのが2000年，つまり西部大開発の始動であった。ただし，かつての水準までには戻っていない。このよ

　12）　変動係数は一人当たり財政支出（E_i）の標準偏差をその平均値E^*で割った値であり，タイルの平均対数偏差尺度は$\Sigma p_i \log(E^*/E_i)$により定義される（p_iは人口シェア）。なお，一人当たり財政支出は，正確には教育・医療支出に加えて，文化・科学関連支出を含んでいる（90年代まで両者を分離できない。なお，財政支出は経常支出のみを対象としており，固定資産投資を含まない）。しかし，内訳が分かる近年の動向を観察すると，支出総額中の70-85％は教育・医療関連支出が占めているので，この支出項目でかなりの程度地域間の教育・医療サービス供給格差を捉えることができると考えられる。

　13）　尺度は1994年ではなく1993年から急上昇しているが，1993年時点において既に一部地域で分税制が実験的に試行されていたこと，また，税収返還制度導入を控えて前倒支出による実績作り（税収返還の基数拡大）が行われていたことを考えると，1993年から格差尺度が上昇していることは特に驚くべきことではない。なお，改革・開放以後の教育・医療サービス供給の地域格差拡大傾向については，Zhang and Kanbur（2005）も参照されたい。

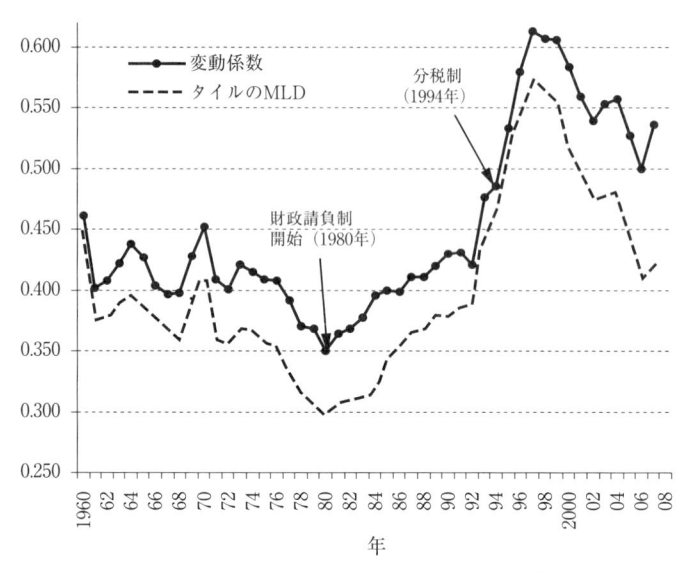

図 8-2　一人当たり教育・医療支出の地域間格差

注）教育・医療支出には科学・文化関連支出を含む。
資料）国家統計局総合司編『全国各省，自治区，直轄市歴史資料匯編（1949-1989）』中国統計出版社，1990 年，国家統計局統計司編『改革開放十七年的中国地区経済』中国出版社，1997 年，国家統計局国民経済総合統計司編『新中国五十年統計資料匯編』中国統計出版社，1999 年および国家統計局編『中国統計年鑑』中国統計出版社，1999-2008 年。

うに，財政力の地域格差（および都市農村格差）は，地域公共サービス供給体制に潜む不平等という中国社会の最も重要な社会問題と直結しているのである。

そこでこの節では，中国の地域間財政力格差の推移を一級行政区レベルで計測することによって，分税制改革が実際に格差助長的であったことを確認し，その要因を中央の対地方政府補助に焦点を当てて分析する。あわせてより長期の視点から，中国の政府間財政関係の変遷を，その時代的背景をも加味して数量的に明らかにしてみたい。

3.1　中国の地域間財政力格差

手始めに，中国の一級行政区レベルにおける財政力格差の推移を示しておこう。そのため，財政力の尺度として一人当たり財政支出を採用する。地元住民に対するサービス提供力の差は，支出額が最もそれをよく

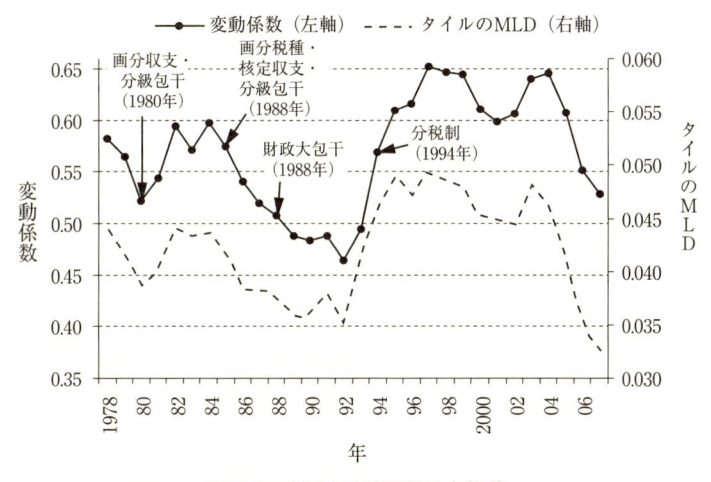

第 8 章　水平的財政不均衡と政府間財政調整

図 8-3　中国の地域間財政力格差

注 1)　1980 年に開始された財政請負制は，1980 年の「画分収支・分級包干（収支を区分し下級政府が請負う）」，1985 年の「画分税種・核定収支・分級包干（税種を区分して収支を計算し，下級政府が請負う）」，1988 年の「財政大包干（財政請負制）」の三つの段階を経ている。
資料）　表 8-5 の脚注を参照。

反映すると考えられるからである。なお，中国の財政には第二の財政とも言うべき予算外予算があり，この部分をも含めて議論を行うことが望ましい。しかし，整合的な地域別予算外予算データは 1987 年からしか利用可能でなく，また 1993 年より幾度か整理・統廃合が行われてきたため，データの継続性・整合性の確保が難しい。それゆえ本章では，予算内予算に分析を限定する[14]。

---

14)　中国では，国有（営）企業からの上納利潤が政府収入の主要項目となってきたという歴史的経緯により，国有企業補助が支出ではなく，マイナスの収入として処理されてきた。この会計処理は明らかに不合理であり，実際，IMF は国有企業補助支出を支出に再定義している。しかし，ここではデータ制約によりこの調整を行っていない。なお，データが利用可能な 1992 年以降で観察する限り，企業補助をマイナスの支出として処理する中国の慣行は，地域間財政力格差を過小評価する傾向がある。しかし，国有企業改革が一服した 2000 年代以降では補助そのものが減少したため，この慣行の影響は小さくなっている。第二に，デフレ対策の一環として，1998 年から中央政府の国債発行資金を地方政府に転貸しして支出を行う制度が導入された。しかし，その額は小さいため，以下の結果にほとんど影響しない。最後に，一人当たり GDP で測った地域格差動向は，2005 年以降，使用される人口統計に強く左右される（公式統計では縮小，しかし，一人当たり消費から逆算した国家統計局の内部使用人口統計では逆に拡大）。しかし，以下で報告される財政力格差動向は，使用される人口統計に依存していないことを確認している。

表 8-5　中国の地域間財政力格差

年	変動係数	タイルの MLD	年	変動係数	タイルの MLD
1952	0.7174	0.0743	1980	0.5215	0.0385
1953	0.6684	0.0518	1981	0.5435	0.0398
1954	0.6196	0.0503	1982	0.5946	0.0442
1955	0.6711	0.0547	1983	0.5709	0.0431
1956	0.6544	0.0546	1984	0.5977	0.0437
1957	0.6260	0.0493	1985	0.5744	0.0417
1958	0.6286	0.0512	1986	0.5402	0.0381
1959	0.5636	0.0419	1987	0.5197	0.0383
1960	0.4970	0.0332	1988	0.5080	0.0376
1961	0.4115	0.0226	1989	0.4880	0.0360
1962	0.4458	0.0306	1990	0.4836	0.0358
1963	0.4431	0.0318	1991	0.4879	0.0380
1964	0.4275	0.0287	1992	0.4638	0.0349
1965	0.4529	0.0302	1993	0.4945	0.0414
1966	0.4413	0.0298	1994	0.5687	0.0462
1967	0.4056	0.0264	1995	0.6091	0.0491
1968	0.4054	0.0272	1996	0.6160	0.0470
1969	0.4602	0.0327	1997	0.6520	0.0493
1970	0.5166	0.0409	1998	0.6468	0.0486
1971	0.4789	0.0355	1999	0.6450	0.0485
1972	0.4574	0.0320	2000	0.6107	0.0452
1973	0.5349	0.0411	2001	0.5989	0.0449
1974	0.6537	0.0525	2002	0.6063	0.0445
1975	0.7295	0.0580	2003	0.6399	0.0480
1976	0.6590	0.0537	2004	0.6455	0.0464
1977	0.6011	0.0480	2005	0.6078	0.0413
1978	0.5819	0.0439	2006	0.5515	0.0354
1979	0.5647	0.0415	2007	0.5282	0.0323

注）　表の計数は，一人当たり財政支出で測った財政力格差尺度であり，人口シェア・ウェイトを使用して計測した。湖北省は 1953 年から，西蔵自治区は 1959 年から算入されており，四川省は重慶市と現四川省との統合ベースである。

資料）　国家統計局総合司編『全国各省，自治区，直轄市歴史資料匯編 (1949-1989)』中国統計出版社，1990 年，国家統計局統計司編『改革開放十七年的中国地区経済』中国出版社，1997 年，国家統計局国民経済総合統計司編『新中国五十年統計資料匯編』中国統計出版社，1999 年および国家統計局編『中国統計年鑑』中国統計出版社，1999-2008 年。

　次に，格差尺度として，ここでは前出の変動係数とタイルによる平均対数偏差尺度の二つを採用する（いずれも人口シェア・ウェイトを使用した）。なお，前者は相対的に豊かな地域の変化を，後者は対数変換が行

われていることから分かるように相対的に貧しい地域の変化を敏感に反映する尺度であり，他の代表的格差尺度であるタイルのエントロピー尺度やジニ係数はその中間的性質を持つ尺度であることが知られている。計測結果は表 8-5 に整理されており，参考までにデータが得られる 1952 年以降の全期間について結果が示されている。また，図 8-3 は，二つの格差尺度を改革・開放以降に限定してグラフ化したものである。

この図 8-3 から観察される第一の興味深い事実は，Jin et al.（2005）が指摘するように，1985-92 年の財政請負制期において，地域間の財政力格差が縮小していたという事実であろう。その最大の要因は，一人当たり所得格差と同じく東部内部格差の縮小であり，三つの直轄市と遼寧省のオールドリッチに対する五つのニューリッチ（山東・江蘇・浙江・福建・広東省）のキャッチアップであったと考えられる。しかし第二に，1994 年の分税制改革を転機として，中国の地域間財政力格差は明らかに拡大に転じている[15]。World Bank（2002）によっても指摘されているように，分税制改革は，実は地域間財政力格差をむしろ拡大させる改革であったのである。

一方，第三に，この分税制以降のトレンドは 2005 年以降反転している。格差是正の兆しは既に 2000 年の西部大開発より見られていたものの，必ずしも明確ではなかった。そして，和諧社会（調和ある社会）実現を全面に押し出した胡錦濤・温家宝体制 3 年目の 2005 年から，それがようやく傾向として現れ始めたと言えよう。

では時期に依存して，具体的にどの地域が有利となり，どの地域が不利になったのであろうか？ この素朴な疑問に答えるため，変動係数（の自乗）ならびにタイルの MLD がともにエントロピー関数の族であり，標準的なグループ別要因分解が可能であるという特性を活用する[16]。

---

15) タイルの平均対数偏差尺度によると，財政力格差は 1993 年より拡大している。これは注 13 で触れたように，税収返還制度を有利に活用するためには基数となる 1993 年の両税をできるだけ多くしておくことが必要であり，この前倒し措置の影響が特に相対的に貧しい地域において強く現れているためと考えられる。

16) いま i 地域の一人当たり財政収入をその全国平均で割ったものを記号 z_i で，また地域 i の人口シェアを p_i でそれぞれ表記すると，変動係数の自乗 $CV^2 = \Sigma p_i(z_i-1)^2$ は地域内部格差 $\Sigma_s p_s (\Sigma_{i \subset s}(p_i/p_s)(z_i-z_s)^2)$ と地帯間格差 $\Sigma_s p_s(z_s-1)^2$ の二つの要素に分解可能である。ここで，z_s, p_s は地域グループ s の基準化された一人当たり財政支出平均（人口加重），地域

表8-6 財政力格差変動の要因分解

(a) 変動係数（の自乗）

期　間	総変化	内　訳			
		東部内部格差	中部内部格差	西部内部格差	地帯間格差
1992-2004年	0.2015	0.1799	-0.0087	-0.0130	0.0434
2004-2007年	-0.1377	-0.0973	-0.0063	-0.0005	-0.0335
構成比					
1992-2004年	100.0%	89.2%	-4.3%	-6.5%	21.5%
2004-2007年	100.0%	70.7%	4.6%	0.4%	24.3%

(b) タイルのMLD

期　間	総変化	内　訳			
		東部内部格差	中部内部格差	西部内部格差	地帯間格差
1992-2004年	0.0115	0.0060	-0.0017	-0.0017	0.0089
2004-2007年	-0.0141	-0.0037	-0.0024	-0.0011	-0.0069
構成比					
1992-2004年	100.0%	51.8%	-14.5%	-15.2%	77.9%
2004-2007年	100.0%	26.0%	17.0%	7.8%	49.2%

注）東部地域は北京・天津・上海市，河北・遼寧・山東・江蘇・浙江・福建・広東・海南省の11省・市，中部地区は山西・吉林・黒龍江・安徽・江西・河南・湖北・湖南省の8省，西部地区は内蒙古・広西・四川（重慶市と四川省の統合ベース）・貴州・雲南・西蔵・陝西・甘粛・青海・寧夏・新疆の11省・自治区である。

表8-6は，二つの格差尺度の変化を分税制導入直前からの二つの時期に分けて，各期における要因の寄与度，および寄与率を整理したものである。この結果によると，その重要度は使用される尺度により異なるものの，大勢は東部内部格差と東部・内陸部間の地帯間格差の二つの要因によってほぼ説明できるようである。なお，変動係数は比較的豊かな地域のそれを，また，タイルのMLDは逆に貧しい地域の変化を敏感にそれぞれ映し出す尺度であるので，前者では東部内部格差の変化のウェイトが，また，後者では地帯間格差の変化のウェイトがそれぞれ大きく現れている。

一方，図8-4は，中国の地域をより細かく3直轄市（北京・天津・上海），東北3省（遼寧・吉林・黒龍江），新興5省（江蘇・浙江・福建・山東・広東），8少数民族自治区（内蒙古・広西・貴州・雲南・西蔵・青海・

グループsの人口シェアである。また，タイルのMLDも同様の分解が可能である（第5章を参照）。

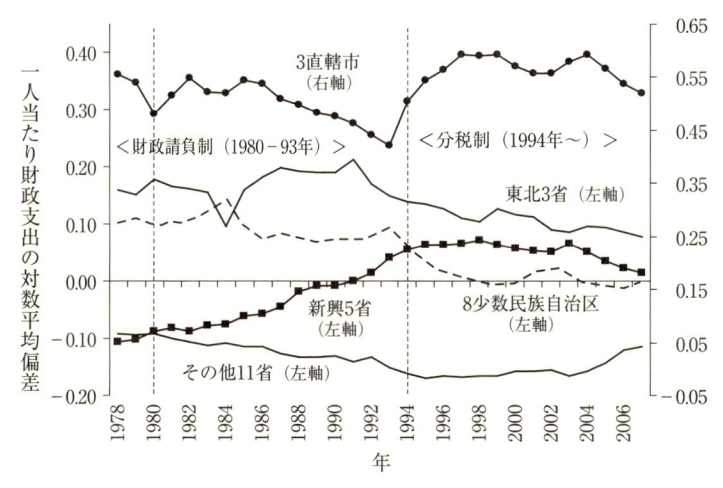

図 8-4　一人当たり財政支出

注) 図は基準化された一人当たり財政支出 (全国平均=1.0) の対数値。3直轄市は北京・天津・上海市, 東北3省は遼寧・吉林・黒龍江省, 8少数民族自治区は内蒙古・広西・貴州・雲南・西蔵・青海・寧夏・新疆の省もしくは自治区, 新興5省は山東・江蘇・浙江・福建・広東省である。

寧夏・新疆), およびその他の地域に区分した上で, 各地域の一人当たり財政支出 (対全国平均比) の対数値の推移を, 改革・開放後に焦点を当ててグラフ化したものである。この図から明らかなように, どうやら分税制改革の最大の受益者は3直轄市であり, 特に江沢民前総書記・国家主席のお膝元である上海市の財政力がずば抜けて改善された事実は記憶されてよい。そして, それに続いていたのが改革・開放時代のニューリッチである新興5省であり, この二つの動きが東部内部格差拡大と東部・内陸部間の地帯間格差拡大をもたらしていたのである。

これに対して, 分税制の最大の犠牲者は, 財政請負制時代から定額補助を受けてきた少数民族自治区, 続いて東北3省であった。また, その他の主として内陸部に立地する地域の相対財政力も同様に低下していた。このように, それが決定的要因であるとは言えないものの, 皮肉なことに, 分税制改革は既に1990年より顕在化しつつあった中国の地域格差拡大をさらに助長したという意味で, 不平等な制度改革であったと言えよう。

しかし, この傾向がようやく2005年から軌道修正を開始し, 三つの

直轄市を中心として，東部沿海部と内陸部との財政力格差が是正されてきた。つまり，2005年以降の財政力格差のUターンは，実は，分税制改革当初の動きを逆転させた結果であったのである。

3.2 財政力格差の要因：ショーロックス分解

前節において，分税制改革は地域間の財政力格差を拡大させたという意味で不平等な改革であったことを確認した後，2005年よりその動きが逆転し始めたことを指摘した。そして，その背後に三つの直轄市，および台頭著しい五つの新興省とその他の地域における財政力格差動向が潜んでいることを示した。では，そもそもなぜ分税制により前者の財政力が強化されたのであろうか？ この疑問に答えるための第一歩として，次に，Shorrocks (1982) による「要素による分解 (decomposition by factor)」を試みる[17]。

具体的には，地方政府は原則的に直接借入による財政赤字を認められていない事実に着目し，地方政府の本級支出と本級収入の間の次のような関係を利用する（すべて一人当たりで定義する）。

地方本級支出(E) ＝ 地方本級収入(R) ＋ 中央補助収入(S)
　　　　　　　　　　ー地方上解支出(RM) ＋ その他($Others$) 　　(3)

ここで，「地方上解支出」とは，財政請負時代から引き続いて地方から中央へ上納されている財政資金であり（以下，上納支出と呼ぶ），「その他」は調入資金と呼ばれる年度末財政収支尻調整資金収入，翌年度純繰越額の合計である[18]。

---

17) いまある変数 $y_i (i=1, 2, ..., N)$ に関する任意の不平等尺度を $I(y)$ で定義しよう（N はサンプル数）。そして問題となる変数 y_i の構成要素を $z_i(k)$ で定義し，$y_i = z_i(1) + z_i(2) + \cdots + z_i(K)$ という関係があるとする。このとき，Shorrocks (1982) は，two factor symmetry 等の仮定の下で「一義的な」要因分解が可能であり，y_i の不平等度に関する第 k 要素 $z_i(k)$ の寄与は，$S(k) = Cov\{z(k), y\}/Var\{y\}$ と記号を定義すると（$S(1) + S(2) + \cdots + S(K) = 1$ に注意），$S(k)I(y)$ によって与えられること，そしてこの要因分解は不平等尺度 $I(y)$ とは独立であることを示した。このように，ショーロックス分解は「任意の」不平等尺度に適用可能という非常に都合のよい要因分解法である。なお，実際の要因分解では，一次・二次のモーメントはすべて人口加重により計算した。

他方，地方から見た「中央補助収入」，つまり中央政府による地方補助は，①税収返還，②旧財政請負制時代から引き継いだ少数民族自治区等に対する定額補助，③過渡期財政移転を含む一般補助（現在の財力性転移支付），④専用補助，の四つから構成される（大西，2004；Ahmad, Singh and Fortuna, 2004; Zhang and Martinez-Vazquez, 2003）。このうち既にわれわれは第一の税収返還額を推計しているので，中央の地方補助を「義務的」補助とその他の補助に分解することが可能である。また，中国の政府間財政調整には，この中央補助に加えて，地方の上納金を含めて考えることが適切であろう。そこで以下では，税収返還を「義務的」もしくは「見かけ」の中央補助と考え，税収返還を除いたその他中央補助から上納支出を引いた差額を「純地方補助」と呼ぶことにする。

しかし，中央補助収入・上納支出の省・市別データは1992年から公表が始まっているものの，残念ながら『中国財政年鑑』では1993・94年データが欠落している。この不連続性を補完するため，ある前提を置いて中央補助収入および上納支出を推計した（詳細は補論を参照）。その上で(3)式に従い，ショーロックス分解を試みた。結果は表8-7に整理されている。なお，不平等尺度として最もポピュラーな変動係数を使用するが，分解そのものは格差尺度に依存しないことに注意しよう。また，図8-5はそれをグラフ化したものである。

これらの図表から，次のような諸事実を読みとることができよう。第一に，分税制改革により表向きの本級収入格差の寄与は大幅に縮小したものの，税収返還を地方政府固有の収入とみなすと，両者の合計である実質的な地方政府税収部分が財政力格差拡大の最大の要因であった。このことはまた，税源が相対的に豊かな地域にシフトしたという意味で，分税制改革が固有に不平等を拡大させうる内容の改革であったことを意味している。

したがって第二に，分税制改革は，当初から目標とされていた（また貧しい地域に対する改革断行の説得材料とされていた）政府間財政調整の

18）　(3)式に明示されていないその他の項目として，年により「社会保障積立金・支出・残高」や1998年から開始された「国債転貸資金繰入・支出・残高」があるが，①年により公開データの継続性がない，②ネットで考える限りこれら項目は相殺される，等の理由から，以下では特に問題としない。

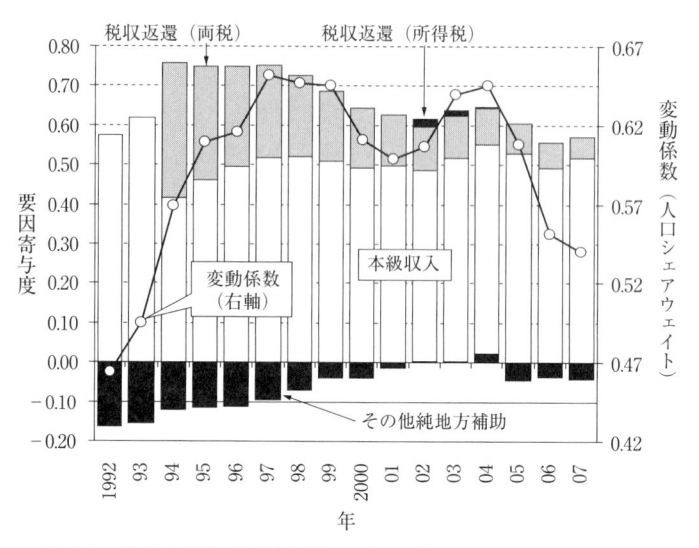

276　第Ⅱ部　中国経済の国際化と国内経済統合

図8-5　財政力格差（変動係数）とその要因：ショーロックス分解

注）　格差尺度は人口加重変動係数，「財政支出＝本級収入＋税収返還＋その他純地方補助（地方の上納支出控除済み）＋その他」という関係から計測した。

仕組みを欠いては逆効果となりうる危険性を孕んでいたのであり，妥協策とはいえ，中央政府は税収返還制度を導入することにより，実はその危険を実際に冒してしまったのである。

　そこで第三に，地方補助を通じる政府間財政調整の内実を探ってみよう（表8-7）。まず，中国の公式統計では，地方補助に含められる税収返還は，既に繰り返し説明してきたように逆進的，もしくは格差助長的であった。実際，税収返還は，改革元年の1994年における財政力格差の60.0％（＝100*0.3411/0.5687）を説明する要因であった。しかしその一方で，その逆進性を補正すべきその他純地方補助は格差尺度を21.1％（＝100*0.1200/0.5687）押し下げる役割しか果たしておらず，差し引き建前上の地方補助は格差を是正するどころか，逆にそれを助長していたのである。このように，1994年からの地域間財政力格差拡大は，①税源の地域偏在拡大と，②それを補正すべき政府間財政調整メカニズムの不在によって引き起こされたことが分かる。

　もちろん中央政府も，分税制の格差助長効果を意識し，それを補正するために新たな政府間財政調整メカニズムの創設を試みた。それが

1995年に開始された過渡期の財政移転であり，表8-7の備考欄にはその寄与が示されている[19]。それによると，分税制の欠陥是正を期待された財政移転制度であったが，その投入財源があまりに僅少であったため，過渡期財政移転制度は財政力格差尺度をせいぜい0.1%是正する程度の働きしか持っていなかった。その意図は正当であるとしても，同制度は全く効き目の薄い，いわば焼け石に水の政策であったと言えよう。

なお，近時，日本の地方交付税に相当する一般性転移支付が急増している（表8-3）。しかし，1954年創設当時の日本の地方交付税に比べても，現在の中国の地方交付税は依然，規模的に小さく，その再分配効果も限定的であるように思われる。実際，日本の全地方公共団体歳出総額に対する地方交付税の割合は，制度創設当初の1954-59年平均で15.1%，1960-69年平均で17.9%であるのに対し（地方財政協会『地方財政統計年鑑』各年版より計算），中国の地方政府本級支出（利息支払いを除く）に対する一般性転移支付の割合は，2007年時点でも6.4%に過ぎない。この単純な比較からも推測できるように，中国の地方交付税制度は依然，未成熟段階にあると言えそうである。ただし，残念ながらその地域配分が不明であるため，その効果の正確な分析は今後の課題とせざるを得ない。

第四に，財政力格差に対する両税の税収返還の寄与率は，1994年の60.0%をピークにその後激減し，2007年では9.8%（＝100*0.0527/0.5398）までに低下している。この結論はまた，前節で説明された税収返還の特性を考えれば容易に肯首できるところであろう。なお，2002年の所得税共有改革に伴う所得税税収返還の寄与は非常に小さく，2007年時点でほぼ消滅している。

これに対して，中国政府間財政調整の真水部分に相当する「その他純地方補助」の寄与は，時間経過に伴ってその格差是正効果を後退させており，2002年以後では驚くべきことに逆に格差助長要因に転じている。つまり，逆進的な税収返還の寄与低下とその他の純補助を介した格差補正の寄与低下とが互いに拮抗してきたために，全体としての地域間財政

---

19) 計測に必要なデータの出所は，1995-1998年が『中国財政年鑑』1999年，p.465，1999年が張（2001, 184-185）である。

表 8-7 中国の地域間財政力格差と

年	財政力格差 （変動係数）	1.本級収入	2.税収返還	両税分	所得税分
1992	0.4638	0.5735	—	—	—
1993	0.4945	0.6199	—	—	—
1994	0.5687	0.4157	0.3411	0.3411	—
1995	0.6091	0.4600	0.2892	0.2892	—
1996	0.6160	0.4939	0.2558	0.2558	—
1997	0.6520	0.5163	0.2349	0.2349	—
1998	0.6468	0.5202	0.2053	0.2053	—
1999	0.6450	0.5091	0.1786	0.1786	—
2000	0.6107	0.4923	0.1515	0.1515	—
2001	0.5989	0.4966	0.1299	0.1299	—
2002	0.6063	0.4820	0.1309	0.1117	0.0192
2003	0.6399	0.5127	0.1224	0.1073	0.0151
2004	0.6455	0.5283	0.0955	0.0934	0.0021
2005	0.6078	0.5294	0.0747	0.0750	-0.0003
2006	0.5515	0.4934	0.0636	0.0636	0.0001
2007	0.5398	0.5175	0.0526	0.0527	-0.0001

注）「財政力格差（変動係数）＝1.本級収入＋2.税収返還＋3.純地方付に呼称が変更されている。分解において必要な1・2次のモーメント

力格差は分税制導入以降において大きく変化していなかったのである[20]。

しかし，こうした傾向が2005年より変化し始めた。税収返還を除くその他の純地方補助が，同年を境に格差是正的に働き始めたからである。このように，税収返還の逆進性が自動的に後退する仕掛けになっていたにもかかわらず，分税制導入以降の財政力格差拡大が10年以上にわたって持続した最大の理由は，地方補助の真水部分の再分配機能が，実は持続的に弱体化してきたことであった。そして，遅ればせながら，ようやくそれが2005年から働き始めることによって財政力格差のＵターン現象が実現されたのである[21]。

20）より正確には，財政請負制時代から引き継いだ補助・上納の再分配効果を明示すべきかもしれない。しかし上納金は600億元程度，旧制度下で約束された固定補助は120億元程度で安定しているので（Ahmad, Singh and Fortuna, 2004），この部分の寄与が減少していることは容易に推測できる（Tsui（2005）は，県レベル財政格差の要因分析でこのことを示している）。したがってその他の一般・専用補助部分の寄与が中心的部分である。

21）詳細は省略するが，1998年の積極財政以降において，税収返還を控除した純地方補助が貧しい地域ばかりでなく，新興5省や北京，天津，上海といった豊かな地域にまで拡

第 8 章　水平的財政不均衡と政府間財政調整　　279

その要因（ショーロックス分解）

3.純地方補助	地方補助-税収返還	▲上解支出	4.残差	備考：過渡期財政移転
-0.1643	0.1228	-0.2871	0.0546	—
-0.1546	0.0747	-0.2293	0.0293	—
-0.1200	0.1077	-0.2276	-0.0682	—
-0.1150	0.0930	-0.2080	-0.0250	-0.0008
-0.1115	0.0711	-0.1826	-0.0222	-0.0004
-0.0962	0.0570	-0.1532	-0.0030	-0.0006
-0.0692	0.0626	-0.1317	-0.0096	-0.0004
-0.0389	0.0715	-0.1104	-0.0038	-0.0004
-0.0389	0.0530	-0.0919	0.0057	..
-0.0127	0.0592	-0.0719	-0.0149	..
0.0034	0.0655	-0.0621	-0.0101	..
0.0046	0.0620	-0.0574	0.0001	..
0.0236	0.0723	-0.0487	-0.0019	..
-0.0430	0.0016	-0.0447	0.0466	..
-0.0372	0.0023	-0.0396	0.0317	..
-0.0403	-0.0072	-0.0331	-0.0099	..

補助 + 4.残差」と分解されている。過渡期財政移転は 2002 年より一般財力性転移支はすべて人口ウェイトにより計算した。

3.3　税源の地域偏在

　ここで，分税制以降の地域間財政力格差拡大の第一の要因であった「税源の地域偏在」について，簡単に触れておきたい。表 8-8 は中国地方政府の主要税源別変動係数，および財政力格差の税源別寄与度を整理したものである。なお，整合的なデータは 1998 年から利用可能となっている。中国の地方政府の主要財源は，サービス産業に対する売上税である営業税とモノに対する付加価値税である増値税（税収返還を含む），および企業所得税の三つであるが，そのうち変動係数で測った税源の地域偏在性の最も強い財源は所得税であり，これに続くのが営業税，そして増値税の順になっている。これに対して，その寄与率が低下傾向にあ

大・増加している事実を確認できる。そして，この傾向がその他純地方補助の再分配機能弱体化の背後にある動きであった。ただし，景気対策を名目とした公務員給与の引き上げ補助等の要因を指摘できるものの，より正確にそれがどのような理由によるかは，データの制約により今後の研究課題とせざるを得ない。

表 8-8 財政力格差の税源別要因

年	1998	2000	2002	2004	2006
	変動係数（人口加重）				
一人当たり GDP	0.5448	0.5587	0.5820	0.5783	0.5296
一人当り財政支出	0.6468	0.6108	0.6066	0.6458	0.5520
1. 増値税・税収返還計	0.8211	0.8022	0.8565	0.8284	0.7705
地方増値税	0.8673	0.8654	0.9601	0.9139	0.8348
両税税収返還	0.8140	0.7884	0.8137	0.7828	0.7325
2. 営業税	1.2723	1.2315	1.3652	1.4005	1.2334
3. 所得税	1.4253	1.2615	1.2024	1.3128	1.3900
企業所得税	1.4251	1.1785	1.4486	1.5654	1.3746
個人所得税	1.4921	1.4902	1.3885	1.4803	1.4542
所得税税収返還	—	—	0.8345	0.8523	4.0178
4. その他税収	0.3905	0.4019	0.4433	0.4488	0.5228
5. 地方補助-税返還-上納	2.3548	1.2868	1.1645	0.7210	0.7317
	ショーロックス分解（全体=1.0）				
一人当り財政支出	1.000	1.000	1.000	1.000	1.000
1. 増値税・税収返還計	0.464	0.386	0.324	0.282	0.213
地方増値税	0.147	0.138	0.139	0.137	0.116
両税税収返還	0.317	0.248	0.184	0.145	0.097
2. 営業税	0.324	0.295	0.307	0.345	0.282
3. 所得税	0.261	0.274	0.267	0.224	0.200
企業所得税	0.169	0.164	0.154	0.149	0.135
個人所得税	0.092	0.110	0.081	0.072	0.065
所得税税収返還	—	—	0.032	0.003	0.000
4. その他税収	0.072	0.099	0.112	0.116	0.153
5. 地方補助-税返還-上納	-0.107	-0.063	0.006	0.037	-0.005

注）重慶市・四川省を分離して計測しているため，財政力格差指数（変動係数）等が表8-6, 8-7のそれと若干異なっている。ショーロックス分解はすべて人口ウェイトによる1・2次モーメントを使用して計算されている。

るとはいえ，財政力格差の要因として最も大きい税源は税収返還を含む増値税であり，営業税がこれに続いている（表下段のショーロックス分解を参照）。ただし，2003年以降，その順番が逆転した。ちなみに，この中国の税源偏在（および地域間財政力格差）という特徴を浮かび上がらせる上で，日本との比較が有益であるかもしれない。例えば，2007年の一級行政区レベルにおける人口加重変動係数で測った中国の一人当たり財政収入格差（税収返還を含む）は0.8838，政府間財政調整後のそれ（一人当たり財政支出格差で代理）は0.5282であったが，2003年度における日本の県レベル一人当たり地方税収（都道府県・市町村合算）の人

口加重変動係数は 0.2687, そして, 地方交付税交付後の一人当たり税収変動係数（都道府県・市町村合算）は 0.1394 であった（地方財政協会『地方財政統計年鑑』平成 17 年版より計算した）。日本はアメリカと同じく国際的に見ても地域格差の比較的小さい国であり（2007 年における中国の省レベル一人当たり GDP の人口加重変動係数は 0.5125 であるのに対し, 2003 年度における日本の県レベル一人当たり GDP の人口加重変動係数は 0.2744 であった）。また, 行政区分の概念が異なることを割り引かなければならないとしても, 税収格差が変動係数で測って中国よりもはるかに小さい 0.27 程度であっても, 地方交付税制度によってさらに財源平準化が行われている日本の実情を踏まえると, 中国の税源偏在および地域間財政力格差は, われわれの想像を超えたレベルに達していると考えられる。

このように, 2000 年代初頭までの財政力格差の最大の要因であった増値税は, 諸税の中で最も地域偏在の小さい税源となっているものの, それも程度の問題であり, 一人あたり GDP の地域格差と比較すれば明らかなように, 実際には地域偏在の著しい財源である。このように考えると, 中国の地方政府の税源はどれも優れて地域偏在の著しいものばかりであり, 経済の発達した地域で税収が多くなる傾向が強いことが分かる。

第二に, 税収の帰属ルールが企業本社の立地する地域に有利に働いている可能性が高い。例えば増値税収は, 本来ならば消費地に帰属すべき性格のものであるが, 中国の場合, 製品を生産した企業の本社が立地する地域の政府に帰属する「派生主義原則（derivation rule）」が採用されている。同様に所得税は, 2001 年まで, 個人所得税を含めて基本的に地方政府にその多くが帰属しており, やはり派生主義原則に従っている。こうした税収帰属ルールの下では, 企業本社や就業機会の多い比較的豊かな地域, あるいは本社機能が集積する一部大都市を擁する地域が有利となるのは明らかである。したがって, 分税制改革は製造業やサービス産業が発達した地域, 特に大都市を擁する地域に有利な税制改革であり, 新興 5 省や 3 直轄市が最も有利になったのも自然な帰結と言えよう。

3.4 長期のトレンド

いずれにしても，以上から確認できたことは，分税制改革によって中国の水平的財政力格差が逆に拡大し，それが10年後の2004年まで持続したこと，そして，税収返還の逆進性の程度が漸減したにもかかわらずそれが持続したのは，その他の地方補助の真水部分が逆に格差助長的に機能してきたからであったということである。そして，この後者の動きが逆転したことによって，ようやく2005年より水平的財政力格差が縮小に転じたのである。このように，中国地域間財政力格差のUターン現象は，後者の地方補助の真水部分の再分配機能強化に強く依存していたと言えよう。

そこで最後に，計画期を含むより長期の視点から，中国の政府間財政調整の再分配機能のトレンドについて触れ，近年における中国財政パターンの歴史的な鳥瞰図を示しておきたい。

具体的には

$$\text{一人当たり財政支出} = \text{一人当たり財政収入} + \text{正味財政移転} \qquad (4)$$

という関係を活用して，再びショーロックス分解を試みる。ここで(4)式は，中国では計画期を含めて地方政府の財政赤字はすべて中央政府による補助によりファイナンスされるという原則を活用している（黒字の場合，中央への純移転となる）。ただし，既述のように分税制改革以後の税収返還は中央政府にとっては「義務的」地方補助であるので，それを地方政府の本級収入とみなす。

結果は図8-6に示されており，この図は計画期における財政再分配機能が改革・開放期において大幅に後退していること，そしてこのトレンドが，格差是正が声高に叫ばれるようになった2000年代においても大きく変わっていない現実をきわめて鮮明に物語っている（●マーカー付き折れ線を参照）。第一に，この図が示唆しているように，大躍進以降の計画期において，中国は大規模な財政再分配を行っていた。実際，当時の地域間財政収入格差は非常に大きく，三つの直轄市および遼寧省等の国有企業が集中する少数の富裕地域に財源が集中していた。そして，そ

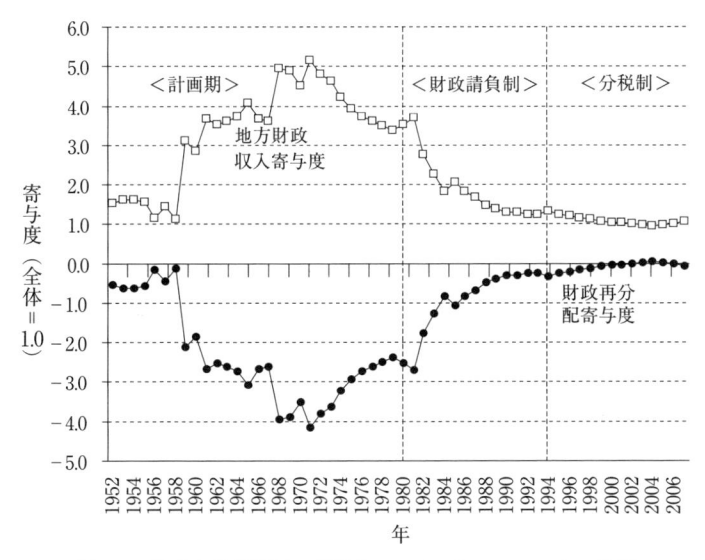

第8章 水平的財政不均衡と政府間財政調整　　283

図8-6 財政力格差要因の長期トレンド：ショーロックス分解

注）プラスは格差助長要因，マイナスは格差是正要因を意味する。湖北省は1953年より，西蔵自治区は1959年より算入されており，1997年以降の四川省・重慶市は統合した。

資料）国家統計局総合司編『全国各省，自治区，直轄市歴史資料匯編（1949-1989）』中国統計出版社，1990年，国家統計局統計司編『改革開放十七年的中国地区経済』中国統計出版社，1997年，国家統計局国民経済総合統計司編『新中国五十年統計資料匯編』中国統計出版社，1999年および国家統計局編『中国統計年鑑』中国統計出版社，1999-2008年。

の吸い上げられた財源が，財政メカニズムを通じて西部地域等へ再分配され，その結果として地域間の収入格差がならされてきたのである[22]。

---

22) 計画期の中国の地域間資本移動は，われわれの常識では考えられないほどの規模に達していたようである。例えば，その代表的時期として改革・開放転換直前5年の1973-77年を考えてみると，当時の中国最大の資本輸出地域は上海市であり，その純資本輸出は同市GDPの57.5%に達していた。逆に，当時最大の資本輸入地域は貴州省であり，その規模は同省GDPの44.5%に相当していた。その背後にあるのが強制貯蓄の仕組みと国家計画委員会を介した計画的投資配分であり，例えば当時の上海市の粗貯蓄率（対GDP比）は69.3%であるのに対し，粗投資率は11.8%に抑制されていた。逆に貴州省の貯蓄率は11.6%であるのに対し投資率は32.9%となっており，そのギャップを省外からの資本輸入によって埋めていたのである。このように，計画期の中国の地域間資本移動の規模は非常に大きく，それをリードしたのが財政であったことはほぼ間違いない。なお，この点を確認するため，中国の省・市別純輸出（対GDP比，%）NX を財政収支（対GDP比，%）$Budget$ に回帰したところ，次のような結果が得られた（いずれも1973-77年平均，26省を

また，この財政を介した資源再配分こそが，中国において根強く残る「地域単位でのフルセット型産業構造」の源流であろう。

ところが，改革・開放転換後，財政を介した計画経済期資源配分メカニズムの解体が進行する一方で，新興5省の台頭などにより急速に財政収入格差が縮小してきた。そして，財政請負制による財政収入の地方留保，企業基金・留保利潤の予算外予算への組み入れ，さらには財政資金に代わる銀行融資の拡大（「撥改貸」）といったファイナンス面での構造変化が進展した。この制度改革により，「地域間資本移動性の低下」(Boyreau-Debray and Wei, 2005) という中国の地域間ファイナンス構造の地殻変動が起こったのであり，その鏡の裏側が「財政再分配メカニズムの後退」であった。このように，改革・開放後中国の政府間財政関係の最大の特徴は財政再分配メカニズムの大幅後退と言って過言ではなく，このトレンドは財政請負制の時代に留まらず，現在の分税制の時代においても大きく変わっていないのである。

第4節 結 論

本章は，一級行政区レベルにおける税収返還の推計を基礎として，分税制改革以降の地域間財政力格差の特徴とその要因について，主として記述統計により分析を行った。その結果得られた主要結論を要約すると，次のようになろう。

(1) 1994年分税制改革は，地域間財政力格差を拡大させたという意味で不平等な改革であり，その最大の要因は，地域偏在の強い税源体系に移行したこと，そしてそれを補正すべき政府間財政調整

サンプルとした操作変数法による推定結果。操作変数は定数項，少数民族自治区ダミー，一人当たり GDP の平均対数偏差の 1973-77 年平均。カッコ内は t 値）。
$NX = -3.04 + 1.511 Budget \quad adjR^2 = 0.738$
　　　$(-1.34)(8.81)$
この推定結果が示唆するように，地域間財政移転は当時の中国の地域純資本移動の 4 分の 3 程度を説明可能という意味で，その最大の要因であったと言える。なお，ここでは触れないが，事態は 1964-72 年の三線建設期においても同様であった。

が，相対的に豊かな地域の既得権益擁護として導入された税収返還制度により機能不全になったことであった。特に，分税制改革が行われた1994年における税収返還の財政力格差寄与度は非常に大きく，それだけで格差尺度の60％を説明する。
(2) しかし，地域間財政力格差要因としての税収返還の寄与率は，その後次第に低下しており，2007年時点で9.7.％（両税・所得税分合計）に縮小した。その最大の原因は，税収返還制度そのものが時間経過とともに税収の中央政府集中を可能にしていること，その結果として逆進性を弱める構造的特質を備えていることにある。
(3) それにもかかわらず，その他地方補助の再分配機能後退により，分税制導入後の地域間財政力格差は2004年まで持続した。そして，分税制導入後11年が経過した2005年からようやくそれが縮小に転じた。その最大の要因は，税収返還の格差助長効果が減少する中で，その他の地方補助の再分配機能が現れ始めたことであった。
(4) もっともそのオーダーは依然小さく，「財政再分配メカニズムの後退」という改革・開放時代の中国財政のトレンドは，2000年代の現代にあってもほとんど変わっていない。

改革・開放後の中国は，個人や企業，地方政府レベルにおける権限と経済的誘因の拡大，そして競争メカニズムの導入により「大鍋飯（一つの大鍋でご飯を食べる中国流平等主義）」社会からの訣別に成功した。その帰結が，未曾有の高度経済成長であったと言えよう。しかし，同時に中国は，経済諸格差の拡大という典型的な市場の失敗に直面してきた。こうした局面において，分税制改革は中央財政の弱体化を是正しかつ財政再分配の制度化を狙ったものの，その当初の目論見の実現は遅れ，ようやく2005年から現れ始めた段階にある。本章はそのうち，中央と一級行政区レベルの政府間財政調整の実態を，税収返還の推計を基礎として数量的に明らかにしたことになる[23]。

---

23) 本章の結果は，省以下の4層の地方政府を統合したデータに拠っており，より下層レベルの政府財政状態が不明という限界がある。この点を補う上で，分税制改革後の1994-2000年における県レベル財政力格差とその要因を分析したTsui (2005)の結果を参

補論 1　省別税収返還の推計

この補論では，税収返還に関する推計方法を簡単に説明する。われわれの推計方法は，具体的には次のように整理できる。

省別「両税」の確定：『中国財政年鑑』には①「上劃中央両税（中央に帰属する消費税・増値税）」に関する省・市別財政報告，②個別省・市の本級収入と両税の合計額の対 GDP 比，の二つの関連データが掲載されている。ただし，前者の①はすべての省・市をカバーしていない。しかし，後者は逆算過程における誤差を含みうるので，本稿では①の個別省・市別両税報告額をベンチマークとし，その報告がない場合は②の計数から逆算した額で補完するという方法を採用した。

　一方，原則として省別両税の全国合計は中央政府の消費税・増値税収入総額に一致するはずであるが，実際には誤差がある。そこで，信頼性がより高いと考えられる中央政府の計数と整合化するため，以上により求められた省別両税に「中央政府消費税・増値税収入総額÷上劃中央両税全国合計」を掛けることにより調整を行った。

1994 年税収返還額の推計：1993 年の税収返還基数総額は 1,711.5 億元であることが分かっているが（『中国財政年鑑』1995 年，62），その地域別配分および 1993-94 年の両税伸び率が不明であるため，このままではその後の税収返還額を計算できない。そこで，ベンチマークの

照することが有益であろう。それによると，①分税制改革後の県レベル財政力格差は拡大傾向にあり，その要因は省内部要因（27.7％）というよりも省間要因（72.3％）によっている（カッコ内は寄与率），②その省間格差をもたらしている最大の要因は税収返還や旧財政請負期から受け継いだ上納・補助ではなく，その他一般・専用補助の省間格差拡大である。このように，「1994 年後の政府間財政移転は，2000 年までに関する限り，県レベルでの財政力格差を縮小していないばかりか，実際には問題を悪化させている。」(Tsui, 2005, 189) のであり，中央政府を介した体系的な財政移転制度の欠如というわれわれの結論と整合的な問題点が指摘されている。一方，Qing and Tsui (2005) は，同じ下級レベル地方財政の不平等化の要因を幾つかのファクターに分解している。それによると一人当たり所得格差，県および県級レベルの市に比べて地区級レベルの市が優遇されている実態，および農業地域を抱える地方政府の不利性等を実証的に明らかにしている。この実証分析結果が意味するところは，第一に中国において財政再分配制度が完備されておらず，地域の経済力格差がストレートに財政力格差に現れていること，第二に分税制改革に伴い下級地方政府から中級地方政府への財源集中が進行している（垂直的財政不均衡の進行の）可能性が高いことの二つであろう。

1994年税収返還額を最初に推計し，その後の年は(1)式に従って税収返還額を計測することにする。

具体的には，1994年税収返還総額は1,798.99億元であるので（内藤，2004，148；大西，2004，69；Zhang and Martinez-Vazquez, 2003, 34），「1994年の省別両税×{1994年税収返還総額/1994年両税総額}」を1994年の個別省・市別税収返還額とみなす。

省別税収返還の暦年計数推計：残る問題は「両税の伸び率」として何を用いるかということであるが，「1994年8月の全国財政工作会議において，「各省，自治区，直轄市の一致した意見」により，中央の地方に対する「税収返還」は当該地区の付加価値税と消費税の伸び率に対して毎年1.0対0.3の比率で逓増する方針に変更された。」（大橋（2001，27）。下線は原著者による）。したがって，個別省・市の両税対前年伸び率を使用した（大西 2004, 69；World Bank, 2002, 14; Zhang and Martinez-Vazquez, 2003, 19）。なお，全国平均伸び率を使用しても誤差は大きくないので，簡便法としてそれを使用することが可能である。

重慶市・四川省の処理：1997年における重慶市の四川省からの分離に伴い，税収返還額を分離計算する必要性が生じる。しかし重慶市の1996年税収返還基数と両税の伸び率が不明である。そこでわれわれは，1997年の重慶市と四川省の税収返還総額を，両行政区を統合した計数から計算し，1997年両税の金額シェアで按分配分した額を1997年の個別税収返還額とみなした。そして，この1997年返還額をベンチマークとしてその後の個別税収返還額を計測した。

所得税の税収返還：2002年以後の所得税収返還はMax{2001年所得税収―各年の所得税収，0}により計測した。

両税の税収返還の具体的な推計結果は表8-9に示されている。総額の実額と推計額とを比較する，両税の税収返還の推計誤差は非常に小さく，最大1%未満であった。しかし所得税の税収返還の推計精度は必ずしも高くなく，今後改善が必要かもしれない。もっとも後者の規模は前者ほど大きくなく，また経済成長に伴う所得税増加に伴い税収返還そのものが減少するので，その誤差はわれわれの結果に大きな影響を及ぼさない

補論2　1993・94年の地方補助および上納支出の推計

　1993年の中央政府による地方補助は，財政請負制時代の影響を強く受けているはずであるので，「1992年地方補助の省・市別配分比率×1993年総額」により計算した。同様に，1994年の地方補助は分税制下のそれの影響を強く反映しているはずである。そこでまず，1995年の個別地方補助収入から個別税収返還額を控除することによって1995年時点における正味の地方補助収入の地域別配分比率を計算した。そして「1995年地方補助配分比率×1994年地方補助総額（税収返還を除く）＋1994年個別税収返還額」により，省・市別地方補助収入（税収返還を含む）を推計した。なお，『中国財政年鑑』1993年版において報告のない1992年の北京市データは，全国合計と残り29省・市合計の差として計算した（以下，同じ）。

　次に，地方政府の上納支出は非常に安定しており，大きな変動はない。そこで，最初に1992-1995年の間は同じ成長率で変動すると仮定し，外挿により1993・1994年の上納支出を推計した。次にこれらから1993・94年の上納支出の省・市別配分比率を計算し（西蔵はゼロと仮定した），「各年における省・市別配分比率×各年実績総額」により個別計数を推計した。

表 8-9 税収返還（両税分）の推計額　　　　（単位：億元）

年	1994	1995	1996	1997	1998	1999	2000
推計値合計	1,798.99	1,865.64	1,946.88	2,009.73	2,085.96	2,120.15	2,210.71
北京	65.92	68.56	71.40	74.22	76.28	78.09	80.57
天津	38.38	40.55	41.19	41.30	43.10	44.05	46.80
河北	67.84	76.27	74.33	76.28	79.58	80.91	81.96
山西	35.70	38.38	40.86	41.33	42.81	41.78	43.23
内蒙古	24.90	25.07	26.29	26.38	27.32	27.55	28.00
遼寧	102.19	106.46	111.58	110.87	114.04	114.71	119.10
吉林	38.25	39.48	41.76	42.69	43.82	44.31	45.09
黒龍江	64.06	68.93	72.87	74.98	75.32	76.20	79.58
上海	137.28	141.95	151.80	155.94	161.68	165.61	173.11
江蘇	122.39	127.36	135.46	140.39	147.28	150.73	161.64
浙江	89.58	93.57	99.63	102.59	108.70	112.89	125.49
安徽	42.22	44.37	48.46	50.72	52.47	52.89	53.79
福建	44.52	46.91	48.93	50.46	52.59	54.15	59.31
江西	30.74	31.15	32.99	32.54	33.24	33.98	35.51
山東	113.24	110.02	121.76	135.96	140.85	143.48	147.70
河南	71.77	74.03	78.97	80.17	85.42	84.15	86.24
湖北	56.16	58.26	61.63	63.67	65.90	66.57	68.23
湖南	68.34	70.31	73.93	75.20	78.00	79.02	80.80
広東	189.86	200.50	191.08	206.15	212.67	219.66	236.73
広西	38.77	39.82	40.96	41.45	42.77	42.98	44.13
海南	5.12	5.16	5.39	5.59	5.66	5.77	5.90
重慶	―	―	―	28.49	29.53	30.00	31.56
四川	90.35	92.24	96.98	69.68	72.21	73.14	75.32
貴州	29.19	30.27	31.17	31.80	33.80	34.06	34.56
雲南	141.81	143.05	149.02	149.76	156.89	158.53	158.84
西蔵	0.39	0.47	0.51	0.57	0.61	0.65	0.67
陝西	31.79	32.54	34.39	35.21	36.98	37.40	38.42
甘粛	26.18	26.45	27.89	28.28	28.70	28.86	29.27
青海	6.39	6.46	6.48	6.57	6.53	6.60	6.76
寧夏	5.68	5.90	6.35	6.77	6.74	6.88	6.81
新疆	19.98	21.16	22.82	23.71	24.45	24.54	25.60

注）　1997年以前の四川省は，重慶市と新四川省の統合ベース計数である。

表 8-9　税収返還（両税分）の推計額（続き）　　（単位：億元）

年	2001	2002	2003	2004	2005	2006	2007
推計値合計	2,312.74	2,420.36	2,536.62	2,711.97	2,855.44	3,023.44	3,208.04
北京	86.00	91.30	96.05	97.34	102.30	108.57	115.20
天津	50.63	53.57	57.13	58.71	62.97	68.30	72.47
河北	84.05	89.96	96.95	104.75	112.88	118.29	125.52
山西	45.62	50.17	55.91	61.59	68.23	71.41	75.77
内蒙古	28.82	32.77	34.32	37.57	42.58	45.42	48.20
遼寧	124.60	131.33	127.14	142.04	148.77	155.02	164.49
吉林	47.62	50.49	53.49	55.57	57.73	59.24	62.85
黒龍江	82.63	86.54	88.87	93.57	96.52	102.03	108.26
上海	196.21	198.19	214.65	219.99	226.83	240.33	255.00
江蘇	171.21	183.83	195.96	206.56	215.96	230.95	245.05
浙江	129.34	129.91	139.25	155.34	163.03	173.30	183.88
安徽	54.26	58.17	60.83	63.88	68.22	71.73	76.11
福建	61.35	59.18	62.19	71.08	74.25	78.63	83.43
江西	36.70	38.83	41.80	43.22	45.46	48.32	51.27
山東	152.04	161.67	158.15	178.00	189.85	203.33	215.74
河南	87.51	92.95	98.11	102.03	107.90	114.42	121.40
湖北	69.81	73.33	77.03	80.30	85.99	91.51	97.10
湖南	82.19	85.61	89.35	95.60	101.41	106.17	112.65
広東	255.55	257.05	269.23	300.88	315.70	336.53	357.08
広西	45.89	48.40	50.47	52.33	54.60	57.58	61.09
海南	6.49	6.90	8.07	8.51	8.98	9.22	9.78
重慶	33.12	35.71	37.94	39.04	40.61	42.69	45.30
四川	76.78	81.38	85.19	87.51	92.93	98.24	104.24
貴州	35.36	37.52	39.78	41.91	44.95	47.46	50.36
雲南	155.83	163.08	168.90	175.84	179.63	187.17	198.60
西蔵	0.68	0.70	0.72	0.74	0.76	0.83	0.88
陝西	41.03	43.69	46.53	50.42	54.17	58.59	62.16
甘粛	30.53	32.90	35.30	36.83	37.90	40.00	42.44
青海	7.39	8.38	8.48	8.76	9.28	10.01	10.62
寧夏	6.89	7.44	7.86	8.59	9.19	9.68	10.28
新疆	26.62	29.44	31.00	33.46	35.86	38.46	40.81

注）　2007 年は，両税の伸び率の全国平均値を使用した簡便法による推計値である。

第9章

外国為替市場介入の金融波及メカニズムと実質効果

―――――

第1節　はじめに

　2000年代における中国金融市場の最大の攪乱要因は，おそらく国際収支不均衡拡大下の為替レート安定化を目的とした巨額の外国為替市場介入であろう。実際，中国の国際収支は経常収支黒字の拡大に加え，巨額の資本収支黒字を伴う「双子の黒字（双順差）」によって特徴付けられ，2007年において総合収支は歴往最高の4,620億ドル，外国為替市場介入額は，中国投資有限責任公司設立に伴う外貨準備資産移管調整額や銀行部門の外国為替市場介入肩代わり部分などをも加えると，6,320億ドルの記録的な水準に達した模様である（張・徐，2008）。
　この外国為替市場介入のマクロ経済的帰結として，従来，しばしば指摘されてきた事柄は，資産価格高騰と景気過熱・インフレ圧力の形成であった。しかし，定義を欠いた過剰流動性論は論外として，その帰結を分析するためには，不胎化操作を含めて外国為替市場介入がどのような金融メカニズムを介して実体経済に影響するかの波及メカニズムに関する理解の枠組みが必要である。ところが，急速な市場経済化と金融制度変化を経験してきた中国において，銀行部門を中核とするその金融システムの全体像は，依然，漠然としているように思われる。例えば，マネー・ビュー（money view）に対するクレジット・ビュー（credit view）を最初に定式化した Bernanke and Blinder（1988）モデルを中国経済に応用した張（2008）では，教科書的な貨幣乗数論の延長線上で中国のマ

クロ経済分析が行われている。しかし，中国の貨幣乗数は著しく不安定であり，その安定性を前提した枠組みによる分析の妥当性は疑わしいように思われる。

その一例として，2005年から急増した経常収支黒字拡大の影響を考えてみよう。このとき，経常収支黒字はその背後に同額の貯蓄超過を伴っているので，それは中国の主要な貯蓄手段である預金増加を伴っているはずである。その結果，経常収支黒字拡大は，同時に広義マネーサプライの増加を伴うであろう。しかし，経常収支黒字拡大に伴う外国為替市場介入は，直接的にはベースマネーを増加させるものの，その増加は百パーセント不胎化されうる[1]。したがって，中国のような高い貯蓄率を持つ経済では，広義マネーサプライの動きは貯蓄動向をも強く反映しており，二つの貨幣の間に安定した関係を想定することは難しいのである。

第二に，おそらく中国の金融市場の仕組みを理解する上での最大の障害は，債券レポ市場を軸とする急速な短期金融市場の拡大の中で，超過準備が慢性的に存在しているという事実であろう。実際，中国の超過準備は巨額であり，例えば2007年末時点における中国金融機関の超過準備率は3.5％（中国人民銀行貨幣政策分析小組『中国貨幣政策執行報告2007年第四季度』，4），人民元建て預金残高38.9兆元に基づく単純計算によっても，その額は1.4兆元（円換算額約20兆円）であった。また，大幅な利下げと預金準備率引き下げが行われた2008年末時点では，超過準備率はさらに5.11％へ上昇し（中国人民銀行貨幣政策分析小組『中国貨幣政策執行報告2008年第四季度』，5），その額は2.3兆元（円換算額30兆円）に急増している[2]。そして，この超過準備の存在が，中国の貨幣乗

---

1) 実際，中国の不胎化の程度は，完全ではないもののきわめて高い（Aizenman and Glick, 2008; Mohanty and Turner, 2006; Ouyang and Rajan, 2005）。例えば，詳細は省略するが，中国の不胎化係数を月次データにより推定すると，0.8－0.9の推定結果が得られる。なお，この結果は「これら（2007年末までの）5年以上にわたる大規模な対応により，外国為替購入の結果として供給された流動性の8割から9割が不胎化されている」との人民銀行自身による自己評価（人民銀行『2003年以来中国人民銀行工作主要状况』2008年3月，p.4. 括弧内は筆者補足）と整合的である。

2) 中国の異常に映る金融現象の一つは，国家財政規模（2008年で6.1兆元）をはるかに上回る9.5兆元（13.5円/元による円換算額約128兆円。2008年末時点）もの資金が預金準備（法定・超過合計）として人民銀行に滞留している事実である。また，三つの国有商

数の不安定性の一因となってきたのである。

　しかし，その一方で，コール・債券レポ取引を中心とする短期金融市場の取引規模は 2007 年で 54.7 兆元（同年 GDP の 2.2 倍），2008 年では 71.4 兆元（同 2.4 倍）と，これまた巨額に達している（人民銀行 website）。いったい巨額の超過準備が残存する中で，銀行間短期金融市場の厚みの拡大は中国の金融システムの中でどのような意味を持つのであろうか？　また，ごく最近まで指定銀行を介した外貨集中制を採用してきた中国において，外国為替市場介入の結果として増加する人民元資金は，まずもって指定銀行の準備預金残高に集中的に現れるはずである。それゆえ，そのインパクトは，銀行部門の超過準備調節メカニズムの理解なくしては把握不可能である。しかし，残念ながら，張（2008）ではこうした事実はほとんど考慮されておらず，人民銀行の操作目標とも言われている超過準備（Ho, 2008）の調整メカニズムと，近年急速に発達しつつある中国の短期金融市場との関連が明示的でない。

　このように，外国為替市場介入のマクロ経済的帰結を考察するためには，例え荒削りであっても，銀行部門を明示した何らかのマクロ経済モデルによる整理が必要である。本章の目的は，2000 年代における中国金融市場の最大の攪乱要因である外国為替市場介入のインパクトに焦点を当て，そのマクロ金融波及メカニズムを理論的に整理すること，そして，構造 VAR によってその妥当性を検証する一つの試みを示すことである。

　この目的のために，最初に，次節において銀行部門を明示した簡単な開放マクロ経済モデルを提示する。そして，この枠組みによって 2000 年代における中国の主要マクロ経済ショックのインパクトを整理し，あわせて不胎化に焦点を当てた金融政策手段の役割を議論する。続く 3 節では，中国の金融市場動向と人民銀行の不胎化操作を簡潔に記述し，4 節において，理論モデルの示唆に沿った五つのマクロ経済変数に基づく簡単な構造 VAR による実証分析を行う。最後の 5 節は結論部分である。

業銀行（中国工商銀行，中国銀行，中国建設銀行）の株式時価総額が 2007 年以降，毎年世界の銀行ベスト 10 に登場することも同様である（2007・2008 年において中国工商銀行の株式時価総額が銀行世界第一位となった）。

第2節　簡単な開放マクロ経済モデル

2.1　モデルの記述

中国のマクロ金融バランスを概念的に整理する枠組みとして，次のような簡単なモデルを考えよう[3]。まず，経済は中央銀行，市中銀行，非銀行部門の三つの制度部門からなり，そのバランスシートは表9-1のようであるとする。

市中銀行は所要準備kDに加え，支払準備その他の理由から超過準備Eを保有し，また中央銀行もそれを許容している[4]。ここでDは預金残高，kは法定預金準備率である。そして，市中銀行は所要準備の一部$R^* = f(kD)$ $(0<f<1)$を外貨資産で，そして残り$(1-f)kD$を人民元で積み立てることが義務付けられている[5]。したがって，人民元準備Rはその他の法定・超過準備の合計$(1-f)kD+E$に等しい。そして，中央銀行は法定準備に対してi_Rの金利を，超過準備に対してi_{ER}の金利を付けている（預金準備に対する付利）。また，銀行は，預金を所与の預金金利i_Dの下で受動的に受け入れる[6]。

一方，中央銀行は銀行間債券市場において売出し債券によりオペを行い，単純化のため中央銀行貸出は捨象する[7]。そして，その残高をB_cと

---

[3]　以下のモデルは，植田（1993）の拡張である（銀行部門のセットアップ変更，および開放経済への拡張の二つの修正を行っている）。マクロ・モデルとしては旧式であるものの，マクロ経済の理解が依然不完全な中国経済を記述する出発点として理解されよう。

[4]　中国の預金準備積立は10日間を積立期間とする後積方式を採用しているが，日本のような平均残高方式ではなく，毎日所要準備を積み立てることが要求される（Ho, 2008）。そのため，支払い準備等の理由により超過準備が常時必要とされるようである。

[5]　2007年8月15日の法定準備率変更以降，準備率引き上げに伴う凍結資金の一部につき，外貨で積み上げることが義務付けられた（張・徐，2008）。なお，その計数は貨幣当局バランスシートにある国外資産の第三番目構成項目「その他国外資産」に記録されており，同項目は2007年7月の約1,050億元から2008年7月の1兆4,600億元へと，一年間で1兆3,550億元増加している。

[6]　2004年10月28日，預金金利は上限が基準金利によって規制される点を除いて原則自由化された。しかし，銀行間の競争により預金金利は基準金利に張り付いている。

[7]　不胎化政策の結果として，2000年末の2兆元をピークに人民銀行の対銀行部門債権（再貸出・再割引）はその後激減しており，2007年央以降ではその残高は6,600億元程度と，現在ではきわめてマイナーな存在となっている。その結果，中央銀行貸出金利（公定

第 9 章　外国為替市場介入の金融波及メカニズムと実質効果　　295

表 9-1　部門別バランスシート

市　場	中央銀行		市中銀行		非銀行部門		金　利
	資産	負債	資産	負債	資産	負債	
ベースマネー		H	R		CUR		i_R, i_{ER}(所与)
債　券	Bc		B				i
預　金				D	D		i_D(所与)
貸　出			L_s		L_b	L_d	r
外貨資産	NFA	R^*	R^*			L^*	$r^*+E(\dot{e})$(所与)
実物資産					K		
正味資産						NW	

注）中銀・市中銀行の正味資産は捨象されている。ベースマネー H は正確には「人民元建てベースマネー」であり，公式統計上のベースマネーは，これに外貨建て預金準備 R^* を加えた金額である。

しよう（所与とする）。この銀行間債券市場で成立する金利が短期金融市場金利 i であり，以下においてそれを債券レポ・レートと呼ぶ。市中銀行は受け入れた預金を原資として，期末利潤

$$\pi = rL_s + iB + i_R(kD) + i_{ER}E - i_D D - C(L_s) + V(E)$$

を最大にするように超過準備 E，債券保有 B，貸出 L_s の三つの資産の配分を決定する。ここで r は貸出金利，$C(\ )$ は逓増的な貸出費用関数，$V(\ )$ は超過準備を保有することに伴う逓減的な便益関数である。最適化行動により，銀行貸出は金利スプレッド $r-i$ の増加関数，超過準備は超過準備金利とのスプレッド $i-i_{ER}$ の減少関数と考えることができる[8]。そして，債券需要はバランスシート制約式 $B = D - \{L_s + kD + E\}$ により派生的に決定される。

非銀行部門は，バランスシート制約 $CUR + D + L_b + K = L_d + L^* + NW$ の下で預金 D，国内銀行借入 L_d，非銀行部門内部の貸出 L_b，および対外借入 L^* を決定する。そして，それらの決定因を次のように仮定しよう。

$$D = D(\overset{+}{i_D}, \overset{-}{r}, \overset{+}{Y}, \overset{+}{NW}), \quad L_b = L_b(\overset{-}{i_D}, \overset{+}{r}, \overset{-}{Y}, \overset{+}{NW})$$

歩合，再割引金利）は形骸化しており，短期金融市場金利の上限形成機能しか果たしていない。

$$L_d = L(\overset{-}{r},\ \overset{+}{r^*+E(\dot{e})},\ \overset{+}{Y},\ \overset{-}{NW}),\ \ L^* = L^*(\overset{+}{r},\ \overset{-}{r^*+E(\dot{e})},\ \overset{+}{Y},\ \overset{-}{NW})$$

ここでYは実質産出，r^*は外国金利（所与），$E(\dot{e})$は通貨当局によって管理されている所与の為替レート変化率であり（予想と一致していると仮定する），変数の上の記号は当該因子に関する偏微分の符号である。なお，現実がそうであるように，非銀行部門の債券発行による資金調達の可能性は，エージェンシー費用や政府規制により，銀行借入に代替する有効な資金調達経路と考えられていない。また，単純化のため，現金需要 CUR は預金の一定割合 a $(0<a<1)$ と仮定する。そして，貯蓄 S の結果として正味資産NWが増加する（貯蓄は所得の増加関数と仮定する）。

$$NW = NW_{-1} + S(Y)$$

簡単化のため，資本償却を捨象すると，期末資本ストック K は期首資本ストックK_{-1}に当期実物投資を加えたものに等しい。

$$K = K_{-1} + I(r)$$

ここで，投資 $I(r)$ は貸出金利の減少関数と考えている。

---

8) 超過準備が債券レポ・レートと超過準備金利のスプレッドの減少関数というモデルの最も重要な想定は，実証的にも支持されているように思われる。実際，2001年Q1-2008年Q4における国有商業銀行，株式制銀行，および農村信用社の三つの所有制別銀行の超過準備率 ER（対預金比，期末，％）を，固定効果，同スプレッド（四半期末の相当月ベース，％），および季節ダミーに回帰させた結果は次のようであった（推定方法はSUR，カッコ内の計数はt値。データは中国人民銀行貨幣政策分析小組『中国貨幣政策執行報告』に報告されている計数を使用した）。

$$ER = fixed\ effects - 0.584\{i - i_{ER}\} + seasonal\ dummies \quad \mathrm{adj}R^2 = 0.585,\ NOB = 96$$
$$(-3.608)$$

この結果を所与とすると，近年の超過準備率減少傾向には，銀行間・同一行内隔地間の短期決済技術の改善や銀行間短期金融市場の厚みの拡大，人民銀行の資金需給実績予測技術の向上によるタイムリーな資金調節といった要因に加えて，2008年6月までの金融引き締めに伴うスプレッドの大幅拡大（後出図9-4を参照）が一部寄与していると考えられる。

非銀行部門の外貨保有は制限されており，指定銀行を通じて全額外為市場で売却される（外貨集中制）[9]。また，銀行も外貨での準備保有分を除いて外貨建て資産（正味）を保有しない（持ち高規制）。銀行の外貨準備保有分を除く外貨資産の唯一の保有主体は中央銀行であり，その外貨準備資産残高（現行為替レートでの人民元換算額）をNFA，そのうち市中銀行保有預金準備R^*を除いた部分をNFA_cとする。したがって，人民元ベースの基礎貨幣（以下，単にベースマネーと呼ぶ）Hは中央銀行国外資産NFA_cと債券オペ残高B_cの差に等しい。

ワルラス法則により，需給バランス条件の一つは余分であり，ここでは銀行間債券市場を除外する。そうすると，モデルは次の四つの需給バランス条件に整理できる（下付き添え字($_{-1}$)は前期末変数を表す）。

$$\{a+(1-f)k\}D[i_D, r, Y, NW_{-1}+S(Y)]+E(i-i_{ER})$$
$$=NFA_c-B_c \tag{1}$$

$$L_d[r, r^*+E(\dot{e}), Y, NW_{-1}+S(Y)]=L_s(r-i; others)$$
$$+L_b[i_D, r, Y, NW_{-1}+S(Y)] \tag{2}$$

$$S(Y)-I(r)=NX(e, Y) \tag{3}$$
$$NX(e, Y)+\{L^*[r, r^*+E(\dot{e}), Y, NW_{-1}+S(Y)]-L^*_{-1}\}$$
$$-\{fkD[i_D, r, Y, NW_{-1}+S(Y)]-R^*_{-1}\}$$
$$=NFA_c-NFA_{c,-1} \tag{4}$$

(1)式はベースマネーの需給バランス式であり，実質産出その他を所与とすると，この均衡条件式より債券レポ・レートiが決定される。ちなみに，この枠組みでは超過準備の存在を許容しているので，機械的な貨幣乗数論は成立しない。(2)式は貸出の需給バランス条件であり，他の

---

9) 2007年8月13日，経常取引により取得された外貨の預金口座限度額規制が廃止された。したがって，厳密には外貨収入のポートフォリオ選択を考慮しなければならないが，国内金利が外国資産収益率を上回る現状では，外貨集中制が有効な状況と同じ状態が持続している。ここでは規制緩和のインパクトが分析の焦点ではないので，従来通りの外貨集中制が有効と仮定して分析を単純化している。

条件を所与とすると，この市場によって貸出金利 r が決定されると考えうる[10]。ここで，実質産出が増加すると直接的には借入需要が増加するものの，他方で貯蓄を介して正味資産が増加するため，そのネットの効果は不定である。しかし，以下では直接効果が間接効果を凌駕する（$dL_d/dY>0$）と仮定して分析を進める。また，貸出は窓口指導や投資プロジェクト審査・認可に関する行政指導，地方政府の干渉等を表す変数 *others* にも依存している。そして最後に，非銀行部門内部の貸出に対する実質産出の直接・間接効果は，トータルでは負（$dL_b/dY<0$）と仮定する。

一方，(3)式は財市場の需給バランス式であり，左辺の貯蓄投資差額が右辺の純輸出 NX に一致するように実質産出 Y が決定される。ここで，純輸出は（自国通貨建て）為替レート e にも依存しているが，為替レートは政策変数と考え，所与と仮定する。また，既説のようにその変化率も管理されており，その大きさも所与と仮定している。最後に(4)式は外国為替市場の需給バランス式であり（利払いは本質的でないので，陽表化していない），為替レートを安定化するため，経常収支と資本収支（右辺第二・三項）の合計である総合収支に等しい外貨の売却が通貨当局の介入によって吸収される。その結果として，国外資産 NFA_c が同額増加する。ただし，資本勘定取引は規制されており，内外借入の代替性は不完全である[11]。そして，国内借入と同様に，対外借入に関する実質産出の純効果は正（$dL^*/dY>0$）と仮定する。したがって，以上の4本の方程式に四つの内生変数が対応しており，モデルは一応完結している。

---

10) 預金金利と同様に，2004年10月28日に下限（基準金利の0.9倍）を除いて貸出金利が自由化された（上限規制が撤廃された）。ただし，預金金利の上限規制と貸出金利の下限規制の残存は，銀行収益確保という1996年以降の政策の延長線上にあり，明らかに銀行保護政策の継続を意味することに注意する。その後の実効貸出金利を観察すると，その平均値は基準金利を上回っているだけでなく，比較的伸縮的に変動している（後出の図9-4を参照）。この事実を考慮して，ここでは貸出金利を内生変数として処理している。

11) 2000年代における中国の資本収支は基調として黒字（純資本流入）であり，その太宗は対内直接投資および海外上場に伴う株式発行代金受取等のエクイティ関連取引，および外資企業・銀行による対外借入である。しかし，モデルはエクイティ関連市場を明示していないので，ここではそれを対外借入のように擬制することによって分析を進めている。

第9章　外国為替市場介入の金融波及メカニズムと実質効果　　299

債券レポ・レート(i)

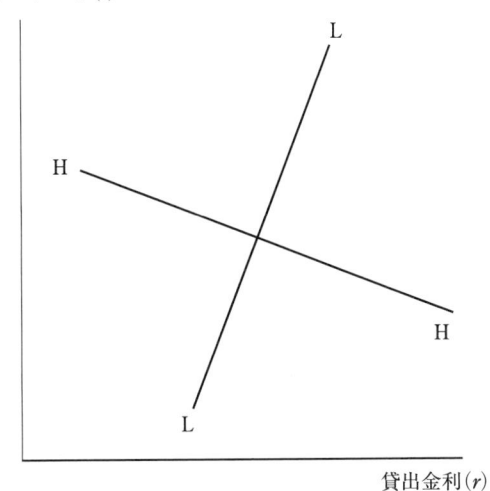

図9-1　金融市場の需給と金利の決定

2.2　国際収支不均衡と外国為替市場介入，および銀行貸出

a　金融市場の需給とマクロ・バランス　　図9-1の縦軸には債券レポ・レートiが，また横軸には貸出金利rがそれぞれ測られている。(1)式のベースマネー需給バランス条件より，実質産出Y，ベースマネー供給量H ($=NFA_c-B_c$)，人民元法定準備率$(1-f)k$，超過準備適用金利i_{ER}等を所与とすると，(1)式のベースマネーの需給をバランスさせる債券レポ・レートiと貸出金利rの関係は，図のHH線のように右下がりに描ける。また，その傾きは貸出金利に関する預金と非銀行内部貸出の代替性の程度に依存しており，その程度が小さいと水平に近い傾きとなろう。

一方，実質産出や外国資産収益率$r^*+E(\dot{e})$，貸出規制 *others* 等を所与とすると，(2)式の貸出需給をバランスさせる債券レポ・レートと貸出金利の関係は，図9-1のLL線のように右上がりに描ける。そして，銀行貸出の金利スプレッド感応度が高くなると，その傾きは緩やかになる。

債券レポ・レートと貸出金利は，これら二つの需給バランス線の交点

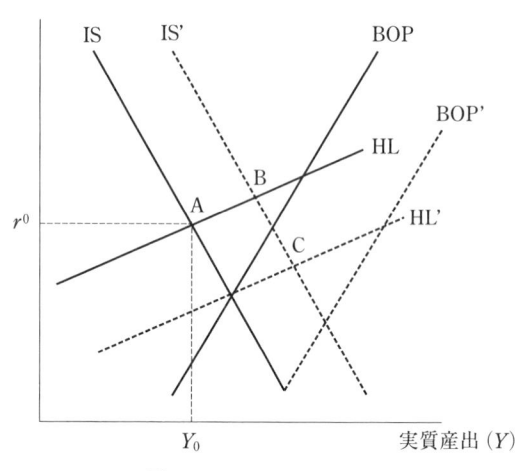

図 9-2 マクロ・バランス

で決定される。そして実質産出の増加は，預金準備需要と非銀行部門のネットの借入需要を増加させるので，HH線を上方へ，またLL線を右側へそれぞれシフトさせる。その結果，貸出金利は上昇し，預金の貸出金利感応度が高くない限りにおいて，債券レポ・レートも実質産出の増加に伴って上昇しよう。また，外国為替市場介入やオペによりベースマネーの供給が増加すると，HH線のみが下側へシフトするので，債券レポ・レート，貸出金利がともに低下する。

図9-2の縦軸には貸出金利 r が，横軸には実質産出 Y がそれぞれ測られている。債券・貸出両市場を同時にバランスさせる貸出金利と実質産出の関係は，ベースマネーの供給を所与とすると，図のHL線のように右上がりに描くことができる。また，財市場需給均衡条件(3)式の関係は，図のIS線のように右下がりのスケジュールとして描けることは通常と同じである。したがって，ベースマネーの供給を所与とすると，これら二つのバランス線の交点で貸出金利と実質産出が決定される。

一方，図のBOP線は国際収支バランス線であり，実質産出増加に伴う経常収支悪化がその資本収支に及ぼす効果を上回ると仮定すると，それは右上がりに描くことができる。そして，その左側の領域では国際収支は黒字である。その結果，為替レートを維持するための介入により国

外資産が増加し，HL曲線が右側にさらにシフトするであろう。ここではこのようにして内生的に決定された国外資産に対応するレベルに対応したHL線が描かれており，当初の均衡点は図のA点で示されている[12]。

b　三つの攪乱と不胎化操作　さて，以上の簡単な枠組みを用いて，2000年代における中国マクロ経済の主要な攪乱要因のインパクトを整理しておこう。最初に，加工貿易用原材料の輸入代替の進展等による経常収支黒字拡大のインパクトを考える[13]。なお，ここでの主要関心事ではないので深入りしないが，為替レート切り上げや輸出増値税還付率調整のインパクトも同様にして分析可能である。この与件変化は，国際収支バランス線ならびにIS線を右側にシフトさせる。その結果，均衡点が点Aから点Bに移り，国内金利上昇と実質産出の増加をもたらす。しかし，国際収支改善により外貨売り・人民元買いが生じるため，人民銀行の外国為替市場介入によりベースマネー（銀行の預金準備）が増加する。このとき，銀行部門は不要な超過準備を銀行間債券市場で運用するため，債券レポ・レートが低下するであろう。そして，この銀行間短期金利低下が銀行与信活動を刺激し，HL線をさらに右側にシフトさせ

---

12)　人民銀行は，1996年にマネーサプライ伸び率を中間目標にすることを公式に決定した後（当初はM1），指令性の信貸計画が廃止された1998年以降，M2伸び率を中間目標に，ベースマネーを操作目標として金融政策運営を行っていると言われている（Ho (2008)によると，現在では超過準備が操作目標のようである）。事実，その金融政策パターン（反応関数）をテーラー・ルールによって説明することは難しい（Liu and Zhang, 2007, 2-3; Xie and Xiong, 2003）。このような現実を背景として，ここではベースマネーの調節を金融政策の操作目標と考えて分析を進めている（Gang, 2008; He et al., 2005; Laurens and Maino, 2007; Peng, Chen and Fan, 2006）。

13)　2005年以降の中国の経常収支黒字急増は，投資ブームが持続する中での黒字拡大という点でパラドキシカルな面があるものの，経済成長加速化の下で起こったことから判断して，その最大の要因は，加工貿易用原材料，および鉄鋼・化学原料等の素材の急速な輸入代替進展と輸出転換等の貿易面での構造変化であると考えられる（Anderson, 2007; Aziz, 2006; Aziz and Cui, 2007; Aziz and Dunaway, 2007; Cui, 2007; Cui and Syez, 2007; He and Cao, 2007; Kuijs and Wang, 2006）。ただし，経常収支黒字の急速な拡大の多くは実体経済ではなく，輸出の過大インボイス，輸入の過小インボイスによる「偽装された熱銭（ホットマネー）」との議論もある（張・徐，2008）。しかし，貿易黒字の拡大は繊維・雑貨・履物といった伝統的製品だけでなく，鉄鋼，電気・電子機器，輸送用機械といった産業における急速な輸出拡大に支えられていたことも事実であるので（姚，2008），ここでは実体経済を反映した動きと考えて分析を進める。

る。このとき新しい均衡は，例えば図の点Cで成立する。このように，外生的な経常収支改善は，経済に対して二つのチャネルを通じて拡張効果を持つ。

　第二の要因は，特に2007年において高揚した家計部門の株式投資ブームである。ただし，ここでは株式市場を明示していないので，正確な分析は難しい。しかし，部分的とはいえ，非銀行部門内部における預金から内部貸出（擬制株式ファイナンス）への資金シフトとしてそれを捉えることで，ある程度対処可能であろう。このポートフォリオ・シフトは，図9-1のHH線を下側に（準備需要の減少），また，LL線を左側に（非銀行部門貸出供給の増加）それぞれシフトさせるので，他の事情にして等しい限り，貸出金利を低下させる。その結果，図9-2のHL線が下側にシフトする。このように，非銀行部門内部での預金から内部貸出への資金シフトは金利を低下させ（その逆数である資産価格を上昇させ），経済に対して拡張効果を持つと結論できよう。

　ただし，この要因による拡張効果は「外国為替市場介入に伴うマネーサプライ増加」とは直接関係しないことに注意しよう。実際，ストック次元のポートフォリオ・シフトは，逆に国際収支を悪化させる要因である。そして第二に，資産価格高騰が認められたとしても，預金通貨を含めた広義マネーサプライが増加するとは限らない（両者の関係は不明確である）。この意味で，資産価格高騰が外国為替市場介入に伴う過剰流動性によって起こったとの中国において広く流布している見解は，フローとストックを混同しているという意味でミスリーディングな面があるように思われる。実際，近年の中国における資産価格（株価・住宅価格）のブーム・バスト循環は，国際収支黒字が持続する中で起こっている。

　第三に，建前上の規制の存在にもかかわらず，通貨当局を悩ませてきた最も重要な要因である「資本流入」について簡単に触れておきたい。この問題は，分析上は人民元切り上げ予想や外国金利低下によってもたらされた外貨資産収益率低下の効果を問うことと等価である。このとき，非銀行部門の国内借入が対外借入によって代替されるので，図9-1のLL線が左方にシフトする。その結果，図9-2のHL線は下側にシフトする。しかも，この資金代替は資本収支を改善するので，外国為替市場介入によるベースマネー増加によってそれがさらに補強される。このよ

うに，常識的であるものの，外貨資産収益率低下による資本流入拡大は経済に対して拡張効果を持つ．

　以上の三つの要因は，いずれも景気過熱圧力を醸成する．そのため，引き締め政策が行われることになろう．また，外国為替市場介入を伴う場合には，不胎化が行われる．その主要手段は，①レポ取引を含む債券売りオペ，②法定準備率の引き上げとその通貨構成変更，③超過準備預金適用金利の引き上げ，④窓口指導による直接的な貸出抑制であり，これらはすべて HL 線を上方へシフトさせる要因である．まず，債券売りオペは図 9-1 の HH 線を上方へシフトさせるので，債券レポ・レートを上昇させ，貸出金利を引き上げる．同様に，超過準備預金金利の引き上げも手持債券売却による超過準備保有を促すため，HH 線を上方へシフトさせることによって同様の効果を持つ．したがって，これらの政策は HL 線を上方へシフトさせることにより，縮小効果を持つ．

　一方，窓口指導による貸出抑制は，図 9-1 の LL 線を右方へシフトさせるため貸出金利上昇をもたらし，HL 線をやはり上方へシフトさせる政策である．ただし，債券レポ・レートの低下をもたらす点で，他の政策手段と異なったインパクトを持つ．しかし，この行政的手段の有効性は，明らかに銀行貸出と他の資金調達チャネルとの代替性に依存しており，例えば国外資金調達ルートとの代替可能性が高い場合には，有効な方策とは言えない．この意味で，窓口指導による金融引き締めは，資本取引規制強化とのパッケージによりその有効性が高まるものと考えられる[14]．

　最後に，法定準備率引き上げの効果について触れておきたい．まず，通常の意味での準備率引き上げの効果を析出するため，準備のうち，外貨で積み上げる部分 f を当初ゼロと仮定しよう．このとき，法定預金準備率 k の引き上げは，銀行の手持ち債券売却による流動性確保を促すので，図 9-1 の HH 線を上方へシフトさせるであろう．その結果，HL 線は上方へシフトするので，それは経済に対して縮小効果を持つ．しかし，この準備率引き上げに伴う準備預金積み上げが人民元ではなく，外貨で

---

　14) 第 17 期党大会閉会後の 2007 年 10 月後半より，不正資金の流入管理厳格化とともに（翌 2008 年 8 月の外為法改正で法制度化），窓口指導による銀行貸出総量規制が開始された．

行わなければならないとしたらどうであろうか。この場合，銀行は所要準備増加資金をまず銀行間債券市場で調達し，それを通貨当局に売却して外貨を獲得・預託する。そうすると，外国為替市場介入によりベースマネーが減少するので，やはり図9-1のHH線が上方へシフトし，その結果として図9-2のHL線も上方へシフトする。このように，外貨による所要準備積み上げは，人民元準備率引き上げと定性的には同等の効果を持ち，唯一の相違は銀行部門による通貨当局外貨準備保有の肩代わりの発生である[15]。

第3節　中国の不胎化操作と国内金融市場動向

先に進む前に，中国の実際の不胎化の方法について触れておくことが有益である。そのため，通貨当局のバランスシートを次のように拡張する。

国外資産(NFA)＋対政府債権(L_g)＋人民銀金融機関貸出(L_c)
　　＝ベースマネー(BM)＋債券発行残高(B_c)
　　　＋政府預金(D_g)＋資本その他

したがって，受動的に決まる現金通貨や資本等のその他のバランスシート項目を除いて考えれば，上式は次のように変形可能である（Δは変化を表す）。

$$\Delta NFA = \Delta B_c + \{-\Delta L_c\} + \{\Delta D_g - \Delta L_g\} + \Delta RR \tag{5}$$

---

15) 2007年の中国の外貨準備増加は4,620億ドルであったが，銀行部門による外貨の準備積み上げ措置がなければ，おそらくその金額はさらに1,000億ドル程度大きかったと推測される（張・徐(2008)は，中国投資有限責任公司の設立に伴う外貨準備資産の移管その他をも調整すると，2007年の介入による外貨準備増加は6,320億ドルであったとの推計を示している）。このように考えると，2007年8月以降の外貨による準備要求政策は，金融引き締めと資本輸出促進のポリシー・ミックスと考えることができよう。

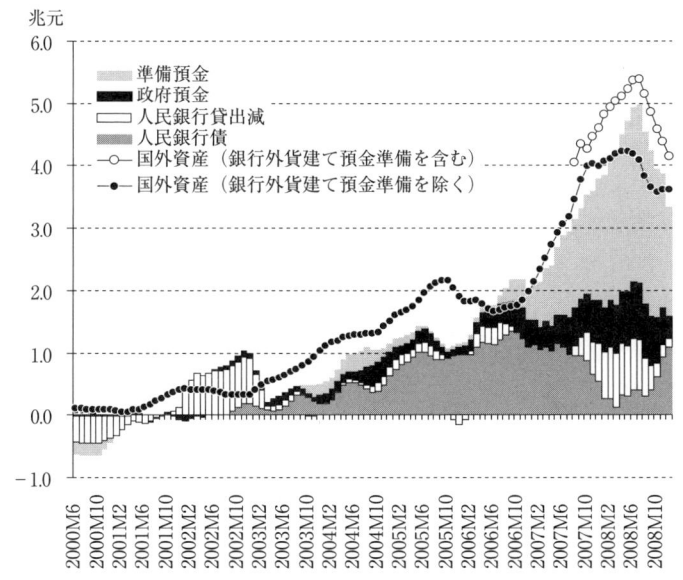

第 9 章　外国為替市場介入の金融波及メカニズムと実質効果　　305

図 9-3　中国の外国為替市場介入と通貨当局バランスシートの変化
　　　　（対前年同月比，3ヶ月移動平均）

注 1)　国外資産の詳細は補論を参照。白丸の折れ線グラフは，銀行預金準備のうちの外貨預託分を含めた系列（2007 年 8 月以降）である。
注 2)　準備預金は法定準備率変更による準備預金変化額。2007 年 9 月の中国投資有限責任公司設立に伴う財政部からの特別国債購入に見合う外貨準備資産移管額を国外資産に含めているため，同額を政府債権から控除することによってこれを調整している。
注 3)　2005 年より金融機関分類が変更され，「その他金融機関（保険・年金・信託・リース・証券会社等）」に対する債権残高が同年 6 月より新たに計上されたため，2007 年 7 月までの同部分を除外している（8 月以降は人民銀の同部門向け債権残高削減を不胎化操作とみなした）。
資料）　IMF, International Financial Statistics CD-ROM（November 2008）．人民銀行ウェブサイト。

このように，国外資産は主として外国為替市場介入によって変化するので，介入によるベースマネー変化は，①人民銀行の公開市場操作 ΔB_c，②人民銀行貸出調節 ΔL_c，③対政府純債務変化 $\Delta D_g - \Delta L_g$，④準備率変更による準備預金変化 ΔRR，の四つの経路を通じて中立化されうる[16]。

図 9-3 は，(5)式左辺の国外資産変化と右辺の四つの構成要素（いずれも対前年同月比変化，3ヶ月移動平均）を図示している。ここで預金

---

16)　ただし，直接観察できない窓口指導の役割が除外されていることに注意する。

準備率変更に伴う準備預金変化 ΔRR は，対象期間中の法定準備率の最低水準である 1999 年 12 月-2003 年 8 月の 6％を基準に選び，（法定準備率－6％）×預金残高の変化によって計算した。この図によると，2001 年頃から拡大し始めた介入は，2006 年に一時的に落ち込んだ後，2007 年において急増し，その金額は 2007 年の国家財政 5 兆元の 8 割に相当する年率 4 兆元規模（対 GDP 比 16％，円換算額約 60 兆円）に達している。なお，2007 年 8 月以降に制度化された外貨による準備預金積み上げと通貨当局外為介入の肩代わりは，ピークの 2008 年 6 月において国外資産変化の約 4 分の 1 に相当する 1.4 兆元規模になっていたことを記しておきたい。

一方，2002 年までの不胎化の主要手段は人民銀貸出の抑制であったが，以降，同残高払底によりその役割は人民銀行売出し手形の売りオペに取って代わられた。これに加えて，意外に無視できないのが税収増加等による政府預金の積み増しであり，特に 2007 年においてその役割が顕著になった。5 年連続の二桁成長の下で中国の財政収入は堅調に推移しており，その払込残高増加（政府資金揚げ超過）が不胎化操作として実質的に機能していたのである。

しかし，金利調節が併用され始めた 2007 年からは，手形オペによる調節は相対的に後退し，代わって法定預金準備率引き上げによる流動性管理が大きな比重を占めるようになった。全般的な金融引き締め基調にもかかわらず，法定準備に対する金利は 2008 年 12 月まで 1.89％に据え置かれたため，人民銀行にとって市場オペに比べて財政負担の小さい方法（市中銀行にとっては負担の大きい方法）が選択されたのである[17]。

---

17) この意味で，不胎化は国内金利を引き上げ，追加的な資本流入と財政負担増加をもたらすため有効でなくなるとのポピュラーな議論は，中国の場合，注意して受け取る必要がある（Green, 2007; Prasad, 2007）。しかも，法定準備率引き上げに伴う銀行負担増加と金融仲介機能不全（disintermediation）リスクも（Goldstein and Lardy, 2007），預金・貸出金利の上下限規制による手厚い利鞘保証政策により大きな問題とならない可能性が高い（1996 年以降，1 年物で 3％前後の預貸スプレッドが維持されてきた）。事実，2007 年のほぼ毎月の準備率引き上げにもかかわらず，中国農業銀行を除く国有商業銀行の 2007 年決算は近年にない好業績であった。中国の場合，不胎化の潜在コストは，結局のところ預金者の受け取り利息の低位安定（実質金利は 1 年物預金で 2003-2007 年平均マイナス 0.24％）という形で，家計を含む預金者に転嫁されていると考えられる。2007 年 8 月 15 日の利子源泉徴収税率の 20％から 5％への削減は，こうした預金者負担の軽減策と理解すべきであろう。

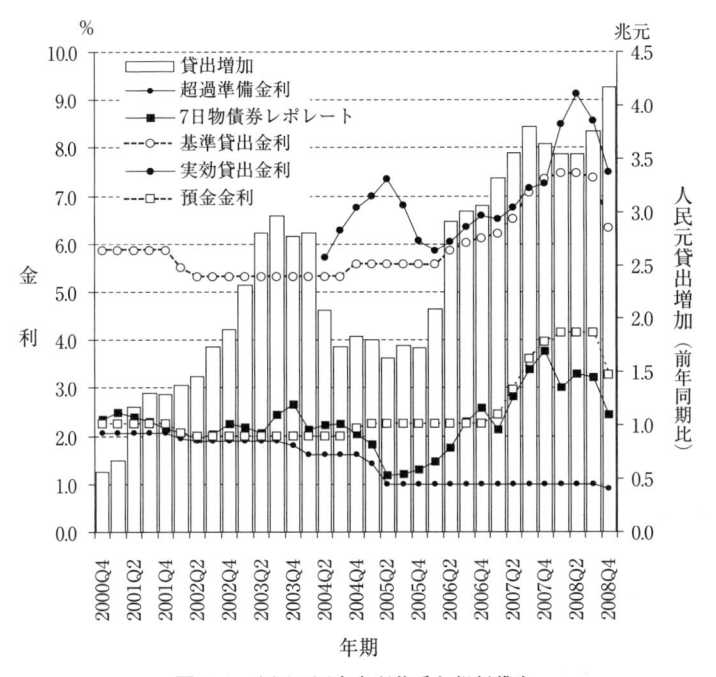

図 9-4　中国の国内金利体系と銀行貸出

注1) 2003年12月21日より法定準備金利と超過準備金利が分離され，後者は1.89％から1.62％へ，2005年3月17日に0.99％へ，さらに2008年11月27日に0.72％へそれぞれ引き下げられている。基準預金金利は1年物，貸出金利は半年－1年物金利であり，金利はすべて四半期平均値。実効貸出金利は商業銀行の半年－1年物貸出金利加重平均値であり，2004年中は固定金利のみ，2005年からは固定・変動金利平均値である。

注2) 2004年4月，および2007年10月より，窓口指導による貸出抑制が行われている。

資料）中国人民銀行貨幣政策分析小組『中国貨幣政策執行報告』各季版，中国人民銀行ウェブサイト，IMF, International Financial Statistics.

　こうした人民銀行の金融調節に対して，2000年代における国内金利体系と銀行貸出（人民元建て）は図9-4のように推移している。中国の銀行貸出は，与信リスク管理と財務基盤強化が優先課題とされた90年代後半から2000年まで低迷していた。しかし，この情勢は2002年後半より様変わりし，爆発的な貸出ブームに変じている。その第一のピークは2003年初のSARS事件後に出現したが，一部産業での景気過熱圧力の抑制を目的とした2004年4月以降の行政措置により，銀行貸出の伸びはその後一時沈静化した。興味深いことに，この間実効貸出金利は上

昇し，逆に債券レポ・レートは低下している。また同様の傾向は，窓口指導による融資規制が行われていた 2007 年 10 月-2008 年 6 月においても観察されている。前節のマクロ経済モデルが示唆するように，基準金利を観察しただけでは分からない市場経済メカニズムの作用が観察されるのである。

しかし，2005 年に入ると同年 3 月において超過準備金利の引き下げが行われ，事実上の（ミニ）金融緩和政策が展開された。そして，同年 7 月 21 日には満を持したかのように人民元切り上げ政策が実行に移される。建前上は厳格な資本取引規制を実施しているものの，国境をまたぐ資金の出入りが意外に頻繁な中国の現状の下で，熱銭（ホットマネー）流入対策に配慮した金融政策運営が行われたのである（Ma and McCauley, 2007, 284-285; 王・長井，2007）。

ところが，2006 年より再び銀行貸出が増勢に転じる。また，この動きに呼応して，同年後半から従来にない頻度で法定預金準備率が引き上げられるとともに，同時に基準貸出金利も 2007 年以降合計 6 回にわたって引き上げられた。しかし，それにもかかわらず実質金利は逆に低下しており，銀行貸出の増勢もほとんど衰えなかった。5 年連続二桁成長にもかかわらずマイナスの短期実質金利が出現・維持されるという幾分異常とも思える状況を背景として，貸出増加が 2007 年以降の景気過熱徴候の最重要要因となってきたのである。結局のところ，マイナスの実質金利そのものには手はつけられず，第 17 期党大会終了後の同年 10 月中旬より再び窓口指導の強化により事態に対処されるに至っている。その結果，実効貸出金利は再度急騰し，他方で債券レポ金利等の銀行間短期金利は逆に低めに推移した。

また，この穏健から引き締めへの金融政策転換が株価・住宅価格騰勢に対する強力なブレーキとなったことはよく知られている。事実，上海総合株価指数は 2007 年 10 月末に約 6,100 のピークを付けた後，その後 3 分の 1 の水準に続落する。同様に，住宅価格上昇率も 2008 年 1 月にピークを付けた後に急速に鈍化，深圳などの一部地域から始まり，同年 8 月以降では全国平均でも水準自体が低下する事態に至っている。

こうした中で，人民元切り上げや人件費・エネルギー価格高騰のいわゆる三高や，さらにはアメリカのサブプライム住宅ローン危機に伴う対

米輸出減少等を反映して，中国経済は減速に転じた。そして，住宅価格が下落に転じた 2008 年 7 月において人民銀行の金融政策はそれまでの引き締めから「適度の緩和政策」に転換し，人民元切り上げ政策の転換（切り上げの中断）や窓口指導解除，さらには基準金利引き下げや預金準備率の引き下げ等が矢継ぎ早に実施されていく。中国の金融政策は国際経済環境激変への対応を余儀なくされたのである。

第4節　構造 VAR による実証分析

4.1　5 変量 VAR の推定

非常に単純化されているとはいえ，以上の理論的整理から明らかになったことは，第一に，中央銀行による不胎化操作は，図式的には「外国為替市場介入→銀行の準備需給変化→債券レポ・レート変動→銀行貸出→実体経済」と表現される金融波及メカニズムの中で，準備の需給に影響力を行使することによってそのインパクトを中立化する操作であること，そして第二に，窓口指導という行政手段により，銀行貸出に直接働きかけることによっても同等の効果が実現可能ということである。本節では，以上の整理に沿って中国の外国為替市場介入の波及メカニズムを捉え直し，国際収支不均衡に伴う外国為替市場介入が果たして中国の実体経済に拡張的なインパクトをもたらしているか否かを，簡単な構造 VAR の推定によって検証する。

そのため，通貨当局の国外資産 NFA（億元，季節調整済）に加えて，銀行部門の対非銀行部門貸出 L（IFS，銀行部門のその他部門向け債権，億元，季節調整済），中国短期金融市場のベンチマークである 7 日物債券レポ・レート $Rate$（％），およびベースマネー H（IFS，準備通貨，億元，季節調整済）の四つの金融変数を採り上げる。そして，実体経済を代表する変数として工業生産指数（1992 年＝100）の対数値 $\log Y$ を採用し（変化を年率換算の百分率表示するため，1200 倍した），これら 5 変数からなる VAR モデルを推定する[18]。

推定に際し，幾つかの注意点に言及しておこう。第一に，国外資産の変化を全額外国為替市場介入額と考えることは不適切である。具体的に

表 9-2 ADF 単位根テスト

	t 値	p 値		t 値	p 値
$\log Y$			Rate		
水準	-1.895	(0.651)	水準	5.732	(1.000)
一階階差	-10.16	(0.000)	一階階差	-16.41	(0.000)
NFA			H		
水準	6.402	(1.000)	水準	-1.733	(0.730)
一階階差	-8.738	(0.000)	一階階差	-10.86	(0.000)
L			$\log P$		
水準	-1.758	(0.400)	水準	0.560	(0.999)
一階階差	-12.00	(0.000)	一階階差	-11.24	(0.000)

は，外貨準備資産を原資として金融機関に対する資本注入を行ってきた中央匯金投資有限責任公司の活動，中国投資有限責任公司設立に伴う外貨資産・匯金出資金移管，資産運用収益の扱いについて適切な調整が必要である（詳細は補論を参照）。第二に，2006 年 7 月以降，中国は不胎化・金融引き締め政策の一環として，法定預金準備率の引き上げを多用してきた。しかし，法定預金準備率の引き上げに伴うベースマネー増加は金融引き締めに付随する現象であるので，その部分をコントロールしないと不胎化の程度を過小評価することになる。そこで，所要準備を説明変数に加えることによってこの部分を捉えることにする。ここで，所要準備は法定準備率 rr × 預金残高 D により，預金残高は広義マネーサプライから現金通貨を控除することによりそれぞれ計算している。第三に，随所で触れているように，2007 年 8 月に導入された預金準備の一部を外貨で積み立てる措置の影響をコントロールする必要がある。この目的のため，まず通貨当局バランスシート（国内発表形式）の国外資産のサブ項目である「その他国外資産」の 2007 年 1—7 月平均をベンチマークとして，同年 8 月以降のその他国外資産原計数と 1—7 月平均額との差を「外貨による準備積立額」とみなした。そして，通貨当局の国外資

---

18) ここでの関心が外国為替市場介入のインパクトにあるので，通貨当局バランスシート関連変数の加法性を維持する観点から，金融変数に対数変換を行っていない。工業生産指数は全国有および年商 500 万元以上非国有企業の付加価値増加率（可比価格，対前年同月比，%）から同水準を計算し，季節調整を施したものを使用した。データの出所は IMF, IFS CD-ROM，および国家統計局ホームページである。

第9章　外国為替市場介入の金融波及メカニズムと実質効果　　311

表 9-3　Johansen の共和分テスト

(a) トレンドなし

帰無仮説	ランク・テスト		最大固有値テスト	
	トレース統計量	p 値	最大固有値統計量	p 値
共和分関係なし	60.83	(0.211)	26.00	(0.321)
共和分関係が最大 1 個	34.83	(0.457)	20.10	(0.334)
共和分関係が最大 2 個	14.73	(0.798)	11.85	(0.563)
共和分関係が最大 3 個	2.88	(0.972)	2.77	(0.961)
共和分関係が最大 4 個	0.11	(0.744)	0.11	(0.744)

(b) トレンドあり

帰無仮説	ランク・テスト		最大固有値テスト	
	トレース統計量	p 値	最大固有値統計量	p 値
共和分関係なし	78.83	(0.211)	31.03	(0.270)
共和分関係が最大 1 個	47.79	(0.515)	25.91	(0.237)
共和分関係が最大 2 個	21.89	(0.916)	12.88	(0.813)
共和分関係が最大 3 個	9.01	(0.960)	7.53	(0.861)
共和分関係が最大 4 個	1.48	(0.992)	1.48	(0.992)

産とベースマネー原計数（およびコントロール変数である所要準備 rrD）からこれを控除した。このような調整により，われわれの分析目的である外国為替市場介入額およびそのインパクトを分離可能と考えられる。

推定期間は，月次データが利用可能な 1999 年 6 月から，緩和政策への金融政策転換が行われる直前の 2008 年 6 月までの 9 年間とした。なお，2008 年 7 月以降はサブプライム危機等に伴う政策転換局面であるので，その分析は機会を改めることが適切であろう。

推定に先立ち，若干の予備的チェックを行っておこう。まず，問題となる 5 変数の定常性をチェックするため，標準的な単位根テストを実施した。その結果をまとめた表 9-2 によると，変数はすべて一次の和分 I(1) と考えることができる。したがって第二に，変数間の共和分関係の存在をチェックする必要があり，この目的のために，Johansen による共和分テストを行ってみた（表 9-3）。なお，ラグの次数は AIC により 2 期とした。テストは時間トレンド項を含むモデルと含まないモデルの二つの代替的な特定化の下で実施されており，ランク・テスト，最大固有値テストのいずれによっても共和分ベクトルの存在を示唆する強い実証的証拠は得られていない。したがって，VECM ではなく VAR によ

る推定が妥当と判断され，比較的小標本の推定であることをも考慮して，定常性が確認された一階階差変数により推定を行うことにする。

ただし，定数項に加え，外生変数として次の四つを説明変数に加える。第一に，既説のように中国は2006年7月以降，法定準備率の変更を金融政策の主要政策手段の一つとして多用してきた。しかし，準備率引き上げに伴うベースマネー増加は不胎化・金融引き締め政策の反映であるので，この要因をコントロールしないと推定結果がバイアスを持つ。しかし，準備率の変更に伴うベースマネー変化$\Delta(rrD)$は，準備率変更頻度の低さにより時系列分析に馴染みにくい面があるため，ここでは外生変数として処理する。

第二に，中国では銀行貸出に対して窓口指導が大きな影響力を持つ局面が幾つか観察される。特に2004年4月以降，および2007年10月以降の景気過熱対策としての貸出抑制は大きなインパクトを持っていたと考えられ，この側面を無視した推定は，債券オペ等を通じた不胎化の効果を過大評価する危険性を持つ。そこで，1ヶ月の実施ラグを考慮して，2004年5月-2005年12月を1，その他の期間を0とする窓口指導ダミー$AD1$，2007年11月-2008年6月を1，その他の期間を0とする窓口指導ダミー$AD2$を加えて推定を行う。

第三に，2006年1月，2007年1・2月，2008年1月の春節における不規則なベースマネー変動を捉えるため，春節ダミーを加える。第四に，中国投資有限責任公司設立に伴う特別国債と外貨資産とのスワップを考慮したため，2007年8月の国外資産に不連続性が発生した。この不連続性に対処するため，2007年8月を1，その他を0とするダミー変数を加えて推定を行うことにした。

最後に，ラグの次数は自由度の制約により実行可能な15期を上限として，AIC最小化基準とSBIC最小化基準の併用により選択し，最終的に1期とした。

4.2 インパルス応答関数の推定結果

図9-5は，外国為替市場介入ショックに対するコレスキー分解によるインパルス応答関数の推定結果であり，点線は1標準偏差信頼区間を表している[19]。なお，変数の配列は，最も独立性が強いと判断される国外

資産変化（以下，外国為替市場介入と同義に使用する），銀行貸出変化，債券レポ・レート変化，そしてベースマネー変化の順としたが，国外資産変化の序列を所与とすると，以下の結果はその他の金融変数の配列に特に依存していないことを記しておきたい。しかし，ベースマネーは国外資産から人民銀行のオペ残高（ネット）を控除したものに等しいので，ベースマネー変化を最後尾に配列することにより，様々のショックに対する人民銀行の反応を検証可能である。また，金融変数から工業生産指数のような実体経済変数への波及にはラグがあるとの通常の理解に従って，工業生産指数を変数リストの最初に位置付けている。もっとも，後述するように，その配列も結果に影響していない。

さて，この図によると，672億元の外国為替市場介入ショック（同ショックの標準偏差推定値）は，①即時的にベースマネーを257億元増加させるとともに，②即時的に13ベーシスポイント相当の債券レポ・レートの有意な低下をもたらしている。なお，ベースマネー変化は国外資産変化から人民銀行オペ残高変化を控除したものに等しいので，その反応の大きさは外国為替市場介入に対する人民銀行の正味の反応を表していると解釈できよう。つまり，人民銀行の外国為替市場介入は100パーセント不胎化されておらず，介入に伴う預金準備の増加に伴って銀行間短期金利の低下を引き起こしているのである。そして，最も重要な論点として，③国内銀行貸出が有意に増加するとともに，④2期以降，工業生産が有意な正の反応を示している。ただし，その効果は半年程度で消失するという意味で一時的である。こうした一連の反応は，前節において説明された介入の実質産出に及ぼす波及メカニズムの理解と整合的であり，このことはまた，中国における外国為替市場介入が銀行間短期金利低下を介した貸出増加というメカニズムを通じて，実体経済に対し拡張効果を持ってきた可能性を示唆していると言えよう。

もっとも，外国為替市場介入ショックが工業生産に対して拡張的なインパクトをもたらしているとの結果は，前者が（純）輸出ショックを反映しているためであるとの解釈も可能であるかもしれない。この代替的

---

19) 通常の計量分析と異なり，インパルス応答関数の分析では1標準偏差信頼区間を使用することが慣行となっている。しかし，2標準偏差信頼区間を使用しても，以下の結論の多くは変わらない。

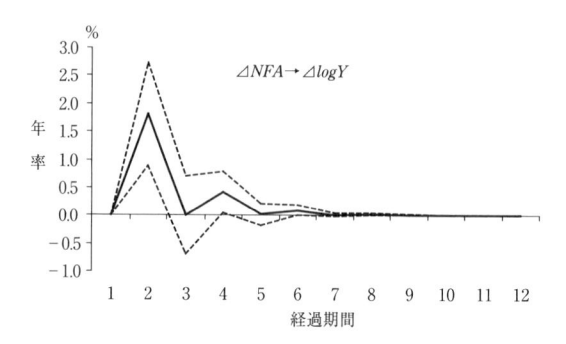

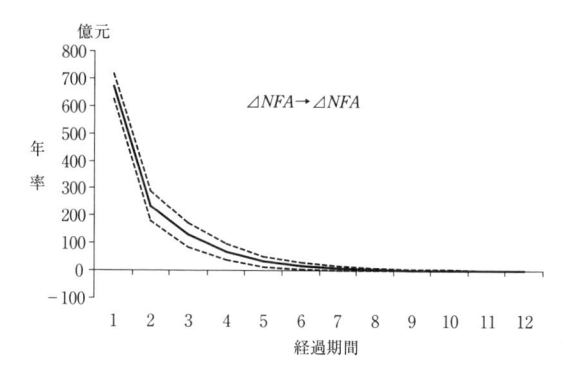

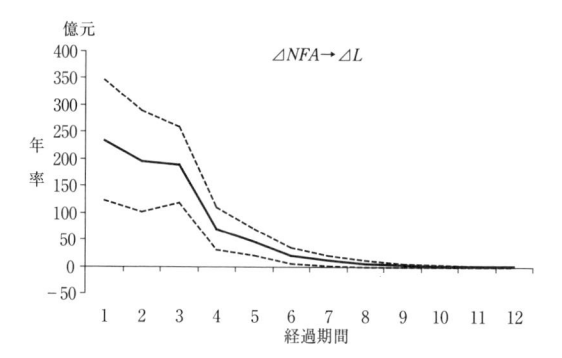

図9-5 外国為替市場介入ショックに対するインパルス応答関数

第9章 外国為替市場介入の金融波及メカニズムと実質効果 315

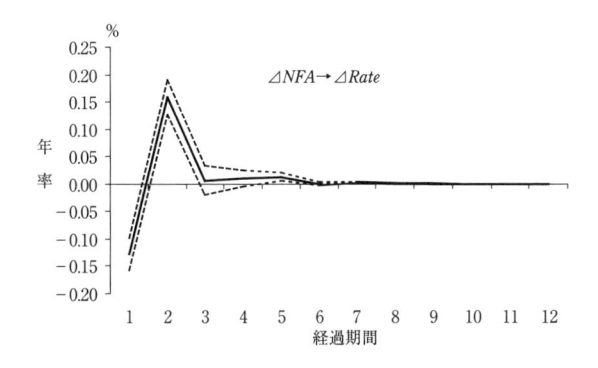

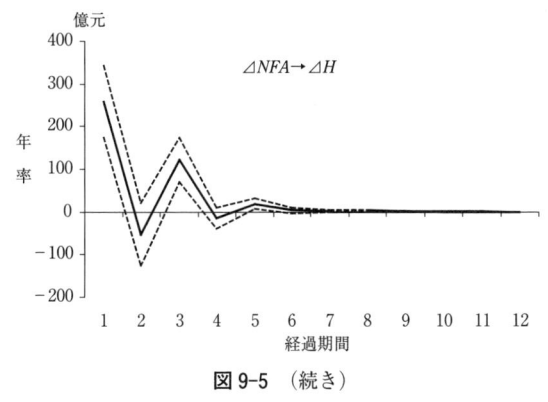

図 9-5 （続き）

注) 点線は1標準偏差信頼区間。

な解釈の妥当性をチェックする一つの方法として，外国為替市場介入ショックに対する他の変数のインパルス応答関数を，変数の配列を変更して推定することが考えられる。表9-4はその結果の要約であるが，それによると，①国外資産ショックの工業生産指数に対する有意な正の効果が2期目で観察されるものの，工業生産の配列とは無関係に，1期目の反応は有意にゼロと異ならない。そして，②外国為替市場介入ショックは，即時的には債券レポ・レートの低下を伴っている。しかし，もし外国為替市場介入ショックが輸出ショックを反映しているのであれば，即時的に産出が増加し，その結果として金利が上昇すると考えられるので，代替的な解釈によりこうした反応を理解することは難しいように思われる。

一方，われわれの推定結果は，銀行貸出増加が債券レポ・レート低下

表 9-4 代替的な変数配列の下での外国為替市場介入ショックに対するインパルス応答関数の推定結果

変数配列	経過期間	$\Delta \log Y$	ΔNFA	ΔL	$\Delta Rate$	ΔH
$[\Delta \log Y, \Delta NFA, \Delta L,$ $\Delta Rate, \Delta H]$	1期	0.000 (0.000)	672.04 (45.94)	234.50 (112.02)	−0.128 (0.030)	257.15 (84.25)
	2期	1.805 (0.920)	235.06 (56.13)	195.27 (94.29)	0.160 (0.032)	−52.55 (72.56)
$[\Delta NFA, \Delta \log Y, \Delta L,$ $\Delta Rate, \Delta H]$	1期	0.893 (1.134)	673.99 (46.07)	233.75 (112.02)	−0.133 (0.031)	249.77 (84.78)
	2期	1.517 (0.985)	249.29 (58.74)	217.84 (98.13)	0.164 (0.032)	−42.16 (73.43)
$[\Delta NFA, \Delta L, \Delta Rate,$ $\Delta H, \Delta \log Y]$	1期	0.893 (1.134)	673.99 (46.07)	233.75 (112.02)	−0.133 (0.031)	249.77 (84.78)
	2期	1.517 (0.985)	249.29 (58.74)	217.84 (98.13)	0.164 (0.032)	−42.16 (73.43)

注) カッコ内の計数は推定値の標準誤差。

表 9-5 代替的な推定期間の下での外国為替市場介入ショックに対するインパルス応答関数の推定結果

推定期間	経過期間	$\Delta \log Y$	ΔNFA	ΔL	$\Delta Rate$	ΔH
1999年6月―2008年6月	1期	0.000 (0.000)	672.04 (45.94)	234.50 (112.02)	−0.128 (0.030)	257.15 (84.25)
	2期	1.805 (0.920)	235.06 (56.13)	195.27 (94.29)	0.160 (0.032)	−52.55 (72.56)
1999年6月―2007年6月	1期	0.000 (0.000)	501.94 (36.41)	166.16 (106.56)	−0.030 (0.022)	234.75 (83.73)
	2期	1.978 (0.943)	331.03 (52.05)	303.16 (104.47)	−0.036 (0.023)	−104.24 (78.60)
1999年6月―2006年6月	1期	0.000 (0.000)	505.81 (39.26)	210.85 (115.46)	−0.022 (0.015)	188.53 (81.31)
	2期	1.854 (1.036)	283.31 (58.30)	340.86 (119.95)	−0.028 (0.016)	−144.88 (84.64)
1999年6月―2005年6月	1期	0.000 (0.000)	449.15 (37.69)	189.05 (126.74)	−0.034 (0.016)	123.97 (79.46)
	2期	2.305 (1.162)	181.73 (54.36)	305.95 (129.40)	−0.039 (0.016)	−74.42 (78.93)

注) カッコ内の計数は推定値の標準誤差。変数の配列，ラグの次数はすべて同じ。

第9章 外国為替市場介入の金融波及メカニズムと実質効果　　317

表9-6　分散分解（12ヶ月経過後）　　（単位：％）

ショック	推定期間（1999年6月から）			
	2008年6月まで	2007年6月まで	2006年6月まで	2005年6月まで
(1)工業生産指数変化（$\varDelta \log Y$）				
$\varDelta \log Y$	97.3	88.8	89.8	89.2
$\varDelta NFA$	2.2	4.6	4.4	5.1
$\varDelta L$	0.0	1.8	1.5	1.3
$\varDelta Rate$	0.1	0.1	3.7	3.8
$\varDelta H$	0.5	4.5	0.6	0.6
(2)外国為替市場介入（$\varDelta NFA$）				
$\varDelta \log Y$	7.5	2.3	2.1	4.1
$\varDelta NFA$	88.6	95.2	95.7	91.4
$\varDelta L$	2.8	2.0	2.0	3.2
$\varDelta Rate$	0.3	0.0	0.1	0.3
$\varDelta H$	0.7	0.5	0.0	1.0
(3)銀行貸出変化（$\varDelta L$）				
$\varDelta \log Y$	6.1	3.2	1.4	2.2
$\varDelta NFA$	8.4	17.2	19.4	12.7
$\varDelta L$	85.2	77.9	78.9	84.1
$\varDelta Rate$	0.3	1.5	0.1	0.1
$\varDelta H$	0.1	0.2	0.2	0.9
(4)債券レポ・レート変化（$\varDelta Rate$）				
$\varDelta \log Y$	5.4	0.4	1.7	2.8
$\varDelta NFA$	24.2	3.9	6.3	13.5
$\varDelta L$	4.2	0.4	5.1	5.2
$\varDelta Rate$	58.1	88.4	83.8	77.1
$\varDelta H$	8.1	6.9	3.1	1.5
(5)ベースマネー変化（$\varDelta H$）				
$\varDelta \log Y$	3.1	0.0	0.6	4.9
$\varDelta NFA$	9.4	8.8	8.7	4.2
$\varDelta L$	2.4	0.5	0.9	0.8
$\varDelta Rate$	3.9	2.0	0.9	2.0
$\varDelta H$	81.2	88.7	89.0	88.1

注）　タイトル変数の予測誤差に関する五つのイノベーションの寄与率（12ヶ月経過後）。

に誘発された供給増加によるものとの解釈と整合的であるが，それが部分的に実体経済の拡張に伴う貸出需要増加によるものであるとの解釈を排除しないことに注意しよう。最後に，先進諸国などの例とは異なり，工業生産指数の反応が比較的早期に現れている。しかしこの点は，中国

銀行部門の貸出は最近でこそ中長期貸出が過半を占めるようになったものの，伝統的に短期の運転資金貸出を中心として行われてきた事実を考慮すると，比較的理解し易いように思われる。

　他方，以上の推定結果は，推定期間に一部依存しているのかもしれない。実際，介入に伴う不胎化の程度は局面によって異なりうるので（Aizenman and Glick 2008; Cavoli and Rajan, 2006），推定期間を変えて結果の頑健性をチェックしてみる必要性は高い。この目的のために，推定期間を1年だけ逐次短縮させ，インパルス応答関数を再推定してみた。その結果を整理した表9-5によると，少なくとも中国の国際収支黒字が急増した2005年以降に関する限り，外国為替市場介入が不完全にしか不胎化されていないこと（介入ショックが正の有意なベースマネー変動を伴っていること），そして債券レポ・レート低下と銀行貸出増加，および工業生産の増加を伴っているというこれまでの結論は，ほとんど変わらないことが分かる。ただし，2008年6月までを推定期間とした場合，介入ショックに対する債券レポ・レートの反応が2期目において正に転じるのに対し，2007年7月-2008年6月を除いた推定では債券レポ・レートの反応が持続的にマイナスとなっている。この違いは，おそらく2007年後半に集中した増資ブームと払い込み資金の一時凍結に伴う銀行間短期金利の乱高下という別種のノイズの影響と考えられる（債券レポ・レート・ショックの標準偏差推定値は0.130から0.133, 0.212, 0.296へと推定期間を延長する毎に増加している）。この意味で，2007年後半からの1年間を除去した推定結果は，不完全な不胎化の帰結をより鮮明に描き出していると言えよう。いずれにせよ，中国の外国為替市場介入は，巷間言われるように中国経済に対して拡張効果を持っていたようなのである。

4.3　分散分解

　では，その重要度はどの程度のものであったのであろうか？　この素朴な疑問に答える最も簡単な方法は，予測誤差の分散分解を行ってみることであろう。またこの分析は，中国の金融市場における外国為替市場介入イノベーションの相対的重要度に関する情報を得る目的にとっても有用である。

表9-6は，その結果の要約表であり，番号が付された変数の予測誤差に占める各イノベーションの寄与率を計算している。例えば，工業生産指数変化の欄の97.3は，工業生産指数変動の全予測誤差のうち，自己の工業生産イノベーションで説明しうる割合が97.3%であることを表す。ただし，推定期間による結果の頑健性をもチェックする意図から，推定期間別に結果を整理している。また，表では12期（1年）経過後の予測誤差に占めるイノベーション寄与率が示されているが，イノベーションに対する反応は比較的早期に出尽くしてしまうので（3ヶ月経過以降の計数はほとんど同じ），12期経過後の結果の観察で十分足りることを記しておきたい。

この表9-6の結果が示唆する第一の論点は，外国為替市場介入の実質効果が，ゼロではないものの，著しく大きいとは言えないということであろう。実際，2008年までのフル・サンプルで推定した場合，工業生産指数の全変動のうち，外為市場介入イノベーションの説明する割合はわずか2.2%であり，推定期間を変えても，そのオーダーは最大5%に過ぎない。しかし，他の金融関連変数のイノベーションの説明力に比べると，そのオーダーが最も大きいという点で，最大の金融攪乱であったことは注目されてよい。

第二に，やや驚くべきことに，銀行間短期金利やベースマネーといった通常金融政策に関係すると考えられる変数のイノベーションは，工業生産指数変動をほとんど説明していない。換言すれば，為替レートを除く金融政策の役割は，少なくともわれわれの実証モデルに関する限り，あまり重要な役割を果たしていないのである。このことはまた，金利かマネーサプライかの議論を別にして，中国の金融政策の有効性に関する伝統的な見解を支持しているのかもしれない[20]。

第三に，国外資産変化の予測誤差はそれ自身のイノベーションによってほとんど説明されており，その他の変数に比べて独立性が高い。この

---

20) 従来，中国では金利調整が効果的でないこと，その結果として準備率調整などの量的調節が志向されていると言われてきた。例えば，Laurens and Maino (2007, 25-26) は，1994-2005年における実質GDP，CPI，為替レート，短期金利，M2の5変量VARにより，中国の実質GDPが貨幣供給のイノベーションに対して（一時的な）正の反応を示しているのに対し，金利イノベーションに対する反応は有意にゼロと異ならないことを示している。

事実はまた，コレスキー分解の変数配列において，国外資産変化を他の金融変数の上位に配置することの部分的正当化を与えている。

　第四に，銀行貸出変化，債券レポ・レート変化，およびベースマネー変化の三つの金融変数の変動のうち，外国為替市場介入イノベーションの説明力が総じて高い。例えば，このことが特に顕著なのは銀行貸出変動であり，推定期間に依存してそれは8-20％の説明力を持っている。しかし，程度の差はあれ同様のことは債券レポ・レートおよびベースマネーの変動についても妥当しており，このことはまた，2000年代における中国金融市場の最大の攪乱要因が，国際収支不均衡拡大に伴う外国為替市場介入であったことを強く示唆していると言えよう。

4.4　窓口指導の役割

　前節において，中国における外国為替市場介入は完全には不胎化されていないようであり，銀行間短期金利低下を介した貸出増加という波及経路を介して実体経済に対し拡張的なインパクトをもたらしている可能性が高いこと，しかし，工業生産指数の予測誤差に占める介入イノベーションの寄与率は2-5％程度であり，必ずしも大きくないことが示された。しかし，この結論は，窓口指導による貸出抑制という隠れた不胎化操作に部分的に依存しているように思われる。そこで次に，不胎化政策を補完する上で，きわめて効果的に活用されてきたと考えられる窓口指導の役割について簡単に触れておきたい。

　その役割を明らかにする最も簡単な方法は，窓口指導ダミーのインパクトをトレースしてみることであろう。図9-6は，その結果を示している。ここで，図の実線は二つの窓口指導ダミー$AD1$, $AD2$をコントロールした場合の外国為替市場介入ショックに対する銀行貸出の応答関数推定結果であり，窓口指導のがないと仮定した（その影響を除去した）場合の仮想的な貸出反応を表している。これに対して，二重線は$AD2$（2007年11月―2008年6月を1，その他を0とするダミー変数）のみをコントロールした場合の貸出の反応関数推計結果であり，これと実線とのギャップが2004年―2005年の窓口指導のインパクトと解釈可能である。同様に，点線は$AD1$（2004年5月―2005年12月を1，その他を0とするダミー変数）のみをコントロールした場合の結果であり，これと実線との

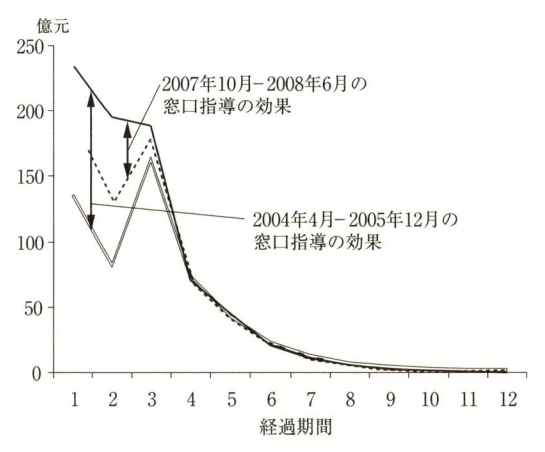

第9章 外国為替市場介入の金融波及メカニズムと実質効果　321

図9-6 外国為替市場介入ショックに対する銀行貸出の反応：窓口指導の役割

注）1999年6月-2008年6月を推定期間とした結果による。実線はAD1, AD2の両方を，点線はAD1のみを，また二重線はAD2のみをそれぞれコントロールした場合の外国為替市場介入ショックに対する銀行貸出のインパルス応答関数推定結果である。

差が2007―2008年の窓口指導の効果と理解できる。この図から明らかなように，窓口指導の貸出抑制効果は2004―2005年措置の方が大きく，二期目で最大195億元から82億元への58％の貸出抑制効果を持っていたと推定されている。一方，2007―2008年の窓口指導の効果は，同二期目で最大195億元から130億元への33％の貸出抑制効果を持っていたと推定されており，2004―2005年のそれよりも緩やかであった。しかし，程度の差はあれ，窓口指導が銀行貸出に対して大きな影響を及ぼしてきたことに変わりない。

ただし，窓口指導は銀行貸出に大きなインパクトを与えているものの，その工業生産への影響は限定的であったと考えられる。というのは，表9-6の分散分解分析によると，工業生産変動に占める貸出ショックの寄与率は非常に小さいからである。このことはまた，窓口指導は生産水準を大きく抑制しないように注意深く運用されていたことを示唆している。

4.5　若干の拡張：インフレ率の変動要因

最後に，理論枠組みでは明示的でないが，物価を考慮した枠組みに分

表 9-7 物価を考慮した場合の外国為替市場介入ショックに対する
インパルス応答関数の推定結果：1999 年 6 月-2008 年 6 月

経過期間	$\Delta \log Y$	$\Delta \log P$	ΔNFA	ΔL	$\Delta Rate$	ΔH
1 期	0.000	0.000	668.56	247.54	-0.123	246.31
	(0.000)	(0.000)	(45.70)	(112.28)	(0.030)	(82.26)
2 期	1.578	0.111	212.77	209.68	0.167	-58.29
	(0.948)	(0.382)	(57.03)	(97.51)	(0.033)	(74.71)
3 期	0.063	0.185	124.90	178.33	-0.003	124.44
	(0.725)	(0.283)	(44.26)	(70.54)	(0.028)	(53.74)
〈参考〉物価を除いた場合のインパルス応答関数
1 期	0.000	—	672.04	234.50	-0.128	257.15
	(0.000)		(45.94)	(112.02)	(0.030)	(84.25)
2 期	1.805	—	235.06	195.27	0.160	-52.55
	(0.920)		(56.13)	(94.29)	(0.032)	(72.56)
3 期	0.007	—	129.53	188.17	0.006	122.33
	(0.699)		(44.33)	(70.31)	(0.027)	(52.26)

注）カッコ内の計数は推定値の標準誤差。

析を拡張した場合の結果について，簡単に触れておきたい[21]。

そのため，消費者物価指数（1986 年＝100，季節調整済）の対数logPをシステムに加え（ただし，原計数を1200倍した），[logY, logP, NFA, L, Rate, H]の変数序列の下で，その一階差変数によりVARを推定してみた。なお，物価パズルの可能性を考慮して，企業製品価格中の石炭・石油・電力価格指数の対数値を加味した推定も行ってみたが，結果にはほとんど差がなかったので，ここでは消費者物価指数のみを考慮した結果を報告するに留める。

表9-7は，われわれの主要関心事である外国為替市場介入ショックに対するインパルス応答関数の推定結果である。なお，比較を容易にするため，表の下部には前節までの物価を除いた場合の推定結果が再掲されている。二つのケースを比較対照すれば明らかなように，第一に，物価以外の変数の反応にはほとんど差はないこと，そして第二に，外国為替市

---

21) 中国のフィリップス曲線に関する研究蓄積が乏しいため（e.g. Gerlach and Peng, 2006），本章では物価の決定に言及しなかった。例えば，1990年代末の高度経済成長下のデフレーションという中国特有の現象は，いまだに未解明である（今井・渡邉，2006）。ここではそのメカニズムを不問いにして，技術的観点からインフレ率の変動要因を検討する。

第9章　外国為替市場介入の金融波及メカニズムと実質効果　323

表9-8　物価を考慮した場合の分散分解（12期経過後）

(単位：%)

ショック	推定期間（1999年6月から）			
	2008年6月まで	2007年6月まで	2006年6月まで	2005年6月まで
(1)工業生産指数変化($\Delta \log Y$)				
$\Delta \log Y$	97.0	88.6	89.3	87.9
$\Delta \log P$	0.8	0.2	0.7	1.3
ΔNFA	1.6	4.4	4.3	5.0
ΔL	0.1	1.8	1.3	1.3
$\Delta Rate$	0.1	0.2	3.5	3.6
ΔH	0.4	4.9	0.9	0.9
(2)消費者物価変化($\Delta \log P$)				
$\Delta \log Y$	9.1	7.6	9.3	14.2
$\Delta \log P$	84.9	89.9	89.2	82.9
ΔNFA	0.3	0.2	0.1	0.3
ΔL	2.8	0.2	0.2	0.3
$\Delta Rate$	0.3	1.4	0.8	1.0
ΔH	2.7	0.7	0.4	1.2

注）その他の変数に関する結果は省略されている。

場介入ショックが当座，インフレ率に有意な影響を与えていないことを確認できる。

　ただし，この表には3期までの反応しか示されていないので，より長期の反応が不明である。そこで，この点を含めて，表9-6と同様の要領により6変量VARによる分散分解を行った（表9-8）。なお，金融変数に関する結果は表9-6のそれとほとんど差がないので，省略されている。この表9-8によると，物価変動の説明要因として，工業生産が最大14%を説明するに留まり，物価変動は自己のイノベーションによって大部分が説明されている。そして，やや驚くべきことに，物価変動に関する金融変数の説明力が非常に小さく，特にわれわれの主要関心変数である介入ショックの寄与率は，12ヶ月後においてもほぼゼロである。

　この結果は，外国為替市場介入が工業生産に有意なインパクトを与えているとのこれまでの結論と矛盾しているように思われるかもしれない。しかし，そのオーダーは工業生産総変動の2-5%程度と相対的に小さく，また，工業生産イノベーションによる物価変動の説明力も最大10%強であることを考慮すると，両者の相乗効果が無視できる程度のオーダー

であるとの結論は，むしろ自然と考えられる。このことはまた，2006年末以降のインフレ加速の原因を（その正確な定義を不問として）外国為替市場介入に伴う過剰流動性に求める一部エコノミストの主張は，少なくとも実証的には支持されないことを意味する[22]。

いずれにせよ，2000年代における中国の物価変動を金融変数によって説明することは難しくなっており，この結論は，人民銀行の中間・操作変数と言われているマネーサプライの，低インフレ期における指標性・有用性の低下を指摘したLaurens and Maino（2007）の論点と整合的である。

第4節　結　論

2000年代における中国の金融政策は，目標とする為替レート水準の下で発生する国際収支不均衡を外国為替市場介入によって吸収し，その結果派生する（通貨当局にとって望ましくない）ベースマネー増加を諸種金融政策手段で不胎化するというパターンによって特徴付けられる。そして，2006年に日本を抜いてその外貨準備残高が世界第一位となったことからも窺われるように，この外国為替市場介入が巨額となり（日本の2003―2004年における外国為替市場介入32兆円をはるかに上回る年率60兆円の規模に達した），2000年代における中国金融市場の最大の攪乱要因となったのである。本章は，そのインパクトを理論・実証両面から分析した。

この目的のため，最初に，中国銀行部門の制度的特徴を部分的に組み込んだマクロ金融モデルを提示し，中国の金融政策の波及メカニズムに関する理論的整理を行った。そのコア部分は，中国銀行部門の慢性的な

---

22) 2006年末以降のインフレ加速は，よく知られているように豚肉をはじめとする食料品価格の高騰が主因であり，しかも沿海部や都市部よりも（大雪・水害・地震による交通機能麻痺にさらされた）内陸・農村部でより深刻という，国際収支不均衡と関連付けることが難しい特徴を持っていた。また，同時に高騰した生産者物価も，2008年7月までのエネルギー・資源価格高騰という国際環境を反映していたと考えられる。そして，状況が変化し始めた2008年7月以降，消費者物価上昇率は2008年2月の8.7％をピークに漸次沈静化し，同年末には1.2％の水準に低下した。

現象である超過準備の調整メカニズムであり，超過準備が銀行間短期金融市場金利と超過準備適用金利とのスプレッドに依存して調整されるという想定である。引き続き，理論的整理によって示唆された五つのキー変数を取り出し，5変量構造 VAR モデルによって外国為替市場介入の効果を分析した。その結果明らかになったことは，第一に，中国における外国為替市場介入は完全には不胎化されていないようであり，著しく大きいとは言えないものの，銀行間短期金利低下を介した貸出増加という波及経路を介して実体経済に対し拡張的なインパクトをもたらしている可能性が高いということである。第二に，われわれの分析は，外国為替市場介入の実質効果の中立化が，中央銀行貸出，公開市場操作，法定準備率操作等の通常の金融調節手段だけでなく，時に窓口指導という行政手段によって補強されていることを示唆している。この意味で，中国流の不胎化はフォーマル，インフォーマルの二段構えになっていると考えられるのである。

　言うまでもなく，こうした行政措置に訴えざるをえないのは，中国の資本取引規制は直接投資を除いて一般に厳格であり，国際間の価格裁定は不完全という意味で有効であるとの指摘も存在するものの（Liu and Zhang, 2007, 10-11; Ma and McCauley, 2007），国境を越える（特に中国本土と香港特別行政区間の）頻繁かつ相当規模の資金の出入りが実際にはあること，したがって，資本流入を拡大させるような国内金利引き上げを伴う思い切った引き締め政策が実施できないことにあり，その意味で，いわゆる不可能な三者関係（impossible trinity）を克服するための苦肉の策と考えられる。しかし，それはあくまでも対処療法であり，ジレンマの根本要因そのものを除去するものではない。実際，こうしたインフォーマルな方法は資金配分の効率性低下と金融システムの発達の遅れ，さらには不正の蔓延の可能性という金融抑圧のコストを伴う可能性が高い。こうしたサイド効果とのバランスを考えると，やはり国際収支不均衡の是正を図っていくことが本道であろう。また，中国は，2008年後半より景気過熱・国際収支黒字というジレンマ・ケースから抜け出しており，政策制約はほぼ消滅していると言ってよい。それゆえ，その目標の達成は，少なくとも方向性の点では容易と考えられる。

補論　通貨当局の国外資産データの調整

中国の外貨準備資産の人民元換算額は，通貨当局バランスシート中の国外資産として公表されている。しかし，外国為替市場介入額をその変化から推計するに際して，幾つかの調整が必要である。この補論では，われわれの行った調整を簡潔に説明する。

その第一は，2003年12月26日，670億ドルの外貨準備資産を財源に，金融機関資本注入を目的として設立された中央匯金投資有限責任公司（以下，匯金）の活動であり，匯金によって行われた資本注入は表9-9の (a) のように整理できる。

一方，財政部による1.55兆元（1.35兆元を中国農業銀行が引き受け，残り2,000億元は市中消化）の特別国債発行資金を原資として，2007年9月29日に中国投資有限責任公司（以下，中投）が設立され，匯金は同公司の傘下企業に再編された。この措置に伴い，人民銀行は中国農業銀行経由で特別国債1.35兆円を購入し（中銀の直接国債引き受け禁止規定に伴う措置。8月に6,000億元，12月に7,500億元の合計1.35兆元），その代わり金として外貨準備資産および匯金の出資証券（同年12月，4,881億元の通貨当局「その他資産」減少により処理）の移転が行われている（表9-9の (b) を参照）。

われわれは，以上の一連の操作に使用された外貨資産額を公式統計上の国外資産に加えることによって外国為替市場介入により取得された国外資産とみなした。ただし，匯金の中投移管は，バランスシート上は2007年12月であるが，その資本注入総額は2007年10月時点で668億ドルに達しており（原出資額は670億ドル），同年12月の人民銀行出資金減少4,881億元のドル換算額に一致している。したがって，匯金による資本注入活動に付随した通貨当局の国外資産調整はこの2007年10月までとし，同年11月以降の資本注入は中投の資金を使用した活動とみなした。

第二に，外貨準備残高には運用利息収入が加算されているとみられるので，その部分の調整が必要である。中国の外貨準備資産の通貨構成は必ずしも明らかではないが，そのかなりの部分はドル建て資産で運用されているとみられる。そこでわれわれは，3ヶ月前の米国3ヶ月物TB

第9章 外国為替市場介入の金融波及メカニズムと実質効果　　327

表9-9　通貨当局国外資産の調整

(a) 中央匯金投資有限公司による資本注入額

日　時	ドル表示額	人民元表示額	資本注入対象金融機関
2003年12月	450億ドル	[3,725億元]	中国銀行，中国建設銀行
2004年6月	[3.6億ドル]	30億元	交通銀行
2005年4月	[149.8億ドル]	1,240億元	中国工商銀行
2005年6月	[12.1億ドル]	100億元	銀河証券
2005年8月	[11.1億ドル]	90億元	銀河金融持株会社，申銀万国証券，国泰君安証券
2007年10月	[41.4億ドル]	309億元	中国再保険公司
2007年11月	[27.0億ドル]	200億元	中国光大銀行
2007年12月	200億ドル	[1,461億元]	中国国家開発銀行

(b) 中国投資有限責任公司設立に伴う外貨準備資産移管

日　時	ドル表示額	人民元表示額	備考
2007年8月	[792.8億ドル]	5,994億元	特別国債購入
2007年9月	[0.8億ドル]	6億元	特別国債購入
2007年12月	[357.5億ドル]	2,611億元	特別国債購入額－匯金出資金

注1) [ ] のない数値が原計数。[ ] は期末為替レート（人民銀行 HP 掲載計数）によって換算した金額。

注2) (b)の「中国投資有限責任公司設立に伴う外貨資産移管額」は，人民銀行から中国投資公司に対して行われた外貨資産移管額の推計であり，通貨当局バランスシートの対中央政府債権変化を特別国債購入額（総計1.35兆元）とみなし，「その他資産」の変化を匯金出資金の減資額とみなすことによって推計されている。なお，2007年12月の2,611億元は，同月対中央政府債権増加額7,492億元から人民銀行出資金減少額4,881億元（12月末為替レート換算668億ドル）を控除した額である。

資料）　神宮・李（2006），Sekine（2007），張・徐（2008），中国財政部ホームページ，中国人民銀行ホームページ。

レート（％，400で割った計数を使用）に同3ヶ月前外貨準備残高を乗じ，それを当期月末為替レートで人民元換算した額を運用収益と仮定した。そして，この額を上記のように計算された国外資産から控除することにより，運用収益額を調整した。

最後に，国外資産の対前年同月比増加（億元）に金を除く外貨準備の対前年同月比増加（億ドル），および為替レートの変化（人民元/ドル）を回帰させてみたところ，結果は省略するが，①為替レート項が期待される符号条件を満たさないこと，および②同項を除いても，国外資産の変動は外貨準備変動のみによってほぼ説明可能であることが判明したので，為替レート変化に伴う評価損益は考慮しなかった。

参 考 文 献

青木浩治，2001a．「実質実効為替レート指数の二国間ウェイトについて：韓国のケース（Ⅰ）」『甲南経済学論集』第 42 巻第 1 号（7 月）：3-102．
―――，2001b．「実質実効為替レート指数の二国間ウェイトについて：韓国のケース（Ⅱ）」『甲南経済学論集』第 42 巻第 2 号（9 月）：109-135．
―――，2005．「中国の税収返還と水平的財政力格差」『甲南経済学論集』第 46 巻第 1 号（6 月）：47-91
―――，2006．「中国の地域分業構造の変容と域内市場効果」『アジア経済』第 47 巻第 2 号（2 月）：2-34．
―――，2009．「中国の対内直接投資と地域の成長，および格差―地域成長会計による接近―」『アジア経済』第 50 巻第 6 号（6 月）：2-40．
陳光輝，1996．「改革開放後中国の地域格差」『国際協力論集（神戸大学国際協力研究科）』第 4 巻第 1 号：155-170．
―――，2000a．「改革開放後中国の省間所得格差と収束仮説」『国民経済雑誌』第 181 巻第 6 号（6 月）：89-100．
―――，2000b．「中国の省間所得格差の長期分析」『国際開発研究』第 2 巻第 3 号：33-41．
深尾京司・天野倫文，2004．『対日直接投資と日本経済』日本評論社．
橋口善浩・陳光輝，2006．「中国の省別資本ストックの推計：江崎・孫の方法と代替的方法」『国民経済雑誌』第 193 巻第 6 号（6 月）：73-86．
胡鞍鋼（王京濱訳），2007．『国情報告　経済大国中国の課題』岩波書店．
市村真一・王慧炯編，2004．『中国経済の地域間産業連関分析』創文社．
今井健一・渡邉真理子，2006．『シリーズ現代中国経済 4：企業の成長と金融制度』名古屋大学出版会．
神宮健・李粹容，2006．「中国証券業の再編」『資本市場クォータリー』第 10 巻第 2 号 2006 年秋号：200-217．
加藤弘之，2000．「中国における国内市場の統合と地域発展―産業立地の観点から―」中兼和津次編『現代中国の構造変動 2：経済―構造変化と市場化―』東京大学出版会：107-130．
―――・陳光輝（渡辺利夫監修・拓殖大学アジア情報センター編），2002．『東アジア長期経済統計 12：中国』勁草書房．
―――，2003．『シリーズ現代中国経済 6：地域の発展』名古屋大学出版会．
―――・上原一慶編著，2004．『現代世界経済叢書 2：中国経済論』ミネルヴァ書房．

川畑康治・孟健軍，2000．「中国における地域経済の収束性―横断面および時系列分析による統計的接近―」『アジア経済』第 41 巻第 6 号（6 月）：20-33．
李天国，2006．「中国における就業と労働市場」深尾光洋編『中国経済のマクロ分析：高成長は維持可能か』日本経済新聞社，第 6 章：187-223．
徐涛，2009．「中国鉱工業企業公表統計データの吟味」『アジア経済』第 50 巻第 2 号（2 月）：26-61．
孟渤，2007．「中国地域経済の成長要因分析」岡本信弘・桑森啓・猪俣哲史編『中国経済の勃興とアジアの産業再編』アジア経済研究所，第 2 章：67-98．
丸川知雄，2002．『シリーズ現代中国経済 3：労働市場の地殻変動』名古屋大学出版会．
―――，2007．『現代中国の産業：勃興する中国企業の強さ脆さ』中央公論新書．
南亮進，2002．『日本の経済発展』第 3 版，東洋経済新報社．
―――・牧野文夫編著，1999．『大国への試練：転換期の中国経済』日本評論社．
―――・牧野文夫・羅歓鎮，2008．『中国の教育と経済発展』東洋経済新報社．
森川正之，2008．「サービス産業の生産性と密度の経済性―事業所データによる対個人サービス業の分析―」RIETI Discussion Paper Series 08-J-008（4 月）．
宮川幸三・王在喆・胡祖耀・清水雅彦・新井益洋・石田孝造，2008．『中国の地域産業構造分析』慶應義塾大学出版会．
内藤二郎，2004．『中国の政府間財政関係の実態と対応―1980～90 年代の総括―』日本図書センター．
倪紅日，2005．「中国における政府間財政移転支出制度の現状，問題点とその整備」財務省財務総合政策研究所・中国国務院発展研究中心『財務省財務総合政策研究所と中国国務院発展研究中心（DRC）との地方財政（地方交付税）に関する共同研究最終報告書』（3 月）．
野村浩二，2004．『資本の測定：日本経済の資本深化と生産性』慶應義塾大学出版会．
大橋英夫，2000．「中央・地方関係の経済的側面―財政・金融を中心に―」天児慧編『現代中国の構造変動 4：政治―中央と地方の構図』東京大学出版会，第二章：61-89．
―――，2001．「分税制導入後の財政事情」財団法人国際金融センター（委託研究）『中国における体制改革と西部大開発』（2 月）．
―――，2003．『シリーズ現代中国経済 5：経済の国際化』名古屋大学出版会．
―――，2005．『現代中国経済論』岩波書店．
大西靖，2004．「中国財政・税制の現状と展望」財務総合政策研究所 PRI Discussion Paper Series No. 04A-26．
戸堂康之，2008．『技術伝播と経済成長：グローバル化時代の途上国経済分析』勁草書房．
植田和男，1983．『国際マクロ経済学と日本経済』東洋経済新報社．
―――，1993．「マネーサプライ・コントロールを巡って」『金融研究』第 12 巻第 1 号（3 月）：51-68．

王保林，2001.『中国における市場分断』日本経済評論社．
王紅・長井滋人，2007.「中国における金融調節：金融政策か為替政策か」日本銀行ワーキングペーパー No. 07-J-9（5月）．
厳善平，2005.『中国の人口移動と民工：マクロ・ミクロ・データに基づく計量分析』勁草書房．
吉川洋，1992.『日本経済とマクロ経済学』東洋経済新報社．
張忠任，2001.『現代中国の政府間財政関係』御茶の水書房．
鍾非，2005.『現代中国経済論—体制転換の歴史的・理論的・実証的分析—』新世社．

国家信息中心，2004.『中国区域間投入産出表』社会科学文献出版社．
労働和社会保障部培訓就業司・国家統計局農村社会経済調査総隊，2001.「1999年中国農村労働力就業及流動状況」．
―――，2001.「2000年中国農村労動力就業及流動状況」．
宋超・紹智，2005.「我国財政転移支付規模問題研究」『地方財政研究』2005年第1期．(http://www.usc.cuhk.edu.hk/wk_wzdetails.asp?id = 4531)
項懐誠主編，1999.『中国財政五十年』中国財政経済出版社．
姚枝仲，2008.「真実貿易順差，還是熱銭？」中国社会科学院世界経済与政治研究所国際金融研究中心 Working Paper No. 0815 (July, 15).
張斌，2008.「貨幣供求　資産価格与総需求—基干中国事実的理論框架」中国社会科学院世界経済与政治研究所国際金融研究中心 Working Paper No. 0808 (May, 12).
張軍・呉桂英・張吉鵬，2004.「中国省際物質資本存量估算：1952-2000」『経済研究』第10期：35-44．(http://www.usc.cuhk.edu.hk/wk.asp)
張明・徐以升，2008.「全口径測算中国当前的熱銭規模」中国社会科学院世界経済与政治研究所国際金融研究中心 Working Paper No. 0814 (June, 24).

Acharya, V., H. S. Shin and T. Yorulmazer, 2007. Fire-sale FDI. Mimeo. (October).
Adelman, I., and E. Yeldan, 2000. The minimal conditions for a financial crisis: A multiregional intertemporal CGE model of the Asian crisis. *World Development* 28(6): 1087-1100.
Aghion, P., A. Banerjee and T. Piketty, 1999. Dualism and macroeconomic volatility. *Quarterly Journal of Economics* 114(4): 1359-1397.
―――., P. Baccheta and P. Banerjee, 2000. A simple model of monetary policy and currency crises. *European Economic Review* 44(4/6): 728-738.
―――., P. Baccheta and P. Banerjee, 2001a. Currency crises and monetary policy in an economy with credit constraints. *European Economic Review* 45(7):1121-1150.
―――., P. Baccheta and P. Banerjee, 2001b. A corporate balance-sheet approach to currency crises. *Study Centre Gerzensee Working Paper* No.01.05 (November).

Aguiar, M. and G. Gopinath, 2005. Fire-sale foreign direct investment and liquidity crises. *Review of Economics and Statistics* 87(3) (August): 439-452.

Ahmad, E., L. Keping, T. Richardson and R. Singh, 2002. Recentralization in China? *IMF Working Paper* WP/01/168 (October).

――., R. Singh and M. Fortuna, 2004. Toward more effective redistribution: Reform options for intergovernmental transfers in China. *IMF Working Paper* WP/04/98 (June).

――., R. Singh and B. Lockwood, 2004. Taxation reforms and changes in revenue assignments in China. *IMF Working Paper* WP/04/125 (July).

Aitken, B. and A. E. Harrison, 1999. Do domestic firms benefit from direct foreign investment? Evidence from Venezuela. *American Economic Review* 89(3) (June): 605-618.

Aiyagari, S. R. and M. Gertler, 1998. Overreaction of asset prices in general equilibrium. *NBER Working Paper* No.6747 (October).

Aizenman, J. and R. Glick, 2008. Sterilization, monetary policy, and global financial integration. *NBER Working Paper* No.13902 (March).

Alfaro, L., A. Chanda, S. Kalemli-Ozean and S. Sayek, 2004. FDI and economic growth: The role of local financial markets. *Journal of International Economics* 64 (1) (October): 89-112.

――., 2006. How does foreign direct investment promote economic growth? Explaining the effects of financial markets on linkages. *NBER Working Paper* No. 12522 (September).

Amiti, M., 1999. Specialization patterns in Europe. *Weltwirtschaftliches Archiv* 135 (4): 573-593.

Amiti, M. and B. S. Javorcki, 2005. Trade costs and location of foreign firms in China. *IMF Working Paper* WP/05/55 (March).

Anderson, J., 2007. Solving China's rebalancing puzzle. *Finance and Development* 44 (3) (September): 32-35.

Andersen J. E. and E. van Wincoop, 2003. Gravity with gravitas: A solution to the border puzzle. *American Economic Review* 93(1) (March): 170-192.

――., 2004. Trade costs. *Journal of Economic Literature* 42(3) (September): 691-751.

Aoki, K. and B. S. Min, 2003. Hyperbola of external debt: A lesson from Asian crisis. *Journal of the Korean Economy* 4(1) (Spring): 63-92.

Asian Development Bank, 2007. *The National Accounts of the People's Republic of China: Measurement Issues, Recent Development, and the Way Forward.* ADB; Manila (September).

Aziz, Jahangir, 2006. Rebalancing China's economy: What does growth theory tell us? *IMF Working Paper* WP/06/291 (December).

Aziz, J. and L. Cui, 2007. Explaining China's low consumption: The neglected role of household income. *IMF Working Paper* WP/07/181 (July).

Aziz, J. and C. Duenwald, 2001. China's provincial growth dynamics. *IMF Working Paper* WP/01/3 (January).

Aziz, Jahangir and S. Dunaway, 2007. China's rebalancing act. *Finance and Development* 44(3) (September): 27-31

Baharumshah, A. Z. and M. A.-M. Thanoon, 2006. Foreign capital flows and economic growth in East Asian countries. *China Economic Review* 17(1): 70-83.

Bai, C-E., Y. Du, Z. Tao and S. Y. Tong, 2004. Local protectionism and regional specialization: Evidence from China's industries. *Journal of International Economics* 63(2) (July): 397-417.

Bai, C.-E., C.-T. Hsieh and Y. Qian, 2006. The return to capital in China. *Brookings Papers on Economic Activity* 2: 61-101.

Baier S. L. and J. H. Bergstrand, 2001. The growth of world trade: Tariffs, transport costs, and income similarity. *Journal of International Economics* 53(1) (February): 1-27.

Baker M., C. F. Foley and J. Wurglar, 2004. The stock market and investment: Evidence from FDI flows. *NBER Working Paper* No.10559 (June).

Balasubramanyam, V. N., M. Salisu and D. Sapsford, 1996.Foreign direst investment and growth in EP and IS countries. *Economic Journal* 106: 92-105.

Baltagi, B. H., 2002. *Econometrics* (3rd edition). Springer Verlag; Berlin, Heidelberg.

Basurto, G. and A. Ghosh, 2000. The interest rate-exchange rate nexus in the Asian crisis countries. *IMF Working Paper* No.00/19 (February).

Behrens, K., A. R. Lamorgese, G. I. P. Ottaviano and T. Tabuchi, 2005. Testing the 'home market effect' in a multi-country world. Universite Catholique de Louvain, Centre for Operations Research and Econometrics *CORE Discussion Paper* 2005/55 (August).

Belderbos, R. and M. Carree, 2002. The location of Japanese investments in China: Agglomeration effects, and firm heterogeneity. *Journal of the Japanese and International Economies* 16(2) (June): 194-211.

Bénassy-Quéré, A., L. Fontagne and A. Lahreche-Revil, 2001. Exchange-rate strategies in the competition for attracting foreign direct investment. *Journal of the Japanese and International Economies* 15(2): 178-198.

Bernanke, B. and A. S. Blinder, 1988. Credit, money, and aggregate demand. *American Economic Review* 78(2): 435-439.

Bernanke, B. and M. Gertler, 1989. Agency costs, net worth, and business fluctuations. *American Economic Review* 79(1): 14-31.

―――., 1995. Inside the black box: The credit channel of monetary policy transmission. *Journal of Economic Perspectives* 9: 27-48.

Bernanke, B., M. Gertler and S. Gilchrist, 1998. The financial accelerator in a quantitative business cycle framework. *NBER Working Paper* No.6455 (March).

Blalock, G. and P. J. Gertler, 2008. Welfare gains from foreign direct investment through technology transfer to local suppliers. *Journal of International Economics* 74(2) (March): 402-421.

Blonigen, B. A., 1997. Firm-specific assets and the link between exchange rates and foreign direct investment. *American Economic Review* 87(3): 447-465.

—————., 2005. A review of the empirical literature of FDI determinants. *NBER Working Paper* No.11299 (April).

—————., R. B. Davies, G. R. Waddell and H. T. Naughton, 2004. FDI in space: Spatial autoregressive relationships in foreign direct investment. *NBER Working Paper* No.10939 (December).

Blonigen, B. A. and M. G. Wang, 2005. Inappropriate pooling of wealthy and poor countries in empirical FDI studies. In T. H. Moran, E. M. Graham and M. Blomström eds., *Does Foreign Direct Investment Promote Development?* Institute for International Economics; Washington D. C.: 221-244.

Borensztein, E., J. De Gregorio and J.-H. Lee, 1998. How does foreign direct investment affect economic growth? *Journal of International Economics* 45(1) (June): 115-135.

Borensztein, E. and J.-W. Lee, 2000. Financial crisis and credit crunch in Korea: Evidence from firm-level data. *IMF Working Paper* No.00/25 (February).

Bosworth, B. and S. M. Collins, 2007. Accounting for growth: Comparing China and India. *NBER Working Paper* No.12943 (February).

Boyreau-Debray, G. and S-J. Wei, 2005. Pitfalls of a state-dominated financial system: The case of China. *NBER Working Paper* No.11214 (March).

Brakman, S., H. Garretsen and M. Schramm, 2006. Putting new economic geography to the test: Free-ness of trade and agglomeration in the EU regions. *Regional Science and Urban Economics* 36(5) (September): 613-635.

Brandt, L. and C. A. Holz, 2006. Spatial price differences in China: Estimates and implications. *Economic Development and Cultural Change* 55(1) (October): 43-86.

Branstetter, L. and C. F. Foley, 2007. Facts and fallacies about U. S. FDI in China. *NBER Working Paper* No.13470 (October).

Branstetter, L. and N. Lardy, 2006. China's embrace of globalization. *NBER Working Paper* No.12373 (July).

Braunerhjelm, P. and R. Svensson, 1996. Host country characteristics and agglomeration in foreign direct investment. *Applied Economics* 28: 833-840.

Broadman, H. G. and X. Sun, 1997. The distribution of foreign direct investment in China. *The World Economy* 20(3) (May): 339-361.

Bureau of Economic Analysis, US Department of Commerce, 2006. *Foreign direct investment in the U. S.: 2002 benchmark survey, final report* (October).

Burnside, C., M. Eichenbaum, and S. Rebelo, 1998. Prospective deficits and the Asian currency crisis. *NBER Working Paper* No.6758 (October).

Bussiere, M. and C. Mulder, 1999. External vulnerability in emerging market economies: How high liquidity can offset weak fundamentals and the effects of contagion. *IMF Working Paper* WP/99/88 (July).

Cai, F., A. Park and Y. Zhao, 2004. The Chinese labor market. Preliminary draft prepared for the second conference on China's Economic Transition: Origins, Mechanisms, and Consequences, Pittsburgh.

Cai, F. and D. Wang, 2007. Impacts of internal migration on economic growth and urban development in China. *Chinese Academy of Social Science, Institute of Population and Labor Economics Working Paper* (January).

Cai, F. and M. Wang, 2008. A counterfactual analysis on unlimited surplus labor in rural China. *China and World Economy* 16 (1) (January): 51-65.

Calvo, G. A., 1996. Varieties of capital-market crises. Mimeo. (May).

Calvo, G. A., A. Izquierdo and E. Talvi, 2003. Sudden stops, the real exchange rarte, and fiscal sustainability: Argentina's lessons. *NBER Working Paper* No. 9828 (July).

Calvo, G. A., A. Izquierdo and L.-F. Mejia, 2004. On the empirics of sudden stops: The relevance of balance-sheet effects. *NBER Working Paper* No.10520 (May).

Carkovic, M. and R. Levine, 2005. Does foreign direct investment accelerate economic growth? In T. H. Moran, E. M. Graham and M. Blomström eds., *Does Foreign Direct Investment Promote Development?* Institute for International Economics; Washington D. C.: 195-220.

Carr, D., Markusen, J. R and Maskus, K. E., 2001. Estimating the knowledge-capital model of the multinational enterprise. *American Economic Review* 91(3): 693-708.

Carstensen, K. and Toubal, F., 2004. Foreign direct investment in Central and Eastern European countries: A dynamic panel analysis. *Journal of Comparative Economics* 32(1): 3-22.

Cavoli, T. and R. S. Rajan, 2006. The capital inflows problem in selected Asian economies in the 1990s revised: The role of monetary sterilization. *Asian Economic Journal* 20(4) (December): 403-423.

Cespedes, L. F., R. Chang and A. Velasco, 2000. Balance sheets and exchange rate policy. *NBER Working Paper* No.7840 (August).

Chang, H. J., 1998. Korea: The misunderstood crisis. *World Development* 26(8): 1555-1561.

Chang, H. J., H. J. Park, and C. G. Yoo, 1998. Interpreting the Korean crisis: Financial liberalization, industrial policy and corporate governance. *Cambridge Journal of Economics* 22(6): 735-746.

Chang, R. and A. Velasco, 1998a. Financial crises in emerging markets: A canonical model. *NBER Working Paper* No.6606 (June).

Chang, R. and A. Velasco, 1998b. The Asian liquidity crisis. *NBER Working Paper* No.6796 (November).

Chang, R. and A. Velasco, 2001. A model of financial crises in emerging markets. *Quarterly Journal of Economics* 116(2): 489-517.

Chari, A., P. P. Ouimet and L. L. Teser, 2004. Acquring control in emerging markets: Evidence from the stock market. *NBER Working Paper* No.10872 (October).

Chen, C., L. Chang and Y. Zhang, 1995. The role of foreign direct investment in China's post-1978 economic development. *World Development* 23(4): 691-703.

Chen, J. and B. M. Fleisher, 1996. Regional income inequality and economic growth in China. *Journal of Comparative Economics* 22(2) (April): 141-164.

Chen, N., 2004. Intra-national versus international trade in the European Union: Why do national borders matter? *Journal of International Economics* 63(1) (May): 93-118.

Chen, S. and M. Ravallion, 2008. China is poorer than we thought, but no less successful in the fight against poverty. *The World Bank Policy Research Working Paper* No.4621 (May).

Cheng, L. K. and Y. K. Kwan, 2000. What are the determinants of the location of foreign direct investment? The Chinese experience. *Journal of International Economics* 51(2) (August): 379-400.

Cheung, K.-Y. and P. Lin, 2004. Spillover effects of FDI on innovation in China: Evidence from the provincial data. *China Economic Review* 15(1): 25-44.

Chinn, M. D., 1998. Before the fall: Were East Asian currencies overvalued? *NBER Working Paper* No.6491 (April).

Chinn, M. D. and W. F. Maloney, 1996. Financial and capital account liberalization in the Pacific Basin: Korea and Taiwan during the 1980's. *NBER Working Paper* No. 5814 (November).

Cho, D. and Y. Koh, 1999. Liberalization of capital flows in Korea: Big bang or gradualism? In T. Ito and A. O. Krueger eds., *Changes in Exchange Rates in Rapidly Developing Countries: Theory, Practice, and Policy Issues*. The University of Chicago Press; Chicago and London: 285-306.

Choe, J. I., 2003. Do foreign direct investment and gross investment promote economic growth? *Review of Development Economics* 7(1): 44-57.

Chow, G. C., 1993. Capital formation and economic growth in China. *Quarterly Journal of Economics* 108(3): 809-842.

Chow, G. C. and K.-W. Li, 2002. China's economic growth: 1952-2010. *Economic Development and Cultural Change* 51(1): 247-256.

Chow, G. C. and A-L Lin, 2002. Accounting for economic growth in Taiwan and Mainland China: A Comparative Analysis. *Journal of Comparative Economics* 30 (1) (September): 507-530.

Ciccone, A. and R. Hall, 1996. Productivity and the density of economic activity. *American Economic Review* 86(1) (March): 54-70.

Ciccone, A., 2002. Agglomeration effects in Europe. *European Economic Review* 46

(2) (February): 213-227.

Cole, H. L. and T. J. Kehoe, 1996. A self-fulfilling model of Mexico's 1994-1995 debt crisis. *Journal of International Economics* 41: 309-330.

Corrado, C., P. Lengermann and L. Slifman, 2007. The contribution of multinational corporations to U. S. productivity growth, 1977-2000. *Federal Reserve Board Finance and Economics Discussion Series* 2007-21 (November).

Corsetti, G., P. Pesenti, and N. Roubini, 1998a. Paper tiger? A model of the Asian crisis. *NBER Working Paper* No.6783 (November).

―――., 1998b. What caused the Asian currency and fiancial crisis? Part I: A macroeconomic overview. *NBER Working Paper* No.6833 (December).

―――., 1998c. What caused the Asian currency crisis? Part II: The policy debate. *NBER Working Paper* No.6834 (December).

Coughlin, C. C. and E. Segev, 2000. Foreign direct investment in China: A spatial econometric study. *World Economy* 23(1) (January): 1-23.

Cowell, F. A., 2000. Measurement of inequality. In A. B. Atkinson and F. Bourguignon eds., *Handbook of Income Distribution* Vol.1. Elsevier; Amsterdam, Lausanne, New York, Oxford, Shannon, Singapore and Tokyo: 87-166.

Criscuolo, C., 2005a. The contribution of foreign affiliates to productivity growth: Evidence from OECD countries. *OECD Statistical Analysis of Science, Technology and Industry (STI) Working Paper* 2005/8 (August).

―――., 2005b. Foreign affiliates in OECD economies: Presence, performance and contribution to host countries growth. *OECD Economic Studies* No.41, 2005/2: 109-137.

Crozet, M., 2004. Do migrants follow market potential? An estimation of a new economic geography model. *Journal of Economic Geography* 4(4) (August): 439-458.

Cui, L., 2007.China's growing external dependence. *Finance and Development* 44(3) (September): 42-45.

Cui, L. and M. Syed, 2007. The shifting structure of China's trade and production. *IMF Working Paper* WP/07/214 (September).

Dabla-Norris, E., 2005. Issues in intergovernmental fiscal relations in China. *IMF Working Paper* WP/05/30 (January).

Davidson, R. and J. G. Mackinnon, 1993. *Estimation and Inference in Econometrics*. Oxford University Press; New York, Oxford.

Davis, D. R. and D. E. Weinstein, 1999. Economic geography and regional production structure: An empirical investigation. *European Economic Review* 43 (2) (February): 379-407.

―――., 2002. Market access, economic geography and comparative advantage: An empirical test. *Journal of International Economics* 59(1) (January): 1-23.

Dayal-Gulati, A. and A. M. Husain, 2002. Centripetal forces in China's economic takeoff. *IMF Staff Papers* 49(3) (September): 364-394.

Dees, S., 1998. Foreign direct investment in China: Determinants and effects. *Economics of Planning* 31(2-3): 175-194.

Démurger, S., 2001. Infrastructure development and economic growth: An explanation for regional disparities in China. *Journal of Comparative Economics* 29(1) (March): 95-117.

Démurger S., J. D. Sachs, W. T. Woo, S. Bao, and G. Chang, 2002a. The relative contributions of location and preferential policies in China's regional development: Being in the right place and having the right incentives. *China Economic Review* 13: 445-465.

Démurger S., J. D. Sachs, W. T. Woo, S. Bao, G. Chang and A. Mellinger, 2002b. Geography, economic policy, and regional development in China. *NBER Working Paper* No.8897 (April).

Diamond, D. W., 1991. Debt maturity structure and liquidity crisis. *Quarterly Journal of Economics* 106(3): 709-737.

Diamond, D. W. and P. H. Dybvig, 1983. Bank runs, deposit insurance, and liquidity. *Journal of Political Economy* 91(3): 401-419.

Di Giovanni, J., 2005. What drives capital flows? The case of cross-border M&A activity and financial deeping. *Journal of International Economics* 65(1) (January): 127-149.

Dooley, M. P., 1997. A model of crises in emerging markets. *NBER Working Paper* No.6300 (December).

Dougherty, S. and R. Herd, 2005. Fast-falling barriers and growing concentration: The emergence of a private economy of China. *OECD Economics Department Working Papers* ECO/WKP(2005)58 (December).

Du, Y., A. Park and S. Wang, 2005. Migration and rural poverty in China. *Journal of Comparative Economics* 33(4) (December): 688-709.

Durham, J. B., 2004. Absorptive capacity and the effects of foreign direct investment and equity foreign portfolio investment on economic growth. *European Economic Review* 48(2) (April): 285-306.

Eaton, J. and S. Kortum, 2002. Technology, geography, and trade. *Econometrica* 70 (5) (September): 1741-1779.

Eaton, J. and Tamura, A., 1994. Bilateralism and regionalism in Japanese and U. S. trade and direct foreign investment patterns. *Journal of the Japanese and International Economies* 84(4): 478-510.

Edwards, S., 2004a. Thirty years of current account imbalances, current account reversals and sudden stops. *NBER Working Paper* No.10276 (January).

————., 2004b. Financial openness, sudden stops and current account reversals. *NBER Working Paper* No.10277 (January).

————., 2005. Is the U. S. current account deficit sustainable? And if not, how costly is adjustment likely to be? *NBER Working Paper* No.11541 (August).

Eichengreen, B., A. Rose and C. Wyplosz, 1996. Contagious currency crises: First test. *Scandinavian Journal of Economics* 98(4): 463-484.

Eichengreen, B. and H. Tong, 2005. Is China's FDI coming at the expense of other countries? *NBER Working Paper* No.11335 (May).

Elliot, G., T. J. Rothenberg and J. H. Stock, 1996. Efficient tests for an autoregressive unit root. *Econometrica* 64(4): 813-836.

Esquivel, G. and F. Larraín, 1998. Explaining currency crises. *HIID Development Discussion Papers* No.667 (June).

Ezaki, M. and L. Sun, 1999. Growth accounting in China for national, regional, and provincial economies: 1981-1995. *Asian Economic Journal* 13(1) (March): 39-71.

Fan, C. S. and X. Wei, 2006. The law of one price: Evidence from the transitional economy of China. *Review of Economics and Statistics* 88(4) (November): 682-697.

Feenstra, R. C., J. A. Markusen and A. K. Rose, 1998. Understanding the home market effect and the gravity equation: The role of differentiating goods. *NBER Working Paper* No.6804 (November).

Ferri, G. and T. S. Kang, 1999. The credit channel at work: Lesson from the Republic of Korea's financial crisis. *The World Bank Policy Research Working Paper* No. 2190 (September).

Fernald, J., H. Edison, and P. Loungani, 1998. Was China the first domino? Assessing links between China and the rest of emerging Asia. *Board of Governors of Federal Reserve System International Finance Discussion Paper* No.604 (March).

Fleisher, B. M. and J. Chen, 1997. The coast-noncoast income gap, productivity, and regional economic policy in China. *Journal of Comparative Economics* 25 (2) (October): 220-236.

Flood, R. P. and A. K. Rose, 2001. Uncovered interest parity in crisis: The interest rate defense in the 1990s. *IMF Working Paper* WP/01/207 (December).

Frankel, J., 2005. Contractionary currency crashes in developing countries. *NBER Working Paper* No.11508 (July).

Frankel, J. and E. A. Cavallo, 2004. Does openness to trade make countries more vulnerable to sudden stops, or less? Using gravity to establish causality. *NBER Working Paper* No.10957 (December).

Frankel, J. A. and A. K. Rose, 1995. Empirical research on nominal exchange rates. In G. M. Grossman and K. Rogoff eds., *Handbook of International Economics Volume III*. Elsevier; Amsterdam, Lausanne, New York, Oxford, Shannon and Tokyo: 1689-1729.

―――., 1996. Currency crushes in emerging markets: An empirical treatment. *Journal of International Economics* 41: 351-366.

Fratzscher, M., 1998. Why are currency crises contagious? A comparison of the Latin American crisis of 1994-1995 and the Asian crisis of 1997-1998.

Weltwirtschaftliches Archiv 134(4): 664-691.

Froot, K. A., and J. C. Stein, 1991. Exchange rates and foreign direct investment: An imperfect capital market approach. *Quarterly Journal of Economics* 106(4): 1191-1217.

Fu, X., 2004. Limited linkages from growth engines and regional disparities. *Journal of Comparative Economics* 32(1) (March): 148-164.

Fujita, M., P. R. Krugman and A. J. Venables, 1999. *The Spatial Economy: Cities, Regions, and International Trade.* The MIT Press; Cambridge MA.

Fukao, K., 2001. How Japanese subsidiaries in Asia responded to the regional crisis: An empirical analysis based on the MITI survey. In T. Ito and A. O. Krueger eds., *Regional and Global Capital Flows: Macroeconomic Causes and Consequences.* The University of Chicago Press; Chicago and London: 267-304.

Fung, K. C., H. Iizaka and S. Parker, 2002. Determinants of U. S. and Japanese direct investment in China. *Journal of Comparative Economics* 30(1) (September): 567-578.

Fung, K. C., H. Iizaka and A. Siu, 2003. Japanese direct investment in China. *China Economic Review* 14(3): 304-315.

Fung, K. C., A. Garcia-Herrero, H. Iizaka and A. Siu, 2005. Hard or soft? Instituional reforms and infrastructure spending as determinants of foreign direct investment in China. *Japanese Economic Review* 56(4) (December): 408-416.

Furman, J. and J. E. Stiglitz, 1998. Economic crises: Evidence and insights from East Asia. *Brookings Papers on Economic Activity* 2: 1-135.

Gang, Y., 2008. The monetary policy transmission mechanism in China. *BIS Paper* No.35 (January): 179-181.

Gao, T., 2005. Labor quality and the location of foreign direct investment: Evidence from China. *Chian Economic Review* 16(3): 274-292.

Gerlach, S. and W. Peng, 2006. Output gaps and inflation in Mainland China. *China Economic Review* 17(2): 210-225.

Giles, J., A. Park and J. Zhang, 2005. What is China's true unemployment rate? *China Economic Review* 16(2): 14-170.

Glick, R. and A. K. Rose, 1998. Contagion and trade: Why are currency crises regional? *NBER Working Paper* No.6806 (November).

Goldberg, L. S. and M. W. Klein, 1997. Foreign direct investment, trade and real exchange rate linkages in Southeast Asia and Latin America. *NBER Working Paper* No. 6344.

Goldfajn, I. and T. Baig, 1998. Monetary policy in the aftermath of currency crises: The case of Asia. *IMF Working Paper* No.98/170 (December).

Goldfajn, I. and R. O. Valdes, 1999. The aftermath of appreciations. *Quarterly Journal of Economics* 114(1): 229-262.

Goldstein, M. and N. Lardy, 2007. China's exchange rate policy: An overview of some

key issues. Paper prepared for the conference on China's Exchange Rate Policy, Peterson Institute for International Economics (October).
Görg, H. and D. Greenaway 2004. Much ado about nothing? Do domestic firms really benefit from foreign direct investment? *World Bank Research Observer* 19(2): 171-197.
Gould, D. M. and S. B. Kamin, 1999. The impact of monetary policy on exchange rates during financial crises. Conference paper held at Federal Reserve Bank of San Francisco (September).
Green, S., 2005. Making monetary policy work in China: A report from the money market front line. *Stanford Center for International Development Working Paper* No.245 (July).
————., 2007. China. In Standard Chartered Bank Global Focus, There is decoupling, but there is contagion as well. (December 12): 18-19.
Greene, W. H., 2003. *Econometric Analysis (Fifth Edition)*. Prentice Hall; New Jersey.
Hahm, J-H. and F. S. Mishkin, 2000. Causes of the Korean financial crisis: Lessons for policy. *NBER Working Paper* N.7483 (January).
Hale, G. and C. Long, 2006. Firm ownership and FDI spillovers in China. *Stanford Center for International Development Working Paper* No.284 (July).
Hanson, G. H., 2005. Market potential, increasing returns, and geographical concentration. *Journal of International Economics* 67(1) (September):1-24.
Hanson G. H. and C. Xiang, 2004. The home market effect and bilateral trade patterns. *American Economic Review* 94(4) (September): 1108-1129.
Hara, M. and I. V. Razafimahefa, 2003. The determinants of foreign direct investment into Japan. *Graduate School of Economics, Kobe University Discussion Paper* No.0301.
Hart, O. and J. Moore, 1994. A theory of debt based on the inalienability of human capital. *Quarterly Journal of Economics* 109(4): 841-879.
————., 1998. Default and renegotiation: A dynamic model of debt. *Quarterly Journal of Economics* 113(1): 1-41.
He, C., 2008. Foreign manufacturing investment in China: The role of industrial agglomeration and industrial linkages. *China and World Economy* 16(1) (January): 82-99.
He, D., C. Chu, C. Shu and A. Wong, 2005. Monetary management in mainland China in the face of large capital inflows. *Hong Kong Monetary Authority Research Memorandum* 07/2005 (April).
He, X. and Y. Cao, 2007. Understanding high saving rate in China. *China and World Economy* 15(1) (January/February): 1-13.
Head, K. and T. Mayer, 2000. Non-Europe: The magnitude and causes of market fragmentation in the EU. *Weltwirtschaftliches Archiv* 136(2): 284-314.
————., 2003. The empirics of agglomeration and trade. Mimeo., University of

British Colombia (June). (http://pacific.sauder.ubc.ca/keith/)

―――., 2004. Market potential and the location of Japanese investment in the European Union. *Review of Economics and Statistics* 86(4) (November): 959-972.

―――., 2006. Regioanl wage and employment responses to market potential in the EU. *Regional Science and Urban Economics* 36(5) (September): 573-594.

Head, K., J. Ries and D. Swenson, 1995. Agglomeration benefits and location choice: Evidence from Japanese manufacturing investments. *Journal of International Economics* 38(3/4) (May): 223-247.

Head, K. and J. Ries, 1996. Inter-city competition for foreign investment: Static and dynamic effects of China's incentive areas. *Journal of Urban Economics* 40(1) (July): 38-60.

―――., 2001 Increasing returns versus national product differentiation as an explanation for the pattern of US-Canada trade. *American Economic Review* 91(4) (September): 858-876.

Heckman, J. J., 1979. Sample selection bias as a specification error. *Econometrica* 47 (1): 153-161.

Helpman, E. and P. R. Krugman, 1985. *Market Structure and Foreign Trade*. MIT Press; Cambridge MA.

Hering, L. and S. Poncet, 2006. Market access impact on individual wages: Evidence from China. *CEPII Working Paper* No.2006-23 (December). (http://team.univ-paris1.fr/teamperso/sponcet/)

Hillberry, R. and D. Hummels, 2003. Intra-national home bias: Some explanations. *Review of Economics and Statistics* 85(4): 1089-1092.

―――., 2005. Trade response to geographic frictions: A decomposition using micro-data. *NBER Working Paper* No.11339 (May).

Hioki, S., 2004. The magnitude of China's interregional input-output spillover effects in China and its implication to China's uneven regional growth. In N. Okamoto and T. Ihara eds., *Spatial Structure and Regional Development in China*. IDE/JETRO; Tokyo: 147-169.

Ho, C., 2008. Implementing monetary policy in the 2000s: Operating procedures in Asia and beyond. *BIS Working Paper* No.253 (June).

Hodrick, R. J. and E. C. Prescott, 1997. Postwar U. S. business cycles: An empirical investigation. *Journal of Money, Credit and Banking* 29(1): 1-16.

Holz, C. A., 2006a. China's reform period economic growth: How reliable are Angus Maddison's estimates? *Review of Income and Wealth* 52(1) (March): 85-119.

―――., 2006b. New capital estimates for China. *China Economic Review* 17(2): 142-185.

―――., 2006c. No razor's edge: Reexamining Alwyn Young's evidence for increasing inter-provincial trade barriers in China. Mimeo.

―――., 2006d. Measuring Chinese productivity growth, 1952-2005. Social Science

Division, Hong Kong University of Science & Technology (July).

Hu, A. G. Z. and G. H. Jefferson, 2002. FDI impact and spillover: Evidence from China's electronic and textile industries. *The World Economy* 25(8) (August): 1063-1076.

Hu Z. F. and M. S. Kahn, 1997. Why is China growing so fast? *IMF Staff Papers* 44(1) (March): 103-131.

Huang J. and S. Rozelle, 2006. The emergence of agricultural commodity markets in China. *China Economic Review* 17(3): 266-280.

Huang, Y., 2003. One country, two systems: Foreign-invested enterprises and domestic firms in China. *China Economic Review* 14(4): 404-416.

Hummels, D., 2001. Towards a geography of trade costs. Mimeo., Purdue University (September). (http://www.mgmt.purdue.edu/faculty/hummelsd/)

IDE/JETRO Asian International Input-Output Project, 2003. *Multi-Regional Input-Output Model for China 2000*. IDE/JETRO; Tokyo.

Im, K. S., M. H. Pesaran and Y. Shin, 2003. Testing for unit roots in heterogeneous panels. *Journal of Econometrics* 115(1) (July): 53-74.

Institute of International Finance, 1999. *Capital Flows to Emerging Market Economies*. (April).

IMF, 1998. *International Capital Markets: Developments, Prospects, and Key Policy Issues*. International Monetary Fund; Washington D. C.

Ito, T., E. Ogawa, and Y. Nagataki Sasaki, 1998. How did the dollar peg fail in Asia? *Journal of the Japanese and International Economies* 12: 256-304.

Javorcik, B. S., 2004. Does foreign direct investment increase the productivity of domestic firms? In search of spillovers through backward linkages. *American Economic Review* 94(3) (June): 605-627.

Jefferson, G. H., T. G. Rawski and Y. Zheng, 1996. Chinese industrial productivity: Trends, measurement issues, and recent development. *Journal of Comparative Economics* 23: 146-180.

Jefferson, G. H., T. G. Rawski, W. Lin and Z. Yuxin, 2000. Ownership, productivity change, and financial performance in Chinese industry. *Journal of Comparative Economics* 28(4): 786-813.

Jin, H., Y. Qian and B. R. Weingust, 2005. Regional decentralization and fiscal incentives: Federalism, Chinese style. *Journal of Public Economics* 89(9-10) (September): 1719-1742.

Johnson, D. G., 2003. Provincial migration in China in the 1990s. *Chian Economic Review* 14(1): 22-31.

Jwa, S. H., 1994. Capital mobility in Korea since the early 1980s: Comparison with Japan and Taiwan. In T. Ito and A. O. Krueger eds., *Macroeconomic Linkage: Savings, Exchange Rates, and Capital Flows*. The University of Chicago Press; Chicago and London: 123-164.

Kamin, S. B. and M. Klau, 1998. Some multi-country evidence in the effects of real exchange rates on output. *Board of Governors of the Federal Reserve System International Finance Discussion Papers* No.611 (May).

Kaminsky, G. L., S. Lizondo and C. M. Reinhart, 1998. Leading indicators of currency crises. *IMF Staff Papers* 45(1): 1-48.

Kaminsky, G. L. and C. M. Reinhart, 1999. The twin crises: The causes of banking and balance-of-payments problems. *American Economic Review* 89(3): 473-500.

Kanbur, R. and X. Zhang, 1999. Which regional inequality? The evolution of rural-urban and inland-coastal inequality in China from 1983 to 1995. *Journal of Comparative Economics* 27(4) (December): 686-701.

Kim, S., 1995. Expansion of markets and the geographic distribution of economic activities: The trends in U. S. regional manufacturing structure, 1860-1987. *Quarterly Journal of Economics* 110(4) (November): 881-908.

———., 1998. Economic integration and convergence: U. S. regions, 1840-1987. *Journal of Economic History* 58(3) (September): 659-683.

Kim, S. and R. A. Margo, 2003. Historical perspective on U. S. economic geography. *NBER Working Paper* No.9594 (March).

Kim, H. E., 1999. Was credit channel a key monetary transmission mechanism following the recent financial crisis in the Republic of Korea? *The World Bank Policy Research Working Paper* No.2103 (April).

Kiyotaki, N. and J. Moore, 1997. Credit cycles. *Journal of Political Economy* 105(2): 211-248.

Klein, M. W. and E. Rosengren, 1994. The real exchange rate and foreign direct investment in the United States: Relative wealth vs. relative wage effects. *Journal of International Economics* 36(3/4): 373-389.

Klein, M. W., J. Peek and E. S. Rosengren, 2002. Troubled banks, impaired foreign direct investment: The role of relative access to credit. *American Economic Review* 92(3): 664-682.

Knaap, T., 2006. Trade, location, and wages in the United States. *Regional Science and Urban Economics* 36(5) (September): 595-612.

Kosa, M. A., E. Prasad, K. Rogoff and S.-J. Wei, 2006. Financial globalization: A reappraisal. *NBER Working Paper* No.12484 (August).

Kraay, A., 2000. Do high interest rates defend currencies during speculative attacks? *The World Bank Policy Research Working Paper* No.2267 (January)

Kregel, J. A., 1998. Derivatives and global capital flows: Application to Asia. *Cambridge Journal of Economics* 22(6): 677-692.

Krugman, P., 1980. Scale economy, product differentiation, and the pattern of trade. *American Economic Review* 70(5) (December): 950-959.

———., 1989a. The J-curve, the fire sale, and the hard landing. *American Economic Review* 79(2): 31-35.

———., 1989b. Differences in income elasticities and trends in real exchange rates. *European Economic Review* 33: 1031-1054

———., 1991a. Increasing returns and economic geography. *Journal of Political Economy* 99(3) (June): 483-499.

———., 1991b. *Geography and Trade*. The MIT Press; Cambridge MA.

———., 1998a. What happened to Asia? Mimeo. (January).

———., 1998b. Fire-sale FDI. Mimeo. (March).

———., 1999a. Balance sheets, the transfer problem, and financial crises. In P. Isard, A. Razin and A. K. Rose eds., *International Finance and Financial Crises: Essays in Honor of Robert P. Flood, Jr.* Kluwer Academic Publishers; Boston, Dordrecht, and London: 31-44.

———., 1999b. Analytical afterthoughts on the Asian crisis. Mimeo. (September).

———., 2008. *The Return of Depression Economics and the Crisis of 2008*. W. W. Norton & Company; New York and London.

Krugman, P., and A. Venables, 1995. Globalization and the inequality of nations. *Quarterly Journal of Economics* 110(4) (November): 857-880.

Kuijs, L. and T. Wang, 2006. China's pattern of growth: Moving to sustainability and reducing inequality. *China and World Economy* 14(1) (January-February): 1-14.

Kulatilaka, N. and Kogut, B., 1996. Direct investment, hysteresis, and real exchange rate volatility. *Journal of the Japanese and International Economies* 10(1): 12-36.

Kwon, G. and A. Spilimbergo, 2005. Russia's regions: Income volatility, labor mobility, and fiscal policy. *IMF Working Paper* WP/05/185.

Lai H. and D. Trefler, 2002. The gain from trade with monopolistic competition: Specification, estimation and mis-specification. *NBER Working Paper* No.9169 (September).

Lamont, O., 1995. Corporate-debt overhang and macroeconomic expectations. *American Economic Review* 85(5): 1106-1117.

Laurens, B. J. and R. Maino, 2007. China: Strengthening monetary policy implementation. *IMF Working Paper* WP/07/14 (January).

Lee, J. and M. D. Chinn, 1998. The current account and the real exchange rate: A structural VAR analysis of major countries. *NBER Working Paper* No.6495 (April)

Lee, J-W., Y. S. Lee and B-S. Lee, 2000. The determination of corporate debt in Korea. *Asian Economic Journal* 14(4): 333-356.

Li, H., Z. Liu and I. Rebelo, 1998. Testing the neoclassical theory of economic growth: Evidence from Chinese provinces. *Economics of Planning* 31(2-3): 117-132.

Li, Kui-Wai, 2003. China's capital and productivity measurement using financial resources. Yale University, Economic Growth Center, *Center Discussion Paper* No.851 (February).

Li, S., Y. Liu and B. Chen, 2003. Reserch on measures, objects and degree of local protection in Chinese domestic market – An analysis based on sample survey. Paper presented at the 4th International Conference on Chinese Economy: The Efficiency of China's Economic Policy, CERDI, Clemont-Ferrand, France (October).

Li, W. 1997. The impacts of economic reform on the performance of Chinese state enterprises, 1980-1989. *Journal of Political Economy* 105(5): 1080-1106.

Lin, J. Y. and Z. Liu, 2000. Fiscal decentralization and economic growth in China. *Economic Development and Cultural Change* 49(1) (October): 1-21.

Lin, J. Y. and M. Liu, 2007. Rural informal taxation in China: Historical evolution and an analytic framework. *China and World Economy* 15(3) (May-June): 1-18.

Lipsey, R. E., 2006. Measuring the impacts of FDI in Central and Eastern Europe. *NBER Working Paper* No.12808 (December).

Liu, X., P. Burridge and P. J. N. Sinclair, 2002. Relationships between economic growth, FDI and trade: Evidence from China. *Applied Economics* 34(11)(July): 1433-1440.

Liu, X., H. Song, Y. Wei and P. Romilly, 1997. Country characteristics and foreign direct investment in China: A panel data analysis. *Weltwirtschaftliches Archiv* 133 (2): 313-329.

Liu, Z., 2002. Foreign direct investment and technology spillover: Evidence from China. *Journal of Comparative Economics* 30(1) (September): 579-602.

————., 2008. Foreign direct investment and technology spillovers: Theory and evidence." *Journal of Development Economics* 85(1): 176-193.

Liu, Z. and P. Lin, 2004. Backward linkages of foreign direct investments: Evidence from China." Mimeo.(Hong Kong University of Science and Technology, Center on China's Transnational Relations) (December).

Liu, Z., 2005. Institution and inequality: The *hukou* system in China. *Journal of Comparative Economics* 33(1) (March): 133-157.

Liu, L.-G. and W. Zhang, 2007. A new Keynesian model for analysing monetary policy in mainland China. *Hong Kong Monetary Authority Working Paper* 18/2007 (November).

Lyons, T. P., 1985. China's cellular economy: A test of the fragmentation hypothesis. *Journal of Comparative Economics* 9(2) (June): 125-144.

————., 1986. Explaining economic fragmentation in China: A systems approach. *Journal of Comparative Economics* 10(3) (September): 209-236.

————., 1991. Interprovincial disparities in China: Output and consumption, 1952-1987. *Economic Development and Cultural Change* 39(3) (April): 471-506.

Ma, G. and R. N. McCauley, 2007. How effective are China's capital controls? In R. Gamout and L. Song eds., *China: Linking Markets for Growth*. Canbera: ANU and Social Sciences Academy Press (China): 267-289.

Madariaga, N. and S. Poncet, 2007. FDI in Chinese cities: Spillovers and impact on growth. *The World Economy* 30: 837-862.

Maddala, G. S., 1983. *Limited-Dependent and Qualitative Variables in Econometrics.* Cambridge University Press.

Maddala, G. S. and S. Wu, 1999. A comparative study of unit root tests with panel data and a new simple test. *Oxford Bulletin of Economics and Statistics* 61 (September): 631-652.

Mah, J. S., 1993. Structural change in import demand behaviour: The Korean experience. *Journal of Policy Modeling* 15(2): 223-227.

Markusen, J. R., 2002. *Multinational Firms and the Theory of International Trade.* The MIT Press; Cambridge MA and London.

Markusen, J. R. and A. J. Venables, Foreign direct investment as a catalyst for industrial development. *European Economic Review* 43(2) (February): 335-356.

Matsuyama K., 1992. Agricultural productivity, comparative advantage and economic growth. *Journal of Economic Theory* 58: 317-334.

Matsuyama K., 2002. The rise of mass consumption societies. *Journal of Political Economy* 110(5) (October): 1035-1070

Mayer, T. and S. Zignago, 2005. Market access in global and regional trade. Mimeo. (February). (http://team.niv-paris I/teamper.so/mayer/Thierry.htm)

McCallum, J., 1995. National borders matter: Canadian-U. S. regional trade patterns. *American Economic Review* 85(3) (June): 615-623.

Mckinnon, R. I. and H. Pill, 1996. Credible liberalization and international capital flows: 'Overborrowing syndrome'. In T. Ito and A. Kreuger eds., *Financial Deregulation and Integration in East Asia.* The University of Chicago Press; Chicago and London: 7-42.

Meese, R. A. and K. Rogoff, 1983a. Empirical exchange rate models of the seventies. *Journal of International Economics* 14:. 3-24.

―――., 1983b. The out-of-sample failure of empirical exchange rate models. In J. A. Frankel ed., *Exchange Rates and International Macroeconomics.* The University of Chicago Press; Chicago.

Meng, X. and J. Zhang, 2001. The two-tier labor market in urban China: Occupational segregation and wage differentials between urban residents and rural migrants in Shanghai. *Journal of Comparative Economics* 29(3) (September): 485-504.

Milesi-Ferretti, G. M. and A. Razin, 1998. Current account reversals and currency crises: Empirical regularities. *NBER Working Paper* No.6620 (June).

Min, Hong G., 1998. Dynamic capital mobility, capital market risk and exchange rate misalignment: Evidence from seven Asian countries. *The World Bank Working Papers* No.2025 (December).

Min, B. S., H. A. Mohammad and T. C. Tang, 2000. Analysis of import demand in Korea. Mimeo. (August).

Mohanty, M. S. and P. Turner, 2006. Foreign exchange reserve accumulation in emerging markets: What are the domestic implications? *BIS Quarterly Review* (September): 39-52.

Naughton, B., 1996. China's emergence and prospects as a trading nation, *Brookings Papers on Economic Activity* 2: 273-344.

————., 2000. How much can regional integration do to unify China's markets? *Center for Research on Economic Development and Policy Reform Working Paper* No.58 (August). (http://scid.stanford.edu/pdf/credpr58.pdf)

————., 2007. *The Chinese Economy: Transition and Growth*. The MIT Press; Cambridge MA and London.

Obstfeld M. and G. Peri, 1998. Regional nonadjustment and fiscal policy: Lesson for EMU. *NBER Working Paper* No.6431 (February).

OECD, 2001a. *Measuring Productivity OECD Manual: Measurement of Aggregate and Industry-Level Productivity Growth*. OECD; Paris.

————., 2001b. *Measuring Capital OECD Manual: Measurement of Capital Stocks, Consumption of Fixed Capital and Capital Services*. OECD; Paris.

————., 2005. *OECD Economic Surveys: China*. OECD; Paris (September).

————., 2006. *OECD Investment Policy Reviews, China: Open Policies towards Mergers and Acquisitions*. OECD; Paris.

————., 2008. *Measureing Globalisation: Activities of Multinationals*, 2007/2008 edition. OECD: Paris.

Ogawa, E. and L. Sun, 2001. How were capital inflows stimulated under the dollar peg system? In T. Ito and A. O. Krueger eds., *Regional and Global Capital Flows: Macroeconomic Causes and Consequences*. The University of Chicago Press; Chicago and London: 151-190.

Okamoto, N. and T. Ihara eds., 2004. *Spatial Structure and Regional Development in China: Interregional Input-Output Approach*. IDE/JETRO; Tokyo.

Ouyang, A. Y. and R. S. Rajan, 2005. Monetary sterilization in China since the 1990s: How much and how effective? *National University of Singapore, School of Public Policy Working Paper* SPP15-05 (May).

Pagan, A., 1984. Econometric issues in the analysis of regressions with generated regressors. *International Economic Review* 25(1) (February): 221-247.

Park, W-A., 1996. Financial liberalization: The Korean experience. In T. Ito and A. O. Krueger eds., *Financial Deregulation and Integration in East Asia*. The University of Chicago Press; Chicago and London: 247-273.

Park, Y. C. and J-H. Lee, 2001. Recovery and sustainability in East Asia. *NBER Working Paper* No.8373 (July)

Peng, W. H. Chen and W. Fan, 2006. Interest rate structure and monetary policy implementation in mainland China. *Hong Kong Monetary Authority China Economic Issues* No. 1/06 (June).

Poncet, S., 2003. Measuring Chinese domestic and international integration. *China Economic Review* 14(1): 1-21.

―――., 2005. A fragmented China: Measure and determinants of Chinese domestic market disintegration. *Review of International Economics* 13(3): 409-430.

―――., 2006. Provincial migration dynamics in China: Borders, costs and economic motivations. *Regional Science and Urban Economics* 36(3) (May): 385-398.

Poncet, S. and N. Zhu, 2003. Globalization, labour market and internal migration: Evidence from China. CERDI, mimeo. (http://www.cerdi.org/Pibli/DOC_ED/2003.19.pdf)

Prasad, E. ed., 2004. *China's Growth and Integration into the World Economy: Prospects and Challenges.* IMF Occasional Paper 232; Washington D. C.

Prasad, R. S., 2007. Monetary policy independence, the currency regime, and the capital account in China. Paper presented at the Conference on China's Exchange Rate Policy, Peterson Institute for International Economics (October).

Prasad, E. and S-J. Wei, 2005. The Chinese approach to capital inflows: Patterns and possible explanations. *NBER Working Paper* No.11306 (April).

Puga, D., 1999. The rise and fall of regional inequalities. *European Economic Review* 43(2) (February): 303-334.

Qian, Y. and B. R. Weingust, 1996. China's transition to markets: Market-preserving federalism, Chinese style. *Journal of Policy Reform* 1: 149-185.

Qian, Y. and G.. Roland, 1998. Federalism and the soft budget constraint. *American Economic Review* 88(5) (December): 1143-1162.

Qing, Y-U and K. Tsui, 2005. Factor decomposition of sub-provincial fiscal disparities in China. *China Economic Review* 16(4): 403-418.

Radelet, S. and J. Sachs, 1998a. The East Asian financial crisis: Diagnosis, remedies, prospects. *Brookings Papers on Economic Activity* 1: 1-74.

―――., 1998b. The onset of the East Asian financial crisis. *NBER Working Paper* No.6680 (August).

Ran, J., J. P. Voon and G. Li, 2007. How does FDI affect China? Evidence from industries and provinces. *Journal of Comparative Economics* 35(4) (December): 774-799

Rawski, T. G. and R. W. Mead, 1998. On the trail of China's phantom farmers. *World Development* 26(5) (May): 767-781.

Redding, S. and A. Venables, 2004. Economic geography and international inequality. *Journal of International Economics* 62(1) (January): 53-82.

Ren, R. and S. L. Lin, 2005. Total factor productivity growth in China industries, 1981-2000. 経済産業研究所『環太平洋諸国の生産性比較研究(ICPA)プロジェクト』報告論文.

Rodrick, D., 2006. What's so special about China's exports. *NBER Working Paper* No.

11947 (January).
Rodrik, D. and A. Velasco, 1999. Short-term capital inflow. *NBER Working Paper* No. 7364 (September).
Rodríguez-Clare, A., 1996. Multinationals, linkages, and economic development. *American Economic Review* 86(4) (September): 852-873.
Rosenthal, S. S. and W. Strange, 2003. Geography, industrial organization, and agglomeration. *Review of Economics and Statistics* 85(2): 377-393.
Rosenthal, S. S. and W. Strange, 2004. Evidence on the nature and sources of agglomeration economies. In *Handbook of Regional Science and Urban Economics* Vol. 4. eds. J. V. Henderson and J. F. Thisse, 2119-2171. Elsevier B. V.; The Netherlands.
Rozelle, S. and J. Huang, 2005. Rural development in China: New challenges in a new landscape. In L. Brandt, T. Rawski and G. Lin eds., *China's Economy: Retrospect and Prospect*. Woodrow Wilson International Center for Scholars Asian Program Special Report No.129; Washington D. C. (July): 13-19.
Sachs, J., A. Tornell, and A. Velasco, 1996. Financial crises in emerging markets: The lessons for 1995. *Brookings Papers on Economic Activity* 1: 147-215.
Schott P. K., 2006. The relative sophistication of Chinese exports. *NBER Working Paper* No.12173 (April).
Schreyer, P., P.-E. Bignon and J. Dupont, 2003. OECD capital services estimates: Methodology and the first set of results. *OECD Statistics Working Paper* 2003/6 (June).
Sekine, E., 2007. China seeks to actively invest foreign exchange reserves. *Nomura Capital Market Review* 10(4), Winter: 46-56.
Shorrocks, A. F., 1980. The class of additively decomposable inequality. *Econometrica* 48(3) (April): 613-625.
─────., 1982. Inequality decomposition by factor components. *Econometrica* 50(1): 193-211.
Stiglitz, J. and A. Weiss, 1981. Credit rationing in markets with imperfect information. *American Economic Review* 71: 393-410.
Sun, Q., W. Tong and Q. Yu, 2002. Determinants of foreign direct investment across China. *Journal of International Money and Finance* 21: 79-113.
Svensson, L. and A. Razin, 1983. The terms of trade and the current account: The Harberger-Laursen-Metzler effect. *Journal of Political Economy* 91(1): 97-125.
Tanner, E., 2002. Exchange market pressure, currency crises, and monetary policy: Additional evidence from emerging markets. *IMF Working Paper* No. 02/14 (January).
Tao, R. and P. Qin, 2007. How has rural tax reform affected farmers and local governance in China? *China and World Economy* 15(3) (May-June): 19-32.
Tornell, A., 1999. Common fundamentals in the Tequila and Asian crises. *NBER*

Working Paper No.7139 (May)

Tsui, K. Y., 1991. China's regional inequality, 1952-1985. *Journal of Comparative Economics* 15(1) (March): 1-21.

——., 1993. Decomposition of China's regional inequalities. *Journal of Comparative Economics* 17(3) (September): 600-627.

——., 2005. Local tax system, intergovernmental transfers and China's local fiscal disparities. *Journal of Comaparative Economics* 33(1) (March): 173-196.

——., 2007. Forces shaping China's interprovincial inequality. *Review of Income and Wealth* 53(1) (March): 60-92.

Ueda, K., 1983. Permanent and transitory changes in the exchange rate and trade balance dynamics. *Journal of International Economics* 15(1/2): 27-43.

Unel, B. and H. Zebregs, 2006. The dynamics of provincial growth in China: A nonparametric approach. *IMF Working Paper* WP/06/55 (February).

Van Rijckeghem, C. and B. Weder, 1999. Sources of contagion: Finace or trade? *IMF Working Paper* WP/99/146 (October).

Wade, R., 1998a. The Asian debt-and-development crisis of 1997-?: Causes and consequences. *World Development* 26(8): 1535-1553.

——., 1998b. From 'miracle' to 'cronyism': Explaining the great Asian slump. *Cambridge Journal of Economics* 22(6): 693-706.

Wan, G., M. Lu and Z. Chen, 2007. Globalization and regional income inequality: Empirical evidence from within China. *Review of Income and Wealth* 53(1) (March): 35-59.

Wang, Y. and Y. Yao, 2003. Sources of China's economic growth 1952-1999: Incorporating human capital accumulation. *China Economic Review* 14(1): 32-52.

Wang, Z. Q. and N. J. Swain, 1995. The determinants of foreign direct investment in transforming economies: Empirical evidence from Hungary and China. *Weltwirtschaftliches Archiv* 13(2): 359-382.

Weder, R., 2003. Comparative home-market advantage: An empirical analysis of British and American exports. *Review of World Economics(Weltwirtschaftliches Archive)* 139(2): 220-247.

Wei, S. J., 1995. The open door policy and China's rapid growth: Evidence from city-level data. In T. Ito and A. C. Krueger eds., *Growth Theories in Light of the East Asian Experience*, NBER-East Asian Seminar on Economies Vol. 4. The University of Chicago Press; Chicago and London: 73-98.

Whalley, J. and X. Xin, 2006. China's FDI and non-FDI economies and the sustainability of future high Chinese growth. *NBER Working Paper* No.12249 (May).

Whalley, J. and S. Zhang, 2004. Inequality change in China and (Hukou) labour mobility restrictions. *NBER Working Paper* No.10683 (August).

World Bank, 1994. *China: Internal Market Development and Regulation.* The World

Bank; Washington D. C.

―――, 1999. *Global Development Finance*. The World Bank; Washington D. C.

―――, 2002. *China, National Development and Sub-National Finance: A Review of Provincial Expenditures*. World Bank Report No.22951-CHA (April).

Woo, W. T., 1999. The real reasons for China's growth. *The Chinese Journal* 41 (January): 115-137.

Wooldridge, J. M., 2002. *Econometric Analysis of Cross Section and Panel Data*. The MIT Press; Cambridge, MA; London, England.

Wu, H. X., 2000. China's GDP level and growth performance: Alternative estimates and the implications. *Review of Income and Wealth* 46(4) (December): 475-499.

Wu, Y., 2000. Measuring the performance of foreign direct investment: A case study of China. *Economics Letters* 66(2): 143-150.

Xie, P., 2004. China's monetary policy: 1998-2002. *Stanford Center for International Development Working Paper* No.217 (June).

Xie, P. and L. Xiong, 2003. Taylor rule in transition economies: A case of China's monetary policy. [http://www.federalreserve.gov/events/conference/imfmp2003/pdf/Xiong.pdf]

Xing, Y., 2006. Why is China so attractive for FDI? The role of exchange rates. *China Economic Review* 17(2): 198-209.

Xu, B., 2000. Multinational enterprises, technology diffusion, and host country productivity growth. *Journal of Development Economics* 62(2) (August): 477-493.

Xu, X., 2002. Have the Chinese provinces become integrated under reform? *China Economic Review* 13(2-3): 116-133.

Xu, X. and J. P. Voon, 2003. Regional integration in China: A statistical model. *Economics Letters* 79(1) (April): 35-42.

Xue, J. and W. Zhong, 2003. Unemployment, poverty and income disparity in urban China. *Asian Economic Journal* 17(4) (December): 383-405.

Yao, S. and K. Wei, 2007. Economic growth in the presence of FDI: The perspective of newly industrializing economies. *Journal of Comparative Economics* 35(1) (March): 211-234.

Young, A., 2000. The razor's edge: Distortions and incremental reform in the People's Republic of China. *Quarterly Journal of Economics* 115(4) (November): 1091-1135.

―――., 2003. Gold into base metals: Productivity growth in the Peaple's Republic of China during the reform period. *Journal of Political Economy* 111(6) (December): 1220-1261.

Zanello, A. and D. Desruelle, 1997. A primer on the IMF's information notice system. *IMF Working Paper* WP/97/71 (May).

Zhang, J., Y. Zhao, A. Park and X. Song, 2005. Economic returns to schooling in urban China, 1988-2001. *Journal of Comparative Economics* 33: 730-752.

Zhang, K. H., 2005. Why does so much FDI from Hong Kong and Taiwan go to mainland China? *China Economic Review* 16(3): 293-307.

Zhang, K. H. and S. Song, 2003. Rural-urban migration and urbanization in China: Evidence from time-series and cross-section analyses. *China Economic Review* 14 (4): 386-400.

Zhang, X., 2005. Fiscal decentralization and political centralization in China: Implications for regional inequality. *International Food Policy Research Institute DSGD Discussion Paper* No.21 (July).

Zhang X. and R. Kanbur, 2005. Spatial inequality in education and health care in China. *Chian Economic Review* 16(2): 189-204.

Zhang X. and K.-Y. Tan, 2006. Incremental reform and distortions in China's product and factor markets, *Stanford Center for International Development Working Paper* No.287 (July). (http://scid.stanford.edu/pdf/SCID287)

Zhang, Z., 2001. China's exchange rate reform and exports. *Economics of Planning* 34(1-2): 89-112.

Zhang, Z. and J. Martinez-Vazquez, 2003. The system of equalization transfer in China. Georgia State University Andrew Young School of Policy Studies, *International Studies Program Working Paper* 03-12 (July).

Zhu, N., 2002. The impacts of income gaps on migration decisions in China. *China Economic Review* 13(2-3): 213-230.

索　引

DEA（Data Envelop Analysis）　142
GMM　148
greater circle distance　131,132,135,243
SUR（Seemingly Unrelated Regression）　84,85,144,296
System GMM　105
Törnqvist index　157

あ　行

アンカバー金利平価　37-39
一個国家，四個世界　232
移民連鎖　242,243,250,251
営業税　279

か　行

塊々　256,257
海外直接投資（FDI）
　グリーンフィールド投資　152
　クロスボーダー M&A　77,78,152
　垂直的スピルオーバー効果　140,143
　水平的スピルオーバー効果　143
　直接投資のスピルオーバー効果　142-144,150,151
　直接投資の生産性改善効果　140,142,149,151-155,158,161,163,166,171
　直接投資の相対富効果　80,86
　直接投資の地域偏在　97,117,123,126,127,141,173,175
　ファイヤーセール FDI　63-66,70,73,74,78,79,90

改革・開放　95,96,102,124,128,139,168,169,173,181,182,184,186,187,190,196,205,209,221,224,229-231,255,267,271,273,282,284-286
外貨集中制　293,297
外国為替圧力指数　18,19
外国為替市場介入　291-293,299-306,309,311-313,317-320,323-326
　外国為替市場介入イノベーション　318-320
　外国為替市場介入ショック　313-316,320-322
外国投資奨励規則　102,113,151
加工貿易　99,100,118,127,134,215,301
貨幣乗数　291,292,297
為替レート
　為替レートの過剰反応　34,40,41,44,59
　為替レートの浮動性　81-83,86,87,90
　実質実効為替レート　23,42-44,46-53,55-57,61
　縮小的通貨切り下げ　14,33,36,46,56,59
　二重ウェイト法　61
期間人口移動　235,236,242
基準金利　294,298,308,309
　基準貸出金利　307,308
　基準預金金利　307
　実効貸出金利　298,307,308
期待形成
　回帰的期待形成　39,60
　合理的期待形成　38,39,60
　合理的バブル　39,60

索引

共和分
  共和分関係　47,48,50,54,151,311
  共和分ベクトル　49,50,53,311
  共和分方程式　48-50,54
  最大固有値テスト　49,50,311
  最大固有値統計量　50,54,311
  トレース統計量　50,54,311
  Johansenの共和分テスト　48-50,53,54,311
  ランク・テスト　49,50,311
金税工程改革　254,260
金融調節　307,325
  公開市場操作　305,325
空間計量経済学　105,144
クルーグマンの45度線ルール　53
グループ別要因分解　169,271
  地域内部格差　168,169,172,173
  地帯間格差　168,169,171-173,272,273
グローバリゼーション（グローバル化）　96,138,171,181,225,253,255
  生産のグローバリゼーション　96,137
経済統合
  国際経済統合　116,127,128,137,183,215
  国内経済統合　97,127-129,138,181-184,191,192,196,204-206,210-212,215,223,225,229
  国内経済統合後退仮説　182,183
  転倒した経済統合　128,181
交易条件　10,12,15,44,47,50,57,60
広義マネーサプライ　292, 301, 302, 310,319,324
郷鎮企業　229,234,251
国内販売規制　103,109-113,118,122,123
誤差修正モデル（ECM）　34, 35, 47, 48,50,51,54,55,59
戸籍制度　229,232,233
  藍印戸籍制度　244
  暫住証制度　234

農転非　191,244

さ　行

債券レポ・レート　294,296,297,299-301,303,307-309,313,315,317,318,320
財政請負制　187, 253, 256, 267-269, 271,273-275,277,284,286,288
債務
  過剰債務　64,70-72,74,90
  債務キャパシティー　16,67
  債務弁済条件　68,69,71,73
  対外債務の危機ゾーン　17
  短期対外債務　7,23,31
  短期対外債務比率　6,16-18,21,28-30
  ロールオーバー　9-11,13,15,42
三高　308
三線建設　186,284
三農問題　229,254
Jカーブ効果　36,55,56,59
  マギー効果　36,55
市場経済化　97,104
市場分断　182,215
市場を以って技術に換える（以市場換技術）　97, 103, 108, 123, 126, 129, 151
下崗（シャーカン）　243,252
実質金利　306,308
指定銀行　293,297
資本ストック
  建設仮勘定　140,151,152,165
  交付使用率　156,165,166,177
  実質生産資本ストック　156,157,165,170,176-178
  資本財の残存確率関数　176,177
  資本財の年齢-効率プロファイル　140,157,176,177
  使用者費用　176,177
  新増固定資産　156,165,177
  進捗ベース実質生産資本ストック

索　引

　　　　140,151,157,165,166
　据付ベース実質生産資本ストック
　　　　140,152,156,157,165,166,176
　全社会固定資産投資　　141,157
　粗資本ストック　　140
社会主義市場経済　　100
集積　　184,240,252
　工業集積　　186,188,214,225
　産業集積　　215,222
　集積効果　　140,144,145,148,149,154
　集積の影　　199
　集積メカニズム　　192,223,225,230
　集積利益　　105,144
　地域集積　　215,220
重力モデル　　115,183,242
準備預金　　293,294,300,301,303,305,306,313
　外貨による準備預金　　306,310
　所要（法定）準備　　294,304,310,311
　超過準備　　292,294-297,301,303,325
上解支出（上納支出）　　259,264,274,275,279,288
条件付き収束モデル　　138,139,144
条々　　256
ショーロックス分解　　274-276,279,280,282
　要素による分解　　274
諸候経済　　115,191,203,210,212,222,225
所得税共有改革　　255,257
新経済地理学（NEG）　　81,95-97,105,107,112,114,128,129,184,223,230,238-240,242,245,250,252
　交易費用　　106,126-128,184,191,193,196,197,199-206,210-216,219,222,223
　国境効果　　115,183,225,226
　サステインポイント　　223
　市場アクセス可能性　　107,115,116,118,126-130,132,133,193,196-201,203,204,210,239,240
　市場ポテンシャル　　81,95,97,105,107,108,111,112,114-118,120-122,124-127,129,130,132,133,192,193,198,205,229,230,238-240,242,243,245,247,248,250,252
　集計価格指数　　106,107,110,112,115,129,132,133,146,193,239,240,242,243,245-250,252
　省境効果　　115,116,128,129,132,183,226
　生計費指数　　107,133,239,242,249,253
　中心・周辺モデル　　223
　賃金方程式　　240
　氷山型輸送コスト　　106,192,193,238
　ブレークポイント　　223
　ホームバイアス　　115,116,128,132,183,221
新貿易理論　　184,223
　域内市場効果　　181,184,191,192,195,196,199,201,203-206,208,209,212,213,215-217,219-225
推定方法と診断テスト
　Wu-Hausman の外生性テスト　　247
　ウェイト付き最小自乗法（WLS）　　245-248
　ウェイト付き2段階最小自乗法（W2SLS）　　246-249
　過剰識別制約テスト　　119,120,148,247,249
　固定効果モデル　　117,154,203,208-212,217,218,245
　3段階最小自乗法（3SLS）　　85,86,219,220,222,224
　操作変数法（2段階最小自乗法）　　205,209,213,217,218,250,284
　Tobit モデル　　87,222,224
　ハウスマンの特定化テスト　　119,120,154,245
　非線形加重最小自乗法（NWLS）

117, 119, 120
　非線形加重2段階最小自乗法
　　（NW2SLS）　118-120
　非線形2段階最小自乗法（N2SLS）
　　212, 214
　プール回帰　117
　Heckman の二段階推定　85, 87
　変量効果モデル　153-155, 245
税源の地域偏在　276, 279, 281
生産性優位　140, 143, 145, 148, 149
生産弾力性　151, 158
　資本の生産弾力性　153, 187
　労働の生産弾力性　153, 159, 164
　中間財の生産弾力性　145
税収返還　255-265, 267, 271, 275, 277, 279, 280, 282, 284-288
　所得税の税収返還　258, 265, 266, 276, 277, 280, 287
　税収返還の逆進性　255, 264, 266, 276, 277, 282, 285
　両税の税収返還　258, 260, 265, 266, 276, 277, 280, 287, 289, 290
成長会計　142, 157, 165, 166, 180
　全要素生産性（TFP）　142, 143, 145, 148, 151, 153, 187
　地域成長会計　137, 141, 142, 145, 150-152, 155, 161, 163, 166
　ディビジア指数　157
税費改革　254
政府間財政調整　253-255, 258-260, 275-277, 280, 282, 284, 285
　一般性転移支付　262, 263, 277, 279
　過渡期転移支付（過渡期財政移転）　262, 263, 275, 277, 279
　財力性転移支付（一般補助）　263, 275
　純地方補助　275-277, 279, 285
　専項転移支付（専用補助）　262, 263, 275
　体制性補助　259, 262, 263
　地方交付税　233, 263, 277, 281
西部大開発　103, 114, 120, 125, 126,

187, 264, 267, 271
積極財政　258, 264, 279
増値税　178, 254, 257, 279-281, 286
双軌制　101, 103
　価格双軌制　186
双曲線
　双曲線仮説　6, 8, 16, 18
　双曲線指標　18, 21, 27-30
　対外債務の双曲線　5-7, 29

た　行

第一種極値分布　241
対外開放区　100-103
　経済技術開発区　112, 136
　経済特区　100, 103, 112, 114, 136, 151
対外開放政策指数　112, 114, 117, 118, 121, 122, 131, 136, 205, 209, 218, 228
ダイナミック・パネル　105, 139
WTO 加盟　99, 100, 104, 105, 108, 109, 112, 113, 118, 120-122, 126, 129, 151, 152, 181
　貿易関連知的財産権（TRIP）　104
　貿易関連投資措置（TRIM）　104, 112
ダミー・トラップ　131
単位根テスト　49, 82, 83
　Akaike の情報基準（AIC）　48, 311, 312
　拡張された Dickey-Fuller（ADF）テスト　48, 49, 84, 310
　Sims の尤度比テスト　48
　Shwarz のベイジアン情報基準（SBIC）　48, 312
　Dickey-Fuller(DF)-GLS テスト　82, 83
　PP（Phillips-Perron）テスト　48, 49
地域間財政力格差　253, 255, 266-271, 276, 277, 279-281, 284, 285
垂直的財政不均衡（財政力格差）

索　引

254, 255, 286
水平的財政不均衡（財政力格差）
　253-255, 282
地域間財政力格差のUターン　253,
　274, 277, 282
地域経済統計
　産業特化指数　183, 188
　地域間産業連関表　97, 114, 115,
　　129, 130, 183
　地域間成長率変動　162, 163, 175
　地域構造差係数　188-190
　地域産業連関表　182, 183
　地域ジニ係数　189-191
　（工業生産の）地域集中度　185-188,
　　190, 220
　立地ジニ係数（Hoover index）　183,
　　188-191
地域単位のフルセット型産業構造
　184, 208, 224, 286
地域保護主義　182, 187, 190
中央匯金投資有限責任公司　310, 326,
　327
中外合弁企業法　98, 100
中国共産党第11期中央委員会第三回全
　体会議　95
中国投資有限責任公司　291, 304, 305,
　310, 312, 326, 327
超過準備（適用）金利　295, 296, 299,
　303, 307, 308, 325
転換点　138, 187, 229, 232
伝染効果　23, 25, 26

な　行

ナッシュ交渉解　69, 73
南巡講話　96, 123, 187
熱銭（ホットマネー）　301, 308

は　行

派生主義原則　281
パネル単位根テスト　82, 84, 116, 117,
　150
　Im, Pesaran and Shinのt-barテスト
　　84, 117, 150
　Maddala and Wuのフィッシャーテス
　　ト　84, 117, 150
バランスシート　34, 36, 39, 41, 294,
　295, 304, 305, 310, 326, 327
不可能な三者関係　325
不胎化　291-293, 295, 301, 303-306,
　309, 310, 312, 313, 318, 320, 324, 325
　隠れた不胎化操作　320
双子の黒字（双順差）　291
二つの比重　256
不平等尺度　167, 170, 174, 175
　アトキンソン尺度　174, 175
　エントロピー関数　271
　ジニ係数　174, 175, 185, 271
　相対不平等回避度　174, 175
　タイルのエントロピー尺度　168,
　　174, 271
　タイルの平均対数偏差（MLD）尺度
　　141, 167, 168, 170-174, 267-272
　変動係数　174, 175, 267-272, 275-
　　277, 279-281
分税制　253-258, 260-264, 266-269,
　271, 273-277, 281, 282, 284-286
ベースマネー　292-295, 297, 299-302,
　304, 305, 309-313, 317-320, 324
ベクトル誤差修正モデル（VECM）
　139, 311
ベクトル自己回帰（VAR）　46, 139,
　311, 322, 323
　インパルス応答関数　312, 314-316,
　　318, 321, 322
　構造VAR　293, 309, 325
　コレスキー分解　312, 320
　分散分解　317, 318, 321, 323
法定準備金利　307
Hodrick-Prescottフィルタリング
　48, 57

ま 行

窓口指導　298, 303, 305, 307-309, 312, 320, 321, 325
民工　192
　民工潮　191, 192

や 行

有限責任ルール　10, 67
預金準備率　292, 305, 309
　超過準備率　292, 295, 296
　法定預金準備率　294, 299, 303, 305, 306, 308, 310, 312, 325,
予算外予算　254, 258, 269, 286

与信ライン　10, 15, 67-69, 73

ら 行

濫収費　254
リスクプレミアム　35, 37, 40, 41
離土不離郷　229, 234
流動性危機　6, 8, 13-16, 65, 68, 70, 74, 90
両税　257, 260, 261, 285-287
連関係数　146, 147, 149

わ 行

和諧社会（調和ある社会）　271

青木 浩治 （あおき・こうじ）

1955年生まれ。神戸大学経営学部卒業，神戸大学大学院経済学研究科後期課程修了，博士（経済学）。長崎大学助教授を経て，現在，甲南大学経済学部教授。専攻，国際経済学。
〔主要業績〕「中国の地域分業構造の変容と域内市場効果」『アジア経済』第47巻第2号，2006年2月。「中国の対内直接投資と地域の成長，および格差—地域成長会計による接近—」『アジア経済』第50巻第6号，2009年6月。

〔アジア通貨・金融危機，および中国の台頭—理論・実証分析〕 ISBN978-4-86285-067-6

2009年10月10日 第1刷印刷
2009年10月15日 第1刷発行

著者 青木 浩治
発行者 小山 光夫
印刷者 藤原 愛子

発行所 〒113-0033 東京都文京区本郷1-13-2
電話 03(3814)6161 振替 00120-6-117170
http://www.chisen.co.jp
株式会社 知泉書館

Printed in Japan

印刷・製本／藤原印刷